Studientexte zur Soziologie

Reihe herausgegeben von
Dorett Funcke, Hagen, Deutschland
Frank Hillebrandt, Hagen, Deutschland
Uwe Vormbusch, Hagen, Deutschland
Sylvia Marlene Wilz, Hagen, Deutschland

Die „Studientexte zur Soziologie" wollen eine größere Öffentlichkeit für Themen, Theorien und Perspektiven der Soziologie interessieren. Die Reihe soll in klassische und aktuelle soziologische Diskussionen einführen und Perspektiven auf das soziale Handeln von Individuen und den Prozess der Gesellschaft eröffnen. In langjähriger Lehre erprobt, sind die Studientexte als Grundlagentexte in Universitätsseminaren, zum Selbststudium oder für eine wissenschaftliche Weiterbildung auch außerhalb einer Hochschule geeignet. Wichtige Merkmale sind eine verständliche Sprache und eine unaufdringliche, aber lenkende Didaktik, die zum eigenständigen soziologischen Denken anregt. Herausgegeben vom Institut für Soziologie der FernUniversität in Hagen, repräsentiert durch Dorett Funcke, Frank Hillebrandt, Uwe Vormbusch, Sylvia Marlene Wilz, FernUniversität in Hagen, Deutschland

Patrick Heiser

Meilensteine der qualitativen Sozialforschung
Eine Einführung entlang klassischer Studien

2., überarbeitete und aktualisierte Auflage

Patrick Heiser
Institut für Soziologie
FernUniversität in Hagen
Hagen, Deutschland

ISSN 2628-006X ISSN 2628-0078 (electronic)
Studientexte zur Soziologie
ISBN 978-3-658-44127-2 ISBN 978-3-658-44128-9 (eBook)
https://doi.org/10.1007/978-3-658-44128-9

Die Deutsche Nationalbibliothek verzeichnet diese Publikation in der Deutschen Nationalbibliografie; detaillierte bibliografische Daten sind im Internet über https://portal.dnb.de abrufbar.

© Der/die Herausgeber bzw. der/die Autor(en), exklusiv lizenziert an Springer Fachmedien Wiesbaden GmbH, ein Teil von Springer Nature 2018, 2024

Das Werk einschließlich aller seiner Teile ist urheberrechtlich geschützt. Jede Verwertung, die nicht ausdrücklich vom Urheberrechtsgesetz zugelassen ist, bedarf der vorherigen Zustimmung des Verlags. Das gilt insbesondere für Vervielfältigungen, Bearbeitungen, Übersetzungen, Mikroverfilmungen und die Einspeicherung und Verarbeitung in elektronischen Systemen.
Die Wiedergabe von allgemein beschreibenden Bezeichnungen, Marken, Unternehmensnamen etc. in diesem Werk bedeutet nicht, dass diese frei durch jedermann benutzt werden dürfen. Die Berechtigung zur Benutzung unterliegt, auch ohne gesonderten Hinweis hierzu, den Regeln des Markenrechts. Die Rechte des jeweiligen Zeicheninhabers sind zu beachten.
Der Verlag, die Autoren und die Herausgeber gehen davon aus, dass die Angaben und Informationen in diesem Werk zum Zeitpunkt der Veröffentlichung vollständig und korrekt sind. Weder der Verlag noch die Autoren oder die Herausgeber übernehmen, ausdrücklich oder implizit, Gewähr für den Inhalt des Werkes, etwaige Fehler oder Äußerungen. Der Verlag bleibt im Hinblick auf geografische Zuordnungen und Gebietsbezeichnungen in veröffentlichten Karten und Institutionsadressen neutral.

Planung/Lektorat: Cori Antonia Mackrodt
Springer VS ist ein Imprint der eingetragenen Gesellschaft Springer Fachmedien Wiesbaden GmbH und ist ein Teil von Springer Nature.
Die Anschrift der Gesellschaft ist: Abraham-Lincoln-Str. 46, 65189 Wiesbaden, Germany

Das Papier dieses Produkts ist recycelbar.

Inhalt

Tabellen und Abbildungen VII

Vorwort zur 2. Auflage XI
Vorwort XIII

1 Empirische Sozialforschung gestern und heute 1
1.1 Zielsetzung und Prinzipien qualitativer Sozialforschung 4
1.2 Etablierung und Ausdifferenzierung qualitativer Sozialforschung . . . 10
1.3 Ein Blick in den Werkzeugkasten empirischer Sozialforschung 16
1.4 Qualitative und quantitative Forschungslogiken 21
1.5 Gütekriterien qualitativer Sozialforschung 39

2 Die Arbeitslosen von Marienthal.
Oder: Die Anfänge qualitativer Sozialforschung 51
2.1 Die Studie: Autoren und Zielsetzung 54
2.2 Die Methodik: Ethnografie und teilnehmende Beobachtung 60
    2.2.1 Ethnografie 65
    2.2.2 Teilnehmende Beobachtung 66
2.3 Die Ergebnisse: Eine müde Gemeinschaft 72
2.4 Reflexion: Empirische Verankerung und reflektierte Subjektivität . . . 78
2.5 Exkurs: Triangulation 81

3 Arbeitslose Lehrer/innen.
Oder: Die qualitative Inhaltsanalyse ... 89
3.1 Die Studie: Autoren und Zielsetzung ... 90
3.2 Die Methodik: Experteninterview und qualitative Inhaltsanalyse ... 95
    3.2.1 Experteninterview ... 98
    3.2.2 Qualitative Inhaltsanalyse ... 107
3.3 Die Ergebnisse: Handelnde und kognitive Krisenbewältigung ... 130
3.4 Reflexion: Offenheit und intersubjektive Nachvollziehbarkeit ... 138
3.5 Exkurs: Transkription ... 141

4 Kommunale Machtstrukturen.
Oder: Narrative Verfahren ... 153
4.1 Die Studie: Autor und Zielsetzung ... 155
4.2 Die Methodik: Narratives Interview und Narrationsanalyse ... 160
    4.2.1 Erzähltheoretische Grundlagen ... 163
    4.2.2 Narratives Interview ... 170
    4.2.3 Narrationsanalyse ... 179
4.3 Die Ergebnisse: Interessenkonstellationen und heteronome Systembedingungen ... 187
4.4 Reflexion: Gegenstandsangemessenheit und Relevanz ... 194
4.5 Exkurs: Typenbildung ... 198

5 Awareness of Dying.
Oder: Die Grounded Theory Methodologie ... 205
5.1 Die Studie: Autoren und Zielsetzung ... 208
5.2 Die Methodik: Theoretisches Sampling, Kodieren, Memos und Situationsanalyse ... 212
    5.2.1 Theoretische Sensibilität und theoretisches Sampling ... 218
    5.2.2 Kodieren und Vergleichen ... 224
    5.2.3 Memos und Diagramme ... 237
    5.2.4 Situationsanalyse ... 242
5.3 Die Ergebnisse: Die Bewusstheitskontexte Sterbender ... 247
5.4 Reflexion: Kohärenz und Limitation ... 259
5.5 Exkurs: Computergestützte Datenauswertung ... 265

6 Die vorgestellten Methoden im Vergleich ... 281

Literatur ... 289

Tabellen und Abbildungen

Tabellen

Tabelle 1	Der Werkzeugkasten empirischer Sozialforschung	21
Tabelle 2	Quantitative und qualitative Forschungslogiken	39
Tabelle 3	Gütekriterien empirischer Sozialforschung	47
Tabelle 4	Das Untersuchungsdesign der Marienthal-Studie	62
Tabelle 5	Gehgeschwindigkeit der Marienthaler/innen	76
Tabelle 6	Häufigkeit des Stehenbleibens auf der Dorfstraße	76
Tabelle 7	Zeitverwendungsbogen eines Arbeitslosen	77
Tabelle 8	Empirische Verankerung der Marienthal-Studie	79
Tabelle 9	Reflektierte Subjektivität in der Marienthal-Studie	80
Tabelle 10	Untersuchungsdesign der Wort-Gottes-Feiern-Studie	86
Tabelle 11	Zusammenfassende Inhaltsanalyse – erster Durchgang	118
Tabelle 12	Zusammenfassende Inhaltsanalyse – zweiter Durchgang	120
Tabelle 13	Kodierleitfaden für die Kategorie ‚Selbstvertrauen'	128
Tabelle 14	Beruflicher Status der untersuchten Lehrer/innen	132
Tabelle 15	Offenheit der Lehrer/innen-Studie	139
Tabelle 16	Intersubjektive Nachvollziehbarkeit der Lehrer/innen-Studie	140
Tabelle 17	Transkriptionssystem nach Kallmeyer und Schütze	144
Tabelle 18	Formen der Sachverhaltsdarstellung	168
Tabelle 19	Relevanz der Gebietsreform-Studie	197
Tabelle 20	Kohärenz der Krankenhaus-Studie	260
Tabelle 21	Limitation der Krankenhaus-Studie	261
Tabelle 22	Grounded Theory und allgemeine Theorie	262

Tabelle 23   Die vorgestellten Erhebungsmethoden im Vergleich   284
Tabelle 24   Die vorgestellten Auswertungsmethoden im Vergleich   ... 286

Abbildungen

Abbildung 1   Theoretische Vordenker der qualitativen
              Sozialforschung 13
Abbildung 2   In Deutschland produzierte Kinodokumentarfilme und
              geschlachtete Schweine inländischer Herkunft 35
Abbildung 3   Lineare vs. zirkuläre Forschungslogik 38
Abbildung 4   Prinzip der Triangulation 82
Abbildung 5   Triangulation in der empirischen Sozialforschung 84
Abbildung 6   Ablaufschema der strukturierenden Inhaltsanalyse 127
Abbildung 7   Variablenschema der Lehrer/innen-Studie 131
Abbildung 8   Allgemeine Belastung in Abhängigkeit von der Höhe
              des Selbstvertrauens 134
Abbildung 9   Bewältigungsformen arbeitsloser Lehrer/innen 137
Abbildung 10 Ablaufschema der Narrationsanalyse 180
Abbildung 11 Prozess der Typenbildung 202
Abbildung 12 Methodengeschichtliche Entwicklung der Grounded
              Theory Methodologie 217
Abbildung 13 Zirkulärer Forschungsprozess der Grounded Theory
              Methodologie 218
Abbildung 14 Offenes Kodieren der ‚Dame in Rot' 230
Abbildung 15 Das Kodierparadigma 233
Abbildung 16 Beispiel für ein Kodierparadigma 234
Abbildung 17 Beispiel für eine Situations-Map 244
Abbildung 18 Beispiel für eine Map sozialer Welten/Arenen 245
Abbildung 19 Beispiel für eine Positions-Map 246
Abbildung 20 Kodierparadigma ‚geschlossener
              Bewusstheitskontext' 252
Abbildung 21 Kodierparadigma ‚argwöhnischer
              Bewusstheitskontext' 254
Abbildung 22 Kodierparadigma ‚Bewusstheitskontext
              wechselseitiger Täuschung' 256
Abbildung 23 Die vier Bereiche von MAXQDA 266
Abbildung 24 Die Importfunktionen von MAXQDA 267
Abbildung 25 Interviewtranskript importieren, sortieren
              und charakterisieren 268

Abbildung 26 Daten mit Dokumentvariablen sortieren 269
Abbildung 27 Offenes Kodieren mit MAXQDA 269
Abbildung 28 Konzepte und Memos im Dokument-Browser
              von MAXQDA 270
Abbildung 29 Konzepte in der Code-Liste von MAXQDA 271
Abbildung 30 Kategorien in der Code-Liste von MAXQDA 272
Abbildung 31 Liste der Kategorien 273
Abbildung 32 Visual Tools von MAXQDA 273
Abbildung 33 Dokument-Portrait 274
Abbildung 34 Wortwolke 275
Abbildung 35 Kodierparadigma in MAXQDA 276
Abbildung 36 Filtern kodierter Segmente mit MAXQDA 277
Abbildung 37 Memo-Management mit MAXQDA 278
Abbildung 38 Die vorgestellten Methoden im Vergleich 283

Vorwort zur 2. Auflage

Mehr als neun Jahrzehnte ist es nun her, dass Marie Jahoda, Paul F. Lazarsfeld und Hans Zeisel „Die Arbeitslosen von Marienthal" publiziert und damit wesentliche Grundlagen für die moderne Sozialforschung gelegt haben. Und auch die übrigen Studien, die in diesem Lehrbuch vorgestellt und diskutiert werden, haben mittlerweile einige Jahre auf dem Buckel. Nichtsdestotrotz gilt nach wie vor: Von den hier besprochenen Meilensteinen der qualitativen Sozialforschung lässt sich auch für die heutige Forschungspraxis eine Menge lernen. Vor allem über die Grundannahmen und zentralen Prinzipien von Methoden, die zwar vor langer Zeit entwickelt wurden, aber auch heute noch vielfach angewandt werden. Wie aber soll man eine Neuauflage angehen, wenn sich der zentrale Gegenstand eines Buches nicht verändert hat? Über diese Frage war nicht lange zu grübeln, denn der methodologische Diskurs geht natürlich weiter. Immer wieder werden Methoden daher fortentwickelt, ausdifferenziert und vor allem in Hinblick auf ihre praktische Anwendung überarbeitet. In der nun vorliegenden zweiten Auflage dieses Buches wird daher eine ganze Reihe einschlägiger Neuerscheinungen berücksichtigt. Darüber hinaus wurden zahlreiche Überarbeitungen und kleinere Umstrukturierungen vorgenommen. Diese basieren vor allem auf Rückmeldungen, die ich seit dem Erscheinen der ersten Auflage von Leser/innen, Studierenden und Rezensent/innen erhalten habe. Für ihre Anregungen bin ich sehr dankbar. Ebenso für den Austausch mit meinen Kolleg/innen Sylvia Wilz und Max Kaufmann, die das vorliegende Buch in ihrer Lehre an der FernUniversität in Hagen einsetzen. Für kritische Anmerkungen danke ich außerdem Markus Tausendpfund, von dem ich viel über quantitative Sozialforschung gelernt habe. Wie Sie im ersten Kapitel sehen werden, ist der Vergleich qualitativer und quantitativer Forschungslogiken ausgesprochen hilfreich, um die eigene methodologische Perspektive zu schärfen. Mittlerweile gilt für beide: Der Einsatz von Computern und Software wird immer wichtiger. Neu aufgenommen in die zweite Auflage wurde daher ein Kapitel zur computergestützten Auswertung qualitativer Daten (Kap. 5.5). Von Herzen wiederholen möchte ich schließlich den Dank an meine Frau und unsere beiden Töchter. Letztere waren bei Erscheinen der ersten Auflage gerade erst auf der Welt. Mittlerweile haben sie eine ziemlich differenzierte Vorstellung davon, was Bälle sind. Warum das von Bedeutung ist, erfahren Sie in Kapitel 3.

Hagen, im Januar 2024

Vorwort

Das vorliegende Lehrbuch führt anhand klassischer Studien in ausgewählte Methoden der qualitativen Sozialforschung ein – eben anhand ihrer Meilensteine. Durch sein Studium lernen Sie die dort angewandten Methoden nicht nur abstrakt, sondern jeweils anhand eines konkreten Forschungsbeispiels kennen. Dabei werden Sie neben den Spezifika einer bestimmten Methode auch den für empirische Sozialforschung existenziellen Zusammenhang zwischen Fragestellung, Untersuchungsdesign und Forschungsergebnissen nachvollziehen können. Ziel des Buchs ist es darüber hinaus, Ihre Literacy-Kompetenz zu erweitern: Sie lernen, empirische Studien zu lesen, zu verstehen und ihre Ergebnisse vor dem Hintergrund methodologischer Gütekriterien kritisch zu reflektieren. Freilich kann hier nur ein erster, teils deutlich zu grober Einblick in die jeweiligen Studien gegeben werden. Daher liegt es an Ihnen, die vorgestellten Studien nach der Bearbeitung dieser Einführung im Original und in Gänze zu lesen. Um Ihnen die Literaturbeschaffung ein wenig zu erleichtern, werden im Folgenden die bibliografischen Daten der einzelnen Studien angegeben:

- Jahoda, Marie, Paul F. Lazarsfeld, und Hans Zeisel. 2020 [1933]. *Die Arbeitslosen von Marienthal. Ein soziographischer Versuch über die Wirkungen langandauernder Arbeitslosigkeit.* 27. Aufl. Berlin: Suhrkamp.
- Ulich, Dieter, Karl Haußer, Philipp Mayring, Petra Strehmel, Maya Kandler und Blanca Degenhardt. 1985. *Psychologie der Krisenbewältigung. Eine Längsschnittuntersuchung mit arbeitslosen Lehrern.* Weinheim: Beltz.
- Schütze, Fritz. 1976. Zur Hervorlockung und Analyse von Erzählungen thematisch relevanter Geschichten im Rahmen soziologischer Feldforschung – dargestellt an einem Projekt zur Erforschung kommunaler Machtstrukturen. In *Kommunikative Sozialforschung – Alltagswissen und Alltagshandeln,* Hrsg. Arbeitsgruppe Bielefelder Soziologen, 159–260. München: Fink.

- Glaser, Barney G. und Anselm L. Strauss. 1974 [1965]. *Interaktion mit Sterbenden*. Göttingen: Vandenhoeck & Ruprecht. Original: Awareness of Dying. Chicago: Aldine.

Immer wieder werden Sie beim Lesen dieses Buches auf verschiedene Info-Boxen stoßen, die Ihnen – so hoffe ich jedenfalls – bei seiner Bearbeitung hilfreich sein werden:

Merke

Zentrale Aspekte werden in Form von Merksätzen zusammengefasst. Bei der wiederholten Durchsicht des Lehrbuchs werden diese auch als Strukturierung seiner Inhalte sowie als Gedankenstütze dienen.

Autor/in

Um das Untersuchungsdesign einer Studie verstehen und ihre Ergebnisse einordnen zu können, ist es entscheidend, sich den Kontext zu vergegenwärtigen, in dem die Studie entstanden ist. Daher werden die jeweiligen Autor/innen anhand ihrer Biografien portraitiert.

Quelle

Zu einigen der Studien werden ausgewählte Quellen wiedergegeben – seien es längere Zitate aus den Studien selbst oder aus Dokumenten, die während des Forschungsprozesses entstanden sind. Auch diese Quellen werden Ihnen helfen, den Kontext der jeweiligen Studie zu erfassen.

Literatur

Am Ende eines jeden Kapitels werden kommentierte Literaturempfehlungen gegeben. Somit bekommen Sie Hinweise darauf, anhand welcher Werke

Vorwort

> Sie sich vertieft mit einer bestimmten Methode der qualitativen Sozialforschung auseinandersetzen können.

> **Video**
>
> An einigen Stellen wird schließlich auf Filme bzw. Videos verwiesen. Beispielsweise finden Sie am Ende des Buches den Link zu einigen Online-Vorlesungen, in denen ich drei Methoden der qualitativen Sozialforschung anhand eines Forschungsbeispiels vertiefend erläutere.

Der vorliegende Lehrbuch ist wie folgt gegliedert: Kapitel 1 führt zunächst in die wesentlichen Grundlagen der empirischen Sozialforschung ein – insbesondere in diejenigen der qualitativen Sozialforschung. Nachdem Sie sich deren Zielsetzung und Prinzipien vergegenwärtigt haben, werfen Sie einen Blick in den Werkzeugkasten, der uns als Forscher/innen heute in Form ausdifferenzierter Erhebungs- und Auswertungsmethoden zur Verfügung steht. Ein zentrales Kriterium, anhand dessen sich diese Werkzeuge sortieren lassen, ist die Unterscheidung quantitativer und qualitativer Forschungslogiken. Beide sind als gleichberechtigte Strategien zu verstehen und Sie werden sehen, dass die Wahl der Forschungslogik beispielsweise von der Forschungsfrage und dem Umfang des zu einem Forschungsthema bereits vorhandenen Vorwissens abhängt. Schließlich werden in Kapitel 1 auch die Gütekriterien qualitativer Sozialforschung erläutert. Ihre Kenntnis ist aus zwei Gründen wesentlich: Zum einen ist sie Voraussetzung dafür, Studien kritisch beurteilen zu können; zum anderen sollten Sie diese Gütekriterien berücksichtigen, wenn Sie selbst einmal – beispielsweise in Form einer empirischen Abschlussarbeit – als Forscher/in tätig werden.

In den Kapiteln 2 bis 5 werden die Ethnografie und die teilnehmende Beobachtung, das Experteninterview und die qualitative Inhaltsanalyse, das narrative Interview und die Narrationsanalyse sowie die Grounded Theory Methodologie anhand der oben genannten klassischen Studien erläutert. Die einzelnen Kapitel stellen zunächst deren Autor/innen und ihre Zielsetzung vor, um den Fokus sodann auf das jeweilige Untersuchungsdesign zu richten. Die Untersuchungsergebnisse können hier nur stichwortartig zusammengefasst werden; für unsere Zwecke entscheidender ist es jedoch ohnehin, die für die jeweilige Studie charakteristischen Dimensionen qualitativer Sozialforschung anhand methodologischer Überlegungen zu reflektieren. Die einzelnen Kapitel schließen jeweils mit einem

Exkurs zu vertiefenden Aspekten und/oder praktischen Aspekten im Umgang mit den dort vorgestellten Erhebungs- und Auswertungsmethoden.

In Kapitel 6 werden diese Methoden abschließend in Hinblick auf ihre Gemeinsamkeiten, Unterschiede und Anwendungsmöglichkeiten miteinander verglichen.

Das vorliegende Lehrbuch basiert auf zahlreichen Präsenz- und Onlineseminaren, die ich am Institut für Soziologie der FernUniversität in Hagen durchgeführt habe. Zunächst möchte ich daher den an diesen Veranstaltungen teilnehmenden Studierenden danken. Durch ihre Fragen und Kommentare haben sie nicht nur die Spreu vom Weizen meiner Erläuterungen getrennt, sondern auch meinen Blick für das Wesentliche qualitativer Sozialforschung geschärft. Der erste Leser dieses Buches war wieder einmal Christian Kurrat. Ihm bin ich nicht nur für seine äußerst hilfreiche Kritik dankbar, sondern auch dafür, dass er mir erlaubt hat, so ausführlich von einer Studie zu berichten, die eigentlich auf seine Idee und seine Initiative zurückgeht. Sonja Teupen danke ich für ihr bemerkenswert sorgfältiges Lektorat des Manuskripts. Und sicherlich nicht zuletzt danke ich meiner Frau Anne-Sophie sowie meinen Töchtern Marla und Bente von Herzen dafür, dass Sie mir immer wieder den Freiraum dafür geben, etwas derart Fesselndes zu tun wie das Schreiben eines Buches.

Hagen, im Mai 2017

Empirische Sozialforschung gestern und heute

1

„Die gefährlichste aller Weltanschauungen ist die Weltanschauung der Leute, welche die Welt nie angeschaut haben", soll Alexander von Humboldt gesagt haben. Überträgt man diese Maxime des deutschen Naturforschers auf die empirische Sozialforschung, so ließe sich – angesichts des immer noch nachklingenden Positivismusstreits (vgl. Adorno et al. 1971) zugegeben recht pointiert – formulieren, dass die unzureichendste aller Theorien diejenige der Soziolog/innen ist, welche die soziale Wirklichkeit nicht angeschaut haben. Soziologische Theorien nämlich sollten ihren Ausgangspunkt stets in der Analyse der sozialen Wirklichkeit finden – und sie tun dies im Regelfall, auch wenn nicht alle Theoretiker/innen dies in ihren Werken explizit machen. Gerade als Soziologe bzw. Soziologin kann man die Betrachtung seines Untersuchungsgegenstands ohnehin nicht umgehen. Wir leben schließlich in den Gesellschaften, die wir zu analysieren beabsichtigen. Jede Beobachtung in einem Café, jedes noch so kurze Gespräch in Bus oder Bahn, die Lektüre eines jeden Zeitungsartikels fügen sich – mal implizit in Form latenten Hintergrundwissens, mal explizit in Form von Geistesblitzen und Schlüsselerlebnissen – zu unserem soziologisch vorgeprägten Verständnis von Gesellschaft und sozialer Wirklichkeit. Jedoch geht es empirischen Sozialforscher/innen freilich nicht in erster Linie um den Zuwachs *eigener* Erkenntnis; es geht ihnen vielmehr um die Fortentwicklung *wissenschaftlichen* Wissens. Hier kommt der Gegenstand des vorliegenden Buchs ins Spiel: die Methoden der empirischer Sozialforschung. Wenn es nämlich unser Anliegen ist, die Erkenntnisse einzelner Forscher/innen oder Forschungsgruppen in den Wissenskorpus einer wissenschaftlichen Disziplin zu integrieren, um diesen beständig zu erweitern, zu präzisieren und auszudifferenzieren, dann sind bestimmte Voraussetzungen notwendigerweise zu erfüllen. Diese werden als Gütekriterien empirischer Sozialforschung bezeichnet. So gilt es beispielsweise, transparent zu machen, wie die eigene Erkenntnis zustande gekommen ist. Es gilt, begründet zu erläutern, welche Informationen über die soziale Wirklichkeit – im Folgenden werde ich diesbezüglich von empirischen Daten sprechen – man auf welche Weise berücksichtigt hat. Es gilt, empirische Daten anhand bestimmter Regeln zu erheben und auszuwerten. Es gilt einerseits, theoriegeleitet vorzugehen, um mit neuen Erkenntnissen auf bereits etabliertes soziologisches Wissen aufbauen zu können; andererseits gilt es aber auch, sich eine hinreichende Offenheit für neue und überraschende Erkenntnisse zu erhalten. Auf diese und andere Gütekriterien werde ich am Ende dieses Kapitels genauer zu sprechen kommen. Für den Moment sollten wir zunächst einmal festhalten, dass wir als Forschende *methodisch* vorgehen sollten.

Merke

Notwendigkeit eines methodischen Vorgehens

Ein methodisches Vorgehen ist die notwendige Voraussetzung dafür, dass die Erkenntnisse einzelner Forscher/innen von anderen Forscher/innen bewertet und ggf. in den Wissenskorpus der Scientific Community integriert werden können.

Glücklicherweise aber müssen wir bei unseren Analysen der sozialen Realität nicht jedes Mal ‚das Rad neu erfinden'. Vielmehr verfügt die qualitative Sozialforschung heute über ein elaboriertes und kanonisiertes Repertoire von Erhebungs- und Auswertungsmethoden, auf die wir zurückgreifen können. Sieben der gängigsten und auch für studentische Abschlussarbeiten handhabbarsten dieser Methoden werden Sie in diesem Lehrbuch kennenlernen. Ich möchte dabei einen eher ungewöhnlichen Weg wählen, um die Grundannahmen und Verfahrensschritte der einzelnen Methoden zu erläutern und ihre jeweiligen Schwerpunktsetzungen und Analyseperspektiven herauszuarbeiten: Jede Methode wird anhand einer klassischen Studie ihrer jeweiligen Protagonist/innen erläutert. Sie werden sehen, dass die Mehrzahl der Methoden nicht am Reißbrett, sondern in der Forschungspraxis – also im Kontext einer bestimmten Studie und vor dem Hintergrund eines bestimmten Forschungsinteresses – entwickelt wurde. Freilich sind alle vorgestellten Methoden seit ihrer ersten Anwendung, teils entscheidend, weiterentwickelt worden. Gleichwohl lassen sich gerade anhand von klassischen Studien die Grundprinzipien einer Methode in besonders prägnanter Weise erkennen. Mit dieser Herangehensweise greife ich eine Idee des soziologischen Klassikers Émile Durkheim (1912) auf. Er hatte sich als Forscher für Religion interessiert und die „elementaren Formen des religiösen Lebens" anhand der, man könnte sagen: ethnografischen Analyse vormoderner („einfacher") Gesellschaften erforscht. Ihm war durchaus bewusst, dass Religion in modernen („höheren")

1 Empirische Sozialforschung gestern und heute

Gesellschaften ungleich komplexer und diversifizierter geworden ist, war aber der Ansicht, dass man ihre Grundprinzipien besser verstehen könne, wenn man zunächst ihre ursprünglichen Formen in den Blick nimmt. Analog lässt auch die Weiterentwicklung der qualitativen Sozialforschung ihre Methoden immer komplexer werden und an methodologisch-theoretischer Tiefe gewinnen. Auch wenn dies selbstredend einen gewinnbringenden Prozess darstellt, möchte ich diese Komplexität hier erst einmal weitgehend außer Acht lassen. Vor allem nämlich geht es in diesem Buch darum zu verstehen, was die einzelnen Methoden auszeichnet, wie sie vorgehen und auf welche Aspekte sie ihren Fokus richten. Es geht uns eben um das Verstehen ihrer Grundprinzipien, ihrer – sozusagen – „elementaren Formen".

Bevor ich mich den klassischen Studien von Paul F. Lazarsfeld, Marie Jahoda und Hans Zeisel, von Philipp Mayring, von Fritz Schütze sowie von Anselm L. Strauss und Barney G. Glaser zuwenden kann, werde ich im Folgenden die Zielsetzung und Prinzipien qualitativer Sozialforschung sowie ihre theoretischen Grundlagen herausarbeiten (Kap. 1.1). Darüber hinaus werde ich ihre methodengeschichtliche Entwicklung holzschnittartig nachzeichnen (Kap. 1.2), um daraufhin einen Blick in den Werkzeugkasten zu werfen, der uns heute für die Analyse der sozialen Wirklichkeit zur Verfügung steht (Kap. 1.3). Ausführlich werde ich in diesem Zusammenhang die Unterscheidung quantitativer und qualitativer Forschungsmethoden beleuchten (Kap. 1.4), um schließlich genauer auf die bereits angesprochenen Gütekriterien einzugehen (Kap. 1.5).

Ein letzter Hinweis sei noch gestattet: Die Methoden der empirischen Sozialforschung zu *studieren* ist die eine Sache, sie *anzuwenden* die andere. So wäre es sicherlich falsch zu verhehlen, dass man eine Methode erst dann umfänglich durchdringt, wenn man selbst mit ihr gearbeitet hat. Auch deshalb stellt das vorliegende Lehrbuch die Methoden nicht abstrakt, sondern anhand konkreter Anwendungsbeispiele vor. Er möchte seine Leserinnen und Leser nämlich durchaus ermutigen, auch selbst einmal als Forscher/in tätig zu werden – beispielsweise in Form einer empirischen Bachelor- oder Masterarbeit. Wie für viele Dinge im Leben gilt auch für die Sozialforschung: Wissen ist die eine Seite der Medaille, Übung die andere.

„Gerade die zunehmende Kodifizierung von Methoden, d. h. die genaue Darstellung methodischer Werkzeuge und Verfahrensschritte, erweckt leicht den falschen Anschein, als könne man sich Methodenkompetenz ‚anlesen'. Tatsächlich aber ist qualitative Sozialforschung wie Fußball oder Ballett: Neben Talent und theoretischem Wissen erfordert es üben, üben, üben." (Strübing 2018, S. VII)

1.1 Zielsetzung und Prinzipien qualitativer Sozialforschung

Bevor man etwas tut, ist es stets hilfreich, sich zu vergegenwärtigen, warum man es tut und welche Ziele man verfolgt. Dies gilt nicht nur für das Handeln in der Alltagswelt, sondern auch für das professionelle Handeln als Sozialforscher/in. Bevor Sie sich mit konkreten Methoden beschäftigen, sollten Sie daher zu verstehen versuchen, worum es uns als Forscher/innen eigentlich geht. Um sich der Zielsetzung von qualitativer Sozialforschung im Speziellen sowie von Soziologie im Allgemeinen zu nähern, bietet es sich an, bei den Klassikern des Fachs anzusetzen: bei Max Weber und Émile Durkheim. In Webers „soziologischen Grundbegriffen", die unter anderem zu Beginn seines legendären Hauptwerkes „Wirtschaft und Gesellschaft" veröffentlicht wurden, definiert er die Zielsetzung soziologischer Forschung in typischer Manier wie folgt:

„Soziologie [...] soll heißen: Eine Wissenschaft, welche soziales Handeln deutend verstehen und dadurch in seinem Ablauf und seinen Wirkungen ursächlich erklären will." (Weber 1921, S. 4)

In diesem auf einen oberflächlichen Blick eher unscheinbar wirkenden Satz steckt bei genauerer Betrachtung eine frappierende Aussagekraft. Zunächst nämlich definiert Weber die Soziologie als eine Wissenschaft. Dies erscheint heute vielleicht als Selbstverständlichkeit, zu Webers Zeiten jedoch war die Soziologie gerade erst im Begriff, sich als eigenständige wissenschaftliche Disziplin zu etablieren – und wurde keineswegs umstandslos als solche anerkannt. Zwei Wörter später benennt Weber den Untersuchungsgegenstand dieser neuen Wissenschaft: das soziale Handeln. Auch hier handelt es sich um zwei voraussetzungsvolle und gedankenreiche Begriffe. Handeln nämlich grenzt Weber vom bloßen Verhalten ab: Es zeichnet sich dadurch aus, dass es mit einem subjektiv gemeinten Sinn verbunden ist. Wohlgemerkt geht es dabei um einen *subjektiven* Sinn, den der Akteur oder die Akteurin mit seinem oder ihrem Handeln verbindet. Weber meint hier also dezidiert nicht einen alltagsweltlichen Sinnbegriff, der eher auf eine *objektive* Sinnhaftigkeit gerichtet ist. Stellen wir uns beispielsweise vor, ich würde mich beim Schreiben dieser Zeilen auf den Kopf stellen. Der alltagsweltliche Protestruf würde dann wohl lauten: „Das macht doch gar keinen Sinn!" Weber hingegen würde dies wohl eher nicht behaupten; vielmehr würde es ihm darum gehen zu verstehen, welchen subjektiv gemeinten Sinn ich mit meinem seltsamen Handeln verbinde, ein Buch auf dem Kopf stehend zu schreiben. Sein Anliegen wäre es – um einen in diesem Zusammenhang etablierten Begriff der qualitativen Sozialforschung zu verwenden –, meinen subjektiv gemeinten Sinn zu *rekonstruieren*. Damit plädiert

1.1 Zielsetzung und Prinzipien qualitativer Sozialforschung

Weber gleichzeitig dafür, dass wir dies als Forscher/innen überhaupt tun können und dürfen; dafür, dass es praktisch möglich und erkenntnistheoretisch legitim ist, den subjektiven Sinn eines Akteurs zu erfassen: „Man braucht nicht Cäsar sein, um Cäsar zu verstehen", schreibt er in diesem Zusammenhang unmissverständlich (ebd., S. 5). Die Möglichkeit der Rekonstruktion des subjektiv gemeinten Sinns ist eine Grundannahme der qualitativen Sozialforschung, die jedoch einiger Voraussetzungen bedarf, auf die ich gleich noch einmal zurückkommen werde.

Bleiben wir zunächst noch einen Moment bei Webers Begrifflichkeiten: Im Fokus seines Interesses steht nämlich nicht das gerade definierte Handeln im Allgemeinen, sondern das *soziale* Handeln im Speziellen. Als solches versteht er all dasjenige Handeln, „welches seinem von dem oder den Handelnden gemeinten Sinn nach auf das Verhalten anderer bezogen wird und daran in seinem Ablauf orientiert ist" (ebd., S. 4). Bei genauerer Betrachtung wird man feststellen, dass das Gros unseres Handelns auf andere bezogen, also im Weberschen Sinne sozial ist. So schreibe ich dieses Buch beispielsweise, damit Sie etwas über empirische Sozialforschung erfahren. Sie lesen es vermutlich aus dem gleichen Grund, vielleicht aber auch, um eines Tages Ihr Soziologiestudium abzuschließen. Und auch mit einem derartigen Abschluss werden Sie bestimmte Intentionen verbinden, die sich auf andere beziehen – etwa eine bessere berufliche, private oder gesellschaftliche Position. In der Literatur gibt es zahlreiche Beispiele, die zu illustrieren versuchen, wann Verhalten zu Handeln und wann Handeln zu sozialem Handeln wird. Wenn Sie sich für diese basalen Fragen der Soziologie interessieren, empfehle ich Ihnen, an besagter Stelle in Webers „Grundbegriffen" weiterzulesen – dort erfahren Sie unter anderem, ob es sich beim Aufspannen eines Regenschirms um soziales Handeln handelt.

Im Kontext dieses Lehrbuchs erscheint mir jedoch zunächst relevanter, dass Weber es als Zielsetzung soziologischer Forschung definiert, soziales Handeln „deutend verstehen" zu wollen. Eben diese Absicht zu *verstehen* kann als zentrales Ziel qualitativer Sozialforschung proklamiert werden. Verstehen nämlich ist – um Weber noch einen letzten Gedankenschritt zu folgen – Voraussetzung dafür, soziales Handeln „in seinem Ablauf und seinen Wirkungen ursächlich erklären" zu können. Dazu darf man als Forscher/in ein beobachtetes Handeln nicht einfach hinnehmen, sondern muss gleichsam ‚hinter seine Kulissen' schauen. Der deutsche Philosoph Wilhelm Dilthey (1900, S. 22), der mit seiner geisteswissenschaftlichen Hermeneutik wichtige erkenntnistheoretische Grundlagen für die qualitative Sozialforschung gelegt hat, drückte ein derartiges Streben nach Erkenntnisgewinn folgendermaßen aus: „Wir nennen den Vorgang, in welchem wir aus Zeichen, die von außen sinnlich gegeben sind, ein Inneres erkennen: Verstehen". Wie aber kann ein solcher Blick hinter die Kulissen offensichtlichen Handelns erfolgen? Weber verweist mit seinem Zusatz „deutend" darauf, dass es sich beim Verstehen stets um einen interpretativen Prozess auf Seiten des/der Forschenden handelt. Interpretationen stellen denn auch ein weiteres Grundprinzip nicht nur der qualitativen Sozialforschung, sondern jeglicher geistes- und sozialwissenschaftlicher Forschung dar. Um in wissenschaftlich legitimer Weise interpretieren zu können, müssen zwei Voraussetzungen erfüllt sein: Zum einen muss bei der Interpretation empirischer Daten stets deren Kontext berücksichtigt werden. Lassen Sie mich dies anhand eines Beispiels verdeutlichen:

Stellen Sie sich vor, jemand hätte Ihnen im Rahmen eines Interviews berichtet, in seiner Jugend häufig Fußball gespielt zu haben. Zunächst einmal ist entscheidend, dass Sie diese Aussage auf einer sprachlichen Ebene verstehen. Dies ist keineswegs eine Banalität, sondern hoch voraussetzungsvoll: Interviewte/r und Forscher/in müssen dazu die gleiche Sprache sprechen. Oder um es theoretisch fundierter auszudrücken: Sie müssen über einen gemeinsamen Vorrat sprachlicher Symbole verfügen – auf diese Begrifflichkeiten werde ich noch einmal zurückkommen. Hinter der simpel wirkenden Aussage des Interviewten verbirgt sich darüber hinaus eine ganze Menge an Kontextinformationen, die uns in Form von Alltagswissen und/oder wissenschaftlichem Wissen vorliegt. So erscheint es uns etwa als ganz selbstverständlich, dass Fußball in unserem Kulturkreis ausgesprochen populär ist. Wir wissen außerdem, dass es sich um eine Mannschaftssportart handelt, die im Normalfall von geschlechtshomogenen Teams ausgeübt wird. Vermutlich ist uns auch bekannt, dass sich eine ganze Reihe organisationaler Phänomene rund um die Sportart Fußball ausdifferenziert hat: es gibt verschiedene Vereine, Ligen, Dachorganisationen usw. Von damit einhergehenden Ökonomisierungsprozessen ganz zu schweigen. Wir wissen auch, dass Fußball, zumindest in bestimmten Milieus, einen hohen Stellenwert innehat – Fußball ist eben nicht nur Spaß, sondern auch ökonomisch überformter Ernst. Schließlich wissen wir aus soziologischer Forschung, dass biografischer Leistungsdruck Gelegenheitsstrukturen für Doping bietet, sowie aus sozialpsychologischer Forschung, dass Mannschaftssportarten soziale Kompetenzen befördern können. Und vermutlich wissen Sie noch eine ganze Menge mehr über Fußball. All dies wird der Interviewte jedoch wahrscheinlich nicht berichten, weil er es ganz selbstverständlich als Wissen klassifiziert, das er unausgesprochen mit den Forschenden teilt. Geteiltes Wissen bedeutet dabei auch, dass Forscher/in und Interviewte/r einem sprachlichen Ausdruck und/oder einem sozialen Phänomen den gleichen Sinn beimessen, den man folgerichtig *geteilten* Sinn nennt. Dieser ist nun die notwendige Voraussetzung dafür, dass Sie die Aussage des Interviewten interpretieren und letztlich verstehen können. In anderen Worten: Geteilter Sinn ist die Voraussetzung dafür, subjektiven Sinn rekonstruieren zu können. Verfügen Forscher/in und Interviewte/r hingegen nicht über ein ausreichendes Maß an geteiltem Wissen und geteiltem Sinn, so stoßen sie mitunter an Grenzen des Verstehens und der Interpretation von Interviewäußerungen – beispielsweise dann, wenn Ihnen eine Person aus einem völlig anderen Kulturkreis von einer Sportart berichtet, deren dortige Strukturen und deren dortigen gesellschaftlichen Stellenwert Sie nicht einzuschätzen vermögen.

> **Subjektiver und geteilter Sinn**
>
> Die Rekonstruktion sozialen Handelns als subjektiv sinnhaftes Handeln setzt die Kenntnis der Bedeutung der verwendeten (Sprach-)Symbole voraus. Die Chance auf das Verstehen einer Handlung besteht daher nur dann, wenn Forscher/in und Beforschte/r über einen Vorrat gemeinsamer Symbole verfügen. Wenn beide den verwendeten (Sprach-)Symbolen die gleiche Bedeutung beimessen, spricht man von geteiltem Sinn.

Merke

Zum anderen müssen Interpretationen, die auf das Verstehen sozialen Handelns abzielen, methodisch kontrolliert werden. Dann nämlich verlieren sie den ihnen latent anhaftenden Makel der Willkürlichkeit; nur dann können sie als wissenschaftliches Wissen anerkannt werden. Hier schließt sich der Kreis zur oben erläuterten Notwendigkeit methodischen Vorgehens – oder um es in den Worten der Sozialforscherinnen Aglaja Przyborski und Monika Wohlrab-Sahr auszudrücken:

> *„Äußerungen stehen immer in einem spezifischen Verweisungszusammenhang, d. h., sie sind indexikal. Methodisch kontrolliertes Fremdverstehen heißt, Bedingungen dafür zu schaffen, dass die Erforschten ihre Relevanzsysteme formal und inhaltlich eigenständig entfalten können. Die einzelnen Äußerungen werden erst in diesem Kontext, innerhalb der Selbstreferenzialität der gewählten Einheit, interpretierbar. Der Prozess des Fremdverstehens ist insofern methodisch kontrolliert, als der Differenz zwischen den Interpretationsrahmen der Forscher und der Erforschten systematisch Rechnung getragen wird."*
> (Przyborski und Wohlrab-Sahr 2021, S. 21)

Auf Basis des Verstehens von sozialem Handeln und seiner methodisch kontrollierten Interpretation können – und dies ließe sich als das eigentliche Ziel qualitativer Sozialforschung auffassen – konkrete Forschungsfragen beantwortet und damit gegenstandsbezogene Theorien mittlerer Reichweite entworfen werden. Letztere können zwar stets nur einen zu bestimmenden Geltungsbereich für sich reklamieren, sind dafür aber auf empirische Daten gestützt und erfüllen mithin den eingangs zitierten Anspruch Humboldts. Darüber hinaus können empirisch begründete Theorien mittlerer Reichweite als Vorstufe zur Entwicklung von Sozial- oder Gesellschaftstheorien mit hohem Allgemeingültigkeitsanspruch verstanden werden (vgl. Merton 1969). Mit diesem Gedanken steht man aber eher am Ende der qualitativen Sozialforschung als am Anfang ihrer Erläuterung. Ich gehe daher lieber noch einmal einen Schritt zurück.

Bis hierher wurde soziales *Handeln* in den Fokus der qualitativen Sozialforschung gerückt. Diese Perspektive möchte ich im Folgenden noch ein wenig erweitern. Dabei kann neben Max Weber ein zweiter soziologischer Klassiker behilflich sein kann: Émile Durkheim. Auch seine Absicht war es, Soziologie als eigenständige Wissenschaft zu etablieren. Wenn man so will, war sein Lehrstuhl im französischen Bordeaux denn auch die erste soziologische Professur überhaupt – die zunächst aber offiziell als pädagogische denominiert war. Bereits in seiner Antrittsvorlesung im Jahr 1897 machte Durkheim jedoch sein eigentliches, eben soziologisches, Arbeitsprogramm deutlich. Dabei wählte er ein durchaus nachvollziehbares Vorgehen: Eine wissenschaftliche Disziplin nämlich bedarf zweier basaler Alleinstellungsmerkmale – eines Gegenstands, den sie untersuchen möchte, und einer Methode, mit deren Hilfe sie dies tut:

„*Die Soziologie hat einen ausreichend definierten Gegenstand und eine Methode, ihn zu studieren. Der Gegenstand, das sind die sozialen Tatsachen, die Methode ist die Beobachtung und [...] die vergleichende Methode.*" (Durkheim 1897, S. 44)

In dieser Aussage stecken insbesondere zwei Aspekte, die für die Zwecke empirischer Sozialforscher/innen von Bedeutung sind: Zum einen benennt Durkheim lange vor der Etablierung und Ausdifferenzierung qualitativer Sozialforschung zwei konkrete Methoden, die für sie noch heute von hoher Relevanz sind. So gehört die Beobachtung nach wie vor zu unseren zentralen Erhebungsmethoden. Wie Sie im Kapitel zu teilnehmender Beobachtung und Ethnografie sehen werden (vgl. Kap. 2.2), werden Beobachtungen in einer Reihe von Studien exklusiv angewandt, um das soziale Handeln innerhalb eines Untersuchungsfelds zu rekonstruieren, zu interpretieren und letztlich zu verstehen. Aber auch dann, wenn eigentlich andere Methoden im Zentrum der Datenerhebung stehen, schwingen Beobachtungen stets latent mit. So kann man als Forschende/r beispielsweise kaum ein Interview führen, ohne dabei auch Dinge zu beobachten – etwa das nonverbale Verhalten eines bzw. einer Interviewpartner/in, sein bzw. ihr äußeres Erscheinungsbild oder den situativen Kontext eines Interviews. Und auch die von Durkheim so benannte „vergleichende Methode" stellt ein Moment dar, das in allen heute zur Verfügung stehenden Auswertungsmethoden mehr oder minder explizit angewandt wird. Besonders deutlich geschieht dies im Rahmen der Grounded Theory Methodologie, auf die ich im Kapitel 5 genauer eingehen werde.

Zum anderen – und dies wird unsere Forschungsperspektive wesentlich erweitern – definiert auch Durkheim einen zentralen Untersuchungsgegenstand der Soziologie, der sich jedoch von dem handlungstheoretischen Ansatz Webers unterscheidet. Im Zentrum seines Erkenntnisinteresses stehen nicht das soziale Handeln, sondern eben die „sozialen Tatsachen". Als solche sind im Prinzip all diejenigen gesellschaftlichen Phänomene zu verstehen, die sich aus dem handelnden Zusammenwirken mehrerer Akteure ergeben – und auf deren Handeln zurückwirken. Es handelt sich um institutionalisierte Strukturen, die aus „Wechselwirkungen" entstehen. Dieser von Georg Simmel (1908) eingeführte Begriff verweist auch auf die *Prozesshaftigkeit* von strukturbildenden Interaktionen, welche auch innerhalb der qualitativen Sozialforschung von hoher Relevanz ist. Es geht Forscher/innen nämlich nicht nur um das Verstehen sozialen Handelns, sondern auch um die Rekonstruktion sozialer Prozesse, durch welche die soziale Wirklichkeit in ihrer sinnhaften Struktur hergestellt wird (vgl. Lamnek und Krell 2016, S. 46 f.). Genau diese Struktur spiegelt dann jenen geteilten Sinn, der unabdingbare Voraussetzung für die Interpretation empirischer Daten ist.

> **Zielsetzung und Prinzipien qualitativer Sozialforschung**
>
> Qualitative Sozialforschung verfolgt das Ziel, soziales Handeln und soziale Prozesse im Sinne Max Webers (1921, S. 4) deutend zu *verstehen*. Um Forschungsfragen zu beantworten und auf dieser Basis empirisch begründete Theorien mittlerer Reichweite entwerfen zu können, wendet sie zwei grundlegende Prinzipien an: die Rekonstruktion und die Interpretation.

Empirische Daten werden von Akteuren hervorgebracht, beispielsweise in Form von beobachtbarem Handeln, Interviewäußerungen oder verschriftlichten Dokumenten. Diese Artefakte sind mit subjektivem Sinn, Intentionen und Deutungen verbunden, die es zu *rekonstruieren* gilt. Handeln ist dabei nicht ausschließlich bewusst intentional, sondern stets gerahmt von geteiltem Sinn, der den Akteuren beim Handeln nicht immer voll bewusstwird (vgl. Strübing 2018, S. 3).

Hinter der Ebene sprachlicher Symbole verbergen sich daher latente Sinnstrukturen, die sich nur mittels *interpretativer Prozesse* erschließen lassen (vgl. ebd., S. 2). Zwar stellen Interpretationen eine grundlegende Alltagskompetenz dar; um sie jedoch in wissenschaftliches Wissen transformieren zu können, ist eine methodische Kontrolle nötig.

1.2 Etablierung und Ausdifferenzierung qualitativer Sozialforschung

Die bisherigen Überlegungen zu Zielsetzung und Grundprinzipien qualitativer Sozialforschung beruhen insbesondere auf zwei theoretischen Grundlagen, deren Kenntnis hilfreich ist, bevor ich mich im Folgenden ihrer methodengeschichtlichen Entwicklung und ihrer heutigen Situation zuwenden kann. Insbesondere der symbolische Interaktionismus und die Phänomenologie stellen hier wichtige Vorstufen der Etablierung qualitativer Sozialforschung dar.

Die zentrale These des symbolischen Interaktionismus kann wohl so zusammengefasst werden, dass soziales Handeln und die Interaktion im Rahmen sozialer Prozesse geprägt sind von der Bedeutung der verwendeten Symbole (vgl. Mead 1973). Unter *symbolischer* Interaktion versteht man folglich ein wechselseitiges und aufeinander bezogenes Handeln von Akteuren unter Verwendung gemeinsamer Symbole (vgl. Denzin 2022). Bereits im Fußball-Beispiel ist dabei angeklungen, dass Sprache das grundlegendste und wohl auch zentralste Symbolsystem moderner Gesellschaften darstellt (Lamnek und Krell 2016, S 51f.). Will man soziale Wirklichkeit erforschen, ist es daher unabdingbare Voraussetzung qualitativer Sozialforschung, auch die Funktion und Bedeutung von Symbolen innerhalb unseres Untersuchungsfelds zu erfassen. Dies bezeichnet Herbert Blumer gleichsam als das methodologische Programm des symbolischen Interaktionismus:

„Berücksichtigen Sie die Beschaffenheit der empirischen Welt und bilden Sie eine methodologische Position aus, um diese Beschaffenheit zu reflektieren. Dies ist das, was meines Erachtens der symbolische Interaktionismus zu tun bemüht ist." (Blumer 1973, S. 143f.)

Die Erfassung von Symbolsystemen ist insbesondere wichtig, um im Rahmen der Interpretation sozialen Handelns und sozialer Prozesse mögliche Divergenzen zwischen der Binnenperspektive der handelnden Akteure und der Außenperspektive des/der Forschenden reflektieren zu können. So darf die Bedeutung eines sozialen Phänomens weder unmittelbar gleichgesetzt werden mit der Bedeutung, die ihm von Seiten der untersuchten Akteure beigemessen wird, noch mit derjenigen, die ihm von Seiten des/der Forschenden beigemessen wird. Dies wird an folgendem Beispiel aus der psychologischen Forschungspraxis deutlich: Hier erreichen die Kinder von Inuit bei Intelligenztests auffallend niedrige Werte. Dies ist jedoch keineswegs durch tatsächliche Unterschiede der Intelligenz zu erklären: Als man auch den Kontext der Tests in den Blick nahm, fand man vielmehr heraus, dass es im Kulturkreis der Inuit nicht der gesellschaftlichen Etikette entspricht, Wissen gegenüber Fremden zu offenbaren – dies war wohl der eigentliche Grund

1.2 Etablierung und Ausdifferenzierung qualitativer Sozialforschung

für die gemessenen Werte und die vermeintlich niedrigen Intelligenzquotienten (vgl. Lamnek und Krell 2016, S. 131).

Die zweite theoretische Grundlage qualitativer Sozialforschung stellt die innerhalb der Sozialwissenschaften ohnehin stark rezipierte Phänomenologie dar. Diese gründet auf der Philosophie Edmund Husserls und richtet ihr Hauptaugenmerk auf die – diesen Begriff haben Sie als Prinzip qualitativer Sozialforschung bereits kennengelernt: – Rekonstruktion lebensweltlicher Strukturen (vgl. Hitzler und Eberle 2022, S. 109 f.). Mit Lebenswelt ist dabei die ganz selbstverständlich gegebene und unmittelbar erfahrbare Welt gemeint, in der wir leben. Husserl (1936) hatte der modernen Wissenschaft vorgeworfen, aus dem Blick verloren zu haben, dass Wissenschaft immer in dieser Lebenswelt gründet. Dies führe – so der Titel seines posthum veröffentlichten Werkes – zu einer „Krisis der europäischen Wissenschaften":

„In unserer Lebensnot – so hören wir – hat diese Wissenschaft uns nichts zu sagen. Gerade die Fragen schließt sie prinzipiell aus, die für den in unseren unseligen Zeiten den schicksalsvollsten Umwälzungen preisgegebenen Menschen die brennenden sind: die Fragen nach Sinn oder Sinnlosigkeit dieses ganzen menschlichen Daseins." (Husserl 1936, S. 4)

Die Einsicht, dass Wissenschaft in der Lebenswelt begründet ist, müsse erstere jedoch notwendigerweise zurückgewinnen, um ein adäquates methodologisches Selbstverständnis entwickeln zu können. Alfred Schütz rezipierte Husserls Ansatz und machte ihn für sozialwissenschaftliche Fragestellungen fruchtbar. Seine „Lebensweltanalyse" setzt dabei am einzelnen Akteur an und ist darum bemüht, eben jenen subjektiven Sinn zu erfassen, den ich bereits im Zusammenhang mit Max Weber thematisiert habe. Gleichzeitig geht Schütz von der konstruktivistischen Annahme aus, dass alles Handeln, das diesem subjektiven Sinn entspringt, die Lebenswelt erst hervorbringt (vgl. Schütz und Luckmann 1979). Genau dies ist der phänomenologische Clou, den qualitative Sozialforscher/innen aufgreifen, wenn sie auf Basis der Rekonstruktion konkreten sozialen Handelns abstrakte Aussagen über die soziale Wirklichkeit treffen.

Darüber hinaus legt die Phänomenologie nahe, einen Untersuchungsgegenstand stets unabhängig vom Standpunkt des/der Forschenden zu erfassen. Sie postuliert mithin eine werturteilsfreie Analyse der sozialen Wirklichkeit: Die zu untersuchenden Phänomene sollen so betrachtet werden, wie sie sind – und nicht etwa so, wie sie aufgrund von Vorwissen, Vorurteilen oder theoretischen Annahmen erscheinen mögen. In der Terminologie phänomenologischer Ansätze hieße dies: Es soll das *Wesen* einer Erscheinung erfasst werden (vgl. Husserl 1936, S. 49). Konkret bedeutet dies für die Praxis qualitativer Sozialforschung, dass es im Zuge der Datenerhebung und -auswertung alle Dinge auszuklammern gilt, die den unvoreingenommenen Blick auf die eigentlichen Daten verengen oder verzerren könnten. Insbesondere frühe Ansätze der Grounded Theory Methodologie betonen daher, dass man sich seinem Untersuchungsgegenstand möglichst ganz ohne Vorwissen nähern sollte. Auch hierauf werde ich in Kapitel 5 zurückkommen; zuvor jedoch ein methodengeschichtlicher Blick auf die Etablierung und Ausdifferenzierung der qualitativen Sozialforschung.

Literatur

> **Literatur zu den theoretischen Grundlagen qualitativer Sozialforschung**
>
> Die theoretischen Grundlagen der qualitativen Sozialforschung konnten und sollten hier nur holzschnittartig umrissen werden. Wenn Sie sich für eine ausführlichere Darstellung interessieren, empfehle ich Ihnen das folgende Einführungswerk:
>
> *Lamnek, Siegfried und Claudia Krell. 2016. Qualitative Sozialforschung. 6. Aufl. Weinheim: Beltz Juventa.*
>
> Und auch diese beiden Werke zum symbolischen Interaktionismus und der Phänomenologie sind für Interessierte sicherlich bis heute lesenswert:
>
> *Blumer, Herbert. 1973. Der methodologische Standort des symbolischen Interaktionismus. In Alltagswissen, Interaktion und gesellschaftliche Wirklichkeit, Hrsg. Arbeitsgruppe Bielefelder Soziologen, 80–146. Opladen: Westdeutscher Verlag.*
>
> *Husserl, Edmund. 1996 [1936]. Die Krisis der europäischen Wissenschaften und die transzendentale Phänomenologie: Eine Einleitung in die phänomenologische Philosophie. 3. Aufl. Hamburg: Meiner.*

Die methodengeschichtliche Perspektive, die ich im Folgenden einnehme und die sich als konzeptionelle Idee durch das gesamte Buch zieht, ermöglicht es, die Entstehungsbedingungen einzelner Methoden genauer in den Blick zu nehmen. Genau dies wird hilfreich sein, um beurteilen zu können, ob und inwiefern eine Methode auch zur Beantwortung zeitgenössischer Forschungsfragen angemessen ist. Wenn man methodengeschichtlich vorgeht, heißt dies daher immer auch, sich mit den Voraussetzungen und Grenzen für die Anwendung bestimmter Methoden zu beschäftigen (vgl. Kern 1982, S. 11 f.). Die Anfänge qualitativer Sozialforschung sind jedoch keineswegs leicht und eindeutig auszumachen. Zwar wurde

1.2 Etablierung und Ausdifferenzierung qualitativer Sozialforschung

der Begriff „qualitative Empirie" bereits Mitte des 18. Jahrhunderts an der Universität Göttingen verwandt; die Strahlkraft rekonstruktiv-interpretativer Untersuchungsverfahren blieb jedoch zunächst stark begrenzt. Vielmehr ging es den Göttinger Universitätsstatistikern um Gottfried Achenwall (1719–1772) in erster Linie darum, gegen die von ihnen so bezeichneten „Tabellenknechte" aus dem Bereich statistischer Auswertungsverfahren zu wettern. Sie bemühten sich außerdem um die Etablierung einer qualitativen Staatenkunde, in der die Grenzen einer rein quantifizierenden Analyse sozialer und politischer Phänomene betont werden sollten (vgl. Kaufhold und Sachse 1987, S. 77 ff.; Kern 1982, S. 19 ff.). Dass die Göttinger Kameralisten es zunächst nicht vermochten, ihre Sichtweise auf den angemessenen Umgang mit empirischen Daten durchzusetzen, lag sicherlich auch daran, dass es ihrer Forschungsperspektive zu diesem Zeitpunkt an einer methodologischen und sozialtheoretischen Fundierung mangelte. Diese jedoch war unabdingbare Voraussetzung für die Etablierung und Ausdifferenzierung der qualitativen Sozialforschung, die erst im 19. Jahrhundert weiter vorangetrieben wurde. Zwei entscheidende Daten haben Sie diesbezüglich bereits kennengelernt: die Entwicklung einer geisteswissenschaftlichen Hermeneutik durch den oben zitierten deutschen Philosophen Wilhelm Dilthey (1833–1911) und die handlungstheoretische Fundierung einer „verstehenden Soziologie" durch den deutschen Soziologen Max Weber (1864–1920). Darüber hinaus hat schließlich auch die Ausformulierung der Dokumentarischen Methode durch den österreichisch-ungarischen Soziologen und Philosophen Karl Mannheim (1893–1947) zu Beginn des 20. Jahr-

Abbildung 1 Theoretische Vordenker der qualitativen Sozialforschung

Wilhelm Dilthey (1833–1911), Max Weber (1864–1920) und Karl Mannheim (1893–1947). Gemeinfrei Fotografien. Quelle: https://commons.wikimedia.org.

hunderts weitere wesentliche Anstöße zur theoretischen Fundierung der qualitativen Sozialforschung gegeben.
Weder jedoch wurde im 19. Jahrhundert bereits der Begriff ‚qualitative Sozialforschung' gebraucht, noch wurden die entsprechenden Methoden in nennenswerter Weise angewandt. Die Etablierung qualitativer Sozialforschung gelang an einem ganz anderen Ort: In Chicago wurde im Jahr 1892 von Albin Small (1854–1926), einem Schüler des bereits erwähnten deutschen Soziologen Georg Simmel, die erste soziologische Fakultät der USA gegründet (vgl. Strübing 2018, S. 13). Aus ihr entwickelte sich das, was heute als Chicago School bezeichnet wird. Hier wurde ab den 1920er Jahren erstmals explizit und in ebenso theoretisch fundierter wie forschungspraktisch differenzierter Weise qualitative Sozialforschung betrieben. Diese befasste sich inhaltlich in erster Linie mit dem durchaus dramatischen Wandel der sozialen und ökonomischen Lebensbedingungen in Chicago zu Beginn des 20. Jahrhunderts:

„Die Geschwindigkeit der sozialen Umwälzungen und die Neuartigkeit der Phänomene machten nicht nur eine intensive empirische Erforschung vor Ort erforderlich, sondern auch ein großes Maß an Einfallsreichtum und Experimentierfreude bei der Entwicklung angemessener Methoden der Gewinnung und Analyse von Datenmaterial." (ebd., S. 14)

Eine der ersten großen Studien der Chicago School war die sogenannte ‚Polish Peasant-Studie' (1927), in der William Isaac Thomas und Florian Znaniecki anhand polnischer Immigranten das Zusammenspiel von soziokulturellen Strukturen und individuellem Handeln untersuchten. Neben Verwaltungsakten analysierten die Forscher unter anderem Briefwechsel der Immigranten mit ihren Familienangehörigen in der Heimat und ließen von ihren Untersuchungsteilnehmern Autobiografien verfassen. Die Forscher entwickelten im Kontext konkreter Forschungsfragen also völlig neue Methoden der Datenerhebung und etablierten eine rekonstruktiv-interpretative Auswertungsperspektive, die wertvolle Grundlagen für die heutigen Methoden der qualitativen Sozialforschung bildet. In Bezug auf die seinerzeitigen Lebensbedingungen in Chicago entstand darüber hinaus eine ganze Reihe weiterer Forschungsarbeiten – etwa zu Wanderarbeitern (Anderson 1923), Amüsierlokalen (Cressey 1932) oder Straßengangs (Whyte 1943).

> **Die Forschungsarbeiten der Chicago School**
>
>
> Literatur
>
> Explizit wurde qualitative Sozialforschung ab den 1920er Jahren erstmals an der University of Chicago betrieben. Die Forschungsarbeiten der Chicago School sind dabei bis heute lesenswert. Man erfährt nämlich nicht nur Interessantes zu den dortigen Lebensbedingungen, sondern erkennt deutlich auch die Kreativität der Forschenden bei der Entwicklung neuer Methoden.
>
> *Thomas, William I. und Florian Znaniecki. 1927. The Polish peasant in Europe and America. New York: Knopf.*
>
> *Anderson, Nels. 1923. The Hobo. The Sociology of the Homeless Man. Chicago: University Press.*
>
> *Cressey, Paul G. 1932. The Taxi-Dance Hall. A sociological Study in commercialized Recreation and City Life. Chicago: University Press.*
>
> *Whyte, William F. 1943. Street Corner Society. The Social Structure of an Italian Slum. Chicago: University Press.*

Eine Rezeption dieser Studien im deutschsprachigen Raum war nichtsdestotrotz zunächst kaum auszumachen. Bis in die Zeit der Weimarer Republik hinein war die empirische Sozialforschung an deutschen Universitäten nur zu einem ausgesprochen geringen Grad institutionalisiert. Einschlägige Institute, etwa das Frankfurter Institut für Sozialwissenschaften, konnten sich nur vereinzelt etablieren. Während des Nationalsozialismus mussten viele Sozialforscher/innen darüber hinaus ins Ausland emigrieren (vgl. Kern 1982, S. 202 ff.) und auch das Frankfurter Institut wurde im Jahr 1933 vorübergehend geschlossen. Erst seit Beginn der 1970er Jahre werden die Methoden der Chicago School sowie einige neu entwickelte Methoden der empirischen Sozialforschung konsequent unter dem Stichwort „qualitativ" zusammengefasst. Die Bezeichnung „qualitative Sozialforschung" ist daher als Sammelbegriff für ganz unterschiedliche Methoden zu verstehen – und nicht etwa als eine homogene Methodologie (vgl. Lamnek und Krell 2016, S. 39). Im Jahr 1983 konstatierte Philipp Mayring (1983, S. 1), von dem in diesem Buch noch die Rede sein wird, dann eine „qualitative Wende" der empirischen Sozialforschung. Erst im Jahr 2002 jedoch empfahl die Deutsche Gesellschaft für Soziologie den soziologischen Studiengängen eine gleichberechtigte Ausbildung in quantitativen und qualitativen Methoden (vgl. Strübing 2018, S. 20).

Literatur

> **Ein methodengeschichtlicher Literatur-Tipp**
>
> Wenn Sie sich näher für die Phase der Etablierung und Ausdifferenzierung empirischer Sozialforschung interessieren, empfehle ich Ihnen:
>
> *Kern, Horst. 1982. Empirische Sozialforschung. Ursprünge, Ansätze, Entwicklungslinien. München: Beck.*
>
> Das Buch bietet eine lesenswerte Darstellung der Entwicklung empirischer Sozialforschung von der kameralistischen Universitätsstatistik im 18. Jahrhundert bis zur Institutionalisierung und Etablierung als eigenständige wissenschaftliche Disziplin nach dem Zweiten Weltkrieg.

1.3 Ein Blick in den Werkzeugkasten empirischer Sozialforschung

Der vorangegangene Abschnitt zu den theoretischen Grundlagen der qualitativen Sozialforschung sowie zu ihrer Etablierung und Ausdifferenzierung hat sich – um den Titel dieses Kapitels aufzugreifen – mit der empirischen Sozialforschung ‚gestern' beschäftigt. Wenn wir im Folgenden nun einen Blick in den Werkzeugkasten werfen, der uns als Forschenden aktuell zur Verfügung steht, so wenden wir uns damit der empirischen Sozialforschung ‚heute' zu. Die Werkzeug-Metapher bietet sich dabei aus mehreren Gründen an. Zunächst nämlich sind Methoden keineswegs ein Selbstzweck, vielmehr stellen sie ein *Mittel zum Zweck* dar (vgl. Pohlmann 2022, S. 14 f.). Ich habe ja bereits herausgearbeitet, dass es Soziologinnen und Soziologen letztlich darum geht, soziales Handeln und soziale Prozesse zu verstehen. Es geht ihnen darum, Forschungsfragen zu beantworten und gegenstandsbezogene Theorien mittlerer Reichweite zu entwickeln, indem sie auf Methoden zurückgreifen, die es ermöglichen, systematisch und kontrolliert vorzugehen.

Ein zweiter Grund, warum Methoden als Werkzeuge begriffen werden können, ist, dass diese Metapher auf die Notwendigkeit der Gegenstandsangemessenheit von Methoden verweist. Nicht jede Forschungsfrage nämlich lässt sich mithilfe jeder beliebigen Methode beantworten – so wie sich nicht jedes handwerkliche Ziel mit jedem beliebigen Werkzeug erreichen lässt. Wollen Sie beispielsweise Ihren Rasen mähen, wäre es wohl wenig zielführend, dazu einen Hammer benutzen zu wollen. In der Terminologie der empirischen Sozialforschung wäre der Ham-

1.3 Ein Blick in den Werkzeugkasten empirischer Sozialforschung

mer mithin nicht gegenstandsangemessen, um den Rasen zu mähen. Vielmehr müssen für den gegenstandsangemessenen Gebrauch eines Werkzeugs bestimmte Voraussetzungen erfüllt sein; darüber hinaus hat jedes Werkzeug bestimmte Grenzen in Bezug darauf, wobei es Mittel zum Zweck sein kann. Nehmen Sie für Ihren Rasen also lieber gleich den Rasenmäher. Entscheidend für das Ergebnis ist dann, wie Sie dessen Messer einstellen. Auch dieses Bild lässt sich leicht auf die empirische Sozialforschung übertragen: Die Wahl einer Methode und ihre konkrete Anwendung haben stets Einfluss auf unsere Untersuchungsergebnisse. Hierauf werde ich im Abschnitt zu den Gütekriterien der qualitativen Sozialforschung zurückkommen (vgl. Kap. 1.5). Lassen Sie mich das Rasenmäher-Beispiel zuvor jedoch noch ein wenig weiterspinnen: Vielleicht ist Ihnen an einem Frühlingstag im Gartencenter ja schon einmal aufgefallen, dass es ein schier unüberblickbares Spektrum verschiedenster Rasenmäher-Typen gibt – beispielsweise sehr simple manuelle Modelle und solche, die elektrisch betrieben werden und über Auffangbehälter für das geschnittene Gras verfügen. Selbst wenn Sie davon ausgehen, dass das Ergebnis mit beiden Modellen am Ende das gleiche wäre, so ist doch unmittelbar einsichtig, dass die Wege dorthin sehr unterschiedlich sein werden. Mit dem simplen Rasenmähermodell werden Sie deutlich mehr Muskelkraft investieren und das gemähte Gras am Ende noch zusammenrechen müssen. Auch dieses Bild lässt sich auf unser eigentliches Thema übertragen: Auch in der empirischen Sozialforschung nämlich verfügen wir über Hilfsmittel – konkret: über Softwareprogramme –, die uns bestimmte Aspekte der Datenaufbereitung und -auswertung erleichtern können, ohne uns dabei die zentralen Forschungsaufgaben der Rekonstruktion und Interpretation aus der Hand zu nehmen. In Bezug auf die Auswertung quantitativer Daten ist hier etwa an Programme wie „SPSS" oder „R" zu denken, in Bezug auf die Transkription von Interviews an das Programm „f4transkript" (vgl. Kap. 3.5) und in Bezug auf die Auswertung qualitativer Daten beispielsweise an die Programme ATLAS.ti, f4analyse und MAXQDA. Letzteres werde ich am Ende des Buchs vorstellen (vgl. Kap. 5.5).

Die Werkzeug-Metapher ist schließlich noch aus einem dritten Grund instruktiv: Sie verweist darauf, dass mit bestimmten Werkzeugen bestimmte Paradigmen verbunden sind. Im Bereich der Rasenpflege könnte man sich beispielsweise vorstellen, dass es Menschen gibt, die Rasenmäher aus ideologischen Gründen völlig ablehnen und ihre Wiese stattdessen in traditioneller Weise mit einer Sense pflegen. Analog hat man es im Bereich der empirischen Sozialforschung mit Verfechtern quantitativer Methoden und Verfechtern qualitativer Methoden zu tun; und innerhalb der qualitativen Sozialforschung stehen sich Forscher/innen gegenüber, die eher inhaltsanalytische bzw. eher hermeneutische Methoden anwenden. Auf diese teils deutlich überhöhten Grenzziehungen werde ich im folgenden Abschnitt zurückkommen.

Merke

> **Methoden als Werkzeuge**
>
> Methoden dienen Forschenden als Mittel zum Zweck. Sie ermöglichen es, konkrete Forschungsfragen in kontrollierter Weise zu beantworten. Nicht jede Methode ist dabei zur Beantwortung jeder Forschungsfrage geeignet (Gegenstandsangemessenheit). Darüber hinaus sind verschiedene Methoden mit verschiedenen Paradigmen verknüpft.

Bevor Sie konkret überlegen können, welche methodischen Werkzeuge Ihnen zur Beantwortung Ihrer Forschungsfragen zur Verfügung stehen, sollten Sie sich vergegenwärtigen, dass die Auswahl einer konkreten Erhebungs- bzw. Auswertungsmethode an ganz bestimmten Punkten zu Beginn eines Forschungsprozesses erfolgt. Daher werde ich dessen idealtypischen Verlauf zunächst in einigen Stichworten nachzeichnen. Dabei lassen sich fünf initiale Phasen einer empirischen Studie unterscheiden (vgl. Przyborski und Wohlrab-Sahr 2021, S. 1 ff.).

Entwicklung des Erkenntnisinteresses und Formulierung der Fragestellung
Am Beginn eines Forschungsprozesses steht häufig eine irritierende Beobachtung, die das Interesse eines Forschers bzw. einer Forscherin weckt. Beispielsweise haben mein Kollege Christian Kurrat und ich uns am Institut für Soziologie mit dem zeitgenössischen Pilgern auf dem Jakobsweg beschäftigt (vgl. Heiser 2021; Heiser und Kurrat 2012, 2015; Kurrat und Heiser 2020; Kurrat 2015). Ausgelöst wurde unser diesbezügliches Interesse – wie sollte es anders sein – durch die Popularität des Buches „Ich bin dann mal weg" von Hape Kerkeling (2006) sowie dadurch, dass Pilgern plötzlich ‚in aller Munde', also in den Massenmedien kaum mehr zu übersehen war. An diesem Punkt des Forschungsprozesses liegt zunächst einmal ein Forschungsthema vor – nicht mehr, aber auch nicht weniger. Im nächsten Schritt beginnt man damit, genauer und systematischer zu beobachten: Man sammelt Zeitungsartikel, recherchiert einschlägige Literatur und führt vielleicht erste unverbindliche Gespräche mit Expert/innen und Kolleg/innen. Vor allem aber denkt man über sein Forschungsthema nach und entwickelt auf diese Weise sukzessive ein spezifisches Erkenntnisinteresse. Nachdem wir auf die Statistiken zu Pilgerzahlen gestoßen waren, war dies in unserem Fall die recht naheliegende – wie sich aber schnell herausstellte: ausgesprochen komplexe – Frage: Warum eigentlich pilgern immer mehr Menschen auf dem Jakobsweg? Nun wussten wir, was wir wissen wollten.

Auf die Entwicklung des Erkenntnisinteresses folgt im nächsten Schritt die Formulierung einer präzisen Forschungsfrage. An diesem Punkt ist es unabdingbar, den einschlägigen Forschungsstand zu rekonstruieren. Systematisch führt man daher eine Literaturrecherche durch, um herauszuarbeiten, welche potenziellen Fragen zu einem Forschungsthema bereits in anderen Studien beantwortet wurden und welche Fragen dort offengeblieben sind. Ganz entscheidend ist in diesem Zusammenhang die Präzision der Fragestellung. Eine der größten Herausforderungen im Forschungsprozess ist nämlich, die Forschungsfrage wirklich auf den Punkt zu bringen. Die Gefahr besteht darin, eine zu große, zu allgemeine Fragestellung zu formulieren. Angesichts begrenzter Zeit und Ressourcen lassen sich solche Fragen jedoch meist nicht in der gebotenen Gründlichkeit beantworten. Gerade dann, wenn Sie beispielsweise eine empirische Abschlussarbeit schreiben möchten, stehen Ihnen dafür bekanntlich nur wenige Monate zur Verfügung, in denen Sie darüber hinaus natürlich noch weitere private und berufliche Verpflichtungen haben. Ich kann Ihnen daher nur dringend raten, Ihre Forschungsfrage möglichst stark einzugrenzen. Sie werden dann zwar nur einen kleinen Ausschnitt Ihres Forschungsthemas beleuchten können, diesen dafür aber umfänglich und in wissenschaftlich anerkannter Weise erfassen.

Merke

Präzision der Forschungsfrage

Entwickeln Sie eine möglichst präzise und stark eingegrenzte Forschungsfrage. Nur derartige Fragestellungen lassen sich angesichts begrenzter Zeit und Ressourcen mit der gebotenen Gründlichkeit beantworten.

In unserem Fall war der sozial- und kulturwissenschaftliche Forschungsstand zum Thema Pilgern ausgesprochen lückenhaft. Unsere Literaturrecherche und einige Vorab-Interviews legten jedoch nahe, dass der Grund für eine Pilgerschaft in der Biografie des/der Pilgernden zu suchen ist. Wir formulierten daher die folgende Forschungsfrage: Was sind die auslösenden biografischen Momente, die Menschen zu einer Pilgerschaft auf dem Jakobsweg veranlassen?

Entscheidung für qualitatives oder quantitatives Untersuchungsdesign
„Jede Forschung erfordert eine methodologische Positionierung, die Konsequenzen für das weitere Vorgehen hat", schreiben Aglaja Przyborski und Monika Wohlrab-Sahr (2021, S. 7). In erster Linie meinen sie damit die Entscheidung, ob man ein quantitatives oder qualitatives Untersuchungsdesign wählt. Diese richtungsweisende Entscheidung ist häufig auch davon abhängig, auf welchem Gebiet der bzw. die jeweilige Forscher/in Erfahrung und Kompetenz aufweisen kann. Eigentlich aber ist die Entscheidung im Wesentlichen von der Forschungsfrage abhän-

gig. Im folgenden Abschnitt werde ich einige Kriterien herausarbeiten, anhand derer sich beurteilen lässt, ob eine Forschungsfrage tendenziell eher mit qualitativen oder quantitativen Methoden zu beantworten ist (vgl. Kap. 1.4). Zunächst ist jedoch wichtig zu wissen, dass die methodologische Positionierung einerseits die Auswahl der zur Verfügung stehenden Erhebungs- und Auswertungsmethoden aus dem Werkzeugkasten der empirischen Sozialforschung eingrenzt. Andererseits hat die Festlegung auf ein qualitatives oder quantitatives Untersuchungsdesign weitreichende Folgen für den weiteren Forschungsprozess. Entscheidet man sich nämlich beispielsweise für ein qualitatives Vorgehen, so muss man dessen Prinzipien und Gütekriterien konsequent berücksichtigen.

Für das Pilger-Projekt lag es aufgrund des dürftigen Forschungsstands nahe, ein qualitatives Untersuchungsdesign zu wählen. Es ging uns nämlich darum, das Feld möglicher Auslöser für eine Pilgerschaft explorativ abzustecken.

Bestimmung des Forschungsfeldes
Wenn nun also ein Erkenntnisinteresse entwickelt, eine präzise Forschungsfrage formuliert und eine methodologische Positionierung erfolgt ist, gilt es in einem dritten Schritt, das Feld zu bestimmen, in dem man am vielversprechendsten forschen und brauchbare empirische Daten erheben kann. Letztlich geht es dabei um die Frage: Wo und von wem erfahre ich am ehesten etwas über das, was ich wissen will? In unserem Fall lag die Antwort nahe: Über das Pilgern erfährt man am besten dort etwas, wo gepilgert wird – auf dem Jakobsweg.

Wahl der Erhebungsmethode
Bereits mehrfach ist auf den vorangegangen Seiten die Unterscheidung von Erhebungs- und Auswertungsmethoden angeklungen. Einerseits stehen innerhalb der empirischen Sozialforschung also solche Methoden zur Verfügung, mit deren Hilfe sich Daten erheben lassen. An diesem Punkt des Forschungsprozesses muss entschieden werden, welches die am besten geeignete Methode ist, um in einem bestimmten Forschungsfeld diejenigen Daten zu erheben, die in Hinblick auf die Beantwortung der Forschungsfrage besonders aussagekräftig sind. Am häufigsten werden Daten in der Praxis qualitativer Sozialforschung mittels verschiedener Interviewformen erhoben. Wir haben beispielsweise sogenannte narrative Interviews mit Pilgernden geführt, auf die ich in Kapitel 4 näher eingehen werde. Aber auch über Beobachtungen als Erhebungsmethode habe ich bereits gesprochen und werde dies in Kapitel 2 vertiefen.

Wahl der Auswertungsmethode
Andererseits stehen verschiedene Auswertungsmethoden zur Verfügung, mit deren Hilfe die erhobenen Daten analysiert werden können. Die Interviews mit Pil-

gernden haben wir beispielsweise entlang einer Grounded Theory Methodologie ausgewertet, die Thema von Kapitel 5 sein wird. Die Entscheidung für eine bestimmte Methode wird Ihnen im Rahmen Ihrer eigenen Forschung sicherlich leichter fallen, wenn Sie dieses Lehrbuch aufmerksam durchgearbeitet haben. Dann nämlich werden Sie die gängigsten Methoden der qualitativen Sozialforschung kennen und anhand ihrer Voraussetzungen, Grenzen und Vorgehensweisen voneinander abgrenzen können.

Zusammenfassend sind Sie nun aber erst einmal in der Lage, den versprochenen Blick in den Werkzeugkasten der empirischen Sozialforschung zu werfen. Wie jeder anständige Werkzeugkasten gehört natürlich auch dieser aufgeräumt. Als Sortierungskriterien dient dabei nicht nur die Unterscheidung von Erhebungs- und Auswertungsmethoden, sondern auch diejenige von qualitativen und quantitativen Forschungsansätzen. Die folgende Tabelle erhebt dabei freilich keinen Anspruch auf Vollständigkeit:

Tabelle 1 Der Werkzeugkasten empirischer Sozialforschung

	Quantitative Methoden	**Qualitative Methoden**
Erhebungsmethoden	• Standardisierte Befragung • Standardisiertes Interview • Standardisierte Beobachtung • …	• Experteninterview • Narratives Interview • Problemzentriertes Interview • Teilnehmende Beobachtung • …
Auswertungsmethoden	• Statistische Verfahren • Quantitative Inhaltsanalyse • …	• Qualitative Inhaltsanalyse • Narrationsanalyse • Grounded Theory Methodologie • Objektive Hermeneutik • …

1.4 Qualitative und quantitative Forschungslogiken

Die Unterschiede zwischen qualitativen und quantitativen Untersuchungsdesign werden im Folgenden genauer beleuchtet. Zum einen, weil ich gerade bereits festgehalten habe, dass die Entscheidung für eine der beiden Forschungslogiken weitreichende Folgen für den weiteren Forschungsprozess hat. Zum anderen, weil es sich bei qualitativer bzw. quantitativer Sozialforschung um zwei sehr unterschiedliche Forschungslogiken handelt. Gerade diese Unterschiede machen ihre jeweiligen Spezifika besonders deutlich erkennbar. Wenn ich die qualitative Sozialforschung im Folgenden also der quantitativen gegenüberstelle, so lernen Sie daraus auch etwas darüber, wie qualitative Sozialforschung ‚funktioniert'.

Man muss dazu wissen, dass zwischen den jeweiligen Vertreter/innen qualitativer bzw. quantitativer Forschungslogiken in den vergangenen Jahrzehnten teils erbitterte Grabenkämpfe geführt wurden. Die mitunter vehement vorgebrachte gegenseitige Kritik, die sich jeweils um mangelnde Anerkennung für die ‚Gegenseite' drehte – und bedauerlicherweise bis heute dreht –, soll an dieser Stelle keinesfalls wiederholt werden. Viele Methodenlehrbücher nämlich bemühen sich darum, die vermeintlichen Vorteile der von ihnen propagierten Forschungslogik durch die vermeintlichen Nachteile der jeweils anderen zu betonen. Letztlich verfestigen die Autor/innen damit jedoch nur die paradigmatischen Grabenkämpfe – wenn auch latent und implizit. Nüchtern betrachtet jedoch ist Paul F. Lazarsfeld uneingeschränkt zuzustimmen, der in seinem Vorwort zur Marienthal-Studie bereits im Jahr 1960 schrieb:

„Es gibt so viel zu tun, dass man nicht seine Zeit mit ‚Methodenstreit' vergeuden soll. Eine integrale Soziologie wird mit allen empirischen und analytischen Mitteln an konkrete Probleme herangehen und dadurch eine realistische Synthese finden." (In: Jahoda et al. 1933, S. 23)

Qualitative Forschung ist also keineswegs per se besser oder schlechter als quantitative – und auch nicht umgekehrt. Bei der Entscheidung für eine der beiden Forschungslogiken ist vielmehr von Bedeutung, dass die gewählte Forschungslogik der jeweiligen Fragestellung und dem jeweiligen Forschungsstand angemessen ist. Dies macht Udo Kelle an folgendem Beispiel deutlich:

„Wer bspw. demographische Phänomene, etwa Geburtenraten im internationalen Vergleich, untersuchen möchte, wird auch dann, wenn er erkenntnistheoretisch dem Konstruktivismus nahe steht (philosophisch gesehen also „qualitativ orientiert" wäre), ohne quantitative Daten und statistische Analysen kaum zurechtkommen. Wer dahingegen subjektive Wahrnehmungs- und Deutungsmuster von Mitgliedern einer gesellschaftlich marginalisierten Subkultur explorieren möchte, wird durch ein dogmatisches Festhalten an der Methode standardisierter Befragung als vermeintlichem Königsweg der Sozialforschung kaum brauchbare Resultate erzielen können." (Kelle 2022, S. 170)

Obwohl sich in den vergangenen Jahren immer mehr Sozialforscherinnen und Sozialforscher der Forderung Lazarsfelds nach einer gleichberechtigten Anerkennung qualitativer und quantitativer Ansätze angeschlossen haben, sollte man nicht verhehlen, dass bis heute deutliche Grenzen zwischen beiden Forschungslogiken bestehen – und zwar auch auf institutioneller Ebene. So sind Forschungsinstitu-

1.4 Qualitative und quantitative Forschungslogiken

te und Methodenlehrstühle auch gegenwärtig noch häufig mit einer der beiden Logiken verknüpft. Sie lehren also entweder qualitative *oder* quantitative Sozialforschung – wenn auch nicht immer exklusiv, so doch im Regelfall mit nicht zu übersehendem Schwerpunkt. Und auch in der Praxis wenden Forscher/innen nur ausgesprochen selten sowohl qualitative als auch quantitative Methoden an. Diese institutionalisierte Grenze zwischen den beiden Forschungslogiken mag dabei nicht nur paradigmatische Ursachen haben, sondern auch ganz pragmatische: Hinter der quantitativen Forschungslogik nämlich verbirgt sich ein weitgehend homogenes Wissenschaftsparadigma. Unter dem Oberbegriff qualitative Sozialforschung hingegen versammelt sich eine ganze Reihe unterschiedlicher Ansätze, die sich methodologisch und wissenschaftstheoretisch mitunter deutlich voneinander unterscheiden (vgl. Strübing, S 2018, S. 1). Dies verhindert letztlich die Ausbildung einer homogenen Disziplin qualitativer Sozialforschung, die als formal gleichwertig zur quantitativen anerkannt werden könnte.

> **Merke**
>
> **Gleichwertigkeit qualitativer und quantitativer Forschungslogiken**
>
> Qualitative und quantitative Sozialforschung stellen unterschiedliche, aber völlig gleichberechtigte Forschungslogiken dar. Welche Forschungslogik man in einer empirischen Untersuchung anwendet, hängt vom Erkenntnisinteresse und von der Forschungsfrage ab.

Teilweise mag die Persistenz der Grabenkämpfe darüber hinaus auch rein semantisch zu erklären sein. Die etablierten Begriffe ‚qualitativ' und ‚quantitativ' sind nämlich keineswegs glücklich gewählt. Letzterer ist noch relativ gut nachvollziehbar; schließlich geht es quantitativer Sozialforschung im Kern tatsächlich um die Quantifizierung von Variablen und Merkmalsausprägungen. Im Begriff ‚qualitativ' hingegen schwingt immer auch eine normative Komponente mit, die in diesem Zusammenhang jedoch völlig unangebracht ist. Schließlich handelt es sich nicht um Forschung, die sich – in einem alltagsweltlichen Begriffsverständnis – zwangsläufig durch Qualität auszeichnen würde. Deshalb kursieren im methodologischen Diskurs auch verschiedene alternative Begrifflichkeiten. Jochen Gläser und Grit Laudel (2010) beispielsweise grenzen „fallbasierte" und „aggregatbasierte" Forschungslogiken voneinander ab. Sie betonen damit, dass es qualitativer Sozialforschung um die intensive und umfängliche Analyse einer begrenzten Anzahl von Fällen geht, während sich quantitative Forschung nur für bestimmte Merkmale von Fällen interessiert, welche sie dafür aber in großer und repräsentativer Anzahl untersucht und aggregiert. Ein weiteres alternatives Begriffspaar wäre die Unterscheidung von „hypothesenprüfenden" und „rekonstruierenden" Forschungslogiken. Ralf Bohnsack (2021) und Michael Meuser (2018) sowie Aglaja Przyborski und Monika Wohlrab-Sahr (2021) sprechen daher statt von einer qualitativen von „rekonstruierender" Forschungslogik. Sie betonen damit eine konstruktivistische Vorstellung von sozialer Wirklichkeit. Diese wird, wie Sie bereits gesehen haben, durch das handelnde Zusammenwirken von Akteuren erst hergestellt – eben konstruiert (vgl. Berger und Luckmann 1969). Aufgabe des/der Forschenden sei es daher, diese interaktive und prozesshafte „Konstruktion sozialer Wirklichkeit" zu *re*konstruieren:

> *„Sozialwissenschaftliche Konstruktionen basieren auf alltäglichen Konstruktionen: Es handelt sich um Interpretationen bzw. Konstruktionen zweiten Grades. Das Verhältnis qualitativer Methoden zu ihrem Gegenstand ist deshalb ein rekonstruktives."* (Przyborski und Wohlrab-Sahr 2021, S. 16)

Schließlich sprechen einige Sozialforscher/innen statt von qualitativer von „interpretativer" Sozialforschung – beispielsweise Jörg Strübing und Bernt Schnettler (2004) sowie Frank Kleemann, Uwe Krähnke und Ingo Matuschek (2013). Sie betonen damit das Ziel des deutenden Verstehens von sozialem Handeln und sozialen Prozessen im Sinne Max Webers. Die genannten Autor/innen verweisen mit ihren alternativen Begrifflichkeiten also auf die zwei grundlegenden Prinzipien der qualitativen Sozialforschung. Gleichzeitig aber weisen sie auf einige charakterisierende Unterschiede beider Forschungslogiken hin, die im Folgenden näher betrachtet werden.

Theorietest vs. Theoriegenese
Ein erster wesentlicher Unterschied besteht darin, dass qualitative Sozialforschung Theorien zu generieren versucht, während quantitative Sozialforschung bestehende Theorien testet. Häufig werden einander in diesem Zusammenhang auch die Verfahren Sensibilisierung und Operationalisierung gegenübergestellt. Als qualitative/r Sozialforscher/in nämlich sollte man sensibel sein für die wesentlichen Merkmale des Feldes, das man untersucht. Wichtig ist, all das zu erkennen, was einen untersuchten Prozess kennzeichnet und zum Verstehen sozialen Handelns beiträgt. Man muss also Wichtiges von Unwichtigem trennen. Und mehr noch: Man muss sich mit der Frage beschäftigen, ob und inwiefern die beobachtbaren Handlungen und Prozesse generalisierbar sind, um letztlich eine Theorie generieren zu können. Quantitative Sozialforschung hingegen operationalisiert bereits bestehende Theorien in der Art, dass diese sich über einschlägige Erhebungs- und Auswertungsmethoden überprüfen, also entweder bestätigen oder falsifizieren lassen.

1.4 Qualitative und quantitative Forschungslogiken

Daher benötigt quantitative Forschung in der Regel deutlich mehr Vorwissen über ihren Untersuchungsgegenstand als qualitative. Sie muss in der Lage sein, aus allgemeinen Theorien konkrete Hypothesen abzuleiten, die sich beispielsweise im Rahmen einer standardisierten Befragung testen lassen. Beispielsweise ließe sich die folgende Hypothese aufstellen: *Der Bildungsgrad eines Kindes hängt vom sozialen Status seiner Eltern ab.* Zunächst wirkt diese These recht simpel und vermutlich auch durchaus plausibel. Bei genauerem Hinsehen jedoch steckt auch in einer derart einfachen Hypothese eine ganze Menge an alltagsweltlichem und wissenschaftlichem Vorwissen. Ich würde daher behaupten, dass ein Außerirdischer, der noch nie einen Fuß auf unseren Planeten gesetzt hat und nichts über ihn weiß, nicht ohne Weiteres einen Zusammenhang von Bildung und sozialem Status vermuten würde. Diese Metapher ist keineswegs allzu weit hergeholt. Wenn wir uns nämlich als Forschende in ein Untersuchungsfeld begeben, in eine Subkultur also, die uns zunächst fremd ist, so wissen wir eben im Vorfeld nichts oder nicht viel selbst über die banalsten Zusammenhänge und Strukturen, die den dortigen Akteuren völlig selbstverständlich erscheinen. Andersherum erscheint die Beispiel-Hypothese also nur deshalb plausibel, weil wir die Gesellschaft, in der wir leben, kennen – zunächst einmal aufgrund ganz alltäglicher Erfahrung oder auch aus Medienberichten, in denen Bildung ja recht häufig thematisiert wird. Schon bei der Formulierung der Ausgangshypothese habe ich daher implizit eine gehörige Menge Vorwissen angewandt. Als quantitative Sozialforscher/innen müssen Sie sich aber noch deutlich genauer mit den relevanten Variablen unserer These auseinandersetzen. Beispielsweise müssen Sie hinterfragen, was sich hinter dem Begriff „sozialer Status" verbirgt. Vermutlich haben Sie ad hoc eine vage Vorstellung, wovon Sie sprechen. Wollen Sie aber in methodisch kontrollierter und wissenschaftlich anerkannter Weise forschen, so müssen Sie den Begriff eindeutig definieren. Dazu müssen Sie beispielsweise wissen, dass der soziale Status in erster Linie vom Haushaltseinkommen und dem Prestige einer Berufsgruppe abhängt. Dies sind konkrete Variablen, die Sie im Rahmen einer standardisierten Befragung erheben können – unmittelbar nach sozialem Status hätten Sie wohl nicht fragen können. Ähnliches gilt für den Begriff „Bildungsgrad": Auch hier müssen Sie auf vorhandene Theorien zurückgreifen; etwa dann, wenn Sie sich mit der Frage beschäftigen, ob ein Hauptschüler, der es später zum Meisterbrief gebracht hat, über einen höheren oder niedrigeren Bildungsgrad verfügt als eine Abiturientin, die nach ihrem Schulabschluss keinerlei Berufsausbildung absolviert hat. Glücklicherweise werden Ihnen bei dieser Frage einschlägige Konzepte der soziologischen Ungleichheitsforschung weiterhelfen – die Sie jedoch kennen müssen. Erneut benötigen Sie also Vorwissen. Dann wissen Sie nämlich, dass es sich beim Bildungsgrad um einen Index handelt, der sich aus den direkt erhebbaren Variablen ‚höchster Schulabschluss' und ‚höchster berufsqualifizierender Abschluss' berechnen lässt. Und schließlich müssen Sie aus der zu untersuchenden Grundgesamtheit, also beispielsweise der Gesamtbevölkerung Deutschlands, eine Stichprobe ziehen, die Sie befragen können. Diese Stichprobe sollte die Grundgesamtheit möglichst gut abbilden bzw. repräsentieren, weshalb auch von ‚repräsentativen Stichproben' gesprochen wird. Hierzu müssen Sie relevante Merkmale und ihre Verteilung innerhalb der Grundgesamtheit kennen: Beispielsweise muss das Geschlechterverhältnis bekannt sein oder die Verteilung bestimmter Altersstufen. Vermutlich müssen Sie sogar noch eine ganze Menge anderer Merkmale berücksichtigen, deren Existenz besagter Außerirdischer nicht einmal ahnen würde. Kurzum: Um eine Hypothese im Sinne quantitativer Sozialforschung testen zu können, benötigt man als Forschende/r eine gehörige Menge Vorwissen über den Untersuchungsgegenstand.

Qualitative Sozialforschung hingegen kann sich ihrem Untersuchungsgegenstand im Zweifel auch völlig ohne Vorwissen nähern. Dann steckt sie ihr Untersuchungsfeld zunächst explorativ ab und rekonstruiert die dortigen sozialen Handlungen und Prozesse. Sie analysiert und interpretiert dabei eine begrenzte Anzahl von Fällen und befasst sich mit der Frage, wie weit diese generalisierbar sind. Wenn kein oder wenig Vorwissen über einen Untersuchungsgegenstand vorliegt, ist ein qualitatives Untersuchungsdesign die einzig mögliche Strategie empirischer Sozialforschung:

> „Viele relevante gesellschaftliche Fragen lassen schon deshalb keine hypothetischen Antworten zu, weil sie aus der Dynamik gesellschaftlicher Verhältnisse resultieren, die zunächst einmal empirisch untersucht werden muss, um zu verstehen, wie es zu den Phänomenen kommen konnte, die das Forschungsproblem konstituieren." (Strübing 2018, S. 22)

Merke

Vorwissen

Quantitative Sozialforschung benötigt Vorwissen, um Hypothesen formulieren, Variablen bestimmen, Indizes bilden und Stichproben ziehen zu können. Qualitative Sozialforschung kann sich ihrem Untersuchungsgegenstand hingegen ohne Vorwissen nähern.

Freilich werden sich qualitative Sozialforscher/innen ihrem Untersuchungsgegenstand aber nur in seltensten Fällen völlig ohne Vorwissen nähern. Dies war zwar ein zentrales Postulat früher Ansätze der Grounded Theory Methodologie (vgl. Kap. 5.2) und hat letztlich sogar zur Entzweiung ihrer beiden Protagonisten

Anselm Strauss und Barney Glaser geführt. Auch Letzterer würde heute jedoch kaum noch darauf bestehen, dass man sich dem Untersuchungsgegenstand ohne Vorwissen nähern *muss*. Gerade als Soziologinnen und Soziologen verfügen wir nämlich immer über Erfahrungswissen und ein Alltagsverständnis von der Gesellschaft, die wir untersuchen wollen. Darüber hinaus wurden wir immer wissenschaftlich sozialisiert, was unsere Perspektive auf einen Untersuchungsgegenstand unvermeidlich in bestimmte Bahnen lenkt. Und schließlich ist – dies hatte ich schon festgestellt – die Initiierung eines Forschungsprozesses gar nicht möglich, ohne sich in ein Forschungsthema einzulesen und einzuarbeiten. Wenn ich beispielsweise merke, dass ich mich für das Thema Pilgern interessiere, werde ich ganz unweigerlich damit beginnen, alles zur Kenntnis zu nehmen, was dazu publiziert und gesendet wird. Entscheidender als die Frage, *ob* wir Vorwissen anwenden dürfen, ist daher, *wie* wir dies tun, wie unser Vorwissen strukturiert ist und welchen Nutzen es uns für das Gelingen des Forschungsprozess bringt.

Udo Kelle und Susann Kluge (2010, S. 30 ff.) unterscheiden in diesem Zusammenhang vier Dimensionen theoretischen Vorwissens:

- *Grad der Explikation:* Ist Vorwissen nur zu einem geringen Grad expliziert, lassen sich aus ihm nicht unmittelbar überprüfbare Hypothesen ableiten. Das Vorwissen hat dann einen eher heuristischen Charakter, der unser Denken und unsere Beobachtungen strukturiert.
- *Herkunft:* Wohl zu unterscheiden ist das Wissen des/der Forschenden vom Wissen der zu untersuchenden Akteure. Wichtig ist, dass Deutungen der Akteure im Untersuchungsfeld nicht unmittelbar als Forschungswissen übernommen werden darf.
- *Grad der Theoretisierung:* Ich habe bereits vom Unterschied zwischen Alltagswissen und wissenschaftlichem Wissen gesprochen. Letzteres zeichnet sich im Allgemeinen durch einen deutlichen höheren Abstraktionsgrad aus.
- *Grad an empirischem Gehalt:* Je abstrakter eine Theorie ist, desto weniger unmittelbar lassen sich aus ihr überprüfbare Hypothesen ableiten. Die Operationalisierungsleistung des/der Forschenden ist in diesem Fall deutlich höher.

Aufgrund dieser Dimensionen unterscheiden Kelle und Kluge (ebd., S. 39) drei Formen von Vorwissen, die in der Forschungspraxis häufig vorkommen:

- empirisch nicht gehaltvolles Theoriewissen von Forschenden, das als Heuristik eine theoriegeleitete Beschreibung empirischer Sachverhalte ermöglicht,
- empirisch gehaltvolles Alltagswissen von Forschenden, das die Kommunikation mit den Akteuren im Untersuchungsfeld ermöglicht, und
- empirisch gehaltvolles Alltagswissen von Akteuren im Untersuchungsfeld.

Aus dem Vorwissen, über das qualitative Sozialforscher/innen verfügen, entwickelt sich zu Beginn eines Forschungsprozesses jene theoretische Sensibilität, die sie Relevanzen in ihren empirischen Daten erkennen lässt und die somit die Grundlage für deren Auswertung legt:

> *„Auch wenn die Entwicklung von Kategorien und Konzepten nicht vor der Datenerhebung erfolgt, sondern auf der Basis des erhobenen Materials, benötigt der Forscher oder die Forscherin Vorwissen. Weder empirische Verallgemeinerungen noch theoretische Aussagen ‚emergieren' einfach aus dem Datenmaterial. ForscherInnen sehen die Realität ihres empirischen Feldes stets durch die ‚Linsen' bereits vorhandener Konzepte und theoretischer Kategorien, sie benötigen eine bestimmte theoretische Perspektive, um ‚relevante Daten' zu ‚sehen'."* (ebd., S. 28)

Derartige Konzepte und Kategorien, die im Vorwissen bereits vorhanden sind, bezeichnet Herbert Blumer (1954, S. 7) als sensibilisierende Konzepte – als „sensitizing concepts":

> *„Whereas define concepts provide prescriptions of what to see, sensitizing concepts merely suggest directions along which to look. The hundreds of our concepts – like culture, institutions, social structure, mores, and personality – are not define concepts but are sensitizing in nature. They lack precise reference and have no bench marks which allow a cleancut identification of a specific instance and of its content. Instead they rest on a general sense of what is relevant."* (ebd.)

Im Gegensatz zur quantitativen Sozialforschung dürfen die sensibilisierenden Konzepte qualitativer Sozialforschung jedoch nicht ex ante *präzisiert* werden – beispielsweise durch den Versuch ihrer Explikation oder exakten Definition. Ihre Präzisierung erfolgt vielmehr im Laufe des Forschungsprozesses auf Grundlage der empirischen Daten und ihrer Interpretation.

> *„Eine gelungene qualitative Untersuchung zeichnet sich also durch eine beständige Integration von empirischen und theoretischen Arbeitsschritten aus […]. Nur durch ein theoriegeleitetes qualitatives Verfahren kann gewährleistet werden, dass die Merkmale und Kategorien, die die empirische Analyse strukturieren, auch für die Forschungsfrage relevant sind. Dabei müssen die verwendeten theoretischen Konzepte allerdings ‚heuristisch brauchbar' sein, d.h. sie müssen zum Material passen, so dass die Konstruktion von empiriefernen Konzepten, die den Daten aufgezwungen werden, vermieden wird."* (Kelle und Kluge 2010, S. 40)

1.4 Qualitative und quantitative Forschungslogiken

Merke

> **Theoretische Sensibilität**
>
> Quantitative Sozialforschung operationalisiert bestehende Theorien. In der qualitativen Sozialforschung hingegen spielt die Sensibilisierung für Relevanzen im Untersuchungsfeld eine wesentliche Rolle. Sensibilisierende Konzepte, die aus dem vorhandenen theoretischen Vorwissen abgeleitet werden, dienen dabei als interpretative Heuristiken.

Da quantitative Sozialforschung Theorien testet, während qualitative Sozialforschung Theorien generiert, können beide Forschungslogiken auch in einen wechselseitigen Zusammenhang gebracht werden (vgl. Barton und Lazarsfeld 1979). Die Kernaufgabe qualitativer Sozialforschung läge dann in der explorativen Vorbereitung quantitativer Untersuchungen:

„Jemand, der sich darauf beschränkt, seine Tabellierungen der wenigen Variablen, die er von vornherein in die Untersuchung eingebracht hat, zu betrachten, um Hinweise auf mögliche Faktoren zu erhalten, die ein statistisches Ergebnis erklären könnten, wird sicherlich keinen Fortschritt machen; manchmal liefert eine einzige schriftliche Bemerkung den entscheidenden Hinweis auf zusätzliche Faktoren." (Barton und Lazarsfeld 1979, S. 59)

Wenn eine Theorie mit Hilfe sensibilisierender Konzepte qualitativ entwickelt wurde, kann sie zu Hypothesen operationalisiert werden, die quantitativ getestet werden können. Genauer gesagt steht dabei der Versuch im Vordergrund, sie zu *widerlegen*. Dies wird von Karl Popper (1935) als Prinzip der Falsifikation beschrieben. Der Versuch nämlich, Theorien bzw. Hypothesen zu beweisen, ist logisch unmöglich. Dies lässt sich anhand des legendären Schwanen-Beispiels verdeutlichen: Da alle Schwäne, die ich bisher beobachtet habe, weiß waren, kann ich natürlich in empirisch begründeter Weise die gegenstandsbezogene Theorie aufstellen: *Alle Schwäne sind weiß.* Beweisen im klassischen Sinne kann ich dies jedoch nicht, da nicht völlig auszuschließen ist, dass doch irgendwo der eine schwarze Schwan existiert. Das Einzige, was mir übrigbleibt, ist, immer wieder zu versuchen, meine Theorie zu falsifizieren, indem ich Teich um Teich nach schwarzen Schwänen absuche. Nur Theorien, die derart strengen und wiederholten Falsifikationsversuchen widerstehen, können als bewährt und (vorläufig) gültig angesehen werden.

Deduktion vs. Deduktion, Induktion und Abduktion

Die Gegenüberstellung von theorietestender und theoriegenerierender Forschungslogik verweist auf einen weiteren Unterschied der beiden Logiken empirischer Sozialforschung: Quantitative Forschung arbeitet ausschließlich deduktiv, während qualitative Forschung deduktiv, induktiv und abduktiv vorgeht. Diese drei Modi der logischen Schlussfolgerung möchte ich im Folgenden anhand einiger kriminalistischer Beispiele genauer beleuchten. Als Deduktion wird die Schlussfolgerung von einer bekannten Regel und einer spezifischen Beobachtung auf einen konkreten Fall bezeichnet. Im Zentrum dieses gedanklich-logischen Prozesses steht also die Subsumtion eines im Untersuchungsfeld beobachteten Falles unter eine allgemeine Regel:

> „Die Subsumtion geht von einem bereits bekannten Merkmalszusammenhang, also einer bekannten Regel aus (z. B.: Alle Einbrecher, die auch den Medizinschrank plündern, sind drogenabhängig.) und versucht, diesen allgemeinen Zusammenhang in den Daten wieder zu finden (z. B.: Der unbekannte Einbrecher hat den Medizinschrank geplündert.), um dann über den Einzelfall Kenntnisse zu erlangen (z. B.: Der unbekannte Einbrecher ist drogenabhängig)." (Reichertz 2022, S. 279)

Auf einen oberflächlichen Blick erscheint ein derartiger Schluss vom Allgemeinen auf das Besondere in gewisser Weise als ‚langweiligster' der drei Schlussfolgerungsmodi, weil er letztendlich tautologisch vorgeht und nicht erkenntniserweiternd ist. Bei genauerer Betrachtung werden Sie jedoch feststellen, dass die Deduktion ein ganz basales Muster auch unseres alltäglichen Denkens darstellt: Wir machen eine Beobachtung und typisieren den beobachteten Fall, womit wir gleichzeitig alles allgemeine Wissen, das wir mit dem entsprechenden Typus verbinden, verfügbar machen und auf den beobachteten Fall anwenden. In unnachahmlicher Weise wird diese „Wissenschaft der Deduktion" im Übrigen von Steven Moffat und Mark Gatiss (2010) in ihrer Adaption der Sherlock Holmes-Geschichten inszeniert. Deduktion kann durchaus sehr spannend sein, wenn Sherlock Holmes seine Schlüsse nach einem kurzen Blick auf eine noch unbekannte Leiche zieht:

Quelle

Sherlock Holmes: Ein Fall von Pink

Inspektor: Sherlock, ich brauche alles, was Sie haben.
Sherlock Holmes: Das Opfer ist Ende 30, der Kleidung nach zu urteilen berufstätig in höherer Position. […] Sie kam heute aus Cardiff und wollte eine Nacht in London bleiben. Das verrät uns die Größe ihres Koffers.

Inspektor: Koffer?
Sherlock Holmes: Koffer, ja. Sie ist mindestens zehn Jahre verheiratet gewesen, aber nicht glücklich. Sie hatte eine Reihe von Liebhabern, die alle nicht wussten, dass sie verheiratet war.
Inspektor: Ich hoffe, dass Sie sich das alles nicht nur ausgedacht haben.
Sherlock Holmes: Ihr Ehering, mindestens zehn Jahre alt. Ihr Schmuck ist regelmäßig gereinigt worden – bis auf ihren Ehering. So viel zum Zustand ihrer Ehe. Die Innenseite des Rings glänzt mehr als die Außenseite. Er wird also regelmäßig abgezogen. Poliert wird er nur, wenn sie ihn von ihrem Finger zieht – aber nicht zum Arbeiten. Sehen Sie ihre Nägel? Sie arbeitet nicht mit den Händen. Also wofür – oder besser: für wen – nimmt sie ihren Ring ab? Es ist nicht nur *ein* Liebhaber, weil sie nicht über so lange Zeit den Single spielen könnte, also wahrscheinlich gleich mehrere.
Dr. Watson: Das ist brillant! [...]
Sherlock Holmes: Das liegt doch auf der Hand. [...] Ihr Mantel ist leicht feucht. Sie war noch vor wenigen Stunden in starkem Regen unterwegs. In London hat es während dieser Zeit nirgends geregnet. Unter ihrem Mantelkragen ist es auch feucht. Sie hatte ihn hochgestellt gegen den Wind. Da ist ein Schirm in ihrer linken Tasche. Aber der ist trocken; sie hat ihn nicht benutzt. Nicht nur Wind, sondern starker Wind, zu stark, um den Schirm aufzuspannen. Sie hatte vor, über Nacht zu bleiben, das wissen wir aufgrund ihres Koffers. Sie muss eine ansehnliche Reise hinter sich haben, jedoch nicht mehr als zwei, drei Stunden. Ihr Mantel ist nämlich noch nicht trocken. Also, wo hat es innerhalb dieses Radius und während der Reisezeit heftigen Wind und starken Regen gegeben? [Schaut auf sein Smartphone] Cardiff.
Dr. Watson: Das ist fantastisch! [...]
Inspektor: Woher wissen wir, dass sie einen Koffer hatte?
Sherlock Holmes: Rechtes Bein. Spuren von Spritzern auf Ferse und Wade. Links dagegen keine. Sie hat mit der rechten Hand einen Rollkoffer hinter sich hergezogen. So ein Muster kommt nur auf diese Weise zustande. Die Verteilung lässt auf einen kleinen Koffer schließen. Kleiner Koffer, modebewusste Frau – kann nur ein Übernachtungskoffer sein. Wir wissen also, dass sie für *eine* Nacht in London bleiben wollte.

Quelle: Moffat, Steven und Mark Gatiss. 2010. Ein Fall von Pink. In Fernsehserie „Sherlock" 1 (1). London: BBC, ab 27:15 Min.

Sherlock Holmes zieht hier eine ganze Reihe deduktiver Schlussfolgerungen: Aus der allgemeinen Regel, dass ein Rollkoffer bei Regenwetter bestimmte Spuren am Bein seiner Besitzerin hinterlässt, folgert er beispielsweise, dass die unbekannte Leiche einen derartigen Koffer mit sich führte. Der Schlussfolgerungsmodus der Induktion hingegen schließt genau andersherum vom Besonderen auf das Allgemeine – aus der Beobachtung eines Falls wird unter Zuhilfenahme von Kontextwissen eine allgemeine Regel entworfen. Hier begegnet Ihnen erneut das Wechselverhältnis von Theoriegenese und Theorietest: Aus der wiederholten Beobachtung von Schmutzspritzern auf Beinen wurde im Vorfeld induktiv die Rollkoffertheorie entwickelt, die nun deduktiv angewendet werden kann. Dabei lassen sich zwei Spielarten der Induktion unterscheiden: Im Rahmen einer quantitativen Induktion folgert man von einer Stichprobe auf die Grundgesamtheit; der beobachtete Fall wird hier also gleichsam zu einer allgemeinen Regel ‚verlängert'. Im Rahmen einer qualitativen Induktion hingegen werden die beobachteten Merkmale eines Falls um nicht-beobachtete Merkmale ergänzt. Auch in Bezug auf die Induktion führt Jo Reichertz (2022, S. 279 f.; vgl. 1990) illustrative kriminalistische Beispiele an, die ich in der folgenden Box zusammenfasse:

Quelle

Beispiele für die Modi der logischen Schlussfolgerung

Als *Deduktion* wird die Schlussfolgerung von einer allgemeinen Regel und einer spezifischen Beobachtung auf einen konkreten Fall bezeichnet:
Regel: Alle Einbrecher, die den Medizinschrank plündern, sind drogenabhängig.
Beobachtung: Der unbekannte Einbrecher hat den Medizinschrank geplündert.
Fall: Der unbekannte Einbrecher ist drogenabhängig.

Als *quantitative Induktion* wird die Schlussfolgerung von einer Stichprobe auf die Grundgesamtheit bezeichnet; in ihrem Fokus steht mithin die ‚Verlängerung' eines konkreten Falls zu einer allgemeinen Regel:
Beobachtung: Bei den Einbrüchen a, b und c ist der Medizinschrank geplündert worden.
Kontext: Herr Müller beging die Einbrüche a, b und c.
Schluss: Herr Müller plündert bei Einbrüchen immer den Medizinschrank.

1.4 Qualitative und quantitative Forschungslogiken

> Bei der *qualitativen Induktion* werden beobachtete Merkmale unter Zuhilfenahme von Kontextwissen um nicht-beobachtete Merkmale ergänzt:
> Beobachtung: Am Tatort herrscht eine bestimmte Spurenlage.
> Kontext: In Vielem stimmt diese mit dem Spurenmuster von Herrn Müller überein.
> Schluss: Herr Müller ist der Täter.
>
> *Quelle: Reichertz, Jo. 2022. Abduktion, Deduktion und Induktion in der qualitativen Forschung. In Qualitative Forschung. Ein Handbuch, 13. Aufl., Hrsg. Uwe Flick, Ernst von Kardoff und Ines Steinke, 276–286. Reinbek: Rowohlt, S. 279–280.*

Wichtig an diesen Beispielen ist zu erkennen, dass sowohl im Rahmen einer Deduktion also auch im Rahmen einer Induktion von jeweils *zwei* Bekannten – Regel und Beobachtung bzw. Beobachtung und Kontext – auf jeweils *eine* Unbekannte geschlossen wird. Dies verhält sich bei der Abduktion nun jedoch völlig anders. Hier nämlich wird aus *einer* Bekannten auf *zwei* Unbekannte geschlossen. Bereits zu Beginn des 20. Jahrhunderts hatte Charles S. Peirce (1903) die Abduktion daher als den einzig wirklich erkenntniserweiternden Modus der logischen Schlussfolgerung bezeichnet, der lange Zeit als „Geheimtipp der Sozialforschung" galt (Reichertz 2022, S. 276). Am Anfang der Abduktion steht eine empirische Beobachtung, welche der/die Forschende zunächst nicht einzuordnen vermag, weil sich zu ihr im bereits vorhandenen Vorwissen keine Entsprechung und erst recht keine allgemeine Regel findet:

> *„Eine Ordnung, eine Regel ist bei diesem Verfahren also erst noch zu (er)finden – und zwar mit Hilfe einer geistigen Anstrengung. Etwas Unverständliches wird in den Daten vorgefunden, und aufgrund des geistigen Entwurfs einer neuen Regel wird sowohl die Regel gefunden bzw. erfunden und zugleich klar, was der Fall ist." (ebd., S. 281)*

An diesem gleichzeitigen „(Er)Finden" von Regel und Fall wird auch noch einmal der besondere Stellenwert des Vorwissens innerhalb der qualitativen Sozialforschung deutlich: Einerseits ist es eine heuristische Voraussetzung dafür, etwas zunächst Unverständliches überhaupt identifizieren zu können. Andererseits muss man hinreichend offen für neue Erkenntnisse sein und mit seinem Vorwissen reflektiert umgehen, um den beobachteten Fall nicht vorschnell einer Regel zuzuordnen, die für ihn gar nicht zutreffend ist:

"Die Fähigkeit, gute abduktive Schlussfolgerungen zu formulieren, hängt also einerseits von dem bisherigen Wissen der Untersucherin ab. Ihr theoretisches und sonstiges Vorwissen erlauben es ihr einerseits, eine Anomalie überhaupt als solche wahrzunehmen, und dient anderseits als Material für die Formulierung neuer Hypothesen. Weiterhin ist für die Formulierung von abduktiven Schlüssen Offenheit und Verzicht auf dogmatisches Beharrungsvermögen erforderlich. Die Untersucherin muss in der Lage sein, ihr gesamtes bisheriges Wissen zu hinterfragen." (Kelle und Kluge 2010, S. 26)

Es ist ausgesprochen schwierig, ein allgemeines Beispiel für eine Abduktion zu konstruieren. Darum ziehe ich es vor, an dieser Stelle mit einem Wunsch zu verbleiben: mit dem Wunsch, dass auch Sie eines Tages das durchaus erhebende Gefühl eines sogenannten ‚abduktiven Geistesblitzes' erfahren mögen. Ein solcher gehört nämlich zu den schönsten Momenten im Leben qualitativer Sozialforscher/innen. Er stellt sich ein, wenn man sich intensiv und wiederholt mit seinen empirischen Daten beschäftigt. Auffälligkeiten und Zusammenhänge werden dann während der Analyse – häufig tatsächlich: – plötzlich klar. So war es beispielsweise auch in unserem Pilger-Projekt, von dem ich Ihnen bereits berichtet habe. Eines Tages fiel meinem Kollegen Christian Kurrat auf, dass es offenbar verschiedene Typen von biografischen Auslösern gibt, die Menschen zu einer Pilgerschaft auf dem Jakobsweg veranlassen. Und mehr noch: Der biografische Auslöser bestimmt in typischer Weise die Kommunikationsformen mit anderen Pilgernden, den Umgang mit körperlicher Anstrengung und Schmerzen sowie die Rolle des heimischen sozialen Umfelds. Etwas ungläubig blickt man nun zunächst auf diesen neu entdeckten Zusammenhang. Daraufhin versucht man sich an dem, was ich als Falsifikation beschrieben habe: Man geht alle erhobenen Fälle noch einmal durch und versucht, den Zusammenhang zwischen Auslöser, Kommunikationsformen, Körperlichkeit und Umfeld zu widerlegen. Stattdessen aber lässt er sich plötzlich in allen vorliegenden Fällen erkennen. Eine allgemeine Regel scheint also tatsächlich gefunden – und genau das ist es, was Forschende zum Weiterforschen motiviert.

Aggregation vs. Fallorientierung

Ein dritter wesentlicher Unterschied zwischen der quantitativen und der qualitativen Forschungslogik ist im bisher Gesagten bereits angeklungen: Quantitative Sozialforschung richtet ihren Fokus auf die Aggregation einer hohen Anzahl von Fällen. Dies wird durch einen Blick auf einschlägige Surveys deutlich: Für das Politbarometer etwa werden im Durchschnitt 1 150 Teilnehmer/innen befragt, für die Allgemeine Bevölkerungsumfrage der Sozialwissenschaften (ALLBUS) ungefähr 3 500. Qualitative Sozialforscher/innen hingegen untersuchen eine stark begrenzte Anzahl von Fällen. Für die Pilger-Studie hat Christian Kurrat beispielsweise

30 ausführliche narrative Interviews mit Pilgernden geführt. Kleine Fallzahlen sind jedoch keineswegs als Makel, sondern eher als Chance zu begreifen. Einerseits nämlich ist für eine Entdeckung – und den mit ihr ggf. einhergehenden ‚abduktiven Geistesblitz' – unter Umständen eine einzige Beobachtung, eine einzige Interviewäußerung oder ein einziges analysiertes Dokument ausreichend. Andererseits ermöglicht eine begrenzte Fallzahl dem/der Forschenden angesichts begrenzter Zeit und Ressourcen eine tiefere und umfängliche Analyse:

> „Je geringer der Datenbestand [...], desto offener und flexibler lässt sich der Umgang mit dem verfügbaren Material gestalten und desto eher können die Auswahl der Untersuchungseinheiten, die Datenerhebung und die Datenauswertung Hand in Hand gehen. Je größer der Bestand ist, desto mehr Vorentscheidungen müssen getroffen werden, um im Datenmaterial nicht zu ertrinken." (Lamnek und Krell 2016, S. 189)

Die Fokussierung auf Aggregate bzw. Einzelfälle verweist darüber hinaus auf den in beiden Forschungslogiken je unterschiedlichen Weg der Interpretation empirischer Daten. Quantitative Sozialforschung sucht in den als Zahlenmaterial vorliegenden Daten mittels mathematischer Verfahren nach statistischen Zusammenhängen, von denen sie dann auf Kausalzusammenhänge in der sozialen Wirklichkeit schließt (vgl. Gläser und Laudel 2010, S. 28). Ein derartiger Schluss aber darf nicht unbedacht gezogen werden, denn nicht jeder statistische Zusammenhang entspricht auch einem kausalen. Hierzu ein amüsantes Beispiel: Die Zahl der in Deutschland produzierten Kinodokumentarfilme korreliert offenbar

Abbildung 2 In Deutschland produzierte Kinodokumentarfilme und geschlachtete Schweine inländischer Herkunft

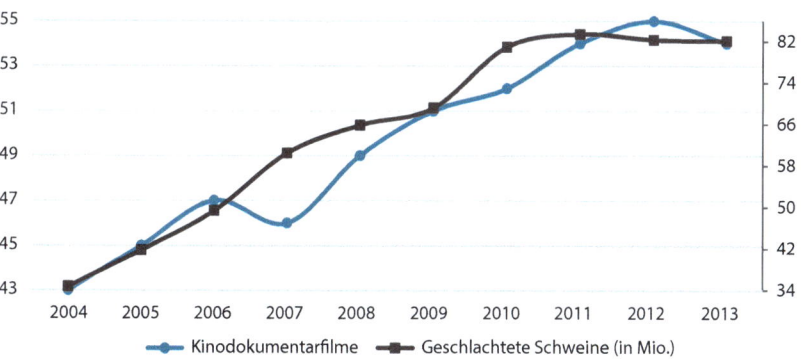

Quelle: Die Zeit 70 (13) vom 26.03.2015: Zeit-Grafik: Korrelationen.

mit einem wirklich beeindruckenden Korrelationskoeffizienten von r = 0,974 mit der Anzahl der geschlachteten Schweine inländischer Herkunft (Abbildung 2).

Freilich aber erscheint ein kausaler Zusammenhang zwischen diesen beiden Variablen als wenig plausibel. Daher stellt das Prinzip der Interpretation auch kein Alleinstellungsmerkmal qualitativer Sozialforschung dar. Auch quantitative Sozialforscher/innen müssen die von ihnen identifizierten statistischen Zusammenhänge stets interpretieren, um sie auf Plausibilität zu prüfen. Qualitative Sozialforscher/innen hingegen müssen die in den empirischen Daten entdeckten Kausalzusammenhänge darauf prüfen, ob und inwiefern sie über den Einzelfall hinaus generalisierbar sind.

Merke

> **Kleine Fallzahlen als Chance**
>
> Die für qualitative Sozialforschung typische begrenzte Anzahl untersuchter Fälle ermöglicht dem/der Forschenden eine intensivere Analyse des Einzelfalls. Bei dessen Interpretation muss begründet entschieden werden, ob und inwiefern gewonnene Erkenntnisse generalisiert und ggf. zu einer gegenstandsbezogenen Theorie mittlerer Reichweite abstrahiert werden können.

Statistisches vs. theoretisches Sampling

Zu unterscheiden ist viertens die Art und Weise, in der die Fälle für eine Untersuchung ausgewählt werden, wie also – um den vor allem im englischsprachigen Raum gebräuchlichen Begriff zu verwenden – das zu untersuchende Sample gebildet wird. Quantitative Sozialforschung bildet im Regelfall Stichproben, welche die eigentlich zu untersuchende Grundgesamtheit repräsentieren. Damit von einer Stichprobe auf die Grundgesamtheit geschlossen werden kann, werden häufig Zufallsstichproben gezogen, sogenannte randomisierte Stichproben. Die Idee hinter diesem Vorgehen besteht darin, dass alle Mitglieder der Grundgesamtheit, also beispielsweise alle Erwachsenen mit Wohnsitz in Deutschland, die gleiche Chance haben, in die Stichprobe einbezogen zu werden. Ein Erhebungsplan muss daher bereits vor der Datenerhebung feststehen. Qualitative Sozialforschung hingegen verfolgt die Strategie des theoretischen Samplings. Hierbei existiert ex ante kein Erhebungsplan. Vielmehr wird ein relativ beliebiger Fall aus dem Untersuchungsfeld ausgewählt, zu dem erste empirische Daten erhoben werden. Bevor ein zweiter Fall erhoben wird, werden diese Daten zunächst ausgewertet. Auf Basis der dabei erzielten Erkenntnisse wird der zweite Fall ausgewählt und ausgewertet. Nun liegen bereits interpretative Erkenntnisse zu zwei Fällen vor, welche die Grundlage für die weitere Fallauswahl bilden. Dabei können zwei verschiede Strategien

1.4 Qualitative und quantitative Forschungslogiken

genutzt werden: der minimale Vergleich, bei dem man nach möglichst ähnlichen Fällen sucht, oder der maximale Vergleich, bei dem man nach möglichst unterschiedlichen Fällen sucht.

Der Unterschied lässt sich anhand der Pilger-Studie verdeutlichen: Hier wollten wir ja die Forschungsfrage beantworten, welche biografischen Auslöser Menschen zu einer Pilgerschaft veranlassen. Nehmen wir an, Sie haben ein Interview mit einer Pilgerin geführt, die den Jakobsweg nach dem Tod ihres Vaters gegangen ist. Während der Auswertung dieses ersten Falls könnte Ihnen der Gedanke kommen, dass der Tod eines Angehörigen eine Lebenskrise darstellt, die wiederum Auslöser für die Pilgerfahrt ist. Um diese theoretische Abstraktion empirisch zu untermauern, würden Sie im nächsten Schritt einen minimalen Vergleich anstellen und ähnliche Fälle suchen, bei denen ebenfalls eine Lebenskrise vorliegt. Hierbei interviewen Sie beispielsweise einen Pilger, der von seiner Frau verlassen wurde und einen weiteren, der seine Arbeitsstelle verloren hat. Bei allen drei Fällen stellen Sie trotz aller Unterschiedlichkeiten eine Gemeinsamkeit fest: Die Betroffenen erleben ihre Lebenssituation als Lebenskrise. Somit haben Sie die Einzelfälle zu einem gemeinsamen Typus abstrahiert und es wird Zeit, zur Strategie des maximalen Vergleichs zu wechseln. Sie suchen also einen Pilger, der dezidiert *keine* Lebenskrise aufweist und treffen beispielsweise einen Abiturienten, der nach dem Schulabschluss auf Pilgerfahrt geht. Bei der Analyse dieses Falls kommen Sie auf den Gedanken, dass auch biografische Umbruchphasen den Auslöser für eine Pilgerfahrt darstellen könnten. Daher wechseln Sie zurück zur Strategie des minimalen Vergleichs und suchen ähnliche Fälle – beispielsweise eine Absolventin, die nach Abschluss ihres Studiums pilgert und einen Rentner, der dies nach seinem Ausscheiden aus der Berufstätigkeit tut. Wieder haben Sie die Einzelfälle nun zu einem gemeinsamen Typus namens ‚biografischer Übergang' abstrahiert. Beide Typen gibt es übrigens wirklich, wie Sie bei Christian Kurrat (2015) nachlesen können.

Das theoretische Sampling mit seinem Wechsel aus minimalem und maximalem Vergleich setzen Sie nun so lange fort, bis Sie einen Punkt erreichen, der in der qualitativen Sozialforschung ‚theoretische Sättigung' genannt wird. Irgendwann nämlich werden Ihnen in Ihrem Untersuchungsfeld keine wirklich neuen Fälle mehr begegnen, sondern nur noch eher geringfügige Variationen der bereits erhobenen Fälle. Sie werden daher keine neuen Typen mehr abstrahieren können. Die Begriffe ‚theoretisches Sampling' und ‚theoretische Sättigung' stammen aus der Grounded Theory Methodologie und werden daher in Kapitel 5 noch einmal aufgegriffen.

Merke

Theoretisches Sampling und theoretische Sättigung

In der qualitativen Sozialforschung werden neue Fälle aufgrund von interpretativen Erkenntnissen aus der Analyse bereits erhobener Fälle ausgewählt (theoretisches Sampling). Datenerhebung und -auswertung wechseln sich also immer wieder ab. Häufig wechselt man dabei auch zwischen den Strategien von minimalem und maximalem Vergleich. Die Datenerhebungsphase ist abgeschlossen, wenn aus weiteren Fällen keine neuen Erkenntnisse mehr gewonnen werden können und somit eine theoretische Sättigung erreicht ist.

Lineare vs. zirkuläre Forschungslogik

Der beständige Wechsel zwischen Datenerhebung und -auswertung macht schließlich deutlich, dass es sich bei der qualitativen Sozialforschung um eine zirkuläre – oder wie man gelegentlich auch liest: schleifenförmige – Forschungslogik handelt. Quantitative Sozialforschung hingegen geht linear vor und folgt dabei einem ex ante festgelegten Untersuchungsplan; erst wenn alle Daten erhoben sind, werden diese ausgewertet:

Abbildung 3 Lineare vs. zirkuläre Forschungslogik

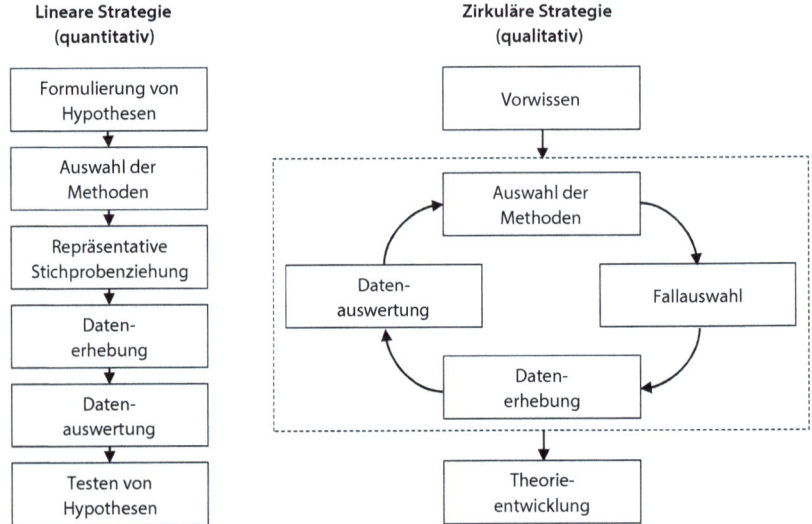

Quelle: Witt 2001. Modifiziert.

Sie haben in diesem Abschnitt einige grundlegende Unterschiede zwischen quantitativen und qualitativen Forschungslogiken kennengelernt. Diese werden Ihnen dabei helfen, zu entscheiden, in welchem Forschungskontext welche Forschungslogik gegenstandsangemessen angewendet werden kann. Die Unterschiede lassen sich folgendermaßen zusammenfassen:

Tabelle 2 Quantitative und qualitative Forschungslogiken

Quantitative Forschungslogik	Qualitative Forschungslogik
Theorietest • Operationalisierung von Theorie • Elaboriertes Vorwissen notwendig • Deduktion	*Theoriegenese* • Sensibilisierung für Relevanzen • Sensitizing Concepts • Deduktion, quantitative und qualitative Induktion, Abduktion
Aggregation • Viele Fälle ermöglichen Generalisierung • Schließen von statistischen Zusammenhängen auf Kausalzusammenhänge	*Fallorientierung* • Intensive Analyse weniger Fälle • Suche nach Kausalzusammenhängen und Bestimmung des Generalisierungsniveaus
Statistisches Sampling • Meist zufällige Ziehung einer Stichprobe, die die Grundgesamtheit repräsentiert	*Theoretisches Sampling* • Fallauswahl anhand theoretischer Überlegungen bis zur theoretischen Sättigung
Lineare Forschungsstrategie • Ex ante festgelegte Abfolge von Datenerhebung, -auswertung und -interpretation	*Zirkuläre Forschungsstrategie* • Datenerhebung, -auswertung und -interpretation wechseln sich immer wieder ab

1.5 Gütekriterien qualitativer Sozialforschung

Ich hatte eingangs bereits festgehalten, dass bestimmte Voraussetzungen erfüllt sein müssen, damit die Ergebnisse einer empirischen Studie als wissenschaftliches Wissen anerkannt und in den gemeinsamen Wissenskorpus der Scientific Community übernommen werden können. Diese Voraussetzungen werden verschiedentlich auch als „Dimensionen", „Prinzipien" und/oder „Forschungsstandards" bezeichnet. Ich möchte sie im Folgenden jedoch als das benennen, was sie letztlich sind: als Gütekriterien. Zum einen nämlich werden diese Kriterien Ihnen dabei helfen, die Studien anderer Wissenschaftler/innen beurteilen und einordnen sowie anhand methodologischer Überlegungen kritisch reflektieren zu können. Durchaus nämlich kommt es in der Forschungspraxis vor, dass das ein oder andere Gütekriterium vernachlässigt wurde – was erhebliche Auswirkungen auf die produzierten Untersuchungsergebnisse haben kann. Die Fähigkeit zu Beurteilung, Einordnung und Reflektion nennt man *passive* Methodenkompetenz – oder neudeutsch: Literacy-Kompetenz. Zum anderen erweitert die Kenntnis der Gütekriterien empirischer Sozialforschung auch Ihre *aktive* Methodenkompetenz. Sie werden Ihnen wichtige Orientierungspunkte sein, wenn Sie selbst eine empirische Studie in Angriff nehmen. Missverstehen Sie die Gütekriterien dabei aber bitte nicht als eine Art Checkliste, deren Punkte es abzuhaken gilt. Sie sind eher als eine Heuristik zu verstehen, mit deren Hilfe sich die Qualität einer Untersuchung einschätzen lässt. Je nach Erkenntnisinteresse, Forschungsfrage und Untersuchungsdesign, sind mal die einen und mal die anderen Kriterien von besonderer Relevanz. Auch in den einzelnen Kapiteln dieses Buches werde ich daher immer nur die beiden Gütekriterien methodologisch reflektieren, denen in der jeweils vorgestellten Studie eine wesentliche Bedeutung zukommt.

Beginnen möchte ich mit den Gütekriterien quantitativer Forschung. Hier ist die Lage nämlich insofern übersichtlicher, als sich die folgenden drei Gütekriterien durchgesetzt haben und allgemein anerkannt werden (vgl. Tausendpfund 2018, S. 125 ff.):

- *Objektivität* bezeichnet die Unabhängigkeit methodischer Instrumente von den Forschenden. Bei gleichem Untersuchungsdesign sollten zwei verschiedene Forschende die gleichen Ergebnisse erzielen.
- *Reliabilität* bezeichnet die Zuverlässigkeit des Untersuchungsdesigns. Das gleiche Untersuchungsdesign sollte bei mehrfacher Anwendung zu den gleichen Ergebnissen führen.
- *Validität* bezeichnet die Gültigkeit der methodischen Instrumente. Hier geht es um die Frage, ob mit dem Untersuchungsdesign tatsächlich das untersucht werden kann, was untersucht werden soll.

Zwar sind die Gütekriterien quantitativer Sozialforschung nicht unmittelbar auf qualitative Sozialforschung übertragbar (vgl. Steinke 2022, S. 322 f.), gleichwohl jedoch lassen sich auf ihrer Grundlage drei allgemeine Fragen formulieren, die es auch im Rahmen qualitativer Studien zu beantworten gilt (vgl. Flick 2022b, S. 412):

- Sind die erhobenen Daten und die aus ihnen gezogenen Interpretationen hinreichend unabhängig vom Einfluss der Forschenden (Objektivität)?
- Wie lassen sich der subjektive Sinn sozialen Handelns und soziale Prozesse zuverlässig rekonstruieren (Reliabilität)?
- Wie lassen sich aus den erhobenen Daten theoretische Aussagen mit hinreichender Gültigkeit ableiten (Validität)?

Von diesen Grundfragen einer jeden empirischen Untersuchung ausgehend werden bei der Beurteilung qualitativer Studien von verschiedenen Autor/innen durchaus verschiedene Schwerpunkte gesetzt. Herausdestillieren lassen sich jedoch die folgenden acht Gütekriterien.

Gegenstandsangemessenheit

In der quantitativen Sozialforschung werden empirische Daten stets mit Blick auf bereits bestehende Theorien eingeschätzt, die operationalisiert werden, um sie anhand der Daten testen zu können. Da quantitative Sozialforscher/innen dabei standardisierte Methoden anwenden, ordnen sie ihren Untersuchungsgegenstand gleichsam den Methoden unter. Qualitative Sozialforschung hingegen zielt auf die Rekonstruktion und Interpretation sozialen Handelns und sozialer Prozesse. Um aber die Lebenswelt der untersuchten Akteure verstehen zu können, müssen immer auch deren Deutungsmuster erfasst und berücksichtigt werden. Der Forschungsgegenstand wird hier also nicht den Methoden untergeordnet, das Untersuchungsdesign muss vielmehr den spezifischen Bedingungen des untersuchten Feldes angepasst werden. Jörg Strübing (2018, S. 21 f.) spricht daher auch von einer „Umkehr des Verhältnisses Forschungsgegenstand – Forschungsmethode". Dies erfordert auch einen hinreichend flexiblen Umgang mit den angewandten Erhebungs- und Auswertungsmethoden: Eine Methode muss derart präzisiert werden, dass sie dem Untersuchungsgegenstand angemessen und prinzipiell in der Lage ist, die Forschungsfrage zu beantworten. Qualitative Sozialforschung ist daher nicht als starres Abarbeiten methodischer Regeln zu verstehen, sondern als Prozess, der auf Seiten der Forschenden Flexibilität und durchaus auch Kreativität erfordert. Hierauf hatte bereits Max Weber hingewiesen:

„Die Methodologie kann immer nur Selbstbesinnung auf die Mittel sein, welche sich in der Praxis bewährt haben, und dass diese ausdrücklich zum Bewusstsein gebracht werden, ist sowenig Voraussetzung fruchtbarer Arbeit, wie die Kenntnis der Anatomie Voraussetzung richtigen Gehens. Ja, wie derjenige, welcher seine Gangart fortlaufend an anatomischen Kenntnissen kontrollieren wollte, in Gefahr käme zu stolpern, so kann das Entsprechende dem Fachgelehrten bei dem Versuche begegnen, auf Grund methodologischer Erwägungen die Ziele seiner Arbeit anderweit zu bestimmen." (Weber 1973, S. 217)

Aber auch neuere Methodenliteratur betont den hohen Stellenwert der Gegenstandsangemessenheit einer Methode. Beispielsweise schreibt Philipp Mayring, den Sie in Kapitel 3 näher kennenlernen werden und dem es eigentlich explizit darum ging, eine systematische und regelgeleitete Auswertungsmethode zu entwickeln:

> *„[L]etztlich muss die Gegenstandsangemessenheit wichtiger genommen werden als die Systematik, um nicht genau in die Probleme zu geraten, in die uns einseitig quantitative Forschung geführt hat. Wenn aber solche Fallstricke beachtet werden, ist der Weg frei für sinnvolle, aussagekräftige und methodisch abgesicherte qualitative Forschung."* (Mayring 2022, S. 126)

Konkret bedeutet Gegenstandsangemessenheit, dass die gewählten Methoden in der Lage sein müssen, sowohl die Forschungsfrage zu beantworten als auch die untersuchten Fälle empirisch zu erfassen. Im folgenden Kapitel werden Sie beispielsweise sehen, dass eine teilnehmende Beobachtung deutlich besser dazu geeignet ist, routinisiertes Alltagshandeln zu erforschen, als ein Interview. Und in den Kapiteln 3.2 und 4.2 werde ich herausarbeiten, dass ein narratives Interview angemessener ist, um das subjektive Erleben eines Prozesses zu rekonstruieren, als ein Experteninterview. Ein narratives Interview könnte aber dann an seine Grenzen stoßen, wenn der oder die Interviewte nicht über die dafür nötige Sprach- oder Erzählkompetenz verfügt. Dann wäre die Methode zwar der Fragestellung angemessen, nicht aber dem Untersuchungsgegenstand.

Merke

Gegenstandsangemessenheit und Methodenanpassung

Gegenstandsangemessenheit kann als Basiskriterium für die Güte qualitativer Studien verstanden werden, weil es um die Frage geht, ob ein Untersuchungsdesign prinzipiell, dazu in der Lage ist, (1) die Forschungsfrage zu beantworten und (2) die untersuchten Fälle zu erfassen. Häufig muss die konkrete Anwendung von Methoden in der Forschungspraxis an den Untersuchungsgegenstand angepasst werden.

Offenheit

Qualitative Sozialforschung sollte während des gesamten Forschungsprozesses offen bleiben für neue Informationen und unerwartete Erkenntnisse. Genau deshalb hatte ich betont, dass man als Forscher/in reflektiert mit seinem Vorwissen umgehen muss. Zwar kann dieses eine wichtige heuristische Hilfe sein, um Relevanzen im Forschungsfeld zu erkennen; keineswegs jedoch darf uns unser Vorwissen unbemerkt Scheuklappen aufsetzen, sodass wir selektiv nur noch das wahrnehmen, was wir ohnehin schon erwartet hatten:

> *„Wir wollen uns überraschen lassen, wollen unseren Gesprächspartner Möglichkeiten organisieren, um im Interviewgespräch Dinge zu äußern, die wir nie vermutet hätten. Wir*

1.5 Gütekriterien qualitativer Sozialforschung

wollen im empirischen Feld auf Probleme aufmerksam werden und im Detail verstehen lernen, deren Existenz wir zuvor nicht einmal geahnt hatten." (Strübing 2018, S. 22 f.)

Wichtig ist daher auch, dass man sich während der Datenerhebungsphase nicht allzu sehr am Kriterium der Vergleichbarkeit orientiert – beispielsweise, indem man in Interviews immer die gleichen Fragen stellt. Entscheidender ist, das Potenzial der Daten möglichst vollständig auszuschöpfen und das Untersuchungsfeld möglichst umfänglich zu erfassen. Für quantitative Sozialforscher/innen hingegen ist eine Offenheit für neue und überraschende Erkenntnisse kaum zu realisieren. Ihnen geht es ja gerade um die Standardisierung ihrer Erhebungs- und Auswertungsmethoden, die sie dazu zwingt, ex ante bestimmte Selektionen vorzunehmen. Auch deshalb können sie Theorien zwar testen, aber eben nicht generieren.

Flexibilität und Offenheit

Für qualitative Sozialforschung ist der flexible Umgang mit Methoden wichtiger als deren Standardisierung und eine starre Abarbeitung von Verfahrensschritten. Vielmehr müssen die Methoden dem Untersuchungsgegenstand angepasst werden, um offen zu bleiben für neue und überraschende Erkenntnisse.

Intersubjektive Nachvollziehbarkeit

Mit dem etwas umständlich formulierten Gütekriterium der intersubjektiven Nachvollziehbarkeit ist gemeint, dass die Leserinnen und Leser einer Studie deren Forschungsprozesse nachvollziehen können müssen. Wohlgemerkt geht es dabei eben um Nachvollziehbarkeit – und nicht etwa um Überprüfbarkeit im Sinne quantitativer Sozialforschung:

„Für qualitative Sozialforschung kann im Unterschied zu quantitativer nicht der Anspruch auf intersubjektive Überprüfbarkeit erhoben werden. Eine identische Replikation einer Untersuchung ist schon allein aufgrund der begrenzten Standardisierbarkeit des Vorgehens in der qualitativen Forschung unmöglich. Angemessen für qualitatives Vorgehen ist der Anspruch auf Herstellung einer intersubjektiven Nachvollziehbarkeit, auf deren Basis eine Bewertung der Ergebnisse erfolgen kann." (Steinke 2022, S. 324)

Bei genauerer Betrachtung umfasst die intersubjektive Nachvollziehbarkeit zwei Komponenten: Zum einen muss eine transparente Verfahrensdokumentation erfolgen, in der detailliert dargestellt wird, wie die empirischen Daten erhoben und ausgewertet wurden. Dies ist im Übrigen auch ein wichtiges Kriterium für Abschlussarbeiten. Wenn Sie also beispielsweise vorhaben, eine empirische Bachelorarbeit zu schreiben, sollten Sie auch die folgenden Punkte berücksichtigen:

Merke

> **Intersubjektive Nachvollziehbarkeit von empirischen Abschlussarbeiten**
>
> Empirische Daten müssen im Anhang der Arbeit vollständig dokumentiert sein. Dies umfasst beispielsweise die Transkripte der geführten Interviews und/oder die Beobachtungsprotokolle.
> Zentrale Bestandteile der angewandten Auswertungsmethode gehören ebenfalls in den Anhang. Dabei handelt es sich beispielsweise um das vollständige Kategoriensystem einer qualitativen Inhaltsanalyse oder um die im Rahmen einer Grounded Theory Methodologie entwickelten Konzeptlisten und Kodierparadigmen.
> Im Methodenteil Ihrer Abschlussarbeit sollten Sie außerdem exakt darlegen, welche Erhebungs- und Auswertungsmethoden Sie angewandt und wie sie diese Ihrem Untersuchungsgegenstand angepasst haben. Besonders nachvollziehbar ist diese Darstellung dann, wenn Sie den gesamten Forschungsprozess anhand eines Beispiels aus Ihren Daten illustrieren.

Die Gewährleistung der intersubjektiven Nachvollziehbarkeit einer Studie wird im Übrigen durch den Einsatz von Softwareprogrammen wie MAXQDA stark vereinfacht. Diese nämlich dokumentieren alle Schritte der Datenauswertung automatisch mit (vgl. Flick 2022b, S. 421). In der Publikation der Untersuchungsergebnisse ist darüber hinaus ein stringenter Argumentationsgang Voraussetzung für die Nachvollziehbarkeit der Ergebnisse. Es sollte daher transparent gemacht werden, in welcher Weise empirische Daten interpretiert und zu theoretischen Modellen abstrahiert wurden. Alle Abstraktionsschritte sollten dabei begründet, also argumentativ abgesichert werden.

Reflektierte Subjektivität

Gerade als qualitative Sozialforscher/innen können wir nicht verhindern, unseren Untersuchungsgegenstand zu beeinflussen. Wir können eben nicht in naturwissenschaftlicher Manier Experimente durchführen, bei denen sich alle intervenierenden Bedingungen kontrollieren ließen. Und wir können das Problem der Beeinflussung auch nicht, wie es quantitative Sozialforscher/innen tun, durch Standardisierungen zu minimieren versuchen. Stattdessen führen wir beispielsweise Interviews oder beobachten teilnehmend – und initiieren damit dezidiert einen kommunikativen und interaktiven Prozess mit den untersuchten Akteuren. Kommunikative Interaktion zwischen Untersuchenden und Untersuchten sollten aber nicht als Störgröße, sondern vielmehr als konstitutives Merkmal qualitativer Sozialforschung begriffen werden. Entscheidender ist nämlich, dass man die forschungsspezifische Kommunikationssituation den kommunikativen Regeln der Alltagskommunikation möglichst weit annähert (vgl. Lamnek und Krell 2016, S. 35f.; Hoffmann-Riem 1980). Hierauf werde ich im Kapitel zur Narrationsanalyse zurückkommen (vgl. Kap. 4).

Statt den subjektiven Einfluss auf den Untersuchungsgegenstand kritisch zu sehen, sollte man also reflektieren, ob und inwiefern dieser Auswirkungen auf die Untersuchungsergebnisse haben könnte. So muss ich mich als männlicher Forscher beispielsweise fragen, ob es Auswirkungen auf die Äußerungen einer weiblichen Teilnehmerin haben könnte, wenn ich mit ihr ein narratives Interview führe, in dem auch intime Themen zur Sprache kommen. Und wenn ich ein Experteninterview mit einem Arbeitskollegen führe, muss ich reflektieren, ob unsere persönliche Bekanntschaft Auswirkungen auf seine Äußerungen und/oder meine Interpretationen haben könnte.

Empirische Verankerung

Da wir *empirische* Sozialforschung betreiben, ist es entscheidend, dass alle Interpretationen, die wir vornehmen, und alle theoretischen Modelle, die wir daraus entwickeln, auch tatsächlich in den Daten begründet sind, die wir erhoben haben. Auch hier gilt es, noch einmal zu betonen, dass wir sowohl unser theoretisches Vorwissen als auch die angewandten Methoden unserem Untersuchungsgegenstand unterzuordnen haben. Empirische Verankerung sollte sich darüber hinaus auch im Forschungsbericht widerspiegeln: Hier sollte man immer wieder auf die Daten zurückgreifen – beispielsweise durch das häufige Zitieren von Interviewäußerungen.

Kohärenz

Das Gütekriterium Kohärenz steht damit in engem Zusammenhang. Einerseits müssen wir prüfen, ob es in unseren Daten nicht an der einen oder anderen Stelle Ausschnitte gibt, die unseren Interpretationen widersprechen. Um dies zu verdeutlichen, komme ich noch einmal auf die Pilger-Studie zurück: Dort haben wir beispielsweise abstrahiert, dass Pilgernde vom Typ „Lebenskrise" besonders umfangreichen Kontakt zu anderen Pilgernden suchen, gleichzeitig aber den Kontakt zum heimischen Umfeld während ihrer Pilgerfahrt auffallend reduzieren. Entscheidend ist dann, die Daten dahingehend zu überprüfen, ob nicht doch ein Pilger oder eine Pilgerin mit einer Lebenskrise von diesem Muster abweicht. Andererseits müssen auch Argumentationen Kohärenz aufweisen: Man darf sich in einer Studie also nicht selbst widersprechen.

Limitation
Ich hatte bereits festgehalten, dass qualitative Sozialforscher/innen in ihren Daten nach Kausalzusammenhängen suchen und sich die Frage stellen müssen, wie weit diese generalisierbar sind. Genau darauf verweist das Gütekriterium Limitation. Es thematisiert also die Frage, auf welche anderen Kontexte, Fälle, Phänomene und Situationen unsere Untersuchungsergebnisse übertragen werden können. Im Rahmen einer einzelnen Studie sind diese ja nämlich unter sehr spezifischen Bedingungen zustande gekommen:

> *„Wenn alle und sehr spezifische Bedingungen der Untersuchung erfüllt sein müssen, damit die Erkenntnisse übertragbar sind, sind die Ergebnisse kaum verallgemeinerbar. Es ist also zu klären, welche Bedingungen minimal erfüllt sein müssen, damit das in der Theorie beschriebene Phänomen auftritt."* (Steinke 2022, S. 329)

Einerseits kann man das Generalisierungsniveau von Untersuchungsergebnissen anhand der sogenannten analytischen Induktion bestimmen. Dabei würde man auf Basis der Interpretation eines oder mehrerer Fälle ein theoretisches Modell entwickeln, das man anhand weiterer Fälle auf Plausibilität prüft. Wenn wir beispielsweise ausschließlich auf dem Jakobsweg geforscht haben, müssen wir uns selbstkritisch fragen, ob unsere Untersuchungsergebnisse auch auf andere Pilgerwege übertragbar sind. Andererseits kann die Generalisierbarkeit von qualitativen Untersuchungsergebnissen auch mittels quantitativer Sozialforschung bestimmt werden. So lassen sich die entwickelten theoretischen Modelle operationalisieren und mittels standardisierter Verfahren an einer quantitativen Zufallsstichprobe testen.

Relevanz
Als letztes Gütekriterium qualitativer Sozialforschung ist schließlich die Relevanz einer Studie für den wissenschaftlichen Diskurs zu hinterfragen. Um diese bestimmen zu können – auch dies wurde bereits herausgearbeitet –, ist es einerseits unabdingbar, den einschlägigen Forschungsstand zu einem Forschungsthema zu rekonstruieren. Dabei wird man erkennen, ob hier Fragen offengeblieben sind, die man mit einer eigenen Studie beantworten kann. Andererseits ist für jede empirische Studie entscheidend, dass sie einen theoretischen Bezugsrahmen entwirft, vor dessen Hintergrund ihre Untersuchungsergebnisse interpretiert werden. Dann nämlich kann die Studie dazu beitragen, die herangezogenen Theorien zu präzisieren und auszudifferenzieren.

1.5 Gütekriterien qualitativer Sozialforschung

Die Gütekriterien quantitativer und qualitativer Sozialforschung fasse ich in der folgenden Tabelle abschließend noch einmal zusammen:

Tabelle 3 Gütekriterien empirischer Sozialforschung

Quantitative Forschungslogik	Qualitative Forschungslogik
Objektivität Unabhängigkeit von Forschenden	*Gegenstandsangemessenheit* Vereinbarkeit von Forschungsfrage und Methodik
Reliabilität Zuverlässigkeit	*Offenheit* Keine theoretischen Vorfestlegungen
Validität Gültigkeit	*Intersubjektive Nachvollziehbarkeit* Zustandekommen der Ergebnisse ist transparent
	Reflektierte Subjektivität Einfluss des Forschenden wird berücksichtigt
	Empirische Verankerung Theorie gründet in empirischen Daten
	Kohärenz Innere Stimmigkeit von Daten und Interpretation
	Limitation Generalisierungsniveau ist bestimmt
	Relevanz Bedeutung der Ergebnisse für Scientific Community

In diesem Kapitel haben Sie die Zielsetzung und die allgemeinen Prinzipen der qualitativen Sozialforschung kennengelernt. In aller Kürze wurden deren theoretische Grundlagen benannt und ihre methodengeschichtliche Entwicklung nachgezeichnet, um einen etwas ausführlicheren Blick in den Werkzeugkasten zu werfen, der qualitativen Sozialforscher/innen für die Beantwortung ihrer Forschungsfragen zur Verfügung steht. Insbesondere wurden dabei qualitative und quantitative Forschungslogiken verglichen. Damit haben wir die Grundlagen dafür gelegt, sich im Folgenden einzelnen Erhebungs- und Auswertungsmethoden zuzuwenden, die Sie jeweils anhand klassischer Studien ihrer Protagonist/innen kennenlernen werden. Anhand der gerade erläuterten Gütekriterien werde ich die Untersuchungsdesigns und -ergebnisse dieser ‚Meilensteine der qualitativen Sozialforschung' dabei kritisch reflektieren.

Zuvor möchte ich ein Versprechen einlösen: Am Ende eines jeden Kapitels werde ich Ihnen einige Literaturempfehlungen geben. Für den Fall also, dass Sie zu den allgemeinen Grundlagen der qualitativen Sozialforschung weiterlesen möchten, könnten Sie mit diesen Werken beginnen:

Literatur

> **Literaturempfehlungen**
>
> *Przyborski, Aglaja und Monika Wohlrab-Sahr. 2021 [2008]. Qualitative Sozialforschung. Ein Arbeitsbuch. 5. Aufl. Berlin: De Gruyter Oldenbourg.*
>
> Das ausgesprochen verständlich verfasste „Arbeitsbuch", so schreiben die Autorinnen in ihrem Vorwort (S. VII), „will den gesamten Prozess qualitativer Forschung begleiten". Dabei wird das weite Feld der qualitativen Sozialforschung anhand ausgewählter Auswertungsmethoden abgesteckt (Grounded Theory Methodologie, Narrationsanalyse, Objektive Hermeneutik, Dokumentarische Methode). Insbesondere gibt das Buch hilfreiche Hinweise in Bezug auf den Feldzugang und verschiedene Transkriptionssysteme sowie in Bezug auf die Frage der Generalisierbarkeit von Untersuchungsergebnissen qualitativer Sozialforschung.
>
> *Pohlmann, Markus. 2022. Einführung in die Qualitative Sozialforschung. München: UVK.*
>
> Als „Einladung zur qualitativen Sozialforschung" (S. 14) versteht sich das ebenfalls sehr verständlich geschriebene Lehr- und Arbeitsbuch von Markus Pohlmann. Es richtet sich explizit an Leser/innen, die ihre ersten Schritte in der empirischen Sozialforschung gehen möchten, und weist einen hohen Praxisbezug auf. Einzelne Methoden (Experiment, Beobachtung, Interview, Inhalts- und Deutungsmusteranalyse) werden nicht nur anhand zahlreicher Beispiele vorgestellt, sondern es finden sich auch regelmäßige Übungsaufgaben. Eine Besonderheit des Buches besteht im expliziten Vergleich qualitativer und quantitativer Forschungsansätze.
>
> *Flick, Uwe, Ernst von Kardorff und Ines Steinke, Hrsg. 2022 [2000]. Qualitative Forschung. Ein Handbuch. 13. Aufl. Reinbek bei Hamburg: Rowohlt.*
>
> Der Sammelband umfasst eine ganze Reihe kompakter Einführungen in einzelne Methoden und methodologische Grundlagen qualitativer Sozialforschung. Er bietet sich in erster Linie für Studierende an, die sich schnell in einen bestimmten Aspekt einlesen und von dieser Basis aus vertiefende Literatur recherchieren möchten.

Baur, Nina und Jörg Blasius, Hrsg. 2022 [2014]. Handbuch Methoden der empirischen Sozialforschung. 3. Aufl. Wiesbaden: Springer VS.

Einem ähnlichen Zweck kann auch das insgesamt mehr als 1 700 Seiten (!) umfassende Handbuch dienen, dass von Nina Bauer und Jörg Blasis in mittlerweile dritter Auflage herausgegeben wird. Es handelt sich um das erste deutsche Sammelwerk, in dem qualitative und quantitative Methoden gleichberechtigt vorgestellt und systematisch miteinander verglichen werden. Eine weitere Besonderheit besteht darin, dass auch ‚neue' Datensorten thematisiert werden, beispielsweise Webseiten, YouTube-Videos, Big Data und die digitale Selbstvermessung. Zu Beginn des Handbuchs finden Sie aber auch ein ausführliches Kapitel über die Grundlagen der empirischen Sozialforschung.

2 Die Arbeitslosen von Marienthal. Oder: Die Anfänge qualitativer Sozialforschung

Die von Paul F. Lazarsfeld geleitete Studie „Die Arbeitslosen von Marienthal" stellt den Anfangspunkt der europäischen Tradition moderner Sozialforschung dar. Die Marienthal-Studie bildet daher zweifellos einen der wichtigsten Meilensteine empirischer – und insbesondere auch: qualitativer – Sozialforschung. Wie Sie noch genauer sehen werden, handelt es sich um eine in empirischer Hinsicht ausgesprochen breit angelegte Untersuchung, die man in weiten Teilen als ethnografisch charakterisieren kann. Wohl nicht ganz zu Unrecht verwenden die Autor/innen selbst im Untertitel hingegen den deutlich weniger gängigen Begriff Soziographie: „Ein soziographischer Versuch über die Wirkungen langandauernder Arbeitslosigkeit". Durch eine bis heute originell anmutende Kombination verschiedener Erhebungsmethoden zeichnen sie nämlich ein Bild der soziodemografischen Merkmale und der Lebenswelt der Einwohner von Marienthal – eben ein Soziogramm. Im Gegensatz zu dem deutlich etablierteren Begriff *Ethno*gramm, das im Allgemeinen die Lebensumstände und -weisen einer Subkultur beschreibt, legt der Begriff *Sozio*gramm stärkeres Gewicht auf die analytische Deskription der sozialen Interaktionen einer Akteursgruppe. Genau dies tun die Forscher/innen um Paul F. Lazarsfeld: Sie untersuchen aus einer sozialpsychologischen Perspektive die Auswirkungen von Langzeitarbeitslosigkeit im österreichischen Ort Marienthal. Hierbei handelt es sich um ein Industriedorf in der Nähe Wiens, in dem zwischen den Jahren 1929 und 1930 durch die krisenbedingte Schließung der einzigen Fabrik am Ort auf einen Schlag fast die gesamte Bevölkerung arbeitslos wurde. Die Forscher/innen finden in Marienthal daher so etwas wie eine Laborsituation vor, in der sie ihr Forschungsthema an einem Ort überschaubarer Größe in all seinen Facetten untersuchen können – eine ausgesprochen seltene und vielversprechende Ausgangslage für empirische Sozialforscher/innen.

In methodologischer Hinsicht leistet die Forschungsgruppe Pionierarbeit. Etablierte Erhebungs- und Auswertungsmethoden nämlich liegen, wie Sie im vorigen

Kapitel gesehen haben (vgl. Kap. 1.2), in den 1930er Jahren noch nicht vor. Die Forschungsgruppe musste daher zunächst kreativ werden und Methoden entwickeln, die auch heute noch wesentliche Grundlagen für die empirische Sozialforschung darstellen. Auch deshalb kann die Marienthal-Studie als „Klassiker" gelten:

> „Diese ‚klassischen' Studien haben ihre Forschungsmethoden aus der jeweiligen Problem bezogenen Fragestellung heraus erst entwickelt und ausgewählt. Dabei konnten sie in der Regel noch nicht auf ein vorhandenes Repertoire von standardisierten Techniken zurückgreifen, sondern mussten diese am Problem und dem Fortgang des Forschungsprozesses entsprechend entwerfen, erproben und modifizieren." (Kardorff 2012, S. 5)

Dieser Prozess von Entwurf, Erprobung und Modifikation führte im Fall von Marienthal zu erstaunlich originellen Erhebungsmethoden, die in ganz pragmatischer Weise sowohl auf quantitative als auch auf qualitative Forschungslogiken zurückgreifen. Dezidiert ging es den Forscher/innen nämlich darum, nicht nur quantitatives Datenmaterial, etwa Arbeitslosenstatistiken, heranzuziehen, sondern auch das subjektive Erleben von Arbeitslosigkeit und dessen subjektive Deutung zu erfassen. Recht devot sprechen die Autor/innen in ihrem Untertitel von einem „soziographischen *Versuch*". Dieser kann wohl als gelungen gelten – obwohl die Studie weitgehend auf einer deskriptiven Ebene verbleibt. Ihre analytische Tiefe hingegen ist auch aufgrund der nur punktuellen Anbindung empirischer Daten an theoretische Konzepte eher gering. Gleichwohl kann man die Marienthal-Studie mit Jörg Strübing (2018, S. 17) durchaus als „bahnbrechend" sowie mit Christian Fleck als „vorbildlich" bezeichnen:

> „Die Marienthal-Studie gilt als Klassiker der empirischen Sozialforschung und der Sozialpsychologie. Sie ist eine der ersten systematischen Untersuchungen über die psychosozialen Folgen der Arbeitslosigkeit und eine der berühmtesten deutschsprachigen Gemeindestudien. [...] Marienthal ist eine sehr lesbare, kompakte Analyse einer sozialen Katastrophe, es ist eine vorbildliche Erhebung, und es ist eine Erinnerung daran, was vor Ständestaat und Nazidiktatur sozialwissenschaftlich schon möglich war." (Fleck 2007, S. 220 ff.)

Zwei weitere Indizien für den herausgehobenen Stellenwert der Marienthal-Studie innerhalb der empirischen Sozialforschung möchte ich noch anführen, bevor ich mich näher mit ihr auseinandersetze. Zum einen – und dies ist eher ungewöhnlich für eine sozialwissenschaftliche Studie – wurde die Publikation in acht Sprachen übersetzt (vgl. Müller 2008, S. 277). Völlig ungewöhnlich ist zum anderen, dass die Marienthal-Studie im Jahr 1988 von Karin Brandauer unter dem Titel „Einstweilen wird es Mittag" verfilmt wurde. Bei diesem Titel handelt es sich um das Zitat eines Studienteilnehmers, auf das ich gleich noch einmal zurückkommen werde.

> **Einstweilen wird es Mittag**
>
> Die Marienthal-Studie wurde unter dem Titel „Einstweilen wird es Mittag" verfilmt. Der österreichische Fernsehfilm gibt einen guten Einblick in die Lebenswelt der arbeitslosen Bevölkerung. Nahezu alle Dialoge basieren auf den in Marienthal erhobenen Daten. Darüber hinaus wird auch die besondere Situation der Forschenden als Pioniere der empirischen Sozialforschung sowie als mit dem beginnenden Nationalsozialismus konfrontierte Wissenschaftler beleuchtet.
>
> Regie: Karin Brandauer
> Darsteller: Franziska Walser, Nicolas Brieger, Johannes Nikolussi, Stefan Suske u. a.
> Produktion: ORF, ZDF

Um die Marienthal-Studie vorzustellen, werde ich im Folgenden so vorgehen, wie ich es bei allen in diesem Buch thematisierten Studien tun werde: Zunächst beschäftige ich mich mit den Kontextbedingungen der jeweiligen Studie. Deren Kenntnis ist unabdingbar dafür, dass Sie ihr Untersuchungsdesign und ihre Untersuchungsergebnisse nachvollziehen und einordnen können. Gerade im Fall der Marienthal-Studie sind beispielsweise die Biografien der Autor/innen ausgesprochen interessant (Kap. 2.1). In einem zweiten Schritt werde ich die Methodik der jeweiligen Studie ausleuchten. Angesichts ihrer breiten empirischen Basis muss ich dabei im vorliegenden Fall Schwerpunkte setzen und werde mich in erster Linie mit der Ethnografie und der teilnehmenden Beobachtung auseinandersetzen (Kap. 2.2). In einem dritten Schritt werde ich daraufhin die zentralen Untersuchungsergebnisse der jeweiligen Studie zusammenfassen. Dies kann hier freilich nur stichwortartig erfolgen – was mir jedoch insofern unproblematisch erscheint, als es hier ja weniger um die Inhalte der Studien geht als vielmehr um ihre Methodik (Kap. 2.3). In einem vierten Schritt werde ich das Untersuchungsdesign anhand ausgewählter Gütekriterien der qualitativen Sozialforschung reflektieren. Im Fall der Marienthal-Studie spielen in diesem Zusammenhang der starke Fokus auf die Deskription empirischer Daten sowie die vergleichsweise starke Einflussnahme der Forscher/innen auf ihren Untersuchungsgegenstand wesentliche Rollen (Kap. 2.4). Schließlich werde ich in einem fünften Schritt jeweils einen methodologischen Aspekt näher betrachten, der in Zusammenhang mit der jeweiligen Studie steht. In diesem Kapitel werde ich mich mit der Frage beschäftigen, was empirische Sozialforscher/innen unter Triangulation verstehen und welche Ziele sie mit dieser Forschungsstrategie verfolgen (Kap. 2.5).

2.1 Die Studie: Autoren und Zielsetzung

Die Marienthal-Studie wurde von Anfang November 1931 bis Mitte Mai 1932 unter der Leitung von Paul F. Lazarsfeld von einer insgesamt 17-köpfigen Forschungsgruppe durchgeführt. Finanziert wurde sie von der ‚Kammer für Arbeiter und Angestellte in Wien und Niederösterreich' sowie von der US-amerikanischen ‚Rockefeller Foundation' (vgl. Müller 2008, S. 262). Nicht nur die Datenerhebung, sondern auch die Auswertung erfolgte in der Gruppe der beteiligten Wissenschaftler/innen – teils noch vor Ort in Marienthal, teils an der ‚Wirtschaftspsychologischen Forschungsstelle der Universität Wien'. Den wesentlichen Teil des Forschungsberichts verfasste indes Marie Jahoda, die sich zu diesem Zweck im Sommer 1932 „aufs Land zurückgezogen" hatte (vgl. ebd., S. 265). Mit bissigen Worten beschreibt Jahoda in einem autobiografischen Interviewband denn auch die Rolle des Projektleiters – ihres zu diesem Zeitpunkt Ex-Ehemanns Lazarsfeld:

> „Der ganze Stil der Produktion von Marienthal war eine Gruppenangelegenheit. Paul Lazarsfeld zum Beispiel hat nicht ein einziges Wort an dem Buch geschrieben." (Marie Jahoda in Engler und Hasenjürgen 2002, S. 121)

Anfang Juni 1933 erschien die fertige Publikation unter dem Titel „Die Arbeitslosen von Marienthal. Ein soziographischer Versuch über die Wirkungen langdauernder Arbeitslosigkeit" im Leipziger Verlag Hirzel. Zu diesem Zeitpunkt hatten die Nationalsozialisten bereits die Macht in Deutschland übernommen. Da die Protagonist/innen der Studie jüdische Wurzeln hatten, musste die Studie zunächst ohne die Nennung von Personennamen veröffentlicht werden; stattdessen wurde lediglich die ‚Wirtschaftspsychologische Forschungsstelle der Universität Wien' als Herausgeberin benannt. Auch dieses für die Forscher/innen sicherlich schmerzliche Vorgehen konnte jedoch nicht verhindern, dass der Vertrieb der ersten Auflage alsbald verboten und die bereits produzierten Exemplare vernichtet wurden:

> „The study was begun around but the manuscript was completed in 1933 at a time when Hitler was already in power in Germany. As all three authors were Jewish we decided to feature the book as a publication of the institute of which I was the Director. My name

> *being especially Jewish we had to cope with another difficulty. One of the co-authors, Marie Jahoda, and I were married at the time and we didn't want my name to appear twice. I therefor signed the introduction to the book as director of the study."* (Paul F. Lazarsfeld in einem Brief an Erich P. Neumann, zitiert nach Müller 2008, S. 275)

Erst in den nach dem Zweiten Weltkrieg publizierten Auflagen der Marienthal-Studie werden dann Marie Jahoda, Paul F. Lazarsfeld und Hans Zeisel als Autor/innen ausgewiesen. Bemerkenswert ist in diesem Zusammenhang insbesondere auch die Rolle Jahodas, die sich als eine der ersten Frauen überhaupt einen Namen als Feldforscherin und sozialwissenschaftliche Autorin machen konnte. Darüber hinaus war sie ganz fraglos eine Grand Dame der internationalen Sozialdemokratie. Ihr politisches Engagement, das sie zeitweise im Untergrund ausführen musste – und das zwischen den Zeilen immer wieder auch in der Marienthal-Studie zu lesen ist –, brachte sie Mitte der 1930er Jahre sogar für einige Monate ins Gefängnis.

Werfen wir im Folgenden also zunächst einen kurzen Blick auf die bewegten Biografien der drei Autor/innen – auch um zu verstehen, unter welch prekären Bedingungen sie ihre Studie in der Zeit des Nationalsozialismus abschließen mussten:

> **Paul F. Lazarsfeld, Marie Jahoda und Hans Zeisel**   Autor/-in
>
> *Paul F. Lazarsfeld*
> Paul Felix Lazarsfeld wurde am 13. Februar 1901 als Sohn eines Juristen und einer Psychologin in Wien geboren. An der dortigen Universität studierte er Mathematik und promovierte zum Thema „Über die Berechnung der Perihelbewegung des Merkur aus der Einsteinischen Gravitationstheorie". Im Anschluss absolvierte er ein Post-Graduierten-Studium in Frankreich.
>
> Zurück in Wien arbeitete er von 1925 bis 1929 zunächst als Gymnasiallehrer für Mathematik. Im Jahr 1926 heiratete er die Sozialpsychologin Marie Jahoda und bekam mit ihr eine Tochter; die Ehe wurde jedoch bereits im Jahr 1934 wieder geschieden. Von 1929 bis 1933 war Lazarsfeld als wissenschaftlicher Assistent von Karl und Charlotte Bühler am Psychologischen Institut der Universität Wien tätig. In den Jahren 1930 bis 1933 leitete er dort die Wirtschaftspsychologische Forschungsstelle. Als Stipendiat der Rockefeller Foundation ging er im Jahr 1933 nach New York und emigrierte zwei Jahre später dauerhaft in die USA. Von 1935 bis 1936 arbeitete er bei der National Youth Administration in New Jersey. Von 1936 bis 1937 war er Direk-

tor des Research Center der University of Newark; von 1937 bis 1939 Direktor des Office of Radio Research an der Princeton University. Ab dem Jahr 1939 war er zunächst Associate Professor und ab 1940 als Full Professor an der Columbia University in New York tätig. Bis 1949 fungierte er dort als Direktor des Bureau of Applied Social Research. Lazarsfeld war 52. Präsident der American Sociological Association und starb am 30. August 1976 in New York City.

Marie Jahoda
Marie Jahoda wurde am 26. Januar 1907 als Tochter eines Kaufmanns in Wien geboren. Sie studierte Lehramt an der Pädagogischen Akademie in Wien und Psychologie an der Universität Wien. Im Anschluss war sie Gasthörerin an der Sorbonne in Paris und unterrichtete dort Latein. Im Jahr 1926 heiratete sie den Mathematiker und Sozialwissenschaftler Paul F. Lazarsfeld und bekam mit ihm eine Tochter; die Ehe wurde jedoch bereits im Jahr 1934 wieder geschieden.

1932 promovierte Jahoda zum Thema „Anamnesen im Versorgungshaus. Ein Beitrag zur Lebenspsychologie" und war von 1933 bis 1936 an der Wirtschaftspsychologischen Forschungsstelle der Universität Wien tätig. Darüber hinaus war sie Aktivistin der Revolutionären Sozialisten, weshalb sie im Jahr 1936 verhaftet wurde. Aufgrund internationaler Interventionen kam sie zwar nach neunmonatiger Haft frei, musste Österreich jedoch umgehend verlassen. Zunächst emigrierte sie nach England und arbeitete während des Zweiten Weltkrieges für den Propagandasender Radio Rotes Wien. Im Jahr 1945 ging sie nach New York, wo sie bis 1958 an der New School for Social Research Sozialpsychologie lehrte und mit ins Exil geflohenen Mitgliedern des Frankfurter Instituts für Sozialforschung zusammenarbeitete. Im Jahr 1962 erhielt Jahoda den Lehrstuhl für Sozialpsychologie an der University of Sussex in Großbritannien, wo sie bis zu ihrer Emeritierung tätig war und am 28. April 2001 starb.

Hans Zeisel
Hans Zeisl – bis ins Jahr 1938 umfasste sein Nachname tatsächlich nur ein ‚e' – wurde am 1. Dezember 1905 als Sohn eines Rechtsanwalts in Wien geboren. Er studierte Rechts- und Staatswissenschaften an der dortigen Universität und promovierte 1927 zum ‚Doktor der Rechte' (Dr. jur.) sowie im Folgejahr zum ‚Doktor der Staatswissenschaften' (Dr. rer. pol.). Im Anschluss arbeitete er zunächst in der Rechtsanwaltskanzlei seines Vaters.

2.1 Die Studie

> Im Jahr 1931 wechselte Zeisl ebenfalls an die Wirtschaftspsychologische Forschungsstelle, die er von 1933 bis 1935 leitete; in diese Zeit fällt auch seine Beteiligung an der Marienthal-Studie. Im Anschluss war er für kurze Zeit als Marktforscher für einen tschechoslowakischen Schuhproduzenten tätig, um sich im Jahr 1936 als Rechtsanwalt mit eigener Kanzlei in Wien selbständig zu machen. Nach dem „Anschluss" Österreichs emigrierte Zeisel – nun führte er das zweite ‚e' im Namen – im Frühjahr 1938 mit seiner Ehefrau zunächst nach London und einige Monate später in die USA. Dort arbeitete er für das Department of War in Washington sowie als Marktforscher. Ab 1942 war er Mitarbeiter von Paul F. Lazarsfeld im New Yorker Bureau of Applied Social Research und lehrte an der Rutgers University in New Brunswick, der Columbia University sowie an der New School for Social Research in New York. Erst im Jahr 1952 wurde er von der University of Chicago zum ordentlichen Professor für Statistik, Recht und Soziologie berufen. Dort lehrte Zeisel bis 1974 und starb am 7. März 1992.

Nicht nur aufgrund der zentralen Rolle Marie Jahodas ist die Beteiligung weiblicher Mitarbeiterinnen im Rahmen der Marienthal-Studie sowie deren – um einen seinerzeit noch nicht bekannten Begriff zu bemühen: – Gendersensibilität bemerkenswert. Auch über Jahoda hinaus leisteten Frauen einen wesentlichen Beitrag zum Gelingen des Forschungsprojekts: zehn weibliche Forscherinnen und Hilfskräfte standen sieben männlichen gegenüber. Darüber hinaus werden männliche und weibliche Untersuchungsteilnehmer/innen in der Studie stringent gleichberechtigt zitiert. Und schließlich beinhaltet die Studie, wie Sie noch sehen werden, auch einen expliziten Vergleich der Auswirkungen von Langzeitarbeitslosigkeit auf Männer und Frauen.

Wenden wir uns damit der Zielsetzung der Marienthal-Studie zu: Zunächst hatte der österreichische Sozialdemokrat Otto Bauer die Aufmerksamkeit der jungen Wiener Forscher/innen auf das Thema Arbeitslosigkeit gelenkt und ihnen den Zugang zur Gemeinde Marienthal vermittelt:

> *„Die vielfältigen Interessen der Mitglieder der Forschungsstelle bündelten sich in der Marienthal-Studie: Vor dem Hintergrund sozialdemokratischer Politik und der undogmatischen Auffassung der Marxschen Theorie als empirischer Sozialwissenschaft spielte vor allem die Psychologie eine wichtige Rolle; hinzu kamen die statistische Orientierung Lazarsfelds und die Rezeption der US-amerikanischen Surveys und Gemeindestudien."* (Fleck 2007, S. 222)

Zur Zielsetzung der Studie schreiben Marie Jahoda und Hans Zeisel im Vorwort zur ersten Auflage:

> „Das Ziel der vorliegenden Untersuchung war, mit den Mitteln moderner Erhebungsmethoden ein Bild von der psychologischen Situation eines arbeitslosen Ortes zu geben. Es waren uns von Anfang an zwei Aufgaben wichtig. Die inhaltliche: zum Problem der Arbeitslosigkeit Material beizutragen – und die methodische: zu versuchen, einen sozialpsychologischen Tatbestand umfassend, objektiv darzustellen." (Jahoda et al. 1933, S. 9)

Um den Kontext zu verstehen, in dem die Marienthal-Studie entstand, ist es also wichtig, noch einmal festzuhalten, dass das Erkenntnisinteresse der Forscher/innen auf den von Arbeitslosigkeit geprägten *Sozialraum* gerichtet war. Im Zentrum der Untersuchung stand mithin nicht der oder die *einzelne* Arbeitslose, sodass es sich eben nicht um eine subjektbezogene psychologische, sondern um eine genuin sozialpsychologische Untersuchung handelt, die durchaus dem Bereich der empirischen Sozialforschung zuzuordnen ist. Operationalisiert wurde diese Forschungsperspektive zu von Lazarsfeld und Jahoda formulierten „Anweisungen für Marienthal". Diese leiteten die empirische Feldforschung in Marienthal an und finden sich heute im Grazer Archiv für die Geschichte der Soziologie in Österreich:

Quelle

Anweisungen für Marienthal

Die Untersuchung geht von objektiven und vorgegebenen Daten zu immer psychologischeren und spezialisierteren vor.

I. Zuerst: Familien und Altersaufbau, Wohnungsverhältnisse (ist auf Katasterblättern erhoben).

dann die zwei Hauptfragen
A) Wovon leben die Leute.
B) Wie verbringen sie ihre Zeit.

ad A) die Frage zerfällt in drei Teile
a) Woher nehmen sie das Geld und Lebensmittel (wer beschafft sie).
b) Was konsumieren sie tatsächlich?
c) soweit ihre Mittelverwendung eine freie ist, wodurch wird die charakterisiert (lieber mal hungern und dafür ins Kino? Wer in der Familie ist am besten genährt? etc.)

Quellen: Haushaltsstatistiken, karakteristische Mahlzeiten und Ausgaben, Erzählungen über Vergleich mit früher.

ad B) Anlage möglichst genauer Tagesinventare. Kann bei einzelnen vielleicht durchgeführt werden, bei den meisten wird der heutige und gestrige Tag erfragt werden müssen, bei einzelnen weniger beweglichen kann vielleicht beobachtet werden. Sehr wichtig ist dabei auch ein Inventar der Geräte, über die noch verfügt wird, Zeitungen, Radio, Bücher etc. eventuell auch ex contrario, also von der Pfandleihanstalt aus gesehen. Aus dem vorhandenen ersten Material werden die ersten Ansatzpunkte herauszuholen sein für die Frage.

II. Stellung zur Arbeitslosigkeit:
Was hat jeder einzelne getan um Arbeit zu finden.
Wer hat auswärts Arbeit gefunden, wieso?
Welcher Arbeitsersatz wird geleistet? (Schrebergarten, Tierzucht, Arbeit bei Bauern etc.)
Stellung zu gelegentlicher Arbeitsmöglichkeit.
Welche Veränderungen hat die Zeitbewertung durchgemacht?
Empfinden Verhältnisse: (Verzweifelt, resigniert, stumpf, abgefunden, zufrieden, hoffnungsvoll.)
Welche Pläne haben die Erwachsenen?
Welche Pläne haben die Jugendlichen?
Unterschiede zwischen Arbeitslosen und Arbeitenden?
Verhältnis zur Fürsorge (Nach H. Hetzer)

III. Schließlich suchen wir eine Sozialkarakteristik des Ortes, in der Annahme, daß sich im Laufe der Erhebung auch hier Beiträge zur Struktur der Arbeitslosigkeit finden werden, danach ist zu verfolgen: Autorität der Eltern, Konflikte zwischen den Bewohnern, Verhältnis der Geschlechter, Themen der Vereinsabende, Verkehr mit der Aussenwelt, politische Veränderungen.

Im allgemeinen sind drei Arten von Material zu unterscheiden:
1.) Physikalisch-Statistisch: Geld, Essen etc.
2.) Psychologisch-Statistisch: Beschäftigung, Konflikte etc.
3.) Umweltmarken: Karakteristische Aussprüche und Verhaltensweisen, die die Stellung zur Aussenwelt, die „psychologische Umwelt" kennzeichnen.

> Als Ziele der Arbeit sind dreierlei anzusehen:
> 1) Das Phänomen Arbeitslosigkeit möglichst fein zu karakterisieren, sei es vom Einzelnen her, sei es vom Kollektiv her.
> 2) Wenn möglich mit Vergleich von früher und anderswo, oder durch Zerlegung in Phasen die Wirkungen der AL zu zeigen.
> 3) Alle verfügbaren Mittel der Sozialpsychologie einmal auf ein Kollektiv zu konzentrieren, um zu sehen, wie weit eine Soziographie heute schon möglich ist.
>
> *Quelle: Archiv für die Geschichte der Soziologie in Österreich, Graz, Nachlass von Paul Felix Lazarsfeld, Signatur 1, Filmrolle 1. Zitiert nach Müller 2008, S. 263.*

2.2 Die Methodik: Ethnografie und teilnehmende Beobachtung

Wirft man einen Blick auf das Untersuchungsdesign der Marienthal-Studie, so fällt zunächst auf, dass sowohl quantitative als auch qualitative Forschungslogiken zur Anwendung kamen. Die Autor/innen bringen diesen Ansatz mit folgendem Postulat auf den Punkt: „Wir sind alle Wege gegangen, die uns unserem Gegenstand näherbringen konnten" (Jahoda et al. 1933, S. 24). Dezidiert soll dabei auch eine Lücke geschlossen werden zwischen der Auswertung quantitativer Daten aus den Arbeitslosenstatistiken und qualitativer Daten, die bis dato noch nicht wissenschaftlich genutzt worden waren, sondern am ehesten in Form sogenannter „sozialer Reportagen" von Zeitungen und Schriftsteller/innen vorlagen:

> *„Zwischen den nackten Ziffern der offiziellen Statistik und den allen Zufällen ausgesetzten Eindrücken der sozialen Reportage klafft eine Lücke, die auszufüllen Sinn unseres Versuchs ist. Was uns vorschwebte, war eine Methode der Darstellung, die die Verwendung exakten Zahlenmaterials mit dem Sicheinleben in die Situation verband." (ebd.)*

Genau dieser gegenstandsorientierte Ansatz ist es denn auch, der die Marienthal-Studie zu einem Meilenstein der qualitativen Sozialforschung werden ließ. Die Breite und Vielschichtigkeit der analysierten empirischen Daten nämlich bezeichnet Lazarsfeld in seinem Vorwort zur Neuauflage im Jahr 1960 als angemessenes methodisches Vorgehen zur umfänglichen Erfassung des Untersuchungsgegenstands Langzeitarbeitslosigkeit:

2.2 Die Methodik

"Die Einleitung zu unserem Bericht erzählt von unserem Beschluß, die Lücke zwischen den nackten Ziffern der Statistik und den zufälligen Eindrücken der sozialen Reportage auszufüllen. Die Tatsache, daß wir uns unsere Position von Grund auf improvisieren mußten, hat, im Rückblick gesehen, ohne Zweifel Früchte getragen. Wir versuchten, die Arbeitslosigkeit von allen Seiten zu erfassen." (ebd., S. 15)

Aus der facettenreichen Empirie sollen, so Lazarsfeld weiter, während der Datenauswertung „integrale Interpretationen" abgeleitet werden. Die Auswertung folgt also durchaus den heutigen Prinzipien der qualitativen Sozialforschung, die Sie eingangs kennengelernt haben:

"Die Basis ist immer eine Reihe von spezifischen, quantitativen Daten. Das Gemeinsame an ihnen ist herausgearbeitet und dann in ein Begriffsbild so zusammengefaßt, daß man weitere Folgerungen ableiten kann nicht mit logischer Notwendigkeit, aber mit großer Plausibilität und geleitet von zusätzlichem Wissen und allgemeiner Erfahrung." (ebd., S. 17)

Lazarsfeld schließt seine methodologischen Überlegungen mit dem bereits zitierten Plädoyer, das heute als Selbstverständlichkeit empirischer Sozialforschung zu begreifen ist:

"Es gibt so viel zu tun, dass man nicht seine Zeit mit ‚Methodenstreit' vergeuden soll. Eine integrale Soziologie wird mit allen empirischen und analytischen Mitteln an konkrete Probleme herangehen und dadurch eine realistische Synthese finden." (ebd., S. 23)

Gleichwohl lässt sich in der methodologischen Positionierung Lazarsfelds jedoch ein Primat quantitativer Sozialforschung erkennen. Zwar sei nur qualitative Forschung in der Lage, mögliche Kausalbeziehungen, Ursachen und Wirkungen eines sozialen Phänomens erkennbar zu machen – was er zusammen mit Allen Barton (1979, S. 43) metaphorisch folgendermaßen zum Ausdruck bringt: „Wie die Netze von Hochseeforschern können qualitative Studien ganz unerwartete und erstaunliche Dinge zu Tage fördern". Letztlich diene qualitative Forschung jedoch immer der Vorbereitung quantitativer Studien. Nur die statistische Analyse nämlich vermöge es, die tatsächliche Existenz einer kausalen Beziehung belastbar zu testen:

"Qualitatives Datenmaterial eignet sich besonders für die explorative Phase eines Forschungsprojekts: die Reichhaltigkeit an detaillierten beschreibenden Informationen verschafft dem Forscher außerordentlich viele Gelegenheiten, Anregungen und Hinweise zu finden. Andererseits stellt für das Überprüfen von Hypothesen das kontrollierte Experi-

ment mit seinen präzisen Messungen einer begrenzten Anzahl sorgfältig ausgewählter Variablen das Idealmodell dar." (ebd., S. 82)

Um ein soziales Phänomen umfänglich empirisch erfassen zu können, schreibt Lazarsfeld an anderer Stelle (1971), seien die folgenden vier methodologischen Vorgehensweisen zu integrieren:

- die triangulative Anwendung quantitativer und qualitativer Methoden,
- die komparative Erhebung objektiver Tatbestände und subjektiver Sichtweisen,
- die Kontrastierung historischer und gegenwärtiger Daten sowie
- die Kombination reaktiver und nicht-reaktiver Erhebungsmethoden.

Diese – wenn man so will: – Gütekriterien empirischer Sozialforschung spiegeln sich ausnahmslos bereits im Untersuchungsdesign der Marienthal-Studie wider. Quantitative Daten werden hier beispielsweise in Form der Anzahl von Bibliotheksbesuchen und Zeitungsabonnements erhoben; qualitative etwa in Form von Experteninterviews und Tagebuchanalysen. „Objektive Tatbestände" wurden unter anderem mit Hilfe von Inventarlisten erhoben, „subjektive" mittels narrativer Interviews. Eine historische Perspektive findet sich darüber hinaus in der Analyse von Bevölkerungs- und Wahlstatistiken. Und schließlich stellen die genannten Interviewformen „reaktive" Erhebungsmethoden dar, während es sich etwa bei der Messung von Gehgeschwindigkeiten um ein „nicht-reaktives" Verfahren handelt. Die folgende Tabelle gibt einen Überblick über das originelle und vielfältige Untersuchungsdesign der Marienthal-Studie:

Tabelle 4 Das Untersuchungsdesign der Marienthal-Studie

	Quantitative Datenquellen	Qualitative Datenquellen
Sekundäranalyse	• Bevölkerungsstatistik (Demografie, Migration, Eheschließungen) • Wahlstatistik • Beschwerden (bei der Industriellen Bezirkskommission)	
Standardisierte Befragung	• Inventarlisten (von 40 Familien) • Zeitverwendungsbögen (von 80 Personen für je einen Tag)	
Inhaltsanalyse von Dokumenten	• Bibliotheksbesuche • Zeitungsabonnements • Vereinsmitglieder	• Tagebücher • Schulaufsätze (über die Wünsche von Volks- und Hauptschülern) • Preisausschreiben (Aufsätze von Jugendlichen über Zukunft)

2.2 Die Methodik

	Quantitative Datenquellen	Qualitative Datenquellen
(Teilnehmende) Beobachtung	• Messung der Gehgeschwindigkeit	• Kleidersammlung (selbst organisierte Sammlung und Verteilung) • Ärztesprechstunden (wöchentliche Sprechstunde organisiert) • Erziehungsberatung (Vorträge organisiert) • Turn- und Schnittzeichenkurse (selbst veranstaltet) • Politisches Engagement (aller politischen Vereinigungen)
Experteninterviews		• Lehrer • Pfarrer • Bürgermeister • Ärzte • Geschäftsleute • Vereinsfunktionäre
Narrative Interviews		• Arbeitslose (mit 32 Männern und 30 Frauen)

Vgl. Jahoda et al. 1933, S. 26 ff.

All diese verschiedenartigen Methoden lassen sich nicht umstandslos auf einen gemeinsamen Nenner bringen. Auch weil eben von „Sicheinleben in die Situation" (Jahoda et al. 1933, S. 24) die Rede war, möchte ich sie im Folgenden als Ethnografie bezeichnen. Lesen Sie daher zunächst eine längere Passage aus den ersten Seiten der Studie. Hier beschreibt Marie Jahoda Aufstieg und Niedergang der Textilproduktion in Marienthal. Sie tut dies eben in der unverwechselbar bildreich-analytischen Sprache einer Ethnografin – die, so hoffe ich, Lust auf Weiterlesen macht.

Quelle

Die Geschichte Marienthals

„Marienthal ist ein kleines Fabrikdorf an der Fischa-Dagnitz im Steinfeld. [...] Die Häuser sind langgestreckt, einstöckig, alle nach demselben Muster gebaut. Abseits der Landstraße stehen ein paar Baracken, denen man anmerkt, daß sie seinerzeit schnell fertig werden mußten, um den plötzlichen Arbeiterzuwachs aufzunehmen. Nur das ehemalige Herrenhaus, das Fabrikspital und das Beamtenhaus ragen zweistöckig über die anderen hinaus. An der Fischa hinter den Häusern stehen zwei große Schlote, umgeben von langgestreckten, zum Teil verfallenen Mauern: die Fabrik. Die Erde ist wenig fruchtbar im Steinfeld, der Boden schwer zu bebauen. Die Bauern in der Umgebung von Marienthal haben es nicht leicht gehabt, als sie sich ansiedelten; auch jetzt können sie nur in mühevoller Arbeit ihr Auskommen finden. Nur wenige von ihnen können es sich leisten, während der Erntezeit einige Marienthaler Arbeiter aushilfsweise zu beschäftigen. [I]m Jahre 1830 war [Hermann Todesko] auf der Suche nach einem geeigneten Platz für eine Flachsspinnerei auch nach Marienthal gekommen, das dazu wie geschaffen war. Die flache Gegend bot dem Transport keine Schwierigkeiten, der kleine Fluß [...] fror [...] auch im strengen Winter nicht zu und konnte mit seiner Kraft den Betrieb speisen. Rings herum entstanden der älteste Teil der Fabrik und ein paar Arbeiterhäuser, die rasch von [...] Arbeitern besiedelt wurden. Bald ging Todesko zur Baumwollspinnerei über, die Fabrik wurde vergrößert. Neue Arbeiterhäuser mußten errichtet werden, zur Kantine kamen kleine Geschäfte hinzu, der Ort wuchs. [...] In den sechziger Jahren wurden die Weberei und die Bleiche ausgegliedert. Die Fabrik wurde ein Großbetrieb, und damit schwand auch das patriarchalische Verhältnis des Fabrikherrn zu den Arbeitern. Langsam drangen gewerkschaftliche Ideen in Marienthal ein; damals entstanden die ersten Organisationen und Vereine. [...] In den neunziger Jahren erhielt die Fabrik einen neuen Direktor, der jahrzehntelang in Marienthal herrschte. Die Fabrik nahm in dieser Zeit einen großen Aufschwung. [Nach dem Ende des Ersten Weltkriegs wurden] neue Maschinen eingestellt, man dachte mit einer Umstellung der Produktion auf breitere Stoffe den Betrieb aufrechterhalten zu können; der Belegschaftsstand erreichte seinen Höhepunkt. Aber das war eine rasch vorübergehende Besserung, eine letzte Anstrengung, der Mitte 1929 der Absturz folgte: im Juli wird die Spinnerei geschlossen, im August die Druckerei, im September die Bleiche. Zuletzt im Februar 1930 sperrt die Weberei, und nun werden die Turbinen stillgelegt. Wenige Tage nachher beginnen unter großer Erregung der Bevölkerung die Liquidationsarbeiten. [...] Heute stehen nur mehr die Färberei und die Websäle. Die Bleiche und die Spinnerei sind abgerissen. Die Aufräumarbeiten sind bis zur Zeit sehr mangelhaft durchgeführt. Von ihren Fenstern sehen die Arbeiter auf ihrer früheren Arbeitsstätte Schuttfelder, verbeulte Kessel, alte Transmissionsräder und halbverfallenes Mauerwerk."

Quelle: Jahoda, Marie, Paul F. Lazarsfeld, und Hans Zeisel. 2020 [1933]. Die Arbeitslosen von Marienthal. Ein soziographischer Versuch über die Wirkungen langandauernder Arbeitslosigkeit. 27. Aufl. Berlin: Suhrkamp.

Von den 478 in Marienthal lebenden Familien sind zum Zeitpunkt der Datenerhebung drei Viertel von Arbeitslosigkeit betroffen; lediglich ein Fünftel verfügt auch nach der Werksschließung noch über ein regelmäßiges Einkommen, das jedoch aufgrund ihrer prekären Arbeitsverhältnisse teils unterhalb der Sozialversicherungsleistungen liegt (vgl. Jahoda et al. 1933, S. 39).

2.2.1 Ethnografie

Die vielfältige Empirie der Marienthal-Studie und der Stil von Jahodas Einführung weisen also darauf hin, dass es sich hier um einen ethnografischen Bericht handelt. Unter Ethnografie wird die analytische Beschreibung einer Ethnie verstanden, also einer ethnischen Gruppe, einer spezifischen Gemeinschaft oder einer sonstigen distinkten sozialen Einheit. Im Zentrum des Forschungsinteresses stehen dabei deren Wissensformen, Praktiken und materialen Kulturen (vgl. Breidenstein 2020, S. 36; Knoblauch und Vollmer 2022, S. 659), auf die der/die Forschende gleichsam neugierig ist:

„Im Zentrum der ethnographischen Neugierde steht [...] die Frage, wie die jeweiligen Wirklichkeiten praktisch ‚erzeugt' werden; es geht ihr also um die situativ eingesetzten Mittel zur Konstitution sozialer Phänomene aus der teilnehmenden Perspektive. Ein derartiges Erkenntnisinteresse ist nicht identisch mit dem alltäglichen Blick der Teilnehmer. Während diese üblicherweise daran interessiert sind, ihre handlungspraktischen Probleme zu lösen, konzentriert sich der ethnographische Blick auf jene Aspekte der Wirklichkeit, die diese gleichsam als selbstverständlich voraussetzen [...]." (vgl. Lüders 2022, S. 390)

Nicht zu verwechseln ist die Ethnografie mit der Ethnologie, also mit der Völkerkunde, die bereits seit dem 19. Jahrhundert darauf abzielte, *fremde* Völker und Kulturen zu beschreiben. Ethnografie hingegen zielt im Allgemeinen auf die Erforschung von Subkulturen der *eigenen* Gesellschaft. Dies haben Sie in Kapitel 1.2 bereits bei den Studien der Chicago School gesehen, und auch im vorliegenden Kapitel befassen wir uns eben mit der Lebenswelt des österreichischen Industriedorfs Marienthal – und nicht etwa mit derjenigen eines asiatischen oder afrikanischen Naturvolks.

Will man die Lebenswelt von Menschen untersuchen, stehen im Prinzip drei mögliche Ansatzpunkte zur Verfügung: Man kann Interviews in ihren verschiedenen Formen führen, man kann Dokumente und Statistiken analysieren und man kann nach Wegen suchen, an ihrer „Alltagspraxis möglichst längerfristig teilzunehmen und mit ihr vertraut zu werden" (ebd., S. 384 f.). Ethnografie verfügt somit nicht über eine eigene, spezifische Erhebungsmethode, sondern wendet ganz im Stile der Marienthal-Studie alle Methoden an, die in diesem Buch thematisiert werden – und analysiert darüber hinaus beispielsweise auch audiovisuelle Aufzeichnungen, Fotografien und/oder materiale Objekte. Diese facettenreiche Forschungsstrategie verspricht dabei einen vergleichsweise unmittelbaren Zugang zum Untersuchungsgegenstand:

> *„Die meisten Methoden der Sozialwissenschaften pflegen einen sehr indirekten Zugang zu ihrem Gegenstand. Im Regelfall werden soziale Prozesse, Handlungen und Personen durch Aussagen über [...] Ereignisse rekonstruiert [...] Im Unterschied dazu zählt die Ethnographie zu den Methoden, in denen sich die Forschenden einen unmittelbaren Zugang zum Gegenstand suchen. ‚Unmittelbar' bedeutet hier [...], dass sich Forscher und Erforschte auf dem ‚Feld' der Erforschten begegnen."* (Knoblauch und Vollmer 2022, S. 663)

Von großer Bedeutung für das Gelingen ethnografischer Forschung sind insbesondere die von Lüders angesprochene *längerfristige* Teilnahme sowie das von Jahoda und Zeisel genannte Sich-Einlassen auf die zu erforschende Subkultur. Letzteres geht dabei auch mit einer Anpassung der Forschenden an die Gegebenheiten des untersuchten Feldes einher:

> *„Ethnographisch Daten zu gewinnen, heißt neben anhaltender Beobachtung eben auch an der alltäglichen Lebenspraxis im Feld aktiv teilzunehmen, die Menschen im Feld als Expertinnen ihrer eigenen Lebenspraxis in informellen Gesprächen wie förmlichen Interviews zu befragen, die räumlich-dingliche Konstellation des Feldes zu analysieren und alle Arten von Dokumenten aus dem Feld und über das Feld zu sammeln."* (Strübing 2018, S. 59)

Der oder die ethnografisch Forschende muss im Feld also auch in methodischer Hinsicht immer wieder spontan entscheiden, wann sich beispielsweise die Gelegenheit für ein Interview ergibt und in welchen Situationen er bzw. sie teilnehmende Beobachtungen durchführen möchte. Schauen wir uns letztere Erhebungsmethode im Folgenden etwas genauer an.

2.2.2 Teilnehmende Beobachtung

Die teilnehmende Beobachtung wurde von Beginn an in der Ethnologie und der Kulturanthropologie eingesetzt. Als die Soziologen der Chicago School damit begannen, sich für verschiedenste Subkulturen ihrer Gesellschaft zu interessieren, wurde sie schließlich auch als Erhebungsmethode der qualitativen Sozialforschung etabliert. Daher postulieren Aglaja Przyborski und Monika Wohlrab-Sahr (2021, S. 57) heute mit einem Ausrufezeichen versehen: „Qualitative Forschung ist Feldforschung!" Gleichwohl hat die teilnehmende Beobachtung einen nach wie vor eigentümlichen Stellenwert: Einerseits wird sie eher selten exklusiv praktiziert, während die verschiedenen Formen des Interviews mittlerweile zur gängigen Form der Datenerhebung avanciert sind. Andererseits ist sie ausgesprochen grundlegend, da Forschende während der Datenerhebungsphase immer auch beobachten – nicht umsonst hatte ich eingangs darauf verwiesen, dass Ende des 19. Jahrhunderts bereits Émile Durkheim die Beobachtung als zentrale Methode der neu entstanden Wissenschaft Soziologie hervorgehoben hatte. Jegliche Form der empirischen Sozialforschung ist daher immer auch teilnehmende Beobachtung: Man kann die soziale Wirklichkeit nicht erforschen, ohne selbst Teil von ihr zu sein (vgl. Hammersley und Atkinson 1983).

Bestimmte Forschungsfragen lassen die teilnehmende Beobachtung in besonderer Weise gegenstandsangemessen erscheinen. Immer dann, wenn ich mich als Forscher/in beispielsweise für Routinehandeln interessiere, stoße ich schnell an die Grenzen der Erhebungsmethode Interview. Dies liegt daran, dass Routinehandeln nur bedingt mit einem intentionalen subjektiven Sinn verknüpft ist. Den allmorgendlichen Weg zur Arbeit beispielsweise habe ich vermutlich nur vor seiner ersten Bewältigung anhand mehr oder minder rationaler Überlegungen ausgewählt. Seither jedoch lege ich ihn immer in gleicher Art und Weise zurück – ohne mir dabei bewusst zu machen, warum ich dies eigentlich genau so und nicht anders tue. Dies trifft im Prinzip auf all unsere Routinen zu – oder können Sie mir sagen, wie und warum Sie Ihre Zahnbürste heute Morgen dort abgelegt haben, wo Sie sie abgelegt haben? Würde ich Sie in einem Interview nun aber nach Ihrer Arbeitsweg- oder Zahnputzroutine fragen, würde ich Sie in die etwas missliche Lage bringen, einen Prozess schildern zu müssen, der Ihnen nicht völlig bewusst geworden ist. Ich würde Sie im Zweifelsfall zu einer rationalen Begründung nötigen, die jedoch nicht Grundlage Ihres Handelns war. Selbst wenn eine Routinehandlung also durchaus bewusst gemacht werden kann, würde ich bei einem Interview nichts über die Routinehandlung selbst herausfinden, sondern lediglich etwas über das bewusste Nachdenken über eine Routinehandlung. Das jedoch wäre dann ein anderer Untersuchungsgegenstand – und ich hätte eine nicht gegenstandsangemessene Erhebungsmethode gewählt. Grundsätzlich ist eine teilnehmende Beobachtung daher geeigneter zur Erforschung von Routinehandeln als ein Interview.

Wie eine teilnehmende Beobachtung in der Forschungspraxis ablaufen kann, werden Sie im folgenden Abschnitt anhand von Beispielen aus der Marienthal-Studie sehen. Einige zentrale methodologische Aspekte möchte ich jedoch zuvor auf einer abstrakteren Ebene zusammenfassen. Zunächst kann man mit den literarischen Worten der Sozialforscherinnen Cornelia Thierbach und Grit Petschick (2022, S. 1563) sagen, dass sich der bzw. die Beobachtende dem Untersuchungsgegenstand „mit allen Sinnen" nähert. Im Zentrum seines bzw. ihres Forschungsinteresses stehen dabei in erster Linie prozessbezogene Wie-Fragen. Um die legändere ethnografische Ausgangsfrage zu zitieren, die Clifford Geertz zugeschrieben wird, geht es zunächst um die Beantwortung der Frage: „What the hell is going on here?" (zitiert nach Amann und Hirschauer 1997, S. 20). Das fragt man sich auch im Alltag sicherlich immer wieder; Beobachten ist nämlich auch eine Alltagskompetenz. Im Gegensatz zu Alltagsbeobachtungen weisen wissenschaftliche Beobachtungen aber eine größere Systematik auf, da sie stets auf eine Forschungsfrage ausgerichtet sind:

„Das maßgebliche Kennzeichen der teilnehmenden Beobachtung ist der Einsatz in der natürlichen Lebenswelt der Untersuchungspersonen. Der Sozialforscher nimmt am Alltagsleben der ihn interessierenden Personen und Gruppen teil und versucht durch genaue Beobachtung etwa deren Interaktionsmuster und Wertvorstellungen zu explorieren und für die wissenschaftliche Auswertung zu dokumentieren." (Lamnek und Krell 2016, S. 516)

James P. Spradley (1980) unterscheidet drei Phasen einer teilnehmenden Beobachtung:

1) Zunächst nimmt der/die Forschende eine breit angelegte Perspektive ein, um sein Untersuchungsfeld möglichst umfänglich zu erfassen und analytisch zu beschreiben.
2) In einem zweiten Schritt wird die Beobachtung immer stärker auf diejenigen Aspekte fokussiert, die zur Beantwortung der Forschungsfrage relevant erscheinen.
3) In einem dritten Schritt tritt der/die Forschende in die Phase der selektiven Beobachtung ein, wenn er entscheidet, welche Aspekte – auch unter Zuhilfenahme weiterer Datensorten, beispielsweise von Interviews – genauer untersucht werden sollen.

Die große Herausforderung – man könnte mit einigem Recht auch sagen: das grundlegende Dilemma (vgl. Lamnek und Krell 2016, S. 546 ff.) – für teilnehmende Beobachter/innen besteht darin, dass sie einerseits eine analytische Distanz zum untersuchten Feld wahren müssen, um nach wissenschaftlichen Maßstäben forschen zu können (vgl. Lüders 2022, S. 386, Breidenstein et al. 2020, S. 78 ff.). Zugleich aber müssen sie sich an die Bedingungen des Feldes insofern anpassen, als sie sozial und kulturell konform handeln – letztlich auch, um das Vertrauen der Akteure zu gewinnen, die sie beobachten möchten. Bereits in den 1960er Jahren hatte Severyn T. Bruyn daher in seinem klassischen Standardwerk zur teilnehmenden Beobachtung geschrieben:

> „*The participant observer shares in the life activities and sentiments of people in face-to-face relationships. [...] Corollary: The role of the participant observer requires both detachment and personal involvement.*" (Bruyn 1966, S. 13f.)

Eine gewisse Distanz zwischen dem bzw. der Forschenden und den Akteuren im Feld ist dabei auch notwendige Voraussetzung für die Aufgeschlossenheit, mit der letztere uns begegnen. Dies wurde uns auch im Zuge unserer bereits thematisierten Pilger-Studie noch einmal deutlich bewusst. So waren wir nämlich ausgesprochen überrascht, mit welcher Offenheit und in welcher Ausführlichkeit uns die interviewten Pilger/innen von sensiblen oder intimen Dingen berichteten. So paradox es zunächst klingen mag: Diese Vertrautheit wurde sicherlich auch durch unsere distanzierte Rolle als Forschende befördert. Letztendlich ist es nämlich sogar leichter, einem Fremden von persönlichen Dingen zu berichten, weil man annehmen kann, dass man diesen nie wiedertrifft. Die Offenbarung hat mithin keine unmittelbaren sozialen Folgen, wie es beispielsweise der Fall wäre, wenn ich Nachbarn oder Kolleginnen ähnliche Dinge berichte.

In Hinblick auf das Verhältnis von Identifikation mit dem Feld und Distanz zu den beobachteten Akteuren lassen sich vier Beobachterrollen unterscheiden:

- Vollständige/r Teilnehmer/in
  Der oder die Forschende identifiziert sich völlig mit dem untersuchten Feld und verliert jegliche Distanz zu den Akteuren. Dabei besteht die Gefahr, die Prinzipien und Gütekriterien der qualitativen Sozialforschung aufzugeben, was auch als ‚going native' bezeichnet wird. Problematisch ist die vollständige Teilnahme in zweierlei Hinsicht: Zum einen kann der bzw. die Beobachter/in nicht mehr beobachten, weil er bzw. sie im Feld handeln muss. Zum anderen besteht die Gefahr, dass er bzw. sie in Konflikte involviert wird, welche die Aufrechterhaltung einer werturteilsfreien Analyse erschweren. Feldnotizen und Beobachtungsprotokolle können diesbezüglich hilfreich sein, um die eigene Rolle im Feld zu reflektieren. Sie sollten daher immer wieder auch in Hinblick darauf durchgesehen werden, ob sich die eigene Rolle im Feld verändert hat (vgl. Thierbach und Petschick 2014, S. 864).
- Teilnehmer/in als Beobachter/in
  Der oder die Forschende legt sein bzw. ihr Hauptaugenmerk auch in diesem Fall auf die Teilnahme, also auf das Handeln im Feld. Gleichzeitig gewinnt die

distanzierte Beobachtung jedoch an Bedeutung, was die Gefahr des going native reduziert.
- Beobachter/in als Teilnehmer/in
Der oder die Forschende ist in erster Linie Beobachter/in. Dies schließt zwar die Gefahr des going native aus; umgekehrt kann eine fehlende Identifikation mit den im Feld handelnden Akteuren aber eine sinnverstehende Interpretation der Beobachtungen erschweren.
- Vollständige/r Beobachter/in
In diesem Fall wird das Potenzial der Unmittelbarkeit einer teilnehmenden Beobachtung verschenkt. Die Gefahr von Missverständnissen durch Ethnozentrismus, also durch eine Voreingenommenheit gegenüber dem fremden Feld, ist dabei ausgesprochen hoch.

Zentrale Erhebungsinstrumente während einer teilnehmenden Beobachtung sind Feldnotizen und Beobachtungsprotokolle. Sie sollten regelmäßig, zeitnah und möglichst detailliert verfasst werden. Wichtig zu beachten ist, dass die beobachteten Handlungen und Prozesse beim Schreiben von Feldnotizen und Beobachtungsprotokollen in Sprache transformiert werden (vgl. Breidenstein et al. 2020, S. 99 ff.; Hirschauer 2001). Im Gegensatz zur Tonbandaufzeichnung eines Interviews und seiner exakten Transkription beinhalten sie daher immer auch rekonstruktive und interpretative Elemente:

„Beobachtungsprotokolle als Grundlage von Ethnographien können deshalb nicht als getreue Wiedergaben oder problemlose Zusammenfassungen des Erfahrenen begriffen werden, sondern müssen als das gesehen werden, was sie sind: Texte von Autoren, die mit den ihnen jeweils zur Verfügung stehenden sprachlichen Mitteln ihre ‚Beobachtungen' und Erinnerungen nachträglich sinnhaft verdichtet, in Zusammenhänge einordnen und textförmig in nachvollziehbare Protokolle gießen." (Lüders 2022, S. 396)

Ich hatte bereits festgestellt, dass die Subjektivität des oder der Forschenden während der Analyse stets reflektiert werden muss. Dies ist im Falle einer teilnehmenden Beobachtung von besonderer Bedeutung, weil die Möglichkeit der methodischen Kontrolle hier verhältnismäßig gering ist:

„Instrumente der Beobachtung sind ja weitgehend die Forscher selbst. Sie stehen oft mitten im sozialen Feld, das sie beobachten sollten, wobei ihre Beobachtung nicht voraussetzungslos geschehen kann. Versuchen wir die Schwierigkeiten, die wir bei der Beobachtung zu überwinden haben, in einem Satz darzustellen: Wir glauben nur, was wir sehen – leider sehen wir nur, was wir glauben wollen." (Atteslander et al. 2019, S. 118)

2.2 Die Methodik

> **Verfassen von Feldnotizen und Beobachtungsprotokollen**
>
> Literatur
>
> Das Verfassen von Feldnotizen und Beobachtungsprotokollen sollte möglichst regelmäßig, zeitnah und detailliert erfolgen. Hilfreiche Hinweise finden Sie in den folgenden Publikationen:
>
> *Breidenstein, Georg, Stefan Hirschauer, Herbert Kalthoff und Boris Nieswand. 2020 [2013]. Ethnografie: Die Praxis der Feldforschung. 3. Aufl. München: UVK.*
>
> *Emerson, Robert M., Rachel Fretz und Linda L. Shaw. 2011. Writing Ethnographic Fieldnotes. 2. Aufl. Chicago: University Press.*
>
> *Geertz, Clifford. 1995 [1983]. Dichte Beschreibung. 4. Aufl. Frankfurt a. M.: Suhrkamp.*

Die Exaktheit von Feldnotizen und Beobachtungsprotokollen schützt im Übrigen – frei nach Gerhard Mackenroth (1952, S. 101) – vor Sinnlosigkeit nicht. Dies macht uns das folgende zwar exakte, aber eben nicht am Sinnverstehen orientierte Beobachtungsprotokoll deutlich:

„*23 Menschen bewegen sich für die Dauer von 1,5 Stunden innerhalb eines rechteckigen Feldes von etwa 100m Seitenlänge mit einer durchschnittlichen Geschwindigkeit von 8 Metersekunden und halten eine mit Luft gefüllte Lederhülle in ständiger Bewegung. Sie haben während dieses Zeitraums im Durchschnitt 296 mal Berührung mit dem Lederobjekt, 183 mal mit dem rechten Fuß, 106 mal mit dem linken Fuß, 7 mal mit dem Kopf.*"

Der teilnehmende Beobachter – vermutlich ein „vollständiger Beobachter" – hat sein Beobachtungsprotokoll sehr wohl detailliert und fehlerfrei verfasst. Gleichwohl jedoch hat er in keiner Weise den subjektiven Sinn der im Feld handelnden Akteure rekonstruieren können. Wir lernen durch seinen ethnografischen Bericht daher ausgesprochen wenig über das soziale Phänomen Fußball und sollten festhalten: Beobachtung und Sinnverstehen sind zwei Seiten derselben Medaille – der teilnehmenden Beobachtung. Andersherum kann das Verstehen eines sozialen Feldes aber auch nicht durch vollständige Identifikation mit dem Feld erfolgen. Dann nämlich würden die beobachteten Phänomene letztlich selbstverständlich und banal erscheinen. Forschende müssen vielmehr, um es noch einmal zu betonen, reflexiv agieren und ein angemessenes Verhältnis von Identifikation und Distanz finden (vgl. Lamnek und Krell 2016, S. 547).

2.3 Die Ergebnisse: Eine müde Gemeinschaft

Um die Untersuchungsergebnisse der Marienthal-Studie im Folgenden holzschnittartig zusammenzufassen, lohnt zunächst ein Blick in die bilanzierende Rückschau eines ihrer Protagonisten. Annähernd fünf Jahrzehnte nach Abschluss der Untersuchung hebt Paul F. Lazarsfeld (Barton und Lazarsfeld 1979, S. 78) die folgenden vier „überraschendenden Beobachtungen" hervor:

- Obwohl die Arbeitslosen von Marienthal mehr Zeit hatten, nutzten sie immer seltener die öffentliche Bibliothek.
- Obwohl die Arbeitslosen unter ihrer ökonomischen Situation litten, sank ihr politisches Engagement.
- Arbeitslose machten weniger Versuche, in anderen Orten Arbeit zu finden als Menschen, die noch Arbeit hatten.

Dass Lazarsfeld in diesem Zusammenhang von „überraschenden *Beobachtungen*" spricht – und nicht etwa von Untersuchungsergebnissen oder von der Interpretation empirischer Daten – ist für sich genommen bereits bemerkenswert. Seine Wortwahl nämlich weist darauf hin, dass die Studie in weiten Teilen auf einer deskriptiv-ethnografischen Ebene verbleibt und nur punktuell nach einem analytischen Anschluss an theoretische Konzepte sucht. Folgerichtig beginnt die Publikation denn auch mit einer ausführlichen Beschreibung der Lebensverhältnisse in Marienthal in Form eines ethnografischen Berichts. Dabei beleuchten die Autor/innen beispielsweise die drastisch veränderten Essgewohnheiten der arbeitslosen Marienthaler Bevölkerung. Diese werden einerseits in Form statistischer Auswertungen dargestellt, also anhand quantitativer Daten. Am Tag vor der Auszahlung der Arbeitslosenunterstützung etwa bekam nur die Hälfte der Schulkinder ein „ausreichendes Gabelfrühstück" mit zum Unterricht; die andere Hälfte hingegen lediglich trockenes Brot. Am Tag nach der Auszahlung verfügten dann jedoch wieder 95 Prozent der Schulkinder über eine adäquate Mahlzeit (vgl. Jahoda et al. 1933, S. 37). Andererseits werden die Essgewohnheiten in Form von beispielhaften Zitaten aus Experten- und narrativen Interviews illustriert, also unter Rückgriff auf qualitative Daten:

> *„Immer wieder verschwinden Katzen. Die Katze von Herrn H. ist erst vor wenigen Tagen verschwunden. Katzenfleisch ist sehr gut. Auch Hunde werden gegessen. […] Erst vor we-*

> *nigen Tagen bekam ein Mann von einem Bauern einen Hund geschenkt, unter der Bedingung, daß er ihn schmerzlos erschlägt. Er lief überall herum um ein Geschirr für das Blut und bekam schließlich eines, dafür mußte er ein Stück Hundefleisch hergeben. Das Geschirr war von der Familie A." (Arbeitsloser zitiert nach Jahoda et al. 1933, S. 45)*

Schließlich werden in Bezug auf die Essgewohnheiten auch detaillierte Speise- und Budgetpläne der untersuchten Familien abgedruckt (vgl. ebd., S. 46 ff.) In einer ersten Interpretation dieser Daten wird Marienthal von den Autor/innen als „müde Gemeinschaft" charakterisiert, die von Apathie, geringerem gesellschaftlichen Engagement und erhöhtem Misstrauen gegenüber Mitmenschen geprägt ist: „[H]ier leben Menschen, die sich daran gewöhnt haben, weniger zu besitzen, weniger zu tun und weniger zu erwarten, als bisher für die Existenz als notwendig angesehen wurde" (ebd., S. 55). Empirisch untermauert wird die These von der „müden Gemeinschaft" durch eben jene Befunde, die auch Lazarsfeld in seiner Rückschau hervorgehoben hatte. Detailliert erläutert werden in der Publikation beispielsweise die folgenden Daten:

- Die Anzahl der in der öffentlichen Bibliothek entliehenen Bücher war zwischen 1929 und 1931 um knapp die Hälfte zurückgegangen (vgl. ebd., S. 57).
- Die Zahl der Abonnent/innen der „Arbeiterzeitung" war zwischen 1927 und 1930 um 60 Prozent gesunken; diejenige des „Kleinen Blatts" um 27 Prozent (vgl. ebd., S. 58).
- Die Zahl der Mitglieder im Turn- bzw. Gesangsverein war zwischen 1927 und 1931 um jeweils mehr als die Hälfte zurückgegangen; diejenige der Mitglieder der Sozialdemokratischen Partei um ein Drittel (vgl. ebd., S. 59).

Auch im Zusammenhang mit der „müden Gemeinschaft" werden über diese quantitativen Daten hinaus qualitative Daten angeführt – beispielsweise das folgende Zitat aus einem Experteninterview mit dem Obmann der Theatersektion:

> *„Wenn man vom Jahre 1929 absieht, so ist eigentlich der größte Unterschied zu früher der, daß bei den Spielern nicht mehr die richtige Begeisterung herrscht. Man muß sie zwingen zum Spielen, sie haben wegen der Not nicht mehr den Kopf bei der Sache. Einige gute Spieler sind abgewandert. Trotzdem jetzt viel mehr Zeit ist, ist nicht mehr die richtige Lust vorhanden. Die Theatersektion wird deshalb nicht zugrunde gehen, aber man muß sich halt viel mehr anstrengen, daß man aus den Leuten etwas herausbringt." (zitiert nach ebd., S. 57)*

Um in einem nächsten Schritt die „Haltung" der Arbeitslosen von Marienthal zu erfassen, wählten die Forscher/innen ein bis heute originelles, aber eben auch ungewöhnliches und reflexionsbedürftiges Untersuchungsdesign: Sie organisierten eine Kleidersammlung und besuchten dazu 100 Familien, um zu erfragen, welche Kleidungsstücke am dringendsten benötigt würden. Im Anschluss an diese Besuche wurden Beobachtungs- und Gesprächsprotokolle angefertigt. Als die gespendeten Kleider dann verteilt wurden, wurden Teilnehmer/innen für ausführliche narrative Interviews akquiriert. Dieselben Personen wurden schließlich auch bei anderen Gelegenheiten teilnehmend beobachtet – beispielsweise bei politischen Versammlungen oder im Rahmen der ebenfalls von der Forschungsgruppe veranstalteten Tanz-, Schnittzeichen- und Erziehungsberatungskurse. Durch dieses methodische Vorgehen haben die Forscher/innen also einen durchaus großen Einfluss auf ihren Untersuchungsgegenstand genommen. Dies werde ich im folgenden Abschnitt anhand der Gütekriterien qualitativer Sozialforschung noch einmal kritisch hinterfragen. Schauen wir zunächst jedoch, welche Interpretationen aus den auf diese Weise erhobenen Daten gezogen wurden: „Daraus und aus dem Spezialmaterial (Eßverzeichnisse, Zeitverwendungsbögen usw.) entstand dann eine ausführliche Lebensbeschreibung jeder Familie [...]" (ebd., S. 65). In einem ersten Schritt entwickelten die Forscher/innen also Fallportraits, aus denen sie sodann eine Typologie von vier Haltungsgruppen abstrahierten:

- Die Resignierten (48 Prozent)
  „Das gleichmütig erwartungslose Dahinleben, die Einstellung: man kann ja doch nichts gegen die Arbeitslosigkeit machen, dabei eine relativ ruhige Stimmung, sogar immer wieder auftauchende heitere Augenblicksfreude, verbunden mit dem Verzicht auf eine Zukunft, die nicht einmal mehr in der Phantasie als Plan eine Rolle spielt, schien uns am besten gekennzeichnet durch das Wort ‚Resignation'." (ebd., S. 70)
- Die Ungebrochenen (16 Prozent)
  „Ihre Haushaltungsführung ist ebenso geordnet wie die der Resignierten, aber ihre Bedürfnisse sind weniger reduziert, ihr Horizont ist weiter, ihre Energie größer." (ebd., S. 71)
- Die Verzweifelten (11 Prozent)
  „Diese Menschen sind völlig verzweifelt, und nach dieser Grundstimmung erhielt die Verhaltensgruppe ihren Namen. Wie die Ungebrochenen und Resignierten halten auch sie in ihrem Haushalt noch Ordnung, pflegen auch sie ihre Kinder." (ebd., S. 71)
- Die Apathischen (25 Prozent)
  „Mit apathischer Indolenz läßt man den Dingen ihren Lauf, ohne den Versuch zu machen, etwas vor dem Verfall zu retten. [...] Das Hauptkriterium für diese Haltung ist das energielose, tatenlose Zusehen. Wohnung und Kinder sind unsauber und ungepflegt, die Stimmung ist nicht verzweifelt, sondern indolent." (ebd., S. 71f.)

Sie sehen also, dass empirische Daten ganz im Sinne der Prinzipien qualitativer Sozialforscher verdichtet und interpretiert werden, um ein theoretisches Modell

2.3 Die Ergebnisse

zu entwickeln – eben eine Typologie, für die abstrakte Typenbeschreibungen formuliert werden (vgl. Kap. 4.5). Gleichwohl ist auch hier eine eher quantitative Forschungslogik erkennbar: Zum einen wird die Häufigkeit des Vorkommens der vier Typen in der sozialen Realität durch Prozentangaben quantifiziert. Zum anderen scheint die typische Haltung der Arbeitslosen abhängig zu sein von der ökonomischen Situation der jeweiligen Familien. So verfügen die „Ungebrochenen" nämlich über durchschnittlich 34 Schilling Einkommen pro Monat und Verbrauchseinheit, die „Resignierten" über 30, die „Verzweifelten" über 25 Schilling und die „Apathischen" über lediglich 19 Schilling (vgl. ebd., S. 96):

> *„Die Verschlechterung der ökonomischen Lage bringt also eine im Mittel fast errechenbare Veränderung der Stimmung mit sich. Diese Wirkung wird noch dadurch erhöht, daß ja im Zusammenhang damit auch die Gesundheit sich verschlechtern. Es scheint ein ganz unmittelbarer Zusammenhang zwischen Einkommen und Gesundheit zu bestehen." (ebd., S. 97)*

Die Typologie kann daher nicht nur als ein statisches Nebeneinander distinkter Haltungen gelesen werden, sondern auch als Prozess: als „Stadien eines psychischen Abgleitens, an dessen Ende Verzweiflung und Apathie stehen" (ebd., S. 102). Diese Lesart ruft noch einmal den sozialpsychologischen Hintergrund der Autor/innen in Erinnerung. Aus einer eher psychologischen Perspektive wird denn auch das Zeiterleben der Arbeitslosen von Marienthal betrachtet:

> *„Losgelöst von ihrer Arbeit und ohne Kontakt mit der Außenwelt, haben die Arbeiter die materiellen und moralischen Möglichkeiten eingebüßt, die Zeit zu verwenden. Sie, die sich nicht mehr beeilen müssen, beginnen auch nichts mehr und gleiten allmählich ab aus einer geregelten Existenz ins Ungebundene und Leere." (ebd., S. 83)*

Die These von einem veränderten Zeiterleben wird durch Beobachtungen belegt. Diese werden diesmal jedoch nicht teilnehmend, sondern verdeckt durchgeführt, münden gleichwohl aber erneut in einem typisch ethnografischen Bericht:

> *„Viele Stunden stehen die Männer auf der Straße herum, einzeln oder in kleinen Gruppen; sie lehnen an der Hauswand, am Brückengeländer. Wenn ein Wagen durch den Ort fährt, drehen sie den Kopf ein wenig; mancher raucht eine Pfeife. Langsame Gespräche werden geführt, für die man unbegrenzt Zeit hat. Nichts mehr muß schnell geschehen, die Menschen haben verlernt, sich zu beeilen." (ebd., S. 83)*

Einige Aufmerksamkeit erreichte die Marienthal-Studie in diesem Zusammenhang erneut durch ein ungewöhnliches Erhebungsinstrument: Die Forscher/innen maßen die Gehgeschwindigkeit der Marienthaler. Dabei stellten sie einerseits fest, dass Männer deutlich langsamer gingen als Frauen:

Tabelle 5 Gehgeschwindigkeit der Marienthaler/innen

	Männer	Frauen
5 km/h	7	10
4 km/h	8	3
3 km/h	18	4

Quelle: Jahoda et al. 1933, S. 84. Leicht modifiziert.

Andererseits blieben die beobachteten Männer auf der gerade einmal 100 Meter langen Dorfstraße deutlich häufiger stehen – die meisten ganze drei Mal:

Tabelle 6 Häufigkeit des Stehenbleibens auf der Dorfstraße

	Männer	Frauen
3 × und mehr	39	3
2 ×	7	2
1 ×	16	15
0 ×	6	12

Quelle: Jahoda et al. 1933, S. 83. Leicht modifiziert.

Auf diese verdeckte Beobachtung stützen die Forscher/innen ihre These vom „doppelten Zeiterleben" für Frauen und Männer:

> „Doppelt verläuft die Zeit in Marienthal, anders den Frauen und anders den Männern. Für die letzteren hat die Stundeneinteilung längst ihren Sinn verloren. Aufstehen – Mittagessen – Schlafengehen sind die Orientierungspunkte, die übriggeblieben sind." (ebd., S. 84)

Dies gilt wohlgemerkt nur für die arbeitslos gewordenen Männer; Frauen hingegen sind nach wie vor mit der Führung des Haushalts und der Versorgung der Kinder beschäftigt:

> „So ist der Tag für die Frauen von Arbeit erfüllt: Sie kochen und scheuern, sie flicken und versorgen die Kinder, sie rechnen und überlegen und haben nur wenig Muße neben ihrer Hausarbeit, die in dieser Zeit eingeschränkter Unterhaltsmittel doppelt schwierig ist." (ebd., S. 90)

2.3 Die Ergebnisse

Ein weiteres Erhebungsinstrument, das von den Forschenden in Marienthal eingesetzt wurde, stellen sogenannte Zeitverwendungsbögen dar. In Form eines standardisierten Formulars wurden die Teilnehmenden gebeten, stundenweise anzugeben, was sie zu einer bestimmten Tageszeit getan hatten. Aus einem dieser Zeitverwendungsbögen stammt auch das legendäre Zitat „Einstweilen wird es Mittag", das als Titel für die Verfilmung der Marienthal-Studie diente. Ein Arbeitsloser Mann wusste seine Tätigkeit während 10.00 und 11.00 Uhr nämlich nicht anders zu beschreiben als mit eben jenen Worten:

Tabelle 7 Zeitverwendungsbogen eines Arbeitslosen

Zeit	Tätigkeit
06.00–07.00 Uhr	Stehe ich auf
07.00–08.00 Uhr	Wecke ich die Buben, da sie in die Schule gehen müssen
08.00–09.00 Uhr	Wenn sie fort sind, gehe ich in den Schuppen, bringe Holz und Wasser herauf
09.00–10.00 Uhr	Wenn ich hinaufkomme, fragt mich meine Frau, was sie kochen soll; um dieser Frage zu entgehen, gehe ich in die Au
10.00–11.00 Uhr	Einstweilen wird es Mittag
11.00–12.00 Uhr	(leer)
12.00–13.00 Uhr	1 Uhr wird gegessen, da die Kinder aus der Schule kommen
13.00–14.00 Uhr	Nach dem Essen wird die Zeitung durchgesehen
14.00–15.00 Uhr	Bin ich hinunter gegangen
15.00–16.00 Uhr	Zum Kaufmann gegangen
16.00–17.00 Uhr	Beim Baumfällen im Park zugeschaut, schade um den Park
17.00–18.00 Uhr	Nach Hause gegangen
18.00–19.00 Uhr	Dann nachtmahlten wir, Nudeln in Gries geröstet
19.00–20.00 Uhr	Schlafen gegangen

Quelle: Jahoda et al. 1933, S. 84 f. Leicht modifiziert.

Nicht ohne Pathos, aber eben auch mit einer methodologischen Reflexion schließt der ethnografische Bericht von Marie Jahoda, Paul F. Lazarsfeld und Hans Zeisel:

> *„Damit sind wir an die Grenze unserer Fragestellung und unserer Methodik gekommen, die auf das Allgemeine und das Charakteristische gerichtet war. Wir haben als Wissenschaftler den Boden Marienthals betreten: wir haben ihn verlassen mit dem Wunsch, daß die tragische Chance solchen Experiments bald von unserer Zeit genommen werde." (ebd., S. 112)*

Auch ich möchte das Untersuchungsdesign der Marienthal-Studie im Folgenden anhand zweier ausgewählter Gütekriterien qualitativer Sozialforschung reflektieren. Zuvor jedoch seien ihre drei zentralen Untersuchungsergebnisse noch einmal zusammengefasst:

Merke

> **Zentrale Untersuchungsergebnisse der Marienthal-Studie**
>
> Marienthal wird von den Forschenden als „müde Gemeinschaft" charakterisiert. Diese umfasst vier Haltungstypen: die Resignierten, die Ungebrochenen, die Verzweifelten und die Apathischen. Das Zeiterleben verändert sich insbesondere bei arbeitslosen Männern: Für sie verliert die Tagesstruktur an Bedeutung.

2.4 Reflexion: Empirische Verankerung und reflektierte Subjektivität

Nach diesem kurzen Blick auf Methodik und Ergebnisse der Marienthal-Studie stechen in erster Linie zwei Gütekriterien qualitativer Sozialforschung ins Auge, die ich in Kapitel 1.5 zunächst abstrakt erläutert habe und nun anhand eines konkreten Forschungsbeispiels näher beleuchten kann: die empirische Verankerung und die reflektierte Subjektivität. Sie sollten sich dabei noch einmal vergegenwärtigen, dass nicht nur das Untersuchungsdesign einer Studie gegenstandsangemessen sein muss, sondern immer auch die für ihre Beurteilung relevanten Gütekriterien. Diese nämlich müssen je nach Fragestellung, Untersuchungsgegenstand und angewandter Methode konkretisiert, modifiziert und ggf. ergänzt werden (vgl. Bohnsack 2005, S. 65). Für uns bedeutet dies: Wenn ich am Ende eines jeden Kapitels die dort jeweils vorgestellte Studie einer methodologischen Reflexion unterziehe, so ist dies keinesfalls als abschließende und alleingültige Rezension zu verstehen. Vielmehr geht es darum, anhand konkreter Forschungsbeispiele herauszuarbeiten, was prinzipiell die Güte einer qualitativen Studie ausmacht.

Empirische Verankerung

Ich hatte bereits herausgearbeitet, dass die im Zuge qualitativer Sozialforschung entwickelten theoretischen Modelle stets in den erhobenen empirischen Daten begründet und verankert sein müssen (vgl. Kap. 1.5). Theoretische Modelle, beispielsweise also entwickelte Typologien, sollten „dicht an den Daten (z. B. den subjektiven Handlungsweisen der untersuchten Subjekte)" sein (Steinke 2022, S. 328)

2.4 Reflexion

und durch eine systematische Auswertung der Daten entwickelt werden. Wenn Sie noch einmal an den Detailreichtum des ethnografischen Berichts denken, so scheint zunächst ganz fraglos, dass es sich bei den „Arbeitslosen von Marienthal" um eine Studie handelt, die über eine ganz beträchtliche empirische Basis verfügt. Ganz im Gegenteil mangelt es ihr eher daran, ihre analytischen Abstraktionen an vorhandene Theorie anzuschließen. Um diesen allgemeinen Eindruck genauer überprüfen zu können, ziehe ich in der folgenden Tabelle einige Aspekte heran, zu denen Ines Steinke (2022, S. 328 f.) und Uwe Flick (2022b, S. 423 ff.) das Gütekriterium der empirischen Verankerung ausbuchstabiert haben:

Tabelle 8 Empirische Verankerung der Marienthal-Studie

Kriterium	Anforderungen	Anwendung
Kodifizierte Methoden	Die Verwendung kodifizierter Methoden gewährleistet eine Entwicklung theoretischer Modelle auf Basis empirischer Daten.	Kodifizierte Methoden liegen zum Zeitpunkt der Studie noch nicht vor, die Forschenden entwickeln diese vielmehr kreativ und originell.
Hinreichende Textbelege	Häufige Datenausschnitte, etwa Zitate, erlauben, die empirische Verankerung einzuschätzen.	Die Studie verwendet ausgesprochen viele illustrative Daten und Interviewzitate.
Analytische Induktion	Theoretische Modelle werden anhand eines Falls entwickelt und anhand weiterer Fälle getestet.	Interpretationen wie die „müde Gesellschaft" gründen auf quantitativen Daten und werden durch qualitative Daten untermauert.
Kommunikative Validierung	Ergebnisse werden von den Untersuchten hinsichtlich ihrer Gültigkeit bewertet.	Eine kommunikative Validierung findet im Rahmen der Marienthal-Studie nicht statt.

In Anlehnung an: Steinke 2022, S. 328 f. und Flick 2022b, S. 413 ff.

In Bezug auf Textbelege und analytische Induktion erfüllt die Marienthal-Studie das Gütekriterium der empirischen Verankerung in vorbildlicher und methodengeschichtlich bedeutsamer Weise. Problematischer scheinen hingegen ihre mangelnde Verwendung kodifizierter Methoden und die fehlende kommunikative Validierung zu sein. Diesbezüglich gilt es jedoch zu beachten, dass zum Zeitpunkt der Untersuchung am Beginn der 1930er Jahre schlicht noch keine etablierten Methoden der qualitativen Sozialforschung vorlagen. Vielmehr ging es den Forschenden ja gerade darum, diese in kreativer und bis heute origineller Weise zu entwickeln, um erstmals im deutschsprachigen Raum eine qualitative Forschungslogik auf einen Untersuchungsgegenstand anzuwenden. Die Studie stellt eben in der Tat den *ersten* Meilenstein qualitativer Sozialforschung dar. Darüber hinaus ist die kommunikative Validierung im methodologischen Diskurs keineswegs unumstritten (vgl. Flick 2022b, S. 535 ff.). Fraglich ist nämlich, ob es den Teilnehmer/innen sozialwissenschaftlicher Studien tatsächlich zuzumuten ist, die interpretativen Abstraktionen der von ihnen gelieferten Daten nachzuvollziehen. Dies aber wäre die Voraussetzung dafür, die Validität von Untersuchungsergebnissen beurteilen zu können. In forschungspraktischer Hinsicht schließt die Frage an, wann ein Untersuchungsergebnis als von den Untersuchten validiert gelten kann: Nur wenn alle ihm zustimmen, wenn die Mehrheit ihm zustimmt oder bereits wenn besonders relevante Experten/innen aus dem Feld ihm zustimmen? Kommunikative Validierung kann daher nur unter bestimmten Voraussetzungen zur empirischen Verankerung einer Studie beitragen.

Reflektierte Subjektivität
In Bezug auf die reflektierte Subjektivität der in Marienthal Forschenden müssen wir festhalten, dass diese eine ausgesprochen hohe Identifikation mit den von ihnen untersuchten Akteuren aufweisen – beispielsweise, weil sie in Eigenregie Kleidersammlungen, Ärztesprechstunden und verschiedene Kurse organisieren. Die Gefahr eines going native ist also durchaus beträchtlich. Schauen wir uns auch das Gütekriterium der reflektierten Subjektivität etwas genauer an:

Tabelle 9 Reflektierte Subjektivität in der Marienthal-Studie

Kriterium	Anforderungen	Anwendung
Selbstbeobachtung	Wenn Forschende sich selbst im Feld beobachten, lässt sich feststellen, ob ihre Distanz zu Verstehensbarrieren oder zu starker Identifikation mit den Untersuchten führt.	Eine Selbstbeobachtung findet in der Studie nicht statt, wird aber an späterer Stelle nachgeholt (vgl. Engler und Hasenjürgen 2002) und durch Supervisionen gewährleistet.
Persönliche Voraussetzungen	Nur wenn das methodische Vorgehen der Persönlichkeit der Forschenden entspricht, kann das Datenpotenzial ausgeschöpft werden.	Die Forschenden haben eine für sie ausgesprochen fremde Subkultur betreten. Die emotional aufgeladene Situation im Feld hat immer wieder auch zu Konflikten geführt (vgl. Brandauer 1988).
Vertrauensbeziehung	Nur wenn Vertrauen zwischen Forschenden und Untersuchten aufgebaut wird, werden letztere offen und umfänglich berichten.	Durch das hohe Engagement der Forschenden zur Verbesserung der Lebensbedingungen in Marienthal wurde viel Vertrauen aufgebaut.

In Anlehnung an: Steinke 2022, S. 331

Tatsächlich wird man festhalten müssen, dass die in Marienthal Forschenden eine tendenziell zu große Nähe zu ihrem Untersuchungsgegenstand aufgebaut haben, die ihnen werturteilsfreie analytische Abstraktionen erschwert haben wird. Ob dies ihre Untersuchungsergebnisse in nicht vertretbarer Weise beeinflusst hat, lässt sich im Nachhinein jedoch nicht feststellen. Die hohe Identifikation mit dem Untersuchungsfeld wurde außerdem dadurch kompensiert, dass sich die Forschenden auch während ihres Feldaufenthaltes regelmäßig zu Projektbesprechungen an der Universität Wien versammelt haben, die auch als eine Art Supervision fungiert haben könnten. Und schließlich kann man das Vorgehen der Forschungsgruppe mit dem Historiker Reinhard Müller auch als politisches Engagement und ethischen Anspruch lesen:

> *„Auch wenn diese Hilfeleistungen projektintern primär der Förderung des Kontakts zwischen den Forschenden und der ortsansässigen Bevölkerung dienten, zeugen sie doch von einem bemerkenswerten ethischen Anspruch, dem sich die Forscher und Forscherinnen des Marienthal-Projekts verpflichtet fühlten. Dies erklärt auch, warum Marie Jahoda zwei Jahre später nach Marienthal zurückkehrte, um hier ein Arbeitslosenhilfeprojekt zu organisieren [...].“ (Müller 2008, S. 295)*

2.5 Exkurs: Triangulation

Sie haben gesehen, dass in der Marienthal-Studie eine ganze Reihe unterschiedlicher empirischer Daten aus ganz unterschiedlichen Quellen erhoben und ausgewertet wurde. Genau dies versteht man unter Triangulation. Einige Sozialforscher/innen verwenden für ein derartiges Untersuchungsdesign alternativ den Begriff ‚Methodenmix' – oder neudeutsch: ‚Mixed Methods'. Ich halte die Bezeichnung ‚Triangulation' jedoch aus zwei Gründen für angemessener: Zum einen versinnbildlicht die etymologische Herkunft dieses Begriffs das, was wir erreichen wollen, wenn wir in der qualitativen Sozialforschung triangulativ vorgehen. Zum anderen bedeutet Triangulation mehr als das Kombinieren – oder eben: ‚Mixen' – von Methoden. Darüber hinaus wird der Begriff ‚Mixed Methods' von einigen Autor/innen für die Kombination qualitativer und quantitativer Forschungslogiken innerhalb einer Studie reserviert (vgl. Tashakkori und Teddlie 1998).

Zunächst also einige Worte zur Etymologie: Der Begriff ‚Triangulation' stammt aus der Lehre von der Erdvermessung, der sogenannten Geodäsie (vgl. Blaikie 1991). Hier meint er ein Messverfahren, mit dessen Hilfe sich Längen und Flächen berechnen lassen. Diesem liegt die Erkenntnis zugrunde, dass eine bekannte Seite eines Dreiecks und die beiden daran angrenzenden Winkel genügen, um die Seitenlängen der beiden anderen Seiten des Dreiecks auf Basis trigonometrischer Formeln zu berechnen. Um uns diesen etwas abstrakten geometrischen Gedanken zu veranschaulichen, können wir den folgenden Kupferstich aus dem frühen

17. Jahrhundert betrachten – aus einer Zeit also, in der das triangulative Messverfahren bereits bekannt war:

Abbildung 4 Prinzip der Triangulation

Kupferstich „Entfernungsvermessung" von Leonhard Zubler und Kaspar Waser (1607). Gemeinfreies Werk. Quelle: Deutsche Fotothek.

Nehmen wir nun also an, dass wir den in der oberen linken Ecke des Stiches abgebildeten Turm angreifen möchten. Um unsere Kanonen entsprechend ausrichten zu können, müssen wir allerdings seine genaue Entfernung kennen. Betrachten wir den Turm nur von einem einzigen Punkt des Schlachtfelds aus, wird seine Entfernung sich uns nicht unmittelbar erschließen. Deshalb gehen wir triangulativ vor: So wie es die beiden Soldaten am unteren rechten Rand des Bildes tun, betrachten wir den Turm von zwei unterschiedlichen Punkten aus. Wenn wir dabei die Entfernung zwischen den beiden Soldaten kennen und von ihren Positionen aus die jeweiligen (Blick)Winkel zum Turm messen, können wir eben die noch unbekannten Seiten des eingezeichneten Dreiecks und damit auch die Entfernung des Turms berechnen. Dadurch, dass wir ein und denselben Gegenstand aus zwei verschiedenen Perspektiven betrachten, erzielen wir mithin einen Erkenntnisgewinn – und genau dieses Prinzip der Triangulation kann man sich auch als empirische Sozialforscher/innen zunutze machen. Auch in den Sozialwissenschaften versteht man unter Triangulation nämlich die Erforschung eines Untersuchungsgegenstandes aus mehreren Perspektiven (vgl. Flick 2022a, S. 309). Norman Denzin (1970) unterscheidet dabei vier Formen der Triangulation:

- Daten-Triangulation
  So wie es die Forscher/innen in Marienthal getan haben, können verschiedene Datensorten in eine Untersuchung einbezogen werden. Auch wenn die empirischen Daten aus verschiedenen Quellen stammen und/oder zu verschiedenen Zeitpunkten erhoben wurden, kann man von Daten-Triangulation sprechen. Dabei können im Sinne eines Mixed-Methods-Ansatzes durchaus qualitative und quantitative Daten trianguliert werden (vgl. Kelle 2022) – auch dies hat uns die Marienthal-Studie gezeigt.
- Methoden-Triangulation
  Methoden-Triangulation meint die Anwendung verschiedener Erhebungs- und/oder Auswertungsmethoden innerhalb einer Untersuchung. Denzin unterscheidet dabei „within-method"- und „between-methods"-Strategien. Unter ersteren versteht man die Anwendung verschiedener methodologischer Ansätze innerhalb einer Methode. Beispielsweise lassen sich auch innerhalb eines leitfadengestützten Experteninterviews Erzählstimuli setzen, die eigentlich einer ganz anderen Methode – wie Sie noch sehen werden: dem narrativen Interview (vgl. Kap. 4.2) – entstammen. „Between-methods"-Strategien bezeichnen hingegen das, was am häufigsten triangulativ genannt wird: die parallele Anwendung mehrerer Methoden. Ein Beispiel aus der Marienthal-Studie wäre diesbezüglich die für ethnografische Forschung typische Kombination von Beobachtungen und Interviews.
- Theorien-Triangulation
  Ein und dieselben empirischen Daten lassen sich im Zuge ihrer Auswertung aus verschiedenen theoretischen Perspektiven heraus interpretieren. In der Forschungspraxis ist dies von großem Nutzen, weil sich die ‚blinden Flecken' der einen Theorie häufig durch die Fokussierung einer anderen Theorie ausgleichen lassen. Auf diese Weise können immer wieder neue Facetten des untersuchten Phänomens aufgedeckt werden.
- Forscher/innen-Triangulation
  Da Forscher/innen häufig klare Präferenzen für bestimmte Theorien haben, steht die Theorien-Triangulation in engem Zusammenhang mit der Forscher/

innen-Triangulation. Darunter versteht man letztlich die Zusammenarbeit in Forschungsgruppen, die es vermag, subjektive Einflüsse während der Datenerhebung und/oder -auswertung zu begrenzen. Dies wird umso wichtiger, je interpretativer eine Auswertungsmethode vorgeht. Beispielsweise lässt sich eine qualitative Inhaltsanalyse (vgl. Kap. 3.2) noch recht gut alleine durchführen; eine Datenanalyse im Sinne der Objektiven Hermeneutik hingegen bedarf zwingend einer Auswertungsgruppe. Im Übrigen ist die Forscher/innen-Triangulation innerhalb der empirischen Sozialforschung seit einigen Jahren insofern en vogue, als immer häufiger interdisziplinäre Forschungsprojekte gefördert und durchgeführt werden.

Wenn man so will, beziehen sich die ersten beiden Formen der Triangulation somit in erster Linie auf das Untersuchungsdesign, die letzten beiden hingegen eher auf das Vorgehen während der Interpretation empirischer Daten:

Abbildung 5 Triangulation in der empirischen Sozialforschung

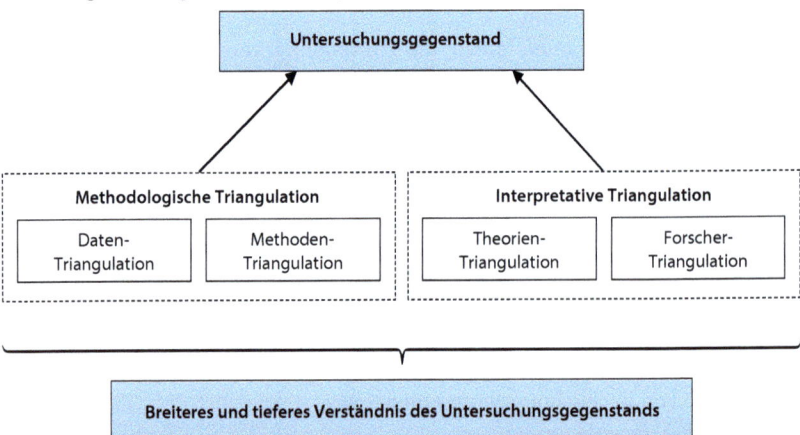

Quelle: Eigene Darstellung

Ziel einer Triangulation im Sinne der empirischen Sozialforschung ist es, der Analyse eine größere Breite zu verleihen, um dadurch ein tieferes Verständnis des Untersuchungsgegenstands zu gewinnen. Es geht also weniger um die Validierung qualitativer Daten – wie noch vor einigen Jahren häufig behauptet wurde (vgl. Steinke 2022, S. 320) –, sondern in erster Linie um einen Erkenntnisgewinn, wie wir ihn uns anhand des oben abgebildeten Kupferstichs verdeutlicht haben:

2.5 Exkurs: Triangulation

"Ziel der Triangulation verschiedener methodischer Zugänge und Perspektiven [...] sollte weniger sein, Konvergenzen im Sinne der Bestätigung des bereits Gefundenen zu erhalten. Aufschlussreich für die Theorieentwicklung wird die Triangulation von Methoden und Perspektiven vor allem, wenn sie divergente Perspektiven verdeutlichen kann [...]."
(Flick 2022a, S. 318)

Werfen wir abschließend noch einen kurzen Blick auf ein weiteres Beispiel für ein triangulatives Untersuchungsdesign aus der Forschungspraxis. In einer empirischen Studie (Heiser 2015) habe ich mich mit einem ausgesprochen komplexen und einigermaßen singulären Untersuchungsgegenstand beschäftigt: mit der katholischen Kirche. Ausgangspunkt war die irritierende Beobachtung, dass offenbar immer mehr katholische Gottesdienste nicht mehr von Priestern, sondern – um einen in kirchlichen Kreisen gebräuchlichen Terminus zu verwenden: – von Laien geleitet werden. Derartige Gottesdienste werden als Wort-Gottes-Feiern bezeichnet und machen immerhin ein Siebtel aller katholischen Gottesdienste in Nordrhein-Westfalen aus. Mein Erkenntnisinteresse galt nun der Frage, inwiefern die zunehmende Verbreitung von Wort-Gottes-Feiern die Sozialform Kirche verändert. Dieses Erkenntnisinteresse habe ich unter anderem zu der Forschungsfrage operationalisiert, ob und inwiefern sich durch die Einführung von Wort-Gottes-Feiern das Verhältnis von Pfarreien und Amtskirche wandelt. Um diese komparative Forschungsfrage beantworten zu können, mussten auf zwei verschiedenen Ebenen empirische Daten erhoben werden, zu denen jeweils unterschiedliche Zugangsmöglichkeiten bestanden: Die Pfarrei-Ebene war unmittelbar zu erfassen mittels einer standardisierten Befragung sowie mittels Experteninterviews mit Pfarrern und Gottesdienstleiter/innen. Trianguliert wurden hier also auch quantitative und qualitative Daten; erstere waren nämlich notwendig, um überhaupt Aussagen über die Verbreitung und mithin über die Relevanz von Wort-Gottes-Feiern treffen zu können. Die Amtskirchen-Ebene empirisch zu erfassen, gestaltete sich hingegen schwieriger: Hier habe ich auf eine Dokumentenanalyse einschlägiger Publikationen der katholischen Kirche zurückgegriffen und schließlich auch einige Experteninterviews mit Bistumsvertretern geführt. Letztere im Übrigen auch aus einem methodologischen Grund: Um die Vergleichbarkeit der erhobenen Daten zu erhöhen, sollten nicht ausschließlich unterschiedliche Datensorten kontrastiert werden. Insgesamt sah das Untersuchungsdesign der Studie somit folgendermaßen aus:

Tabelle 10   Untersuchungsdesign der Wort-Gottes-Feiern-Studie

Ebene Pfarrei	Ebene Amtskirche
Standardisierte Befragung aller 724 nordrhein-westfälischen Pfarreien	Dokumentenanalyse von sechs Schriften des Apostolischen Stuhls
Experteninterviews mit zehn Pfarrern	Dokumentenanalyse von drei Schriften der Dt. Bischofskonferenz
Experteninterviews mit drei Gottesdienstleitern	Experteninterviews mit drei Bistumsvertretern

Vgl. Heiser 2015, S. 22

Trianguliert wurden in dieser Studie mithin Datensorten, Erhebungsmethoden und im Zuge von Rekonstruktion und Interpretation schließlich auch theoretische Perspektiven. Nicht trianguliert wurde hingegen die Auswertungsmethode: Um ihre Vergleichbarkeit zu gewährleisten, wurden alle qualitativen Daten mittels einer qualitativen Inhaltsanalyse ausgewertet. Diese werden Sie genauer kennenlernen, wenn sich das folgende Kapitel dem nächsten Meilenstein der qualitativen Sozialforschung zuwendet.

Zuvor möchte ich jedoch noch einmal zusammenfassen: In diesem Kapitel haben Sie die Studie „Die Arbeitslosen von Marienthal. Ein soziographischer Versuch über die Wirkungen langandauernder Arbeitslosigkeit" von Marie Jahoda, Paul F. Lazarsfeld und Hans Zeisel anhand ihrer Zielsetzung, ihres Untersuchungsdesigns und ihrer zentralen Untersuchungsergebnisse kennengelernt. Es wurde reflektiert, ob und inwiefern die Gütekriterien der empirischen Verankerung und der reflektierten Subjektivität erfüllt sind, um abschließend hervorzuheben, dass die Forscher/innen ihre Studie triangulativ angelegt haben. Wenn Sie an dieser Stelle vertiefend weiterlesen möchten, gebe ich Ihnen gerne wieder einige Literaturempfehlungen:

Literatur

Literaturempfehlungen

Jahoda, Marie, Paul F. Lazarsfeld, und Hans Zeisel. 2020 [1933]. Die Arbeitslosen von Marienthal. Ein soziographischer Versuch über die Wirkungen langandauernder Arbeitslosigkeit. 27. Aufl. Berlin: Suhrkamp.

Zunächst sei an dieser Stelle die Marienthal-Studie selbst empfohlen. Auch acht Jahrzehnte nach ihrer Erstveröffentlichung ist sie für Studierende und an empirischer Sozialforschung Interessierte uneingeschränkt lesenswert.

Darauf verweist nicht zuletzt auch, dass der überschaubare Band in der mittlerweile 27. (sic!) Auflage vorliegt.

Engler, Steffani und Brigitte Hasenjürgen, Hrsg. 2002. „Ich habe die Welt nicht verändert." Lebenserinnerungen einer Pionierin der Sozialforschung. Biographisches Interview mit Marie Jahoda. Weinheim: Beltz.

In Form eines biografischen Interviews berichtet Marie Jahoda von ihrer Jugend in Wien, von ihrem politischen Wirken, das sie in die Emigration zwang, und von ihren wichtigsten Forschungsprojekten – insbesondere eben von der Marienthal-Studie. Der Band gibt einen ebenso persönlichen wie wissenschaftsgeschichtlich interessanten Einblick in das bewegte Leben einer Pionierin der empirischen Sozialforschung.

Müller, Reinhard. 2008. Marienthal. Das Dorf – Die Arbeitslosen – Die Studie. Innsbruck: Studienverlag.

Anhand zahlreicher Quellen sowie durch akribische Recherche gibt der Soziologe und Historiker Reinhard Müller einen interessanten Einblick in die Entstehungsbedingungen der Marienthal-Studie. Auch in diesem Fall gilt: Die Kenntnis des Kontextes ist entscheidend für das Verstehen eines Untersuchungsdesigns und die Reflexion von Forschungsergebnissen.

Arbeitslose Lehrer/innen. Oder: Die qualitative Inhaltsanalyse 3

Eine zweite klassische Studie, der eine hohe Bedeutung für die Etablierung und Fortentwicklung qualitativer Sozialforschung beizumessen ist, wurde im Jahr 1985 unter dem Titel „Psychologie der Krisenbewältigung. Eine Längsschnittuntersuchung mit arbeitslosen Lehrern" publiziert. Sie stellt den Abschlussbericht des von der Deutschen Forschungsgemeinschaft (DFG) geförderten Projekts „Kognitive Kontrolle in Krisensituationen: Arbeitslosigkeit bei Lehrern" dar. Im Weiteren werde ich sie kurz Lehrer/innen-Studie nennen. Sie ist insofern als ‚Meilenstein der qualitativen Sozialforschung' zu verstehen, als im Zuge ihrer Durchführung eine spezifische Auswertungsmethode entwickelt wurde, die bis heute einen zentralen Stellenwert im Werkzeugkasten der empirischen Sozialforschung innehat: die qualitative Inhaltsanalyse. Diese wird von dem Projektmitarbeiter Philipp Mayring in seinem Lehrbuch „Qualitative Inhaltsanalyse. Grundlagen und Techniken" ausführlich erläutert, das er im Jahr 1983 – also noch vor Erscheinen der Untersuchungsergebnisse selbst – erstmals publizierte und das heute in der beachtlichen 13. Auflage vorliegt.

Bevor ich mich ausführlich mit der qualitativen Inhaltsanalyse beschäftige, möchte ich auch diesmal einen Blick auf den Kontext der Studie werfen, damit Sie ihr Untersuchungsdesign nachvollziehen und ihre Untersuchungsergebnisse einordnen können. Auch in der Lehrer/innen-Studie geht es inhaltlich um Arbeitslosigkeit. Daher nimmt sie gleich auf ihren ersten Seiten explizit Bezug auf die Marienthal-Studie und charakterisiert diese als Beginn der Arbeitslosenforschung: „Insgesamt haben die Ergebnisse der frühen Arbeitslosenforschung [...] im Lichte der heutigen Forschungslage nach wie vor Gültigkeit, wenn auch die Grade materieller Beeinträchtigung [...] weniger krass ausgeprägt sind" (Ulich et al. 1985, S. 49). Wesentliche inhaltliche Unterschiede zur Lage in Marienthal sind im Fall der arbeitslosen Lehrer/innen somit ein durchschnittlich höherer Lebensstandard und die umfangreichere Unterstützung durch verbesserte Sozialversicherungen. Vergleicht man die Lehrer/innen- mit der Marienthal-Studie in methodologischer Hinsicht, stechen drei weitere Unterschiede ins Auge: Erstens geht es hier nicht um die Momentaufnahme in einem von Arbeitslosigkeit geprägten Sozialraum, sondern um die Längsschnittuntersuchung einer bestimmten Berufsgruppe. Im Fall der Lehrer/innen-Studie wird daher auch kein Soziogramm gezeichnet, sondern das individuelle Erleben und die individuelle Bewältigung von Arbeitslosigkeit rekonstruiert. Gleichwohl nimmt die Lehrer/innen-Studie jedoch keine rein psychologische Perspektive ein, da sie durchaus auch gesellschaftliche Lebensbedingungen in den Blick nimmt, welche das Erleben und Bewältigen von Arbeitslosigkeit rahmen und beeinflussen. Zweitens hatte sich die Marienthal-Studie durch ein breites Spektrum methodischer Ansätze ausgezeichnet. In der Lehrer/innen-Studie hingegen kommen eine einzelne Erhebungsmethode, nämlich das Experteninterview, und eine einzelne Auswertungsmethode, eben die qualitative Inhaltsanalyse, zum Einsatz. Der dritte nicht zu unterschätzende Unterschied besteht schließlich darin, dass sich die Lehrer/innen- im Gegensatz zur Marienthal-Studie dezidiert auf theoretische Ansätze bezieht. Zu diesen zählen unter anderen das sozialpsychiatrische Krisen-Konzept, die Life-Event-Forschung, die kognitive Stress-Forschung, die Theorie der erlernten Hilflosigkeit, das Konzept der generalisierten Kontrollüberzeugung, die Theorien der Kausalattribution, die Social-Support-Forschung und die Entwicklungspsychologie (vgl. ebd., S. 11). Diese Ansätze werden in einem eigenen Theoriekapitel ausführlich erläutert, um sie zu einem theoretischen Bezugsrahmen zu synthetisieren, vor dessen Hintergrund die Untersuchungsergebnisse diskutiert und interpretiert werden können.

3.1 Die Studie: Autoren und Zielsetzung

Die Lehrer/innen-Studie wurde von 1979 bis 1984 unter Leitung von Dieter Ulich und Karl Haußer an den Universitäten München und Augsburg durchgeführt. Zu den Mitarbeiter/innen des Projekt zählte neben Petra Strehmel, Maya Kandler und Blanca Degenhardt auch der damalige Doktorand Philipp Mayring. Ich möchte in diesem Fall darauf verzichten, alle Autor/innen anhand ihrer jeweiligen Biografien vorzustellen und mich stattdessen auf Mayring konzentrieren. Er nämlich hat sich am deutlichsten mit den uns in erster Linie interessierenden methodischen Fragen der Studie auseinandergesetzt und gilt heute als wichtigster Protagonist der qualitativen Inhaltsanalyse.

> **Philipp Mayring**
>
> Philipp A. E. Mayring wurde am 7. Juni 1952 in München geboren. An der dortigen Ludwig-Maximilians-Universität studierte er Pädagogik, Psychologie und Soziologie. Im Jahr 1985 wurde er von der Universität Augsburg im Fach Psychologie promoviert; bereits fünf Jahre später habilitierte er sich dort.
>
> Nach Tätigkeiten als wissenschaftlicher Mitarbeiter und Akademischer Rat in München und Augsburg wurde Mayring im Jahr 1993 von der Pädagogischen Hochschule Ludwigsburg zum Professor für Pädagogische Psychologie berufen. Von 2002 bis 2017 war er Professor für Psychologische Methodenlehre an der Alpen-Adria-Universität Klagenfurt, wo er die Abteilung für Angewandte Psychologie und Methodenforschung leitete. Darüber hinaus ist er als Gutachter u. a. für das Bundesministerium für Bildung und Wissenschaft, für die Deutsche Leibniz-Gesellschaft sowie für diverse Zeitschriften tätig.

Die Zielsetzung der Lehrer/innen-Studie wird von ihren Autor/innen ausführlich reflektiert. Werfen wir daher zunächst einen Blick in die entsprechenden Passagen ihrer Publikation, die aus verschiedensten Gründen für unsere Zwecke von Interesse sind: beispielsweise, weil sie einen Eindruck von der Beantragung von Forschungsgeldern vermitteln und auf die Triangulation quantitativer und qualitativer Methoden der empirischen Sozialforschung abzielen:

> **Zielsetzung der Lehrer/innen-Studie**
>
> „Das übergeordnete, allgemeinste Ziel der Untersuchung ist die differenzierte Beschreibung der individuellen Konfrontationen mit der Situation ‚Arbeitslosigkeit'. Arbeitslosigkeit wird dabei als potentielle Krisensituation aufgefaßt, die auf bestimmte strukturelle Bedingungen und individuelle Faktoren zurückgeht, die zu emotionalen Reaktionen (z. B. Veränderung der Identität) führt und zugleich bestimmte Bewältigungsversuche erfordert. [...] Im engeren Sinne sollen die Ziele des Projekts unter den folgenden fünf Aspekten dargestellt werden:

1. *Gesellschaftsbezogene Ziele:* In unserem ersten Projektantrag an die Deutsche Forschungsgemeinschaft schrieben wir 1978 (S. 6): ‚Ende Mai 1977 hatten sich in der Bundesrepublik 7 800 Lehrer bei den Arbeitsämtern arbeitslos gemeldet, was einer Verdoppelung der Lehrerarbeitslosigkeit gegenüber der entsprechenden Vorjahresperiode bedeutet'. Sechs Jahre später, zu Beginn des Schuljahres 1983/84 gab es bereits 40 000 arbeitslose Lehrer, davon 60 % Frauen. Im Herbst 1984 betrug die Zahl der arbeitslosen Lehrer bundesweit bereits etwa 60 000 [...]. Als Psychologen und Pädagogen sehen wir in dieser Situation die Notwendigkeit, durch wissenschaftlich fundierte Aufklärung Erkenntnisse über die subjektive Situation der Betroffenen beizutragen. [...] Wir glauben, daß psychologische Forschungsergebnisse über Arbeitslosigkeit notwendige und unverzichtbare Aufklärung und Hilfen für gesellschaftliche Entscheidungsträger sein müssen und auch sein können. Wir erhoffen uns von den Ergebnissen unserer Untersuchung, daß zumindest einige gesellschaftlich verbreitete Ansichten über Arbeitslosigkeit eine bessere Klärung und Differenzierung erfahren werden. [...]

2. *Forschungsstrategische Ziele:* Unsere Untersuchung stellt einen ersten Versuch dar, die Forderung nach einer ‚differenziellen Arbeitslosenforschung' zu erfüllen [...]. Untersuchungen sind so anzulegen, daß sich die tatsächliche Bandbreite an individuellen Lebenslagen, biographischen Vorerfahrungen, Handlungsmöglichkeiten, ‚Verletzbarkeiten' und Bewältigungskompetenzen, Interessen, sozialer Unterstützung u. v. m. in den Ergebnissen widerspiegeln kann. [...] In unserem Projekt versuchen wir, wenigstens einige dieser interindividuell unterschiedlichen Gegebenheiten mitzuerfaßen und damit unterschiedliche Verläufe des Erlebens und Bewältigens der Krise zu erklären. [...] Es gibt jedoch noch zahlreiche [strukturelle] Faktoren [...], die die individuelle Belastung vermindern oder verstärken, die Bewältigung erschweren oder fördern können. Um eine Gewichtung solcher Faktoren geht es uns in unserer Untersuchung.

3. *Theoriebezogene Ziele:* [...] Es ist ein integrativer Theorieansatz zu entwickeln bzw. zu verwenden, der möglichst viele derjenigen Einflußfaktoren miteinbezieht, die sich in vergleichbaren Untersuchungen als (möglicherweise) wirksam erwiesen haben. [...] Ziel unserer Untersuchung ist es nun, die Fruchtbarkeit und Tragfähigkeit dieses integrativen Ansatzes bzw. der Einzeltheorien zu prüfen. [...]

4. *Inhaltliche Ziele:* [...] In unserer Längsschnittuntersuchung sollen querschnittliche Bestandsaufnahmen unterschiedlicher Ausprägungsgrade unserer Variablen im emotionalen, kognitiven und Handlungsbereich gemacht werden; es sollen individuumsspezifische Verläufe über die Zeit hin festgehalten werden; wir wollen Arbeitslose in unterschiedlichen Lebens- und Berufssituationen untereinander und mit Nicht-Arbeitslosen über die Zeit vergleichen; wir wollen schließlich Beziehungen zwischen Personen, Variablen und Gruppen untersuchen. [...] Unsere Untersuchung versteht sich aufgrund ihrer Anlage ebenso als hypothesengenerierend wie hypothesenprüfend. [...]

5. *Methodische Ziele:* Das Projekt ist eine Längsschnittuntersuchung, in der halbstrukturierte Explorationen durchgeführt werden, die inhaltsanalytisch nach genau festgelegten Kategorien und Regeln kodiert und statistisch ausgewertet werden. Bisher sind in der Arbeitslosenforschung Längsschnittuntersuchungen [...] ebenso selten wie der Einsatz relativ offener bzw. qualitativer Verfahren. Ein wichtiges Ziel der Untersuchung besteht also darin, hier neue Wege zu gehen, also das Krisengeschehen strikt aus der Perspektive der Betroffenen zu rekonstruieren bzw. zu begleiten. Dazu werden auch ‚härtere' Daten über die objektive Lebenssituation, die gesellschaftliche Lage, die materielle Situation u. ä. erfaßt."

Quelle: Ulich, Dieter, Karl Haußer, Philipp Mayring, Petra Strehmel, Maya Kandler und Blanca Degenhardt. 1985. Psychologie der Krisenbewältigung. Eine Längsschnittuntersuchung mit arbeitslosen Lehrern. Weinheim: Beltz, S. 61–66.

In dieser Reflexion betonen die Autor/innen also zunächst die Relevanz ihrer Studie – und zwar nicht nur in Hinblick auf deren Bedeutung für die Theorien und Forschungsstrategien der psychologischen Arbeitslosenforschung, sondern auch in Hinblick auf eine mögliche Verbesserung gesellschaftlicher Lebensbedingungen. In methodologischer Hinsicht plädieren sie einerseits für die Anwendung einer qualitativen Forschungslogik, die im vorliegenden Fall auf die Rekonstruktion des subjektiven Erlebens und Bewältigens von Arbeitslosigkeit abzielt. Andererseits plädieren sie dafür, diesen qualitativen Ansatz mit quantitativen Methoden der empirischen Sozialforschung zu triangulieren – für ein, wie ich es in Kapitel 2.5 genannt hatte, Mixed-Methods-Design. In diesem Zusammenhang stechen vor allem zwei Aussagen ins Auge: Zum einen, dass die Forscher/innen mit ihrer Untersuchung „neue Wege" zu gehen beabsichtigen. Sie werden sehen, dass sie dies tatsächlich tun – und ihre Studie daher eben durchaus als zweiter ‚Meilenstein der qualitativen Sozialforschung' charakterisiert werden kann. Zum anderen der Satz: „Unsere Untersuchung versteht sich aufgrund ihrer Anlage ebenso als hypothesengenerierend wie hypothesenprüfend". Auf Basis des von ihnen rekonstruierten Forschungsstands zur Arbeitslosigkeit und vor dem Hintergrund des systematisch aufgespannten Theorierahmens formulieren die Autor/innen ex ante – also im Vorfeld der empirischen Untersuchung – die folgenden drei Thesen, die sie anhand der von ihnen erhobenen Daten überprüfen wollen:

Quelle

Thesen der Lehrer/innen-Studie

„A) Arbeitslosigkeit verändert die Lebenssituation des Betroffenen und schafft krisenhafte seelische Bedingungen, die ohne entlastende oder moderierende Einflüsse höher sind als bei Berufstätigen und im Zeitverlauf auch noch steigen können.

B) Es gibt folgende Begleiterscheinungen bzw. Indikatoren dieser krisenhaften und belastenden Veränderungen: Lebensziele werden reduziert und kurzfristiger; man glaubt weniger bzw. immer weniger an die Vorhersehbarkeit und Beeinflußbarkeit, die Hoffnung sinkt; man sieht die Verantwortung für Probleme eher bei sich selbst als in den Umständen; man wird passiv und resignativ in der Auseinandersetzung mit der Situation, versucht Probleme eher gedanklich als durch Handlungen zu bewältigen; Selbstvertrauen und Bewältigungskompetenzen sind gering bzw. sinken; im sozialen Netzwerk (z. B. in der Paarbeziehung) steigen die Belastungen, die potentiellen und tatsächlichen Hilfeleistungen nehmen ab; das Interesse an den ‚ideellen' (pädagogischen) Kompetenzen des Lehrerberufs nimmt ab, materielle Aspekte der Berufstätigkeit nehmen zu; Tendenzen zur Depressivität und zu psychosomatischen Beschwerden nehmen zu, die psychische Belastung breitet sich auf immer mehr Bereiche des Erlebens und Handelns aus.

C) Unterstützende bzw. belastungsreduzierende Funktionen im Krisenverlauf haben entsprechend (spiegelbildlich zu B) das Vorhandensein von Lebenszielen, eine differenzierte und weite Zeit- und Zukunftsperspektive; Hoffnung sowie der Glaube an die Vorhersehbarkeit und Beeinflußbarkeit der Situation; realistische Verantwortlichkeitszuschreibung bzw. Entlastung

> von eigener Schuld; anforderungsbezogene Handlungen; Selbstvertrauen und Bewältigungskompetenz; Unterstützung durch das soziale Netzwerk; Interesse an Berufstätigkeit; geringe Ausbreitung des Belastungserlebens auf weitere Bereiche des Erlebens und Handelns."
>
> *Quelle: Ulich, Dieter, Karl Haußer, Philipp Mayring, Petra Strehmel, Maya Kandler und Blanca Degenhardt. 1985. Psychologie der Krisenbewältigung. Eine Längsschnittuntersuchung mit arbeitslosen Lehrern. Weinheim: Beltz, S. 67–68.*

Das Erkenntnisinteresse der Lehrer/innen-Studie ist durch diesen ausführlichen Blick auf ihre einschlägigen Passagen nun abgesteckt. Um ihre Zielsetzung tatsächlich erreichen und ihre Thesen testen zu können, entwickeln die Autor/innen schließlich die folgenden konkreten und eindeutig formulierten Forschungsfragen (vgl. Ulich et al. 1985, S. 11, 59 f.):

- Wie erleben Menschen in ihrem Alltag bestimmte Krisen (subjektives Erleben)?
- Wie entstehen diese Krisen (Ursachen)?
- Wie gehen die Menschen damit um (Handeln)?
- Was folgt daraus für die weitere Persönlichkeitsentwicklung (Folgen)?

3.2 Die Methodik: Experteninterview und qualitative Inhaltsanalyse

Wie bereits ihr Publikationstitel deutlich macht, handelt es sich bei der Lehrer/innen-Studie um eine Längsschnittuntersuchung. Im konkreten Fall bedeutet dies, dass 104 Lehrerinnen und Lehrer über den Zeitraum von einem Jahr bis zu siebenmal interviewt wurden. Dabei wurde das Sample in zwei Untersuchungs- und eine Kontrollgruppe aufgeteilt (vgl. ebd., S. 77 f.). Die erste Untersuchungsgruppe umfasse 52 Lehrer/innen, die direkt nach ihrem zweiten Staatsexamen arbeitslos waren; sie wurden während des Untersuchungszeitraums alle zwei Monate interviewt. Die zweite Untersuchungsgruppe bestand aus 27 Lehrer/innen, die lediglich über befristete Arbeitsverträge verfügten und daher mehr oder weniger unmittelbar von Arbeitslosigkeit bedroht waren; sie wurden jeweils dreimal interviewt. Die sogenannte Kontrollgruppe schließlich umfasste 25 Lehrer/innen, die eine unbefristete Planstelle innehatten. Insgesamt wurden mithin rund 600 Interviews geführt, durch deren Transkription ca. 20 000 Seiten Datenmaterial entstanden (vgl. Mayring 2022, S. 53). Die Geschlechterverteilung des Samples entsprach in etwa derjenigen der Grundgesamtheit arbeitsloser Lehrer/innen: Zwei Drittel der Interviewten waren weiblich, ein Drittel männlich; ihr Durchschnittsalter betrug 29 Jahre. Daher schätzen die Autor/innen der Studie ihre Fallauswahl als durchaus repräsentativ ein: „Insgesamt kann von einer gewissen Repräsentativität der Ergebnisse ausgegangen werden" (Ulich et al. 1985, S. 78). Es fällt auf, dass die Fallauswahl, die Gewinnung und Motivation der Interviewten sowie das konkrete methodische Vorgehen in einem vorbildlichen Methodenteil ausführlich und anschaulich erläutert werden. Dies sollten wir schon einmal im Hinterkopf behalten, wenn wir das Untersuchungsdesign der Lehrer/innen-Studie in Kapitel 3.4 methodologisch reflektieren. Zuvor jedoch möchte ich mich allgemein mit der Rolle von Interviews als Erhebungsmethode der qualitativen Sozialforschung beschäftigen und dabei insbesondere die hier durchgeführten Experteninterviews beleuchten.

Im Kapitel zur Marienthal-Studie hatte ich festgehalten, dass teilnehmende Beobachtungen als klassische Erhebungsmethode der qualitativen Sozialforschung gelten (vgl. Kap. 2.2). Schon seit geraumer Zeit jedoch gewinnen auch die verschiedenen Formen qualitativer Interviews zunehmend an Bedeutung. Dies mag auch daran liegen, dass sich der Zugang zum Untersuchungsfeld im Fall von Interviews meist komplikationsloser gestaltet. So lässt sich eine einzelne Person sicherlich vergleichsweise leicht für ein zeitlich begrenztes Interview gewinnen, während eine längerfristige teilnehmende Beobachtung im Untersuchungsfeld meist nur mit größerem organisatorischen Aufwand zu realisieren ist. Darüber hinaus haben Interviews im Vergleich zu Beobachtungen den Vorteil, dass der Einfluss der Forschenden geringer ist. Interviewäußerungen nämlich können recht unmittelbar aufgezeichnet und transkribiert werden; demgegenüber ist das Verfassen eines Beobachtungsprotokolls stets stark subjektiv von der Person des bzw. der Forschenden geprägt. Durch die Auswertung von Interviews lässt sich soziale Wirklichkeit daher in relativ unmittelbarer Weise rekonstruieren:

„Der Konstitutionsprozess von sozialer Realität wird durch das qualitative Interview hervorragend dokumentiert, rekonstruiert, interpretiert und letztlich auch erklärt. So wie im Alltag die Konstitution und Definition von Wirklichkeit prozesshaft erfolgt, geschieht dieser Vorgang im Prozess des Interviews ganz analog. Die zu einem bestimmten Zeitpunkt gegebenen Antworten der Befragten sind nicht einfach Produkt einer unabänderlichen Auffassung, Meinung oder Verhaltensweise, sondern sie sind prozesshaft generierte Ausschnitte der Konstruktion und Reproduktion von sozialer Realität." (Lamnek und Krell 2016, S. 331)

Gleichwohl jedoch dürfen Interviews nicht völlig losgelöst vom Untersuchungsfeld gesehen und geführt werden. Hierauf weist auch der österreichische Soziologe Roland Girtler hin, der einige sehr außergewöhnliche und lesenswerte Feldstudien durchgeführt hat:

> *„Um wirklich gute Interviews zu bekommen, muß man (...) in die Lebenswelt dieser betreffenden Menschen gehen und darf sie nicht in Situationen interviewen, die ihnen unangenehm oder fremd sind."* (Girtler 1992, S. 151)

Darüber hinaus ist die Berücksichtigung der folgenden fünf Prinzipien von Bedeutung, wenn man qualitative Daten mit Hilfe von Interviews erheben möchte (vgl. Lamnek und Krell 2016, S. 332):

- Zurückhaltung der Forschenden
  Der Verlauf eines Interviews sollte zwar von den Forschenden kontrolliert werden, bleibt im Idealfall aber weitgehend den Interviewten überlassen. Diese fungieren daher nicht nur als Datenlieferanten, sondern gestalten das Interview als handelnde Akteure.
- Relevanzsysteme der Interviewten
  Damit geht einher, dass die Interviewten eigene Relevanzen setzen dürfen und sollen. Forschende sollten also nicht von vornherein bestimmen, was in Bezug auf ein uns interessierendes Thema wichtig ist; vielmehr sollten sie die Relevanzsysteme der Interviewten rekonstruieren und interpretieren.
- Kommunikativität
  Ein Interview stellt einen interaktiven – genauer gesagt: einen kommunikativen – Prozess zwischen Forschenden und Interviewten dar. Forschende sollten sich daher stets den kommunikativen Regeln der Interviewten anpassen, beispielsweise in Bezug auf das Niveau der Formulierung von Fragen.
- Offenheit
  Auch wenn Sie gleich sehen werden, dass Interviews häufig mit Hilfe von Leitfäden geführt werden, sollten Forschende stets das Gütekriterium der Offenheit berücksichtigen. Sie müssen also während eines Interviews offen bleiben für unerwartete Informationen.
- Flexibilität
  Damit geht einher, dass Forschende während ihrer Interviews stets flexibel auf die Bedürfnisse der Interviewten reagieren sollten.

Immer wieder wird an der Datenerhebung mittels qualitativer Interviews kritisiert, dass man als Forschende/r nicht entscheiden könne, welche Interviewäußerungen wahr und welche unter Umständen unwahr sind. Dies ist jedoch, wie Jörg Strübing (2018) zu Recht betont, gar nicht die entscheidende Frage. Schließlich folgen auf die eigentliche Datenerhebung die Prozesse der Datenauswertung und

-interpretation. Will man in deren Rahmen soziales Handeln und soziale Prozesse rekonstruieren, so profitiert man am Ende sogar davon herauszuarbeiten, wie sich Interviewpartner/innen während des Interviews dargestellt haben. Häufig sind nämlich gerade vermeintlich unwahre Äußerungen mit wichtigen Erkenntnissen verbunden:

> „Die Entscheidung über Wahr und Unwahr ist aber weder unsere Aufgabe, noch ist es die analytisch ertragreichste Untersuchungsperspektive. [...] Statt also darüber zu befinden, was wahr oder gültig ist, geht es eher darum, die unterschiedlichen Wahrheitsansprüche der Akteure zu rekonstruieren, sie in ihrem Entstehungs- und Wirkungskontext verstehbar zu machen und ihren Beitrag für die sich entfaltende Sozialität zu verdeutlichen. Für den mutmaßlich spielsüchtigen Mann gibt es offenbar Anlass genug, sich in der Interviewsituation ganz anders darzustellen, als seine Frau ihn sieht. Diesen Gründen nachzuspüren ist ungleich spannender als die Klärung der Wahrheitsfrage [...]." (Strübing 2018, S. 91; vgl. Helfferich 2011)

3.2.1 Experteninterview

In Bezug auf ihre Datenerhebung sprechen die Autor/innen der Lehrer/innen-Studie von „offenen Interviews", die auch den gerade vorgestellten Prinzipien folgen sollen:

> „Grundsatz der Datenerhebung in der Untersuchung war, den Einzelnen möglichst umfassend, möglichst ausführlich zur Sprache kommen zu lassen. Nicht Verhaltensbeobachtung, Test oder Fragebogen, sondern das offene Interview [...] war die Methode der Wahl. Denn der glaubwürdigste Zeuge des eigenen Erlebens ist das Individuum selbst." (Ulich et al. 1985, S. 84)

Dass hier der sehr allgemeine Terminus „offenes Interview" verwendet wird, ist auch der Tatsache geschuldet, dass zur Zeit der Lehrer/innen-Studie noch keine spezifischen Formen qualitativer Interviews als kanonisierte Methoden zur Verfügung standen. Heute findet man im Werkzeugkasten der empirischen Sozialforschung hingegen eine ganze Reihe verschiedener Interviewformen. Zu den wichtigsten zählen dabei das narrative Interview, das Sie im folgenden Kapitel kennenlernen werden (vgl. Kap. 4.2), sowie das Experteninterview, dem ich mich nun zuwende (vgl. Kleemann et al. 2013, S. 208). Wie Sie sehen werden, handelt es sich bei den im Rahmen der Lehrer/innen-Studie geführten Interviews nämlich aus heutiger Sicht um eben diese Interviewform.

Experteninterviews sind, wenn wir bei ihrer Bezeichnung ansetzen, also of-

3.2 Die Methodik

fenbar Interviews, die mit Expertinnen bzw. Experten geführt werden. Zu klären ist daher zunächst, was man unter einer bzw. einem solchen versteht. Diese Frage ist innerhalb des methodologischen Diskurses jedoch keineswegs unumstritten. Einige Sozialforscher/innen präferieren einen eng umgrenzten, andere einen weiten Expertenbegriff. Wie Alexander Bogner und Martin Menz (2011, S. 67 ff.) zeigen, reicht das Spektrum des Begriffsverständnisses dabei von einem voluntaristischen Expertenbegriff, der jeden Akteur als Expert/in versteht, bis hin zu einem wissenssoziologischen Expertenbegriff, der nur Angehörige bestimmter Eliten und/oder Professionen als Experten definiert:

- Voluntaristischer Expertenbegriff
  Jeder ist Expert/in für sein eigenes Leben und verfügt über spezifisches Wissen in Bezug auf spezifische Sachverhalte.
- Konstruktivistischer Expertenbegriff
  Expert/innen werden von Laien abgegrenzt. Der Expertenstatus wird dabei auf Grundlage von Zertifikaten, Publikationen, Berufsbezeichnungen etc. zugeschrieben.
- Wissenssoziologischer Expertenbegriff
  Expert/innen verfügen über eine spezifische Art von Wissen, die „komplex integrierte Wissensbestände umfasst und außerdem konstitutiv auf die Ausübung eines Berufes bezogen ist" (ebd., S. 69).

Weitgehende Einigkeit besteht also darüber, dass Expertinnen und Experten als Akteure zu verstehen sind, die über ein spezifisches Wissen in Bezug auf einen spezifischen Gegenstand verfügen – sie verfügen sozusagen über Expertenwissen (vgl. Gläser und Laudel 2010, S. 12). Kennzeichen eines solchen Expertenwissens ist, dass es sich um ein Sonderwissen handelt, das nicht zum geteilten Wissen aller Mitglieder einer Gesellschaft zählt und daher auch Forschenden nicht unmittelbar zur Verfügung steht – sonst müssten sie sich dieses Wissen schließlich nicht mithilfe von Interviews erschließen. Genau genommen ist der Expertenbegriff dabei ein relationaler Begriff: Experte bzw. Expertin ist jemand, dem bzw. der Forschende ein derartiges Sonderwissen zuschreiben, also jemand den sie als Expert/in definieren (vgl. Przyborski und Wohlrab-Sahr 2021, S. 155). Die Vertreter/innen eines engen Expertenbegriffs würden nun einschränkend hinzufügen, dass es sich bei Expert/innen entweder um Angehörige bestimmter Eliten, beispielsweise um den Migrationsexperten einer politischen Partei, oder um Angehörige einer Profession, beispielsweise um die Soziologieprofessorin als Expertin für die Gesellschaft, handeln muss. Für einen derart begrenzten Expertenbegriff plädieren unter anderen Aglaja Przyborski und Monika Wohlrab-Sahr (ebd.). Und in eingeschränkter Form weist auch Jörg Strübing darauf hin, dass in der Forschungspraxis meist nur solche Akteure als Expert/innen interviewt werden, welche die strikten Kriterien eines engen Expertenbegriffs erfüllen:

> „Als Experten werden dabei in der Praxis bevorzugt Menschen befragt, die im zu untersuchenden Handlungsfeld eine besondere, mitunter gar eine exklusive Position einnehmen, in der ihnen Wissen zuwächst, das anderen nicht ohne weiteres verfügbar ist." (Strübing 2018, S. 107)

Ich möchte die Perspektive im Folgenden erweitern und dabei für einen weniger eng gefassten Expertenbegriff plädieren. Bei genauerer Betrachtung nämlich verfügt jedweder Akteur über spezifisches Wissen in Bezug auf spezifische Sachverhalte – sei dieses nun formal sozialisiert oder im Rahmen alltäglicher Praktiken intuitiv und/oder vorbewusst erworben. Insofern ist jeder Mensch als ‚Experte seiner selbst' und/oder als Expertin ihres sozialen Umfelds zu verstehen; jeder Mensch verfügt somit letztlich über spezifisches Expertenwissen, das mittels Experteninterviews rekonstruiert werden kann. Um zwei Beispiele von Jochen Gläser und Gritt Laudel (2010, S. 11) anzubringen, denke ich dabei etwa an jemanden, der alle Informationen über ein bestimmtes Hobby zusammenträgt, oder an jemanden, der zur Expertin für eine bestimmte Krankheit wird, an der sie leidet. Für beide Fälle gilt, dass es sich eben nicht um Angehörige einer Elite oder Profession handelt – dass man mit den betreffenden Personen jedoch sehr wohl Experteninterviews über ihr Hobby bzw. ihre Erkrankung führen könnte.

In der Kritik steht ein derart weiter Expertenbegriff, weil er nahelegt, dass annähernd jeder Mensch ein Experte bzw. eine Expertin für einen bestimmten Sachverhalt ist. Die Erhebungsmethode des Experteninterviews verliere, so die Kritiker/innen, damit ihr Alleinstellungsmerkmal. Um das Experteninterview von anderen Formen qualitativer Interviews abzugrenzen, scheint mir jedoch ohnehin ein anderes Kriterium wichtiger: das Erkenntnisinteresse des oder der Forschenden. Experteninterviews zielen nämlich weniger auf die *Person* des bzw. der vermeintlichen Expert/in als vielmehr auf jenes Spezialwissen, über das diese verfügt:

> „Die Experten sind ein Medium, durch das der Sozialwissenschaftler Wissen über einen ihn interessierenden Sachverhalt erlangen will. Sie sind also nicht das ‚Objekt' unserer Untersuchung, der eigentliche Fokus unseres Interesses, sondern sie sind bzw. waren ‚Zeugen' der uns interessierenden Prozesse. Die Gedankenwelt, die Einstellung und Gefühle der Experten interessieren uns nur insofern, als sie die Darstellungen beeinflussen, die Experten von dem uns interessierenden Gegenstand geben. [...] Um soziale Sachverhalte rekonstruieren zu können, befragt man Menschen, die aufgrund ihrer Beteiligung Expertenwissen über diese Sachverhalte erworben haben." (Gläser und Laudel 2010, S. 12f.)

3.2 Die Methodik

Als Erhebungsmethode dienen Experteninterviews also dazu, das spezifische Wissen eines Interviewpartners bzw. einer Interviewpartnerin in Bezug auf einen spezifischen Sachverhalt systematisch und methodisch zu erschließen. Insofern steht im Rahmen von Experteninterviews weniger die Person des oder der Interviewten im Mittelpunkt des Forschungsinteresses – wie dies beispielsweise bei narrativen Interviews der Fall ist, die häufig biografische Prozesse in den Blick nehmen (vgl. Kap. 4.2) –, sondern in erster Linie das *Wissen*, über das diese verfügt. Ein Experte bzw. eine Expertin ist mithin als Medium zu verstehen und das Experteninterview als Methode, Wissen über einen sozialen Prozess mittels dieses Mediums zu erschließen. Experteninterviews

> *„zielen ab auf die Rekonstruktion von besonderen Wissensbeständen bzw. von besonders exklusivem, detailliertem oder umfassendem Wissen über besondere Wissensbestände und Praktiken, kurz: auf die Rekonstruktion von Expertenwissen. [...] Wie alle Interviews eignen sich auch Experteninterviews vorzugsweise zur Rekonstruktion vom Befragten explizierbarer Wissensbestände."* (Pfadenhauer 2011, S. 99)

In der Forschungspraxis eröffnen Experteninterviews beispielsweise Zugänge zum ‚Betriebswissen' von Organisationen und Netzwerken. Sie sind insbesondere dort als Erhebungsmethode geeignet, wo derartiges Wissen nicht kodifiziert ist – also nicht in schriftlich fixierter Form vorliegt –, sondern in alltägliche Praktiken eingelagert ist (vgl. Meuser und Nagel 2011, S. 74).

Merke

> **Expertenbegriff und Experteninterview**
>
> In der qualitativen Sozialforschung ist der Expertenbegriff nicht unumstritten: Einige Autor/innen plädieren für einen engen, andere für einen weiten Expertenbegriff. In der Forschungspraxis sollte man diesen jedoch nicht allzu sehr einschränken und kann Expert/innen und Experteninterview daher folgendermaßen definieren: „‚Experte' beschreibt die spezifische Rolle des Interviewpartners als Quelle von Spezialwissen über die zu erforschenden sozialen Sachverhalte. Experteninterviews sind eine Methode, dieses Wissen zu erschließen." (Gläser und Laudel 2010, S. 12)

Das zentrale methodische Instrument zur Durchführung von Experteninterviews ist der sogenannte Interviewleitfaden. Methodologisch gesprochen dient er der Vermittlung zweier gegensätzlicher Anforderungen: der Vermittlung von Systematik und Strukturiertheit der Datenerhebung einerseits und der Offenheit für unerwartete Interviewäußerungen andererseits (vgl. Strübing 2018, S. 107 f.). Ein Interviewleitfaden umfasst daher alle Aspekte des Forschungsthemas, die während des Interviews angesprochen werden sollen. Er dient dem Interviewer bzw. der Interviewerin mithin in erster Linie als Gedankenstütze – als eine Art Checkliste, um während des Interviews permanent überprüfen zu können, ob alle relevanten Aspekte eines Themas angesprochen wurden. Um einen möglichst natürlichen Gesprächsverlauf, also ein „fast alltägliches Gespräch frei von methodentechnischen Rigiditäten" (ebd., S. 93), zu ermöglichen, gibt der Interviewleitfaden jedoch weder die Reihenfolge noch die genaue Formulierung der einzelnen Fragen vor. Diese sollten vielmehr immer wieder an den Interviewverlauf angepasst werden. Häufig kommt es beispielsweise vor, dass ein Interviewpartner bzw. eine Interviewpartnerin einen bestimmten Aspekt von sich aus anspricht. In einem solchen Fall wäre es nun kontraproduktiv, ihn bzw. sie zu unterbrechen, nur weil dieser Aspekt laut Leitfaden noch nicht an der Reihe ist. Die sachliche Ordnung des bzw. der Interviewenden muss der Darstellungslogik des bzw. der Interviewten stets untergeordnet werden (vgl. Przyborski und Wohlrab-Sahr 2021, S. 168). Darüber hinaus sind während des Interviews immer wieder Nachfragen nötig, um eine Antwort des bzw. der Interviewten zu vervollständigen. Derartige Nachfragen sind im Vorfeld des Interviews aber freilich weder vorhersehbar noch planbar; sie können daher auch nicht Bestandteil des Interviewleitfadens sein. Führt man ein Experteninterview, darf man, um einen einschlägigen Begriff von Christel Hopf (1978, S. 107) zu verwenden, keine Leitfadenbürokratie betreiben. Unter dieser versteht Hopf das allzu starre Festhalten an einem Interviewleitfaden, das zu einem unnatürlichen, stockenden und sprunghaften Gesprächsverlauf führen kann, der die Antwortbereitschaft des bzw. der Interviewten im ungünstigsten Fall erheblich beeinträchtigt. Dies kann immer dann passieren, wenn Interviewende Anknüpfungspunkte für Nachfragen nicht aufgreifen, Interviewten die Struktur ihres Leitfadens aufzwingen und/oder nicht auf unerwartete Aspekte eingehen, die von dem bzw. der Interviewten eingebracht werden. In einem solchen Fall würde sich der Interviewleitfaden von einem „Mittel der Informationsgewinnung" zu einem „Mittel der Blockierung von Informationen" wandeln (ebd., S. 102). Vielmehr muss der Interviewleitfaden, so Hopf weiter, während des Interviews permanent spontan operationalisiert werden:

> *„Aus der Sicht des Interviewers kann der Prozeß des qualitativen Interviews als ein Prozeß permanenter spontaner Operationalisierung beschrieben werden. In dem durch standardisierte Verfahren nicht geregelten Kommunikationsprozeß, in dem die Erfassung nicht antizipierter Reaktionen einen hohen Stellenwert hat, muß die Vermittlung von Abstraktem und Konkretem sozusagen improvisierend geleistet werden. Es müssen situationsgebundene allgemeinere Forschungsfragen in konkret bezogene Interviewfragen*

umgesetzt werden und umgekehrt müssen die von den Interviewten eingebrachten Informationen laufend unter dem Gesichtspunkt ihrer möglichen theoretischen Bedeutung beurteilt werden – bewertet insofern, als der Interviewer unter dem dauernden Druck steht zu entscheiden, ob, an welcher Stelle und in welcher Form er Anknüpfungspunkte für ein Weiterfragen aufgreift." (ebd., S. 111)

Sie sollten sich noch einmal klarmachen, dass Forschende über ein anders geartetes Wissen verfügen als Interviewte: Das Wissen der Forschenden ist wissenschaftlicher Art, das der Interviewten ist alltagsweltliches Expertenwissen. Letzteres soll erschlossen werden, um auf dieser Basis neues wissenschaftliches Wissen zu produzieren. Das Erkenntnisinteresse müssen Forschende daher in Fragen transformieren, die dem sozialen Kontext des bzw. der Interviewten angemessen sind. So darf die Forschungsfrage beispielsweise niemals unmittelbar an den Interviewten weitergeleitet werden, sondern muss übersetzt – eben: operationalisiert – werden (vgl. Gläser und Laudel 2010, S. 112f.).

Merke

Interviewleitfaden

Der Interviewleitfaden stellt das zentrale Instrument zur Durchführung von Experteninterviews dar. Er umfasst alle relevanten Aspekte eines Themas und dient dem bzw. der Interviewer/in als Gedankenstütze, um sicherzustellen, dass diese während des Interviews vollständig angesprochen werden. Der Interviewleitfaden gibt jedoch weder die Reihenfolge noch die genaue Formulierung der Fragen vor und muss flexibel an den konkreten Interviewverlauf angepasst werden.

Der Entwicklung eines Interviewleitfadens sollten Sie hinreichend Aufmerksamkeit widmen, bevor Sie das erste Experteninterview Ihrer Untersuchung führen – schließlich ist er ja das einzige Hilfsmittel, das Ihnen während eines Interviews zur Verfügung steht. Zunächst ist dabei wichtig, den Interviewleitfaden übersichtlich zu gestalten. Beispielsweise sollte er im Regelfall nicht mehr als zwei Seiten umfassen, damit Sie sich während der ungewohnten und mitunter stressigen Interviewsituation problemlos in ihm zurechtfinden (vgl. Gläser und Laudel 2010, S. 144). Außerdem empfehle ich Ihnen, die einzelnen Fragen nicht en detail auszuformulieren, sondern eher stichwortartig zu notieren, damit Sie diese während des Interviews ‚mit einem Blick' erfassen können. Dies ermöglicht Ihnen auch, den genauen Wortlaut der Frage, die Sie im Interview stellen, an die Sprache des bzw. der Interviewten anzupassen. Beispielsweise kann die Verwendung des gleichen Dialekts das Vertrauen des bzw. der Interviewten erhöhen. Zusammengehörende Fragen bzw. Aspekte sollten darüber hinaus gruppiert werden. Dies fördert einen möglichst natürlichen Gesprächsverlauf während des Interviews. Innerhalb dieser Themenkomplexe sollten Sie jeweils mit einer möglichst offenen Frage beginnen, die eine längere Erzählung des bzw. der Interviewten stimuliert. Dann nämlich besteht die Chance, dass er oder sie von sich aus Details anspricht, die auch Sie im Folgenden ‚auf dem Zettel' haben. Diese Fragen erübrigen sich dann freilich und müssen nicht mehr gestellt werden. Die Fragen, die Sie im Interview tatsächlich stellen, sollten schließlich einerseits eindeutig und nicht zu kompliziert sein – dann nämlich würde sich der bzw. die Interviewte überfordert fühlen. Sie sollten andererseits aber auch nicht banal und allzu oberflächlich wirken – dann würde sich der bzw. die Interviewte unter Umständen unterfordert fühlen und die Motivation zur Offenbarung seines bzw. ihres Expertenwissens verlieren.

Weitere hilfreiche Hinweise zur Formulierung von Interviewfragen und ihrer Funktionalität während des Interviews finden Sie in Gläser und Laudel (2010, S. 120 ff.) sowie bei Kleemann et al. (2013, S. 211 ff.). Ich kann Ihnen nur empfehlen, dort genauer nachzulesen, bevor Sie Ihr erstes Experteninterview führen. An dieser Stelle möchte ich mich nun aber wieder der Lehrer/innen-Studie zuwenden und Ihnen exemplarisch den folgenden Auszug aus ihrem Interviewleitfaden zeigen, in dem viele, aber nicht alle dieser Tipps zur Entwicklung eines Interviewleitfadens berücksichtigt wurden:

Quelle

Auszug aus dem Interviewleitfaden der Lehrer/innen-Studie

Was empfinden Sie jetzt angesichts Ihrer Arbeitslosigkeit, eher Hoffnung oder eher Aussichtslosigkeit? (emotionale Komponente) < (wieviel Hoffnung?) >
Glauben Sie, daß Sie Ihre jetzige Situation aus eigener Kraft verändern können? …daß Sie es selbst in der Hand haben?
< Trauen Sie sich zu, die Situation zu bewältigen? > (Handlungskomponente)
Sind Sie sich genau im Klaren, wie es jetzt weitergeht, oder sehen Sie die Zukunft eher verschwommen?
Was meinen Sie, wird in einem Viertel Jahr sein? (kognitive Komponente: Vorhersagbarkeit)
[…]
Was war für Sie die wichtigste Erfahrung im letzten halben Jahr?

3.2 Die Methodik

> *Sie haben erzählt, daß ...*
> *Lebenssituation:* _____
> *Belastung:* _____
> *Bewältigungsversuche:* _____
> War das eine wichtige Erfahrung für Sie?
> Gab es andere wichtige Erfahrungen, in diesem Bereich?
> < Was war das, wie ist das gelaufen? >
> (falls belastend oder neu:) < Warum ist das so gelaufen? >
> Wie sind Sie damit umgegangen?
> Sind Sie zuversichtlich an (diese Anforderungen) herangegangen?
> Was hat sich daraus ergeben (Ergebnis der Bemühungen)?
> Waren Sie mit dem Ausgang zufrieden?
> Hat das (diese Erfahrung, die Entwicklung in diesem Bereich) Auswirkungen auf Ihr Selbstvertrauen gehabt?
> < Welche? >
> (wenn Erkenntnisse kommen:) < Gehen Sie jetzt aufgrund dieser Schlußfolgerungen anders an solche Dinge heran?
>
> *Quelle: Ulich, Dieter, Karl Haußer, Philipp Mayring, Petra Strehmel, Maya Kandler und Blanca Degenhardt. 1985. Psychologie der Krisenbewältigung. Eine Längsschnittuntersuchung mit arbeitslosen Lehrern. Weinheim: Beltz, S. 263–264. Modifiziert.*

Auffällig ist zunächst, dass dieser Interviewleitfaden einen ausgesprochen hohen Grad an Strukturierung aufweist. Beispielsweise gibt er in spitzen Klammern an, welche Fragen in Abhängigkeit von bestimmten Antworten eines bzw. einer Interviewten gestellt werden sollen. Eine weitere Besonderheit ist dem Charakter der Längsschnittuntersuchung geschuldet: Stellenweisen können im Vorfeld des Interviews die Antworten des bzw. der Interviewten aus einem früheren Interview in den Leitfaden aufgenommen werden. Dadurch ist es möglich, unmittelbar an frühere Äußerungen anzuschließen und prozesshafte Entwicklungen zu rekonstruieren (vgl. Ulich et al. 1985, S. 83).

Wenn auch Sie einen Interviewleitfaden für Ihre Untersuchung entwickelt haben, empfehle ich Ihnen, diesen zunächst zu testen, bevor Sie tatsächlich ins Feld gehen und ein Experteninterview führen. Beispielsweise können Sie Ihren Leitfaden zunächst mit Ihrem Partner bzw. Ihrer Partnerin oder mit Bekannten ‚durchspielen'. Diese können zwar vielleicht keine inhaltlich sinnvollen Antworten auf

Ihre Fragen geben, gleichwohl jedoch werden Sie sich durch diese Übung an Ihren Leitfaden ‚gewöhnen' und für das eigentliche Interview wertvolle Sicherheit gewinnen. Jochen Gläser und Grit Laudel widmen in ihrem Lehrbuch „Experteninterviews und qualitative Inhaltsanalyse" auch dem Führen von Experteninterviews ein eigenes Kapitel, das für die Forschungspraxis ausgesprochen hilfreich sein kann. Bevor Sie also ins Feld gehen, empfehle ich Ihnen daher schließlich, auch dort nachzulesen. Hier möchte ich die ausführlichen Überlegungen von Gläser und Laudel (2010, S. 172 ff.) hingegen nur stichwortartig zusammenfassen:

Merke

Einige Tipps zum Führen eines (Experten-)Interviews

Gut zuhören
- auf Inhalt der Ausführungen konzentrieren
- dem bzw. der Interviewten zu verstehen geben, dass er bzw. sie verstanden wird
- einschätzen, welche Informationen noch fehlen

Nicht unterbrechen und Pausen zulassen
- Denken und Erinnern brauchen Zeit

Flexibel auf Interviewte eingehen
- keine „Leitfadenbürokratie"

Nicht Verstandenes klären
- „Habe ich Sie richtig verstanden, dass..."

Details erfragen, kurze und eindeutige Fragen stellen
- Expertenwissen erschließen statt subjektive Theorien provozieren

Umgang mit Problemfällen

Misstrauische
- von Journalist/innen abgrenzen und Forschungskontext betonen

Kritiker/innen
- „Aus Gründen, die ich jetzt so kurz nicht nennen kann, muss ich die Fragen stellen. Ich bin gerne bereit, Ihnen das nach dem Interview zu erläutern."

> *Schweigende*
> - offene Fragen stellen
> - strategisches Schweigen (einige Sekunden Pause nach zu kurzen Antworten lassen)
>
> *Plaudernde*
> - verbale und nonverbale Rückkopplungen (z. B. Kopfnicken) allmählich verringern
>
> *Neugierige*
> - Fragen nicht beantworten, sondern auf das Ende des Interviews vertrösten
>
> *Beichtkinder*
> - distanziertes Mitgefühl zeigen, aber Rolle des bzw. der Interviewer/in nicht aufgeben

3.2.2 Qualitative Inhaltsanalyse

In der Lehrer/innen-Studie wurden die geführten Experteninterviews mittels einer qualitativen Inhaltsanalyse ausgewertet. Deren Ursprünge reichen zurück bis zum Beginn des 20. Jahrhunderts. In den 1920er Jahren hatte etwa Harold D. Lasswell (1927) im Rahmen einer der ersten großen inhaltsanalytischen Studien die Wirksamkeit politischer Propaganda untersucht. Bereits knapp zwei Jahrzehnte zuvor jedoch hatte auch Max Weber den Nutzen inhaltsanalytischer Forschung für seine verstehende Soziologie erkannt:

> „1910 gab Max Weber auf dem Ersten Deutschen Soziologentag die Empfehlung, den Inhalt von Zeitungen und Zeitschriften mit Schere und Kompass zu durchforsten, um quantitativ fassbare Veränderungen der publizierten Inhalte im geschichtlichen Ablauf ermitteln zu können. In Amerika wurden solche programmatischen Sätze praktisch eingelöst. Basis quantifizierender Untersuchungen von Zeitungsmaterial waren die sogenannten ‚column inches', die Zentimeter oder Quadratzentimeter des Umbruchs, die von gestimmten Themen des redaktionellen Angebots eingenommen wurden." (Ritsert 1972, S. 15)

Ursprünglich handelt es sich bei einer Inhaltsanalyse mithin um ein primär *quantitatives* Verfahren, das beispielsweise untersucht, wie oft und in welchen Kontexten ein bestimmtes Thema – eben ein bestimmter Inhalt – in Zeitungen und Zeitschriften erscheint. Eine derartige quantitative Inhaltsanalyse wurde jedoch recht bald dafür kritisiert, dass sie die variierende Bedeutung von Textelementen ignoriert und mithin nur das zu messen in der Lage ist, was im Vorfeld von den Forschenden festgelegt wurde. Daher rückte die Frage in den Vordergrund des methodologischen Diskurses, ob es auch eine dezidiert *qualitative* Inhaltsanalyse geben könne, die sich einerseits an der Komplexität von Informationen sowie am Verstehen orientiert, aber andererseits die Vorzüge der Inhaltsanalyse beibehält. Diese bestünden – so ein in einschlägiger Methodenliteratur vielzitierter Dreiklang (etwa in Mayring 2022, S. 11 ff.; Gläser und Laudel 2010, 31 f.) – in erster Linie in einem systematischen, theorie- und regelgeleiteten Vorgehen. Eine Auswertungsmethode, die beide Seiten berücksichtigt, entwickelte Philipp Mayring im Zuge der Lehrer/innen-Studie. Er bezieht sich neben der ursprünglich quantitativen Inhaltsanalyse auf die Hermeneutik, die Literaturwissenschaft und die Psychologie der Textverarbeitung. Dabei benennt Mayring (2022, S. 49 ff.) unter anderem die folgenden drei Grundprinzipien einer qualitativen Inhaltsanalyse:

- Einbettung der Daten in den Kommunikationszusammenhang
  Anders als bei anderen Auswertungsmethoden – etwa der Narrationsanalyse (vgl. Kap. 4.2), der objektiven Hermeneutik oder, zumindest bei einigen Ansätzen, auch der Grounded Theory Methodologie (vgl. Kap. 5.2) – richtet sich der analytische Fokus der qualitativen Inhaltsanalyse zunächst auf den *Inhalt* von verschriftlichtem Datenmaterial. Es geht also beispielsweise um das, *was* in einem Interview gesagt wurde, während sich die drei anderen genannten Methoden in unterschiedlicher Schwerpunktsetzung auch darauf beziehen, *wie* etwas gesagt wurde. Dies erklärt im Übrigen auch die Nähe von Experteninterviews und qualitativer Inhaltsanalyse (vgl. Gläser und Laudel 2010, S. 14). Ich habe ja nämlich erläutert, dass wir mit Experteninterviews Wissen erschließen wollen und dass uns der Experte bzw. die Expertin weniger als Person, sondern eher als Medium interessiert. Auch die Inhaltsanalyse fokussiert nun als Auswertungsmethode nicht die Person, sondern das von ihr Gesagte. Gleichzeitig aber – und dies wird von Kritiker/innen inhaltsanalytischer Verfahren häufig unterschlagen – muss der bzw. die inhaltsanalytisch Forschende stets angeben, auf welchen Teil eines Kommunikationsprozesses sich die Interpretation empirischer Daten bezieht. Nur wenn der Kontext empirischer Daten berücksichtigt wird, können auch ihre Entstehung und Wirkung berücksichtigt werden (vgl. Mayring 2022, S. 49). Streng genommen zielt die Inhaltsanalyse daher nicht *nur* auf den Inhalt von Kommunikation, sondern durchaus auch auf deren Rahmenbedingungen. Insofern ist die Bezeichnung Inhaltsanalyse in gewisser Weise irreführend. Daher konstatiert Mayring

3.2 Die Methodik

selbst (ebd., S. 13), dass man eigentlich von „kategoriegeleiteter Textanalyse" sprechen müsse.

- Regel- und Theoriegeleitetheit
Das systematische Vorgehen der qualitativen Inhaltsanalyse zeigt sich zunächst daran, dass sie nach expliziten Regeln vorgeht, die eine intersubjektive Nachvollziehbarkeit der Analyse gewährleisten sollen. Dieses Gütekriterium der qualitativen Sozialforschung möchte eine qualitative Inhaltsanalyse mithin explizit erfüllen. Derartige Regeln manifestieren sich in ausgesprochen konkreten Ablaufmodellen; jeder einzelne Analyseschritt basiert dabei jeweils auf einer eindeutigen Regel:
„*Eben darin besteht die Stärke der qualitativen Inhaltsanalyse gegenüber anderen Interpretationsverfahren, dass die Analyse in einzelne Interpretationsschritte zerlegt wird, die vorher festgelegt werden. Dadurch wird sie für andere nachvollziehbar und intersubjektiv überprüfbar, dadurch wird sie übertragbar auf andere Gegenstände, für andere benutzbar [...]."* (ebd., S. 60)
Neben methodischen Verfahrensregeln ist das Vorgehen der qualitativen Inhaltsanalyse darüber hinaus von theoretischen Überlegungen geleitet:
„*Sie will nicht einfach einen Text referieren, sondern analysiert ihr Material unter einer theoretisch ausgewiesenen Fragestellung; die Ergebnisse werden vom jeweiligen Theoriehintergrund her interpretiert, und auch die einzelnen Analyseschritte sind von theoretischen Überlegungen geleitet. Theoriegeleitetheit bedeutet dabei nicht das Abheben von konkretem Material in Sphären der Unverständlichkeit, sondern heißt Anknüpfen an den Erfahrungen anderer mit dem zu untersuchenden Gegenstand."* (ebd., S. 13)
Wenn nun aber wesentliche Anteile des methodischen Vorgehens von theoretischem Vorwissen bestimmt werden, stellt sich die Frage, ob und inwiefern die qualitative Inhaltsanalyse das Gütekriterium Offenheit erfüllen kann. Wir werden daher im Folgenden immer wieder kritisch reflektieren müssen, ob diese deutliche Orientierung an bereits vorhandener Theorie die Offenheit des bzw. der Forschenden für neue und überraschende Erkenntnisse einschränken kann.
- Gegenstandsangemessenheit
Trotz der expliziten Regel- und Theoriegeleitetheit beschreibt Philipp Mayring die qualitative Inhaltsanalyse jedoch auch als gegenstandsangemessenes Verfahren, das für jedes Forschungsthema in spezifischer Weise konkretisiert werden müsse:
„*Die Inhaltsanalyse ist kein Standardinstrument, das immer gleich aussieht; sie muss an den konkreten Gegenstand, das Material angepasst sein und auf die spezifische Fragestellung hin konstruiert werden."* (ebd., S. 50)
Wie Sie noch sehen werden, zeigt sich eine derartige Gegenstandsangemes-

senheit beispielsweise daran, dass für verschiedene analytische Schwerpunktsetzungen verschiedene Ablaufmodelle der qualitativen Inhaltsanalyse entwickelt wurden.

Im Vergleich zu anderen Methoden der empirischen Sozialforschung weist die qualitative Inhaltsanalyse darüber hinaus drei Besonderheiten auf, die ich im Folgenden zunächst erläutern möchte, bevor ich das konkrete methodische Vorgehen anhand von Beispielen aus der Lehrer/innen-Studie beleuchte. Erstens hat sie zum Ziel, große Datenmengen zur Beantwortung einer Forschungsfrage handhabbar zu machen. Die erste Besonderheit der qualitativen Inhaltsanalyse ist mithin pragmatischer Art: Sie beschäftigt sich als eine der wenigen Methoden qualitativer Sozialforschung mit der Frage, wie man große Datenmengen so aufarbeiten kann, dass sie in der Forschungspraxis handhabbar gemacht und einer interpretativen Analyse überhaupt zugeführt werden können:

„Die qualitative Inhaltsanalyse wertet Texte aus, indem sie ihnen in einem systematischen Verfahren Informationen entnimmt. Zu diesem Zweck wird der Text mit einem Analyseraster auf relevante Informationen hin durchsucht." (ebd., S. 46)

Aus dem mitunter sehr umfangreichen Datenmaterial einer empirischen Studie – bedenken Sie, dass im Rahmen der Lehrer/innen-Studie ca. 20 000 Seiten Interviewtranskripte ausgewertet wurden – werden im Zuge einer qualitativen Inhaltsanalyse also nur diejenigen Daten extrahiert, die für die Beantwortung der Forschungsfrage relevant sind. Genau dieses methodische Vorgehen ermöglicht die Handhabbarmachung großer Datenmengen durch die Reduktion ihrer Komplexität. Andererseits bedeutet Extraktion aber auch, dass im Laufe der Auswertung nicht die Daten selbst analysiert werden, sondern ein verkleinertes und verdichtetes Abbild von ihnen. Die zweite Besonderheit der qualitativen Inhaltsanalyse besteht somit darin, dass die interpretative Analyse vergleichsweise unabhängig vom Ursprungstext erfolgt:

„Mit der qualitativen Inhaltsanalyse schafft man sich also eine von den Ursprungstexten verschiedene Informationsbasis, die nur noch die Informationen enthalten soll, die für die Beantwortung der Forschungsfrage relevant sind. [...] Die qualitative Inhaltsanalyse ist das einzige Verfahren der qualitativen Textanalyse, das sich frühzeitig und konsequent vom Ursprungstext trennt und versucht, die Informationsfülle systematisch zu reduzieren sowie entsprechend dem Untersuchungsziel zu strukturieren." (ebd., S. 20)

Die dritte Besonderheit einer qualitativen Inhaltsanalyse schließlich besteht darin, dass die extrahierten Daten den Kategorien eines Kategoriensystems zugeordnet werden:

3.2 Die Methodik

"Das Kategoriensystem stellt das zentrale Instrument der Analyse dar. [Es] ermöglicht das Nachvollziehen der Analyse für andere, die intersubjektive Nachvollziehbarkeit des Vorgehens. Qualitative Inhaltsanalyse wird dabei ein besonderes Augenmerk auf die Kategoriekonstruktion und -begründung legen." (ebd., S. 51)

Durch den hohen Stellenwert, den die qualitative Inhaltsanalyse der Kategorisierung von Daten beimisst, wendet sie ein grundlegendes Muster menschlichen Denkens an. Egal nämlich, ob Sie Briefe interpretieren, Spielfilme verstehen oder Zeitungsartikel deuten wollen, immer werden Sie diesen – wenn man so will: – Datenquellen relevante Informationen entnehmen, um diese mit ähnlichen Informationen zu verbinden und in ‚passende Schubladen' zu klassifizieren. Die basale Bedeutung kategorialen Denkens lässt sich bereit an Säuglingen und Kleinkindern eindrucksvoll beobachten. Schon in ihrem ersten Lebensjahr beginnen diese damit, in Kategorien zu denken. So ist ein Kind vielleicht eines Tages mit einem blauen, runden, weichen und rollenden Gegenstand konfrontiert, der von seinen Eltern wiederholt mit dem semantischen Label ‚Ball' versehen wird. Das Kind übernimmt die Kategorie ‚Ball' und ordnet ihr vorläufig alle blauen, runden, weichen und rollenden Gegenstände zu. Dann jedoch bekommt es eines Tages einen runden, rollenden und schwarz-weiß gefleckten Gegenstand an den Kopf – der aber alles andere als weich ist. Durch die zusätzliche Information, dass es sich auch hierbei um einen (Fuß)Ball handelt, beginnt das Kind, seine bisherige Kategorie ‚Ball' gleichzeitig zu abstrahieren und auszudifferenzieren. Mit zunehmender Erfahrung – man könnte im eigentlichen Sinne des Wortes auch sagen: durch Empirie – abstrahiert das Kind die Kategorie ‚Ball' zu runden und rollenden Gegenständen. Diese können nun, dies wäre dann die Ausdifferenzierung der Kategorie, verschiedene Ausprägungen haben. In Bezug auf ihre Konsistenz können Bälle offenbar hart oder weich sind; in Bezug auf ihre Farbe blau oder schwarz-weiß. Derartiges kategoriales Denken ist für die kognitive Entwicklung des Kindes von entscheidender Bedeutung – es bildet die Grundlage dafür, soziale Wirklichkeit in eine gedanklich-analytische Ordnung zu bringen. Dies ist für Sozialwissenschaftler/innen im Prinzip nicht anders: Auch für sie spielen Kategorien als „Ergebnis der Klassifizierung von Einheiten" (Kuckartz und Rädiker 2022, S. 53) eine wesentliche Rolle. Insofern schreiben Siegfried Lamnek und Claudia Krell (2010, S. 449) zu Recht: „Jede soziologische Forschung ist immer auch eine Inhaltsanalyse". Das Ball-Beispiel zeigt jedoch auch, dass mit der Bildung abstrakter Kategorien nicht nur ein Erkenntnisgewinn, sondern gleichzeitig auch ein Informationsverlust einhergeht. Die Kategorie ‚Ball' sagt nämlich zunächst nichts über die Konsistenz oder Farbe des ihr zugeordneten Objekts. Kategorien reduzieren daher grundsätzlich die Komplexität sozialer Wirklichkeit:

„Der pragmatische Sinn jeder Inhaltsanalyse besteht letztlich darin, unter einer bestimmten forschungsleitenden Perspektive Komplexität zu reduzieren. Textmengen werden hinsichtlich theoretisch interessierender Merkmale klassifizierend beschrieben. Bei dieser Reduktion von Komplexität geht notwendig Information verloren: Einmal durch die Ausblendung von Mitteilungsmerkmalen, die die untersuchten Texte zwar besitzen, im Zusammenhang mit der vorliegenden Forschungsfrage aber nicht interessieren; zum anderen tritt ein Informationsverlust durch die Klassifizierung der analysierten Mitteilungsmerkmale ein. Nach angegebenen Kriterien werden je einige von ihnen als untereinander ähnlich betrachtet und einer bestimmten Merkmalsklasse bzw. einem Merkmalstypus zugeordnet, den man bei der Inhaltsanalyse ‚Kategorie' nennt. Die originären Bedeutungsdifferenzen der einheitlich in einer Kategorie zusammengefassten Mitteilungsmerkmale bleiben unberücksichtigt." (Früh 2017, S. 44)

Merke

Die drei Besonderheiten der qualitativen Inhaltsanalyse

Die qualitative Inhaltsanalyse ist eine systematische, theorie- und regelgeleitete Auswertungsmethode der empirischen Sozialforschung. Indem sie die Komplexität großer Datenmengen reduziert, ist sie in der Lage, diese forschungspraktisch handhabbar und einer interpretativen Analyse zugänglich zu machen. Dies geschieht, indem sie aus den ursprünglichen Daten diejenigen Informationen entnimmt, die für die Beantwortung einer Forschungsfrage relevant sind (Extraktion). Diese Daten werden innerhalb eines Kategoriensystems klassifiziert (Kategorisierung).

Lassen Sie mich an dieser Stelle noch einmal auf die Modi der logischen Schlussfolgerungen zurückkommen, die ich in Kapitel 1.4 erläutert habe. Kategorien können entweder induktiv gebildet werden; dies wäre dann der Fall, wenn sie während des Auswertungsprozesses und auf Basis der empirischen Daten konstruiert werden. Kategorien können aber auch deduktiv gebildet werden, wenn sie auf der Basis theoretischen Vorwissens bereits vor der Datenauswertung festgelegt werden, um ihnen die Daten während des Auswertungsprozesses zuordnen zu können. Häufig wird die qualitative Inhaltsanalyse dabei in dem Sinne missverstanden, dass sie Kategorien ausschließlich deduktiv bilden würde – dies trifft jedoch nicht zu. Mayring (2022, S. 66) nämlich unterscheidet drei Formen der qualitativen Inhaltsanalyse, die mit jeweils unterschiedlichen Schlussfolgerungsmodi einhergehen:

- Zusammenfassende Inhaltsanalyse
  Bei einer zusammenfassenden Inhaltsanalyse wird das Datenmaterial derart

3.2 Die Methodik

reduziert, dass alle wesentlichen Inhalte erhalten bleiben. Durch Abstraktion wird dabei ein überschau- und für die weitere Auswertung handhabbarer Datenkorpus geschaffen:
"Ziel der Analyse ist es, das Material so zu reduzieren, dass die wesentlichen Inhalte erhalten bleiben, durch Abstraktion einen überschaubaren Corpus zu schaffen, der immer noch Abbild des Grundmaterials ist." (ebd., S. 66)
Wie Sie sehen werden, werden Kategorien im Zuge einer zusammenfassenden Inhaltsanalyse in erster Linie induktiv gebildet.

- Explizierende Inhaltsanalyse
Bei einer explizierenden Inhaltsanalyse wird zu Daten, die den Forschenden zunächst unverständlich und/oder nicht interpretierbar erscheinen, zusätzliches empirisches Material recherchiert, das diese erläutert und dadurch der weiteren Analyse zugänglich macht:
"Ziel der Analyse ist es, zu einzelnen fraglichen Textteilen (Begriffen, Sätzen, ...) zusätzliches Material heranzutragen, das das Verständnis erweitert, das die Textstelle erläutert, erklärt, ausdeutet." (ebd., S. 66)
Eine explizierende Inhaltsanalyse lebt dabei von einem Wechselspiel von Induktion und Deduktion. Insbesondere an dieser Form wird deutlich, dass jegliche qualitative Inhaltsanalyse immer auch hermeneutische Anteile umfasst, die am Verstehen und der Interpretation von Daten orientiert sind (vgl. Kuckartz und Rädiker 2022, S. 49 ff.).

- Strukturierende Inhaltsanalyse
Auch bei einer strukturierenden Inhaltsanalyse werden diejenigen Teile aus dem Datenmaterial extrahiert, die zur Beantwortung der Forschungsfrage relevant sind. Um die extrahierten Daten zu strukturieren, werden sie einem ex ante entwickelten Kategoriensystem zugeordnet, das in erster Linie aus deduktiv gebildeten Kategorien besteht:
"Ziel der Analyse ist es, bestimmte Aspekte aus dem Material herauszufiltern, unter vorher festgelegten Ordnungskriterien einen Querschnitt durch das Material zu legen oder das Material aufgrund bestimmter Kriterien einzuschätzen." (Mayring 2022, S. 66)

Kategorien können im Rahmen einer qualitativen Inhaltsanalyse also sowohl deduktiv als auch induktiv gebildet werden. In der Forschungspraxis geschieht meist beides parallel, weil gegenstandsangemessene Mischformen der drei Idealtypen einer Inhaltsanalyse eingesetzt werden (vgl. Kuckartz und Rädiker 2022, S. 111; Mayring und Gläser-Zikuda 2008). Alle drei Formen nämlich erscheinen nötig, um soziales Handeln und soziale Prozesse anhand empirischer Daten sinnverstehend rekonstruieren zu können. Will man beispielsweise 20 000 Transkriptseiten auswerten, so kommt man erstens nicht umhin, das Datenmaterial zusammenzufassen, indem Redundanzen entfernt und nur die für die Fragestellungen relevanten Daten weiterverarbeitet werden. Zweitens begegnen den Forschenden während der Auswertung immer wieder Daten, die zunächst unverständlich und/ oder nicht interpretierbar erscheinen. Daher ist stets auch eine Explikation unumgänglich. Will man eine soziologische Fragestellung nachvollziehbar beantworten und einen verständlichen Forschungsbericht verfassen, so ist es drittens schließlich immer nötig, Daten zu strukturieren und systematisch zu diskutieren. Schauen wir uns diese drei idealtypischen Formen einer qualitativen Inhaltsanalyse im Folgenden anhand der Lehrer/innen-Studie etwas genauer an.

Zusammenfassende Inhaltsanalyse
Für jede Form der qualitativen Inhaltsanalyse gilt, dass zunächst das Ausgangsmaterial bestimmt und charakterisiert werden muss (vgl. Mayring 2022, S. 53 ff.). Dabei muss die Grundgesamtheit definiert werden, über die wissenschaftliche Aussagen getroffen werden sollen – im Fall der Lehrer/innen-Studie sind dies alle arbeitslosen Lehrer/innen in Deutschland. Aus dieser Grundgesamtheit wird dann das zu untersuchende Sample gebildet – im Fall der Lehrer/innen-Studie wurden eben jene 102 Interviewpartner/innen ausgewählt, über die ich bereits berichtet habe. In der Forschungspraxis orientiert sich die Fallauswahl einerseits meist an Repräsentativitätsüberlegungen – wie Sie gesehen haben, also beispielsweise an einer möglichst repräsentativen Verteilung von Merkmalen wie Geschlecht und Alter. Anderseits gilt es aber stets auch forschungspragmatische Aspekte zu berücksichtigen. Ich muss mich im Vorfeld der Untersuchung also beispielsweise fragen, wie viele Personen ich angesichts meiner begrenzten Ressourcen überhaupt interviewen kann und wie weit ich dabei zu Interviewterminen anreisen kann. Eine diesbezügliche Einschränkung gab es auch im Rahmen der Lehrer/innen-Studie: Hier wurden etwa nur Lehrerinnen und Lehrer in den Großräumen München und Augsburg interviewt, also solche, die in geografischer Nähe zu den beteiligten Forscher/innen lebten. Schließlich wird das vorliegende Datenmaterial kontextbezogen und formal charakterisiert. Bevor ich erhobene Daten inhaltsanalytisch auswerten kann, muss ich mich in Bezug auf den Kontext also beispielsweise fragen, in welchen Situationen die Daten erhoben wurden, wie sich etwa der emotionale, kognitive und soziokulturelle Hintergrund der Interviewten sowie ihre Interaktion mit den Forschenden gestalteten. Ich hatte bereits darauf hingewiesen, dass derartige Aspekte im Methodenteil der Lehrer/innen-Studie in vorbildlicher Weise erläutert werden – dort können Sie also noch einmal nachschauen, um Anregungen dafür zu gewinnen, wie Sie Ihre eigene Fallauswahl begründen und Ihr eigenes Sample charakterisieren können. In formaler Hinsicht gilt es vor Beginn der Auswertung darüber hinaus festzulegen, um welche Art von Daten es sich handelt, beispielsweise um Interviewtranskripte oder Dokumente.

3.2 Die Methodik

In einem weiteren Schritt wird das vorliegende Datenmaterial nun in sogenannte Analyseeinheiten gegliedert (vgl. ebd., S. 61). Dabei wird festgelegt, welche Teile der Daten nacheinander analysiert werden. Die kleinstmögliche Analyseeinheit wäre dabei ein einzelner Satz aus der Äußerung eines bzw. einer Interviewten. Aus zwei Gründen würde ich Ihnen jedoch von derart kleinen Analyseeinheiten abraten: Angesichts großer Datenmengen wäre Ihr analytisches Vorgehen zum einen deutlich zu kleinschrittig; wenn überhaupt würden Sie nur mit unverhältnismäßig viel Zeit und Mühe an Ihr Ziel, also die Interpretation der Daten, gelangen. Zum anderen ist keineswegs eindeutig zu sagen, was genau denn eigentlich ein einzelner Satz ist. Schließlich haben Sie die Aufzeichnung des Interviews ja transkribiert – und wann Sie dabei einen Punkt gesetzt, also einen Satz als solchen bestimmt haben, ist recht kontingent und mehr von Ihrer Intuition abhängig als von der bzw. dem Interviewten. Hierauf werde ich im Exkurs zur Transkription zurückkommen, der das vorliegende Kapitel abschließt (vgl. Kap. 3.5). Die größtmögliche Analyseeinheit wäre hingegen die vollständige Antwort eines bzw. einer Interviewten auf eine Ihrer Fragen. Eine derartige Untergliederung wäre nun aber vice versa zu grob, da in einer Antwort häufig mehrere Aspekte angesprochen werden. Aus eigener Erfahrung würde ich Ihnen daher zu einem Mittelweg raten: In den meisten Fällen bieten sich zusammenhängende Aussagen eines bzw. einer Interviewten als Analyseeinheiten an, die durch Themenwechsel innerhalb einer Antwort markiert werden (vgl. Gläser und Laudel 2010, S. 210). Wenn Sie zusammenhängende Aussagen als Analyseeinheiten definieren, erhalten Sie in den meisten Fällen eine überschaubare Anzahl, die einerseits für die weitere Auswertung handhabbar ist, den Ursprungstext aber andererseits hinreichend abbildet.

Um eine zusammenfassende Inhaltsanalyse durchzuführen, deren primäres Ziel darin besteht, umfangreiches Datenmaterial zu reduzieren, wird aus jeder einzelnen Analyseeinheit nun eine sogenannte Paraphrase gebildet (vgl. ebd., S. 71). Die Äußerung eines bzw. einer Interviewten wird dabei in eine knappe Form übersetzt, die strikt auf den Inhalt der Aussage bezogen ist; alle nicht inhaltstragenden Bestandteile der Analyseeinheit werden also entfernt. Wenn Sie derartige Paraphrasen bilden, sollten Sie diese auf einem einheitlichen und neutralen Sprachniveau sowie in einer möglichst kurzen grammatikalischen Form formulieren. Wichtig ist darüber hinaus, dass die von Ihnen gebildeten Paraphrasen ein einheitliches Abstraktionsniveau aufweisen. Alle Paraphrasen, die unter diesem Niveau liegen, werden einheitlich verallgemeinert, wodurch inhaltsgleiche, also redundante Paraphrasen entstehen, die dann gestrichen werden können. Die Paraphrasierung auf ein einheitliches Abstraktionsniveau stellt mithin den ersten Schritt der von uns angestrebten Materialreduktion dar. In einem zweiten Schritt werden einzelne Paraphrasen dann noch einmal gebündelt, um das Material weiter zu reduzieren.

Ich kann mir gut vorstellen, dass diese Auswertungsschritte beim ersten Lesen sehr abstrakt und zunächst vielleicht sogar unverständlich wirken. Schauen wir uns das methodische Vorgehen daher an einem Beispiel aus der Lehrer/innen-Studie an und lesen einen Auszug aus dem Transkript eines Experteninterviews mit einem Gymnasiallehrer für Erdkunde und Sport, der zu einem möglichen ‚Praxisschock' während seines Referendariats interviewt wurde:

Quelle

Auszug aus dem Transkript eines Interviews mit einem Gymnasiallehrer

Praxisschock, ich hab's in der Arbeit, die ich da geschrieben hab, auch verwendet (lachen), muss ich sagen, hab ich eigentlich – nicht direkt gehabt. Ich hab ungefähr gewusst, – man geht eigentlich mit einer sehr positiven Einstellung hin, ne, „Jetzt komm ich". Ich weiß, ich hab einem Freund von mir erzählt, der wird fertig, und hab ich dann gesagt, was ich jetzt teilweise im Unterricht mache, im Sportunterricht. Na hat er gesagt, „Ne, das gibt's doch gar nicht, das muss man doch anders auch machen können", ne. Und da hab ich gesagt, „Du, das hab ich auch gesagt, wie ich studiert hab", hab ich gesagt, „Ihr könnt ja alle nicht, wartet nur bis ich komm und ihr werdet es schon sehen, dass mit den Methoden, die du meinst – vor allem mit zureden oder „Das war jetzt doch ein Unsinn, lass doch das", dass das eigentlich in den seltensten Fällen einfach möglich ist, ne. Und – ich – muss sagen, ich hab mit der Klasse, die ich am Anfang gehabt hab, eine achte Klasse, un die sind also doch ein bisschen schwierig gewesen – bis Ende des Schuljahres mich doch sehr gut zusammengerauft und war eigentlich nicht schockiert, muss ich schon sagen. Ich hab das so genommen wie's kommt – und hab vor allen Dingen sehr schnell gemerkt, dass die anderen, die etablierten Lehrer, die gleichen Schwierigkeiten haben wie ich, ja. Und wenn die die Schwierigkeiten schon haben, dann brauch mir ich also wirklich (lachen) nicht Gedanken darüber machen: „Bin jetzt ich ein Versager oder bin ich kein Versager?" Oder? Es gibt wenig Lehrer, die es zugeben, dass sie auch Schwierigkeiten haben, also es gibt auch sehr – an den Schulen wo ich bisher war – gibt's auch Lehrerkollegen, die haben nur Erfolg, es sei denn, man geht einmal an der Klasse vorbei, dann hört man's. Aber – ich war an einem Gymnasium, da war das Lehrerkollegium, da waren sehr junge Lehrer, sehr offen, da sind auch die älteren, die schon sechs, sieben Jahre im Unterricht waren, zu mir hergekommen und haben mich gefragt: „Du, wie würdest denn du das machen? Der führt sich so auf, was macht Ihr da im Seminar in dieser Situation?". Und das hab ich also als ganz toll empfunden, dass man

> sich da ganz offen unterhalten kann und sagen, „Du, ich hab mit dem Schwierigkeiten, was machst du mit dem und wie verhält sich der bei Dir?" Und das fände ich eigentlich die beste Lösung, um Probleme, die dann in der Praxis auftreten, zu lösen. Aber direkt schockiert war ich also nicht. Ich bin eigentlich sehr flexibel (lachen), und wenn dann wirklich etwas Schockierendes vielleicht passieren würde, dann – oder passiert ist, dann hab ich immer noch gewusst, wie ich da reagieren muss. Ob's pädagogisch wertvoll war, meine Reaktion, ob man es anders machen hätte können, mei, hinterher ist man immer schlauer, ne; aber in dem Augenblick – ist manchmal, grad im Sport, ein lautes Schreien (lachen) oft nützlicher als hingehen und gut zureden, weil das ist vielleicht zu spät. Vor allem dann in der Klasse, ich hab also immer sehr große Klassen, grad in Erdkunde, 30 waren also die geringste Zahl, ne, ich hab immer so 38 auch gehabt, und das sind also dann schon, da gibt es natürlich Schwierigkeiten, red ich mit dem einen, machen die anderen Unsinn, red ich mit dem anderen, – das ist, – man hat also fast keine Chance, und man ist eigentlich gezwungen hier, eben Sachen zu machen – (lachen) muss ich ganz ehrlich sagen – wo ich mir nie vorstellen hab können – dass ich das mach, und das Blöde ich halt, du bist in der Situation – die Situation ist da, die Schüler wollen jetzt von dir, dass du irgendwas machst. Du musst jetzt reagieren und – da kommen natürlich Sachen raus, wo ich jetzt sag, mei, „Das war vielleicht ein Unsinn, was Du da gemacht hast", ne, oder „Hättest du vielleicht besser so reagiert", aber – da [...]
>
> *Mayring, Philipp. 2022 [1983]. Qualitative Inhaltsanalyse: Grundlagen und Techniken. 13. Aufl. Weinheim: Beltz Juventa, S. 130–131.*

Gehen wir anhand dieses Transkriptsauszugs nun also noch einmal die einzelnen Auswertungsschritte der zusammenfassenden Inhaltsanalyse durch: Wir bestimmen zunächst die Analyseeinheiten und deren Abstraktionsniveau, extrahieren sodann die für die Forschungsfrage relevanten Daten, um schließlich Paraphrasen auf einheitlichem Abstraktionsniveau zu bilden und diese in zwei Schritten zu generalisieren. Zunächst also zu den Analyseeinheiten: In der Lehrer/innen-Studie wurden diese definiert als „jede vollständige Aussage eines Lehrers über Erlebnisse, Bewertungen, Wirkungen des Referndardienstes im Vergleich mit der theoretischen Ausbildung an der Universität" (Mayring 2022, S. 72). Zum angestrebten Abstraktionsniveau wird darüber hinaus erläutert:

"Es sollen möglichst allgemeine, aber fallspezifische (pro Lehrer) Äußerungen über die Referendarzeit sein, d. h. Äußerungen des einzelnen Lehrers über seine gesamte Referendarzeit, die seine Erfahrungen mit dem ‚Praxisschock' zusammenfassen" (ebd.).

Aus dem ersten Satz des interviewten Lehrers,

"Praxisschock, ich hab's in der Arbeit, die ich da geschrieben hab, auch verwendet (lachen), muss ich sagen, hab ich eigentlich – nicht direkt gehabt",

wurde daraufhin zunächst die folgende Paraphrase gebildet:

Praxisschock selbst nicht direkt gehabt.

Im Anschluss wurde diese Paraphrase in der folgenden Weise auf das im Vorfeld festgelegte Abstraktionsniveau generalisiert:

Kein Praxisschock.

Schließlich wurden, um das Datenmaterial zu reduzieren, jeweils mehrere Paraphrasen generalisiert. Unsere Beispiel-Paraphrase geht dabei in der folgenden Generalisierung auf:

Kein Praxisschock wegen Flexibilität, Realismus, Anpassungsfähigkeit und Reden mit anderen Kollegen.

Nachdem der gesamte Transkriptauszug in dieser Weise aufgearbeitet wurde, entstand die folgende Tabelle einheitlich generalisierter und redundanzreduzierter Paraphrasen:

Tabelle 11 Zusammenfassende Inhaltsanalyse – erster Durchgang

Nr.	Paraphrase	Generalisierung	Reduktion
1	Praxisschock selbst nicht direkt gehabt	Kein Praxisschock	Kein Praxisschock wegen Flexibilität, Realismus, Anpassungsfähigkeit und Reden mit anderen Kollegen
2	Positive „jetzt komm ich!"-Einstellung am Anfang	Einstellung, es besser machen zu können, am Anfang	
3	Wurde selbst von einem Lehrerstudent wegen meinem Unterricht kritisiert	Einstellung, es besser machen zu können, auch bei anderen Lehrerstudenten	

3.2 Die Methodik

Nr.	Paraphrase	Generalisierung	Reduktion
4	Hab ihm gesagt, Methode des Gut-Zuredens in den seltensten Fällen möglich	Illusion, da Methode des Gut-Zuredens in den seltensten Fällen möglich	Meinung, ohne Disziplinierungsmaßnahmen nur mit Gut-Zureden auszukommen, ist Illusion, weil • auch etablierte Lehrer Schwierigkeiten haben • Schüler Maßnahmen erwarten • große Klassen • häufiger Klassenwechsel • Relativität pädagogischer Werte • gutes Verhältnis zu Schülern auch anders möglich
5	Habe am Anfang auch gesagt: Das kann man doch anders machen!	Einstellung, es besser machen zu können, am Anfang	
6	Hab mich mit meiner ersten Klasse gut zusammengerauft	Gut zusammengerauft mit Klasse	
7	War nicht schockiert	Kein Praxisschock	
8	Hab's genommen, wie's kommt	Realistisch und anpassungsfähig	
9	Etablierte Lehrer haben dieselben Schwierigkeiten, deshalb brauch ich mich nicht als Versager zu fühlen	Kein eigenes Versagen empfunden, da andere Lehrer auch Schwierigkeiten haben	
10	Wenige Lehrer geben Schwierigkeiten zu	Wenige Lehrer geben Schwierigkeiten zu	
11	Hatte offene Kollegen	Reden mit offenen Kollegen als beste Lösung von Praxisproblemen	Sport kann hartes Auftreten kompensieren
12	Reden mit Kollegen als beste Lösung von Praxisproblemen		
13	Direkt schockiert nicht	Kein Praxisschock	
14	Bin sehr flexibel, weiß immer, wie ich reagieren muss	Bin flexibel	Zwickmühle, pädagogisches Verhalten auszuprobieren und trotzdem konsequent zu sein
15	Über pädagogischen Wert ist man hinterher immer schlauer	Pädagogischer Wert immer umstritten	
16	Schreien ist oft nützlicher als Gut-Zureden	Schreien oft nützlicher als Gut-Zureden	s. o.
17	Bei großen Klassen oft gezwungen, fragliche Sachen zu machen	Große Klassen erschweren pädagogischen Umgang	
18	Schüler wollen, dass man irgendwas macht	Schüler wollen Maßnahmen	
19	Habe mir vorher nie vorstellen können, sowas zu machen	Ohne Maßnahmen auszukommen, ist Illusion	

Quelle: Mayring 2022, S. 73 ff. Modifiziert.

Im zweiten Schritt der Materialreduktion wurde diese Tabelle noch einmal generalisiert und redundanzreduziert. Beginnen wir also wieder bei der Paraphrase:

Kein Praxisschock wegen Flexibilität, Realismus, Anpassungsfähigkeit und Reden mit anderen Kollegen.

Diese wurde zunächst sprachlich vereinheitlicht und grammatikalisch gekürzt, woraus folgende Generalisierung entstand:

Kein Praxisschock, wenn flexibel und anpassungsfähig, Reden mit Kollegen.

Erneut wurden jeweils mehrere Generalisierungen gebündelt, wobei die unsrige der folgenden Kategorie zugeordnet wurde, die eindeutig auf die eigentliche Forschungsfrage der Lehrer/innen-Studie bezogen ist:

Praxisschock kann Selbstvertrauen stark mindern und belasten, wenn keine Übung da ist, destruktive Kritik und Anpassungszwang an Seminarlehrer nicht weggesteckt wird, man nicht völlig von sich überzeugt ist.

Das Ergebnis dieser zweiten Materialreduktion ist dann die folgende Tabelle:

Tabelle 12 Zusammenfassende Inhaltsanalyse – zweiter Durchgang

Nr.	Paraphrase	Generalisierung	Induktive Kategorie
1	Kein Praxisschock wegen Flexibilität, Realismus, Anpassungsfähigkeit und Reden mit anderen Kollegen	Kein Praxisschock, wenn • flexibel und anpassungsfähig • Reden mit Kollegen	Praxisschock kann Selbstvertrauen stark mindern und belasten, wenn • keine Übung da ist • destruktive Kritik und Anpassungszwang an Seminarlehrer nicht weggesteckt wird • man nicht völlig von sich überzeugt ist
2	Meinung, ohne Disziplinierungsmaßnahmen nur mit Gut-Zureden auszukommen, ist Illusion, weil • auch etablierte Lehrer Schwierigkeiten haben • Schüler Maßnahmen erwarten • große Klassen • häufiger Klassenwechsel • Relativität pädagogischer Werte • gutes Verhältnis zu Schülern auch anders möglich	Kein Praxisschock, wenn Illusion, ohne Disziplinierungsmittel nur mit Gut-Zureden auszukommen, aufgegeben wird Gute Beziehung zu Schülern möglich	In jedem Fall ist eine gute Beziehung zu Schülern erreichbar

Nr.	Paraphrase	Generalisierung	Induktive Kategorie
3	Sport kann hartes Auftreten kompensieren	Hartes Auftreten kann kompensiert werden	Es ist eine Zwickmühle, pädagogisches Verhalten ausprobieren zu wollen und trotzdem in der Klasse konsequent zu sein
4	Zwickmühle, pädagogisches Verhalten auszuprobieren und trotzdem konsequent zu sein	Zwickmühle, pädagogisches Verhalten auszuprobieren und trotzdem konsequent zu sein	

Quelle: Mayring 2022, S. 82 f. Modifiziert.

Das Ergebnis der zusammenfassenden Inhaltsanalyse des Transkriptauszugs sind somit drei Kategorien, die auf Basis der empirischen Daten induktiv gebildet wurden:

Praxisschock kann Selbstvertrauen stark mindern und belasten, wenn keine Übung da ist, destruktive Kritik und Anpassungszwang an Seminarlehrer nicht weggesteckt wird, man nicht völlig von sich überzeugt ist.

In jedem Fall ist eine gute Beziehung zu Schülern erreichbar.

Es ist eine Zwickmühle, pädagogisches Verhalten ausprobieren zu wollen und trotzdem in der Klasse konsequent zu sein.

Ich denke, es ist unmittelbar einsichtig, dass wir nun ein Abbild der Daten vorliegen haben, das deutlich besser überschaubar ist als das ursprüngliche Transkript. Zwar ist auch offensichtlich, dass wir uns durch Paraphrasierung, Generalisierung und Kategorisierung deutlich von den Ursprungsdaten gelöst haben; andererseits müssen Sie sich aber auch noch einmal vergegenwärtigen, dass wir uns nur mit einer einzigen von 20 000 Transkriptseiten beschäftigt haben, dass wir nur einen kurzen Blick in ein einziges von insgesamt 102 Interviews geworfen haben. Wenn man den Gesamtumfang der Daten berücksichtigt, haben wir durch die zusammenfassende Inhaltsanalyse nun ein Abbild der Daten erzeugt, dass es uns überhaupt ermöglicht, diese zu interpretieren und Forschungsergebnisse zu generieren – und genau dies war unser Ziel.

Ich würde vorschlagen, dass Sie den Transkriptauszug nun noch einmal in Gänze durchgehen und versuchen, alle in der Lehrer/innen-Studie vorgenommenen Paraphrasierungen, Generalisierungen und induktiven Kategoriebildungen nachzuvollziehen, die in den beiden obenstehenden Tabellen abgebildet sind. Dabei wird Ihnen sicherlich auch noch einmal deutlich werden, dass es sich bei der qualitativen Inhaltsanalyse keineswegs um eine banale Zusammenfassung von Daten handelt. Sie werden vielmehr erkennen, dass Extraktion, Paraphrasierung,

Generalisierung, Redundanzreduktion und Kategorisierung immer *interpretative* Auswertungsschritte darstellen (vgl. Gläser und Laudel 2010, S. 201 f.). Mit dieser Erkenntnis sind Sie dann gewappnet dafür, sich im Folgenden der zweiten Form einer qualitativen Inhaltsanalyse zuzuwenden.

Explizierende Inhaltsanalyse
Der explizierenden Inhaltsanalyse geht es wie gesagt darum, an diejenigen Daten, die dem bzw. der Forschenden zunächst unverständlich erscheinen, zusätzliches Material heranzutragen, um diese Daten zu erklären und einer interpretativen Analyse zugänglich zu machen. Dies geschieht, indem wir sogenannte explizierende Paraphrasen bilden. Dabei stehen uns zwei Wege zur Verfügung: die immanente und die exmanente Explikation. Meist ist eine immanente Explikation völlig hinreichend, die auf Basis der bereits erhobenen Daten beruht. So wird eine zunächst unverständliche Stelle des Interviewtranskripts nämlich meist dann verständlich, wenn man das komplette Transkript und/oder das Transkript eines anderen Interviews derselben Studie liest. Wenn eine derartige immanente Explikation jedoch nicht ausreicht, um die unverständlichen Daten verständlich zu machen, müssen wir neu recherchieren und zusätzliche Daten erheben; dies wäre dann eine exmanente Explikation.

Schauen wir uns auch für die explizierende Inhaltsanalyse ein Beispiel aus der Lehrer/innen-Studie an (vgl. Mayring 2022, S. 89 ff.). Nicht völlig verständlich war den Autor/innen hier die folgende Interviewäußerung eines Gymnasiallehrers für Erdkunde und Sport:

„Es ist, glaube ich, auch sehr wichtig, gerade beim Sport, da bin ich also nicht der Typ; je – möchte ich sagen: extravertiert – je temperamentvoller einer einfach vom Typ her ist, wenn er spricht oder wenn er lebendig mit Erwachsenen umgeht oder ständig neue Ideen auf Lager hat, oder auch mal Kritik am Seminarlehrer vielleicht bringt, aber sofort in ein Bonmot gekleidet, also Conférencier-Typ mehr, da glaube ich, die kommen mächtig an."
(Arbeitsloser Lehrer zitiert nach Mayring 2022, S. 94)

Unklar war den Forschenden, was der Interviewte mit dem Begriff „Conférencier-Typ" zum Ausdruck bringen wollte. Führt man eine exmanente Explikation durch, indem man beispielsweise in verschiedenen Lexika nachschlägt, so erhält man folgende Erläuterungen: „Ansager auf der Kleinkunstbühne" oder „witzig unterhaltender Ansager in Kabarett, Varieté oder bei öffentlichen und privaten Veranstaltungen". Diese Erklärungen sind in unserem Zusammenhang jedoch nur bedingt hilfreich. Daher wandten sich die Autor/innen einer immanenten Explikation zu. Sie versuchten also, den unklaren Begriff anhand der ihnen vorliegenden Daten zu erklären. Dabei zeigte sich, dass der Interviewte rund um die zi-

3.2 Die Methodik

tierte Interviewpassage einige Beschreibungsmerkmale geäußert hatte, die sich offenbar auf die Eigenschaften eines „Conférencier-Typs" beziehen. Hierzu zählen etwa: extrovertiert, temperamentvoll, lebendiges Umgehen mit Erwachsenen, ständig neue Ideen und in Bonmots gekleidet. Daraufhin hielten die Autor/innen das folgende vorläufige Fazit ihrer immanenten Explikation fest: „Man könnte also sagen, ein Conférencier-Typ ist ein extravertierter, temperamentvoller, spritziger Mensch" (Mayring 2022, S. 94). Um dieses Verständnis der unklaren Textstelle zu untermauern, suchten sie daraufhin über den unmittelbaren Kontext der eigentlichen Passage hinaus nach weiteren Stellen des Interviewtranskripts, die den fraglichen Begriff näher zu erläutern vermögen. Kurz vor der oben zitierten Aussage des interviewten Lehrers fanden sie dabei beispielsweise die folgende Passage:

„Wobei es einfach typmäßig unterschiedlich ist, glaube ich: Manchen macht es weniger aus, die spielen da mehr [...] vielleicht kann man das auch so sehen, dass die pädagogischen Fähigkeiten da doch in Anführungszeichen setzen würde – dass die eben sagen: Das muss man so machen, das muss man so machen! Dann machen die das. Und wenn sie Glück haben, dann klappt's dann auch so; und weil die es so gemacht haben, ist es dann gut. Das ist vielleicht etwas überspitzt formuliert." (Arbeitsloser Lehrer zitiert nach Mayring 2022, S. 95)

Diese Transkriptstelle beinhaltete weitere Beschreibungsmerkmale, die zum Verständnis des Begriffs beitragen können – nämlich: spielt mehr, scheint die pädagogischen Fähigkeiten bereits mitzubringen, weiß immer, was zu tun ist, verhält sich danach und wird deshalb gut beurteilt. Daher zogen die Autor/innen der Lehrer/innen-Studie die folgende explizierende Schlussfolgerung:

„Vor allem die erste Äußerung des ‚Spielers' scheint sehr wichtig, obwohl sie nicht weiter ausgeführt wird. Sie kann den negativen Unterton dieser eigentlich eher positiven Beschreibungsmerkmale erklären. Das ‚Spielen' ist hier wohl gemeint im Hinblick auf ‚eine Rolle spielen', ‚eine Maske heraushaben, wie man sich am besten verhält' und damit eigentlich ‚unehrlich sein', eben nur zu spielen. Diese Bedeutung deckt sich auch mehr mit der lexikalischen Bedeutung, denn ein Conférencier hat ja etwas mit Theaterspielen zu tun." (Mayring 2022, S. 95)

Endgültig wurde daraufhin die folgende explizierende Paraphrase gebildet, welche die Grundlage dafür bildete, den Begriff „Conférencier-Typ" und somit die gesamte zunächst unverständliche Interviewpassage zu interpretieren: „Ein Conférencier-Typ ist jemand, der die Rolle eines extravertierten, temperamentvollen, spritzigen und selbstüberzeugten Menschen spielt" (ebd.).

Merke

Zusammenfassende und explizierende Inhaltsanalyse

Die ersten beiden idealtypischen Formen einer qualitativen Inhaltsanalyse verfolgen das Ziel, die erhobenen Daten einer rekonstruierenden und interpretierenden Analyse zugänglich zu machen. Sie setzen dabei an zwei Problemen an, mit denen qualitative Sozialforscher/innen häufig konfrontiert sind: mit unüberschaubaren Datenmengen und unverständlichen Daten. Die zusammenfassende Inhaltsanalyse stellt eine Methode bereit, die große Datenmengen durch eine mehrschrittige Materialreduktion handhabbar macht. Die explizierende Analyse zielt darauf ab, unverständliche Daten verständlich zu machen.

Strukturierende Inhaltsanalyse

Die wohl bedeutendste Form der qualitativen Inhaltsanalyse stellt schließlich die strukturierende Inhaltsanalyse dar (vgl. ebd., S. 97). Ihr Ziel ist es, die erhobenen Daten anhand eines ex ante entwickelten Kategoriensystems zu strukturieren – und ein derartiges Kategoriensystem ist zweifellos das Alleinstellungsmerkmal der qualitativen Inhaltsanalyse gegenüber anderen Auswertungsmethoden der qualitativen Sozialforschung.

Bernhard Berelson, einer der Protagonisten der klassischen – also der quantitativen – Inhaltsanalyse hatte zu Beginn der 1950er Jahre die entscheidende Rolle des Kategoriensystems für die Ergebnisse einer Inhaltsanalyse betont: „Content Analysis stands or falls by ist categories. [...] Since the categories contain the substance of the investigation, a content analysis can be no better than its system of categories" (Berelson 1952, S. 147). Dies gilt freilich auch für die qualitative Variante der Inhaltsanalyse, deren zentrales methodisches Instrument das Kategoriensystem darstellt (vgl. Kuckartz und Rädiker 2022, S. 67).

Wichtig zu verstehen ist, dass das Kategoriensystem *ex ante* gebildet wird. Es entsteht mithin nicht während des Prozesses der Datenauswertung, wie dies beispielsweise im Rahmen der Grounded Theory Methodologie der Fall ist (vgl. Kap. 5.2). Vielmehr wird das Kategoriensystem im Fall einer strukturierenden Inhaltsanalyse noch vor der Datenauswertung auf der Basis von Vorwissen über den Untersuchungsgegenstand sowie durch theoretische Vorüberlegungen gebildet – es wird also deduktiv konstruiert. Im Allgemeinen greift das Kategoriensystem inhaltliche Aspekte auf. Es bildet also die verschiedenen Aspekte eines Forschungsthemas ab. Wenn Sie sich noch einmal an die Überlegungen zum basalen Stellenwert kategorialen Denkens erinnern, das ich anhand der ersten Erfahrungen eines Kleinkinds mit diversen Bällen zu erläutern versucht habe, könnten Sie

3.2 Die Methodik

beispielsweise annehmen, dass wir uns mit dem Forschungsthema Ballsportarten auseinandersetzen möchten. Zwar ist dies zugegebenermaßen ein sehr stilisiertes und vermutlich allzu simples Beispiel, gleichwohl kann es uns jedoch einige Aspekte aufzeigen, die bei der Konstruktion eines jeden Kategoriensystems von Bedeutung sind – auch wenn dieses in der Forschungspraxis deutlich differenzierter und komplexer ausfallen wird. Wenn wir uns also mit Ballsportarten beschäftigen, werden wir auf unser Vorwissen zurückgreifen und einschlägige Literatur sichten – so wie wir es bereits in Kapitel 1.4 festgehalten hatten. In inhaltlicher Hinsicht wird uns dabei vermutlich auffallen, dass es offenbar verschiede Arten von Bällen gibt. Wir werden daher ein Kategoriensystem bilden, dass die folgenden Hauptkategorien umfasst: Fußbälle, Tennisbälle und Volleybälle. Damit ein derartiges Kategoriensystem für eine gegenstandsangemessene Datenauswertung brauchbar ist, müssen drei Punkte erfüllt sein: Die Kategorien müssen exakt und exklusiv sein, das Kategoriensystem insgesamt muss erschöpfend sein (vgl. Kuckartz und Rädiker 2022, S. 63 ff.).

Eine Kategorie ist dann exakt, wenn eindeutig festgelegt ist, welche Daten ihr zugeordnet werden sollen. Es muss also zweifelsfrei feststehen, wann ein Ball der Kategorie ‚Fußbälle' und wann er der Kategorie ‚Tennisbälle' zuzuordnen ist. Deshalb ist es entscheidend, Kategorien exakt zu definieren. Schon anhand unseres Ball-Beispiels wird dabei klar, dass wir in Bezug auf Größe, Materialien etc. einige Überlegungen werden anstrengen müssen, um etwa definieren zu können, welche Eigenschaften einen Ball zum Fußball machen – soziale Wirklichkeit nämlich ist komplex und ein Fußball daher leider nicht immer schwarz-weiß und aus Leder. Gegebenenfalls müssen wir daher unser Kategoriensystem weiter ausdifferenzieren. Beispielsweise könnten wir der Hauptkategorie ‚Fußbälle' verschiedene Subkategorien unterordnen – etwa ‚Außenfußbälle', ‚Hallenfußbälle', ‚Fußbälle für verschneite Fußballplätze' etc. Um derartige Kategorien in der Forschungspraxis eindeutig definieren zu können, verwendet man häufig sogenannte Ankerbeispiele. Hierbei handelt es sich um Daten, vorzugsweise Äußerungen aus Interviewtranskripten, die prototypisch für eine bestimmte Haupt- oder Subkategorie stehen. Dies werden Sie gleich auch anhand eines Beispiels aus der Lehrer/innen-Studie sehen.

Mit der Exaktheit einer Kategorie geht auch ihre Exklusivität einher. Während der Datenauswertung darf es nämlich nicht zu dem Fall kommen, dass eine bestimmte Paraphrase mehreren Kategorien zugeordnet werden könnte. Es darf also beispielsweise nicht passieren, dass wir im Untersuchungsfeld mit einem Ball konfrontiert werden, der auf Basis unserer Kategoriedefinitionen sowohl als Fußball als auch als Volleyball kategorisiert werden könnte. Auch in solchen Fällen zeigt sich, warum wir die qualitative Inhaltsanalyse als explizit regelgeleitetes Verfahren charakterisiert hatten. Zu jeder Kategorie sollten nämlich bestimmte Kodierregeln festgelegt werden, die eindeutig vorgeben, wann eine Paraphrase der einen und wann sie der anderen Kategorie zugeordnet wird. Auch dies werde ich gleich anhand eines Beispiels genauer betrachten.

Zuvor gilt es jedoch festzuhalten, dass ein Kategoriensystem insgesamt erschöpfend sein muss. Es darf also – dies wäre nun gleichsam der umgekehrte Fall – keine Paraphrase geben, die *keiner* der ex ante entwickelten Kategorien zugeordnet werden kann. Insofern ist mein Beispiel-Kategoriensystem sicherlich nicht erschöpfend und somit auch nicht gegenstandsangemessen. Vermutlich wird es nämlich noch deutlich mehr Arten von Bällen geben als Fußbälle, Tennisbälle und Volleybälle. Wir werden daher noch deutlich differenziertere Vorüberlegungen anstrengen müssen, um das Forschungsthema Ballsportarten in all seinen Ausprägungen erschöpfend zu erfassen.

Merke

Kategoriensystem als zentrales methodisches Instrument

Das Kategoriensystem stellt das zentrale Instrument einer strukturierenden Inhaltsanalyse dar. Es wird auf Basis von Vorwissen und theoretischen Überlegungen ex ante entwickelt und umfasst sowohl inhaltliche als auch skalierende Kategorien. Diese müssen exakt definiert und mit exklusiven Ankerbeispielen versehen sein; das Kategoriensystem muss insgesamt erschöpfend sein.

Wenn wir ein erschöpfendes System exakter und exklusiver Kategorien gebildet haben, liegt uns die Basis für eine inhaltliche Strukturierung unserer Daten vor. Darüber hinaus beinhaltet ein Kategoriensystem jedoch meist auch skalierende Aspekte (vgl. Mayring 2022, S. 100 ff.). Spätestens wenn Ihr Kind nämlich den Wunsch äußert, Mitglied eines Fußballvereins zu werden, wird Ihnen vermutlich auffallen, dass es einerseits ausgesprochen günstige und andererseits ziemlich teure Fußbälle gibt. Und der Preis wird vermutlich nicht die einzige Eigenschaft sein, anhand derer wir die Kategorie ‚Fußbälle' skalierend ausdifferenzieren können. Derartige Skalierungen müssen möglichst umfänglich in ein Kategoriensystem integriert werden, bevor wir mit der eigentlichen Auswertung der Daten im Zuge einer strukturierenden Inhaltsanalyse beginnen können. Nun nämlich gehen wir unsere Daten, beispielsweise also das Transkript eines Experteninterviews, durch und extrahieren alle Daten, die für die Beantwortung unserer Forschungsfrage relevant sind. Diese extrahierten Daten werden paraphrasiert und einer der Kategorien des Kategoriensystems zugeordnet. Dieser allgemeine Ablauf einer strukturierenden Inhaltsanalyse wird in der folgenden Abbildung zusammengefasst:

3.2 Die Methodik

Abbildung 6 Ablaufschema der strukturierenden Inhaltsanalyse

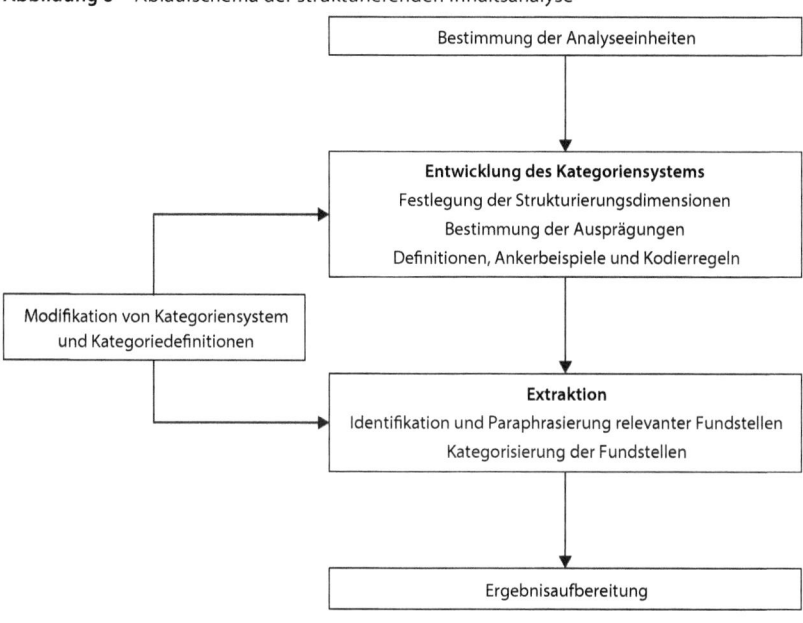

Quelle: Mayring 2022, S. 97. Stark modifiziert.

Werfen wir im Folgenden nun einen Blick in das Kategoriensystem der Lehrer/innen-Studie. Wohlgemerkt handelt es sich dabei nur um einen sehr begrenzten Ausschnitt – nämlich um eine einzige Kategorie des insgesamt ausgesprochen komplexen Kategoriensystems. Ich habe ja bereits festgehalten, dass die Autor/innen einen expliziten Theorierahmen entwerfen, der verschiedene theoretische Ansätze aufgreift. Aufgrund dieser Vorüberlegungen entwickelten sie die Hypothese, dass das Selbstvertrauen eines Lehrers bzw. einer Lehrerin eine wichtige Rolle beim Erleben und Bewältigen von Arbeitslosigkeit spielt. Daher nahmen sie die Kategorie Selbstvertrauen in ihr Kategoriensystem auf. Es liegt auf der Hand, dass sich diese inhaltliche Kategorie skalieren lässt: Ein Mensch kann ganz offensichtlich ein hohes, ein mittleres oder ein niedriges Selbstvertrauen haben – und es mag darüber hinaus Fälle geben, in denen die Ausprägung des individuellen Selbstvertrauens auf Basis der vorliegenden Daten nicht rekonstruierbar ist. Daher umfasst die Hauptkategorie Selbstvertrauen der Lehrer/innen-Studie auch eine Subkategorie ‚Selbstvertrauen nicht erschließbar'. Zu all diesen Kategorien wurden daraufhin exakte Definitionen entwickelt, exklusive Ankerbeispiele aus den Daten angeführt und Kodierregeln festgelegt:

Tabelle 13 Kodierleitfaden für die Kategorie ‚Selbstvertrauen'

Ausprägung	Definition	Ankerbeispiele	Kodierregeln
Hohes Selbstvertrauen	Hohe subjektive Gewissheit, mit der Anforderung gut fertig geworden zu sein, d. h. • Klarheit über die Art der Anforderung und deren Bewältigung; • Positives, hoffnungsvolles Gefühl beim Umgang mit der Anforderung; • Überzeugung, die Bewältigung der Anforderung selbst in der Hand gehabt zu haben.	„Sicher hat's mal ein Problemchen gegeben, aber das wurde dann halt ausgeräumt: entweder von mir die Einsicht oder vom Schüler, je nachdem, wer den Fehler gemacht hat – Fehler macht halt jeder." „Ja klar, Probleme natürlich, aber zum Schluss hatten wir ein sehr gutes Verhältnis, hatten uns gut zusammengerauft."	Alle drei Aspekte der Definition müssen in Richtung ‚hoch' deuten, zumindest soll kein Aspekt auf nur mittleres Selbstvertrauen schließen lassen; sonst Kodierung ‚mittleres Selbstvertrauen'
Mittleres Selbstvertrauen	Nur teilweise oder schwankende Gewissheit mit der Anforderung gut fertig geworden zu sein	„Ich hab mich da einigermaßen durchlaviert, aber es war oft eine Gratwanderung." „Mit der Zeit ist es etwas besser geworden, aber ob das an mir oder an den Umständen lag, weiß ich nicht." „Ich bin zum Schluss mit dem Seminarlehrer ganz gut ausgekommen, aber ich hatte kein gutes Gefühl dabei – ich hab mich halt angepasst, untergeordnet."	Wenn nicht alle drei Aspekte auf hohes Selbstvertrauen oder niedriges Selbstvertrauen schließen lassen
Niedriges Selbstvertrauen	Überzeugung, mit der Anforderung schlecht fertig geworden zu sein, d. h. • Wenig Klarheit über die Art der Anforderung; • Negatives, pessimistisches Gefühl beim Umgang mit Anforderung; • Überzeugung, den Umgang mit der Anforderung nicht selbst in der Hand gehabt zu haben.	„Das hat mein Selbstvertrauen getroffen; da hab ich gemeint, ich bin eine Null oder ein Minus."	Alle drei Aspekt deuten auf niedriges Selbstvertrauen, sonst Kodierung ‚mittleres Selbstvertrauen'
Selbstvertrauen nicht erschließbar	Über die Anforderung wird zwar berichtet, aber die Art des Umgangs bleibt unklar.	„Das war am Anfang schon schwierig, aber mit der Zeit hat sich das dann gegeben."	

Quelle: Ulich et al. 1985, S. 90. Modifiziert.

3.2 Die Methodik

Bevor ich mich im folgenden Abschnitt den Untersuchungsergebnissen der Lehrer/innen-Studie zuwenden kann, die durch eine qualitative Inhaltsanalyse von Experteninterviews erzielt wurden, möchte ich noch eine in methodologischer Hinsicht ausgesprochen wichtige Frage thematisieren: Woher wissen wir eigentlich, ob unser Kategoriensystem gegenstandsangemessen und mithin für eine interpretative Analyse geeignet ist? Schließlich wurde es deduktiv auf der Basis von Vorwissen und theoretischen Modellen entwickelt. Es stellt sich daher die bereits mehrfach angeklungene Frage, inwiefern eine qualitative Inhaltsanalyse das Gütekriterium der Offenheit erfüllen kann. Wie kann man also sicherstellen, dass man sich auch im Rahmen einer strukturierenden Inhaltsanalyse von unerwarteten Daten überraschen lässt und durch sie neue Erkenntnisse erlangt? Um diesem Problem zu begegnen, schlägt Philipp Mayring (2022, S. 96 ff.) einen sogenannten Probedurchlauf vor. Nachdem das Kategoriensystem entwickelt wurde, werden dabei circa zehn Prozent der vorliegenden Daten extrahiert, paraphrasiert, generalisiert und kategorisiert. Dabei zeigt sich, ob alle Kategorien exakt, exklusiv und erschöpfend sind. In aller Regel wird dies nicht in hinreichendem Umfang der Fall sein, sodass das Kategoriensystem nach dem Probedurchlauf modifiziert werden muss. Beispielsweise werden dabei Kategorien weiter ausdifferenziert, es werden neue Kategorien aufgenommen oder nicht benötigte Kategorien entfernt. Erst nach einem derartigen Probedurchlauf und der Modifikation des Kategoriensystems beginnt dann die eigentliche strukturierende Inhaltsanalyse. Dieses methodische Vorgehen der strukturierenden Inhaltsanalyse nach Mayring ist vielfach kritisiert worden – beispielsweise von Jochen Gläser und Grit Laudel, die den Probedurchlauf eines bestimmten Anteils der vorliegenden Daten für allzu willkürlich halten:

„[Dieser Ansatz] setzt voraus, dass nach der Bildung des Kategoriensystems im Material keine Informationen mehr gefunden werden können, die nicht auf das Kategoriensystem passen. Das ist aber keineswegs gewährleistet, wenn das Kategoriensystem lediglich an 30 % – 50 % des Materials abgeglichen wird, wie das einige der Mayringschen Techniken vorsehen. In diesem Fall muss man mindestens die Hälfte des Materials mit einem unveränderlichen Kategoriensystem behandeln, ohne sich sicher sein zu können, dass dieses Kategoriensystem dafür geeignet ist." (Gläser und Laudel 2010, S. 199)

Darüber hinaus kritisieren Gläser und Laudel die starke Orientierung der Mayringschen Methode an einer quantitativen Inhaltsanalyse. Diese wird Ihnen auch im folgenden Abschnitt immer wieder begegnen, wenn sich die Autor/innen der Lehrer/innen-Studie darum bemühen, Häufigkeiten zu messen und Quantifizierungen vorzunehmen, die den Prinzipien qualitativer Sozialforschung eigentlich zuwiderlaufen. Gläser und Laudel haben das Verfahren der qualitativen Inhaltsanalyse daher in einer Weise weiterentwickelt, die die grundsätzlichen Techniken der Mayringschen Inhaltsanalyse aufgreift, aber stärkeres Gewicht auf die Offenheit während der gesamten Datenauswertung legt. Ein Probedurchlauf ist in ihrer Methode nicht mehr nötig:

> „Wir haben deshalb in der von Mayring vorgeschlagenen Technik der Strukturierung liegende Ideen benutzt, um ein Verfahren zu entwickeln, das die Extraktion komplexer Informationen aus Texten ermöglicht und während des gesamten Analyseprozesses offen für unvorhergesehene Informationen ist. [...] Das Kategoriensystem ist aber zugleich offen: Es kann während der Extraktion verändert werden, wenn im Text Informationen auftauchen, die relevant sind, aber nicht in das Kategoriensystem passen. Die Dimensionen existierender Kategorien können verändert werden, und es können neue Kategorien konstruiert werden." (ebd., S. 199, 201)

3.3 Die Ergebnisse: Handelnde und kognitive Krisenbewältigung

Auch im Fall der Lehrer/innen-Studie möchte ich die Untersuchungsergebnisse holzschnittartig zusammenfassen, damit Sie sehen, wohin das zuvor geschilderte Untersuchungsdesign die Forschenden geführt hat. Es ging ihnen ja um die Frage, wie arbeitslose Lehrerinnen und Lehrer ihre Arbeitslosigkeit erleben und bewältigen. Dies ist eine Forschungsfrage, die das Individuum in den Mittelpunkt eines psychologischen Erkenntnisinteresses rückt:

> „Ein Bewältigungsversuch wird definiert als verhaltensmäßige oder intrapsychische Anstrengung einer Person, mit belastungserzeugenden Anforderungen fertig zu werden. Unser Vorgehen ist prozeßorientiert und einzelfallbezogen, ansetzend an einer konkreten, ‚natürlichen' Situation (Arbeitslosigkeit); Generalisierungen und Gleichförmigkeiten sollen dabei erst im zweiten Schritt empirisch analysiert und nicht schon durch Theorie und Methode unterstellt werden." (Mayring 1985, S. 516)

Diese Definition betont gleichzeitig die für qualitative Sozialforschung typische Offenheit gegenüber empirischen Daten. Die Autor/innen verstehen Bewältigung dabei als wechselseitiges Zusammenspiel von individuellem Handeln und gesellschaftlichen Strukturen – ihre Fragestellung weist daher auch für soziologische Forschung interessante Aspekte auf. Die Bewältigung einer durch Arbeitslosigkeit initiierten Krise umfasst sowohl eine Handlungs- als auch eine kognitive Komponente. Diese Grundgedanken aufgreifend präsentieren die Autor/innen ihre Untersuchungsergebnisse ausgesprochen systematisch entlang eines sogenannten „Variablenschemas":

3.3 Die Ergebnisse

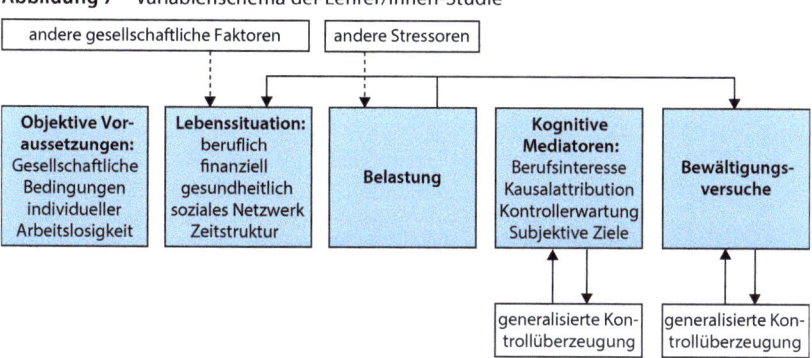

Abbildung 7 Variablenschema der Lehrer/innen-Studie

Quelle: Ulich et al. 1985, S. 73. Modifiziert.

Alle hier abgebildeten „Variablen" werden in der Lehrer/innen-Studie der Reihe nach thematisiert. In Bezug auf die „objektiven Voraussetzungen" von Arbeitslosigkeit werden zunächst einige gesellschaftliche Entwicklungen nachgezeichnet, die den Rahmen für ihr individuelles Erleben und Bewältigen darstellen. Dazu zählen beispielsweise Arbeitslosenstatistiken und rechtliche Rahmenbedingungen. Der Beginn des Ergebnisteils gründet somit nicht in von den Forschenden selbst erhobenen Daten und wird nur punktuell auf das untersuchte Sample arbeitsloser Lehrerinnen und Lehrer heruntergebrochen. Auch deshalb sind diese Aspekte für die Zwecke des vorliegenden Lehrbuchs weniger relevant. Auf Basis einer eigenen und empirisch begründeten Rekonstruktion wird dann jedoch die Lebenssituation der untersuchten Lehrerinnen und Lehrer rekonstruiert:

> „Wenn wir nun diese Prozesse aus der Perspektive der Betroffenen nachvollziehen wollen, müssen wir wissen, welche Rolle die jeweils gegebene Situation für die subjektive Belastung, die Einschätzung und die Bewältigungsversuche spielt. Konkret: Wir müssen die objektiv gegebenen Merkmale der Lebenssituation unabhängig von den Reaktionen und Handlungen der Personen zu erfassen versuchen, um das tatsächliche Gewicht der Merkmale der Lebenssituation im Prozeß des Krisenerlebens und der Bewältigungsversuche bestimmen zu können." (Ulich et al. 1985, S. 102f.)

In diesem Zitat erkennen Sie auch einen Grundsatz qualitativer Sozialforschung wieder, den ich in Kapitel 1.4 bereits diskutiert habe: Subjektive Deutungen dürfen von den Forschenden nicht unmittelbar übernommen werden. Die Lebenssituation der Arbeitslosen muss daher durch die Inhaltsanalyse von Äußerungen der Interviewten rekonstruiert werden, wobei subjektive Deutungen ausgespart werden. Die gleiche Lebenssituation kann von unterschiedlichen Akteuren nämlich durchaus unterschiedlich gedeutet werden. Diese individuelle Deutung ihrer Lebenssituation wird in der Lehrer/innen-Studie anhand von fünf Aspekten dargestellt, die für den oder die Einzelne entweder belastende Stressoren oder entlastende Ressourcen darstellen können: anhand der Lebensbereiche Beruf, Finanzen, soziales Netzwerk, Zeitstruktur und Gesundheit (vgl. ebd., S. 104). Durch die Rekonstruktion der beruflichen Lebenssituation der Arbeitslosen zeigt sich dabei die bereits angeklungene Quantifizierung qualitativer Daten, die für die qualitative Inhaltsanalyse nach Mayring typisch und am Ziel der Reduktion umfangreichen Datenmaterials orientiert ist:

„Die berufliche Lebenssituation und ihre Veränderung bildete einen wichtigen Teil unserer Untersuchung und wurde mit einer Vielzahl von Fragen erhoben [...]. Um die Antworten darauf überschaubar und leichter interpretierbar zu machen, bildeten wir verschiedene Indizes zur beruflichen Lebenssituation [...]." (ebd., S. 105)

Ein Beispiel für derartige Indizes ist der berufliche Status der untersuchten Lehrerinnen und Lehrer im Verlauf des Untersuchungszeitraums. Er wird in der Lehrer/innen-Studie folgendermaßen dargestellt:

Tabelle 14 Beruflicher Status der untersuchten Lehrer/innen

	t_1		t_4		t_7	
	n = 79		n = 77		n = 73	
	abs.	%	abs.	%	abs.	%
Nicht erwerbstätig	29	37	8	10	8	11
Nebenerwerbstätig	23	29	25	32	19	26
Befristet angestellt	27	34	31	40	21	29
Unbefr. angestellt	–	–	13	17	25	34

Quelle: Ulich et al. 1985, S. 106.

Bei einem Blick auf diese Tabelle wird deutlich, dass die qualitative Inhaltsanalyse immer wieder eine Position zwischen qualitativer und quantitativer Forschung einnimmt. So schreibt Philipp Mayring denn auch im Vorwort zu einer früheren Auflage seines Inhaltsanalyse-Lehrbuchs:

„Die Ergebnisse der Analysen werden meist quantitativ weiterverarbeitet (z. B. Kategoriehäufigkeiten), die Intercoderreliabilität spielt eine wichtige Rolle (wenn auch nicht ganz

so streng wie in der quantitativen Inhaltsanalyse angewandt). Die eigentliche Zuordnung von Textmaterial zu inhaltsanalytischen Kategorien bleibt aber ein (wenn auch durch inhaltsanalytische Regeln kontrollierter) Interpretationsvorgang." (Mayring 2022, S. 8).

Gleichwohl jedoch beschränkt sich die Lehrer/innen-Studie keineswegs auf die Darstellung derartiger Häufigkeitsverteilungen, sondern interpretiert diese auch vor dem Hintergrund qualitativer Daten. So suggeriert Tabelle 14 auf den ersten Blick eine positive Entwicklung während des Untersuchungszeitraums: Immer weniger Lehrerinnen und Lehrer sind nicht, nur in Teilzeit oder befristet angestellt. Dies bedeutet jedoch nicht zwangsläufig, dass diese Entwicklung von den Interviewten auch als positiv erlebt und gedeutet wird:

„Auf den ersten Blick suggeriert [die Tabelle, P. H.], daß es mit der beruflichen Entwicklung der Probanden doch eigentlich aufwärts geht. Das ist richtig, wenn man sich die Abnahme der nicht erwerbstätigen Probanden und die Zunahme der unbefristet angestellten Probanden ansieht. Am Ende unserer Untersuchung ist jedoch immer noch mehr als ein Drittel der Probanden arbeitslos und ein knappes Drittel ist immer noch in befristeten Stellen tätig. Wenn man außerdem noch in Betracht zieht, daß unsere Probanden nach abgeschlossenem Studium und Referendarzeit sich eigentlich voll Tatendrang auf den Beginn einer beruflichen Laufbahn eingerichtet haben, wirken diese Zahlen eher bedrückend." (Ulich et al. 1985, S. 106 f.)

Wie genau die objektiv betrachtet gleiche Situation der Arbeitslosigkeit subjektiv erlebt wird, hängt von der individuellen „Bewältigungskompetenz" der Betroffenen ab:

„Mit der Einbeziehung von (relativ) überdauernden Persönlichkeitsmerkmalen in unserem theoretischen Ansatz verfolgen wir ein doppeltes Ziel: Zum einen soll deren Gewicht und Einfluß beim Erleben und beim Versuch der Bewältigung der Krisensituation Arbeitslosigkeit bestimmt werden, sowohl inter- wie intraindividuell. Und zum anderen soll geprüft werden, unter welchen Bedingungen usw. auch die Persönlichkeitsmerkmale sich im Verlaufe des Krisenerlebens und der Krisenbewältigung ändern." (ebd., S. 120)

Um derartige Persönlichkeitsmerkmale erfassen zu können, wurden innerhalb der Interviews bestimmte Lebensereignisse thematisiert, die mit typischen Anforderungen an den Akteur verbunden sind und spezifische Bewältigungskompetenzen erfordern: etwa der Auszug aus dem Elternhaus, der Praxisschock während des Referendariats und die Prüfung zum zweiten Staatsexamen. Auf diese Weise konnten die Autor/innen ihre These bestätigen, dass bestimmte Bewältigungskompetenzen in Krisensituationen tatsächlich belastungsreduzierend wirken können, wenn die entsprechenden Ressourcen vorhanden sind – beispielsweise eine zweite Berufsausbildung und/oder ein unterstützendes Netzwerk:

> „Kompetenzen auf der einen und Ressourcen auf der anderen Seite sind jeweils für sich genommen notwendige, aber nicht hinreichende Bedingungen für Belastungsreduktion. Zusätzliche Aktualisierungsbedingungen dafür, daß die Kompetenzen, Ressourcen wirkungsvoll nutzen, auch tatsächlich zum Tragen kommen, müssen berücksichtigt werden: z. B. die subjektive Sicht der Probanden, was in einer Situation als Ressource wahrgenommen wird, die Motivation, bestimmte Ressourcen auch einzusetzen, persönliche Interessen und die Hoffnung, daß Bewältigungsversuche auch Erfolg haben werden. (ebd., S. 131)

In diesem Zusammenhang kommt nun das Selbstvertrauen eines arbeitslosen Lehrers bzw. einer arbeitslosen Lehrerin ins Spiel, von dem Sie im vorhergehenden Abschnitt bereits gesehen haben, wie es im Rahmen einer strukturierenden Inhaltsanalyse rekonstruiert wurde. Das individuelle Selbstvertrauen erweist sich als „wirksamer protektiver Faktor", der vor Belastungen in Krisensituationen schützen kann (vgl. ebd., S. 132). Die Autor/innen zeigen jedoch, dass dieser schützende Effekt erst bei länger andauernder Arbeitslosigkeit wirksam wird. Zu Beginn nämlich erleben die Arbeitslosen mit hohem bzw. niedrigen Selbstvertrauen ihre Lebenssituation als annähernd gleich belastend. Erst im zeitlichen Verlauf gehen die Belastungskurven dann deutlich auseinander:

Abbildung 8 Allgemeine Belastung in Abhängigkeit von der Höhe des Selbstvertrauens

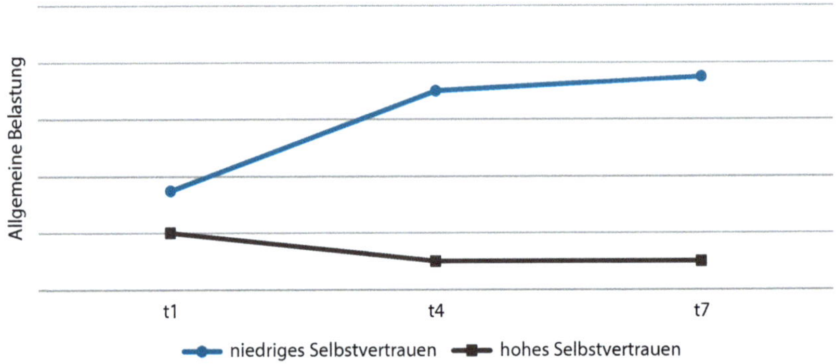

Quelle: Ulich et al. 1985, S. 137. Modifiziert.

Die Abbildung zeigt mithin auch einen typischen Krisenverlauf: Eine genuine Lebenskrise setzte dann ein, wenn Lehrer/innen ein halbes Jahr nach dem Ende ihres Referendariats noch immer arbeitslos waren oder wenn sie zu diesem Zeitpunkt wieder arbeitslos wurden. Dieser Effekt wird in der Lehrer/innen-Studie nachvollziehbar anhand von Interviewzitaten illustriert. Berufliche Belastungen drehten sich bei langanhaltender Arbeitslosigkeit etwa um permanente und kräftezehrende Bewerbungen sowie um das Gefühl, dass die berufliche Qualifikation, in die man so viel Zeit und Mühe investiert hat, nicht anerkannt wird:

> *„Ja, ganz einfach das Gefühl, man ist jetzt out, ein Outsider in der Gesellschaft. Man gehört nicht mehr dazu, irgendwie. Alles arbeitet und braust an einem vorüber und man sitzt hier."* (Arbeitslose Lehrerin zitiert nach Ulich et al. 1985, S. 147)

> *„Ja, es ist schon ziemlich anstrengend, also [...] es kostet mich halt immer wieder viel Überwindung, da hinzugehen zu den Leuten und praktisch als Bittsteller da anzukommen. Und meistens weiß ich ja eh schon, was sie sagen."* (Arbeitslose Lehrerin zitiert nach Ulich et al. 1985, S. 148)

Eng mit der beruflichen ist freilich die finanzielle Lebenssituation der untersuchten Lehrer/innen verknüpft. Gerade der Übergang vom Referendariat in die Berufstätigkeit ist für viele von ihnen aufgrund befristeter Verträge mit geringem Stundenkontingent mit erheblichen finanziellen Einschränkungen verbunden (vgl. Ulich et al. 1985, S. 111ff.). Vor allem die finanzielle Abhängigkeit von Partner/in und/oder Familie wird in diesem Zusammenhang als sehr belastend empfunden, wie das folgende Zitat einer interviewten Lehrerin verdeutlicht:

> *„Mein Vater, der kann nächstes Jahr in Pension gehen, im Herbst, und ist dann 62, glaube ich – ja. Und überlegt sich also jetzt, ob er nicht noch weiter arbeitet mit dem Argument, er hat es jedenfalls gesagt, daß er uns dann besser unterstützen kann [...]. Das empfind ich schon als belastend, ja. Weil die betrachten mich halt immer noch als das Kind, das unterstützt werden muß und überhaupt nicht als selbständigen Menschen."* (Arbeitslose Lehrerin zitiert nach Ulich et al. 1985, S. 153)

Zwar stellen Partner/in, Freundeskreis und Eltern für die interviewten Lehrer/innen wichtige unterstützende Ressourcen dar; gleichzeitig jedoch leidet ihr Umfeld unter lang andauernder Arbeitslosigkeit. Ähnlich wie in der Marienthal-Studie zeigen daher auch die Autor/innen der Lehrer/innen-Studie, dass die Häufigkeit sozialer Kontakte bei Arbeitslosen abnimmt. So treffen arbeitslose Lehrer/innen signifikant seltener (T = −.22) ihre Freunde als nicht-arbeitslose (vgl. Ulich et al. 1985, S. 115). Und auch in Hinblick auf das Zeiterleben der Arbeitslosen nimmt die Lehrer/innen-Studie explizit Bezug auf die Marienthal-Studie. Hier hatten Marie Jahoda, Paul Lazarsfeld und Hans Zeisel ja gezeigt, dass die Zeitstruktur für die arbeitslosen Marienthaler drastisch an Bedeutung verliert (vgl. Kap. 2.3). Auch für die von ihnen untersuchten Lehrer/innen konnten die Autor/innen vor allem zu Beginn der Arbeitslosigkeit Belastungen identifizieren, die mit einer fehlenden von außen vorgegebenen Zeitstruktur und der Notwendigkeit einer eigenen Zeiteinteilung zusammenhingen (vgl. Ulich et al. 1985, S. 162 ff.). Derartige Belastungen wirken sich dann zu einer manifesten Lebenskrise aus, wenn folgende Faktoren hinzukommen (vgl. ebd., S. 174):

- mangelnde Vorhersehbarkeit der beruflichen Zukunft,
- fehlende Überzeugung, die berufliche und finanzielle Situation verändern zu können,
- geringes Selbstvertrauen und
- fehlende Unterstützung durch das soziale Netzwerk.

Aus einer nun genuin psychologischen Perspektive weisen die Autor/innen darüber hinaus auf die hohe Bedeutung der kognitiven Bewältigung von Arbeitslosigkeit hin: auf die Dimensionen Kausalattribution und Kontrollerwartungen. Arbeitslosigkeit kann für die Betroffenen nämlich dann zu einer krisenhaften Situation werden, wenn

- die Arbeitslosen nicht das Gefühl haben, ihre aktuelle Lebenssituation kontrollieren zu können (geringe spezifische Kontrollerwartung, Hoffnungslosigkeit),
- die Arbeitslosen allgemein nicht das Gefühl haben, ihr Leben kontrollieren zu können (niedrige generalisierte Kontrollerwartung),
- die Arbeitslosen ihre Arbeitslosigkeit in eigenem Versagen begründet sehen (durchgängige Versagensattribution) und
- die Arbeitslosen ihre bisherigen Bewältigungsversuche als erfolglos deuten (Misserfolgsattribution).

Unterschieden wird in der Lehrer/innen-Studie daher zwischen Bewältigungs*handlungen* (bspw. Bewerbungen, Nebenjobs etc.) und *kognitiven* Bewältigungsversuchen:

"Für die Lehrer wurde es notwendig, ihre Situation immer mehr auch gedanklich zu bewältigen, z. B. durch Selbstbeschwichtigungen, durch Aufgeben von Zielen, Verdrängen der weiteren Zukunft, sich Hoffnung machen auf eine Verbesserung der Lebenssituation oder Warten auf einen glücklichen Zufall." (ebd., S. 235)

Aufgegeben wurden von den untersuchten Lehrer/innen in erster Linie bestimmte materielle Ziele, das Ausüben einer bestimmten Berufstätigkeit und/oder der Wunsch nach eigenen Kindern:

3.3 Die Ergebnisse

„Im Laufe der Arbeitslosigkeit lockert sich die Bindung an den erlernten Beruf und fördert eine Orientierung an den materiellen Aspekten (‚Jobmentalität'). Die Arbeitslosen machen also Abstriche an ihrem Berufsinteresse ganz entsprechend dem Verlust der Möglichkeit, die angestrebte berufliche Tätigkeit auch ausüben zu können. Je höher die Belastung, desto eher wünschen die Arbeitslosen einfach überhaupt nur irgendeine Berufstätigkeit. Sie geben sich mit weniger Lebensstandard zufrieden und schlagen sich längerfristige Lebensziele, wie z. B. Kinderwünsche, aus dem Kopf. Insgesamt scheint die Zeitperspektive zu schrumpfen: die Arbeitslosen nennen zwar nicht weniger aber eher kurzfristige Lebensziele." (ebd., S. 251f.)

Insgesamt – und dies würde ich als zentrales Untersuchungsergebnis der Lehrer/innen-Studie betrachten – gewinnen *kognitive* Bewältigungsversuche im Verlaufe der Arbeitslosigkeit zunehmend an Bedeutung. Bewältigungs*handeln* hingegen verliert umgekehrt proportional an Bedeutung. Dies beschreibt ein halbes Jahrhundert später wohl ähnliche sozialpsychologische Prozesse, wie diejenigen, die die Autor/innen der Marienthal-Studie als Resignation, Verzweiflung und Apathie typologisiert hatten (vgl. Kap. 2.3).

Abbildung 9 Bewältigungsformen arbeitsloser Lehrer/innen

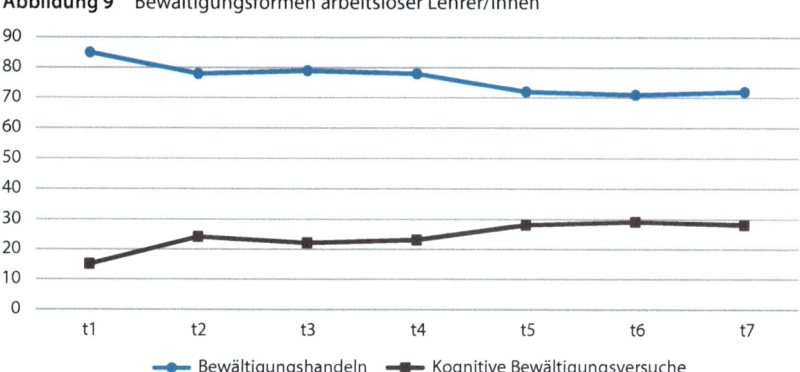

Quelle: Ulich et al. 1985, S. 237. Modifiziert.

3.4 Reflexion: Offenheit und intersubjektive Nachvollziehbarkeit

Auch in diesem Kapitel wird das Untersuchungsdesign der Lehrer/innen-Studie abschließend einer methodologischen Reflexion unterzogen. Bitte denken Sie noch einmal daran, dass ich mit dieser Reflexion keine abschließende Rezension der Studie anstrebe, sondern dass es mir darum geht, die Gütekriterien, die Sie in Kapitel 1.5 abstrakt kennengelernt haben, anhand ihrer Umsetzung im Rahmen einer Studie zu erläutern – auch um daraus etwas für ihre Anwendung im Rahmen eigener Forschung zu lernen. Es ist bereits angeklungen, dass bei der Datenauswertung mittels einer qualitativen Inhaltsanalyse dabei zum einen stets das Gütekriterium Offenheit einer besonderen Beachtung bedarf. Zum anderen stellt die Lehrer/innen-Studie ein gutes Beispiel für die gelungene intersubjektive Nachvollziehbarkeit einer empirischen Untersuchung dar.

Offenheit

Die Offenheit qualitativer Sozialforschung postuliert, dass Forschende stets offen sein müssen für neue und überraschende Erkenntnisse, die sie in ihren Daten nicht erwartet hatten. Der Blick auf die Daten darf daher keinesfalls durch bestimmte Vorannahmen oder durch eine allzu restriktive Anwendung des Untersuchungsdesigns verstellt werden. Dann nämlich würde man ‚mit Scheuklappen' forschen und nur das herausfinden, was man ohnehin schon wusste. Es ist ein weitverbreitetes Vorurteil gegenüber der qualitativen Inhaltsanalyse, dass diese das Gütekriterium Offenheit aufgrund ihres methodischen Vorgehens nur eingeschränkt erfüllen könne. Kritiker/innen wenden in diesem Zusammenhang in erster Linie ein, dass ein ex ante entwickeltes Kategoriensystem, das hauptsächlich deduktiv gebildete Kategorien beinhaltet, per se den Blick für neue und überraschende Erkenntnisse verstellen würde. Einer derartigen Kritik können Sie nach dem Studium des vorliegenden Kapitels zweierlei entgegnen: Zum einen verwendet nur die strukturierende Inhaltsanalyse deduktiv gebildete Kategorien; die zusammenfassende und die explizierende Inhaltsanalyse hingegen bilden Kategorien induktiv. Zum anderen umfasst auch die strukturierende Inhaltsanalyse Techniken, die eine Modifikation des ex ante entwickelten Kategoriensystems erlauben – und fordern. In der Tat kann man dabei mit einiger Berechtigung die Ansicht vertreten, dass der von Philipp Mayring (1985) vorgeschlagene Probedurchlauf keine hinreichende Offenheit gewährleistet. Neuere Ansätze der qualitativen Inhaltsanalyse – beispielsweise also Gläser und Laudel (2010) oder Kuckartz und Rädiker (2022) – tun dies jedoch sehr wohl.

Man sollte bei einer kritischen Bewertung daher vorsichtig damit sein, die methodologischen Alleinstellungsmerkmale der qualitativen Inhaltsanalyse gegen sie zu wenden. Dann nämlich würde man ihre Vorzüge zu ihren Nachteilen machen. So hatte ich beispielsweise erläutert, dass es sich bei der qualitativen Inhaltsanalyse um ein systematisches und regelgeleitetes Verfahren handelt. Dies kann gerade für unerfahrene Sozialforscher/innen von Vorteil sein. Insbesondere in empirischen Bachelor- und Masterarbeiten nämlich erleichtern kanonisierte Auswertungsschritte die Anwendung einer Methode. Darüber hinaus hatte ich gezeigt, dass es sich um eine theoriegeleitete Auswertungsmethode handelt. Und auch hier gilt, dass es nicht per se methodologisch illegitim sein kann, an bereits vorhandene theoretische Ansätze anzuschließen – auch um diese empirisch zu untermauern, ausdifferenzierend weiterzuentwickeln oder ggf. zu falsifizieren. Will man die Offenheit also wirklich beurteilen, darf man sich nicht *prinzipiell* auf eine bestimmte Methode beziehen, sondern sollte die Offenheit einer *konkreten* Studie zu beurteilen versuchen. Wie bereits im vorangegangen Kapitel möchte ich mich dabei auf die Ausbuchstabierungen der Gütekriterien qualitativer Sozialforschung durch Iris Steinke beziehen. In Hinblick auf die Prüfung der Offenheit schlägt sie folgende Kriterien vor (vgl. Steinke 2022, S. 327):

Tabelle 15 Offenheit der Lehrer/innen-Studie

Kriterium	Anforderungen	Anwendung
Daten ernstnehmen	Den Äußerungen und Deutungen der Interviewten wird ausreichend Spielraum eingeräumt.	Die interviewten Lehrer/innen werden ausführlich zitiert. Ihre Äußerungen finden sich auch im Kategoriensystem wieder.
Keine Einschränkung durch das Untersuchungsdesign	Die Geltung von subjektivem Handeln und Deutungen wird nicht durch die Methodik eingeschränkt oder vorstrukturiert.	Die Interviewleitfäden sind offen gehalten und bieten Raum für subjektive Relevanzsetzungen. Eine Vorstrukturierung findet in Form des Kategoriensystems statt.
Alltägliche Kontexte	Gegenstände werden in ihren alltäglichen Kontexten untersucht.	Die Interviewten werden in vertrauten Kontexten zu Prozessen befragt, die sie erlebt und denen sie Relevanz beigemessen haben.

In Anlehnung an Steinke 2022, S. 327.

Unter dem Strich komme ich also zu dem Schluss, dass die Lehrer/innen-Studie auf Seiten der Datenerhebung hinreichend offen ist gegenüber ihrem Untersuchungsgegenstand. Gleichzeitig nimmt sie explizit Bezug auf einschlägige theoretische Modelle. Ob die Vorstrukturierung der Datenauswertung durch das ex ante entwickelte Kategoriensystem die Offenheit einschränkt, ist kaum zu beurteilen. Dazu nämlich müsste man dieselben Daten mit einer alternativen Methode auswerten. Die Offenheit der Datenauswertung können wir daher erst dann abschließend beurteilen, wenn Sie in den folgenden Kapiteln weitere Methoden der qualitativen Sozialforschung kennengelernt haben (vgl. Kap. 6).

Intersubjektive Nachvollziehbarkeit
Zuvor jedoch möchte ich noch einmal darauf hinweisen, dass ich die Lehrer/innen-Studie als eine ausgesprochen transparente und nachvollziehbare Studie einschätze. Intersubjektive Nachvollziehbarkeit bedeutet ja, dass jeder Schritt der Datenerhebung und -auswertung im Forschungsbericht dokumentiert wird, dass alle Entscheidungen, die von den Forschenden während der Untersuchung getroffen wurden, plausibel begründet werden. Dies geschieht im Rahmen der Lehrer/innen-Studie in vorbildlicher Weise: Ausführlich wird etwa die Fallauswahl erläutert und begründet. Darüber hinaus sind sowohl der Interviewleitfaden als auch das Kategoriensystem umfänglich dokumentiert – sei es in der Studie selbst oder in späteren Veröffentlichungen, wie etwa dem Lehrbuch von Philipp Mayring (2022). Schließlich ist die Studie nachvollziehbar gegliedert: Klassischerweise umfasst sie neben Einleitung und Fazit einen Theorie-, einen Methoden- und einen Ergebnisteil. Auch insofern kann sie durchaus als Vorbild für empirische Abschlussarbeiten dienen. Schauen wir uns aber auch das Gütekriterium der intersubjektiven Nachvollziehbarkeit en detail an. Die folgende Tabelle gibt einen Überblick darüber, ob und inwiefern dessen Subkriterien im Rahmen der Lehrer/innen-Studie angewandt wurden:

Tabelle 16 Intersubjektive Nachvollziehbarkeit der Lehrer/innen-Studie

Kriterium	Anforderungen	Anwendung
Vorverständnis	Explizite und implizite Erwartungen müssen dokumentiert werden, um ihren Einfluss auf die Untersuchungsergebnisse beurteilen zu können.	Die Lehrer/innen-Studie verfügt über einen expliziten Theorieteil und leitet aus bereits vorhanden Ansätzen Thesen ab, die geprüft werden.
Informationsquellen	Informationen über die Quelle der erhobenen Daten erlauben, ihre Glaubwürdigkeit einzuschätzen.	Das Sample wird ausführlich porträtiert und die Fallauswahl schlüssig begründet.
Transkriptionsregeln	Die Dokumentation der Transkriptionsregeln erlaubt einzuschätzen, welche Informationen (nicht) transkribiert wurden.	In der Lehrer/innen-Studie selbst werden keine Transkriptionsregeln angegeben. Aus den Zitaten und späteren Veröffentlichungen kann aber auf eine detailarme Transkription geschlossen werden.
Daten	Die Dokumentation der Daten erlaubt einzuschätzen, ob eine Erhebungsmethode korrekt angewandt wurde.	Die Transkripte sind nicht in Gänze dokumentiert, in späteren Veröffentlichungen aber auszugsweise.

Kriterium	Anforderungen	Anwendung
Auswertungsmethoden	Die Dokumentation der Auswertungsmethoden erlaubt einzuschätzen, ob diese korrekt angewandt wurde.	Die qualitative Inhaltsanalyse wurde im Rahmen der Lehrer/innen-Studie entwickelt. Ihr konkretes methodisches Vorgehen wird transparent beschrieben.
Entscheidungen und Probleme	Die Dokumentation zentraler Entscheidungen und Probleme erlaubt einzuschätzen, ob das Untersuchungsdesign gegenstandsangemessen ist.	Insbesondere in späteren Veröffentlichungen werden zentrale methodologische Entscheidungen ausführlich reflektiert.
Interpretationen in Gruppen	Wurden die Daten in Gruppen ausgewertet, begrenzt dies subjektive Einflüsse einzelner Forscher/innen.	Die Daten wurden von einer Auswertungsgruppe analysiert. Explizit legt die Lehrer/innen-Studie Wert auf Interkoderreliabilität.
Anwendung kodifizierter Verfahren	Kodifizierte Verfahren erlauben den Leser/innen einer Studie den Prozess der Datenauswertung nachzuvollziehen.	Bei der qualitativen Inhaltsanalyse handelt es sich um eine vergleichsweise stark kodifizierte Auswertungsmethode.

In Anlehnung an Steinke 2022, S. 324 ff.

3.5 Exkurs: Transkription

Auch das Kapitel zur Studie „Psychologie der Krisenbewältigung. Eine Längsschnittuntersuchung mit arbeitslosen Lehrern", in der empirische Daten mittels Experteninterviews erhoben und mittels einer qualitativen Inhaltsanalyse ausgewertet wurden, möchte ich mit einem kleinen Exkurs beenden. In den vorangegangenen Abschnitten ist ja bereits angeklungen, dass wir die Interviews, die wir als Sozialforscher/innen führen, zunächst aufzeichnen müssen. Noch vor einigen Jahren sprach man in diesem Zusammenhang von ‚Tonbandaufzeichnung' – ein Begriff, der eigentlich schon seit längerem anachronistischen Charakter innehat. Heute verwendet man wohl eher ein digitales Diktiergerät oder immer häufiger auch eine entsprechende App auf dem Smartphone. Die Aufzeichnungen der geführten Interviews liegen dann als Dateien vor, die sich auf den PC übertragen und dort abspielen lassen. Derartige Audiodateien müssen wir in einem nächsten Schritt schriftlich fixieren – auch hierfür ist bereits der einschlägige Fachbegriff gefallen: wir müssen sie transkribieren. Die Abschriften, also die Transkripte, stellen dann den eigentlichen Datenkorpus dar, den wir auswerten können (Fuß und Karbach 2019, S. 17 f.) – sei es mittels einer qualitativen Inhaltsanalyse oder einer der Auswertungsmethoden, die Sie in den folgenden Kapiteln kennenlernen werden.

Lassen Sie mich zuvor einige Aspekte festhalten, die es bei der Transkription von Interviewaufzeichnungen zu beachten gilt. Zunächst muss berücksichtigt werden, dass gesprochene und geschriebene Sprache je unterschiedliche formale Regeln aufweisen: Beispielsweise werden Sätze häufig nicht zu Ende gesprochen und immer wieder sprechen mehrere Personen gleichzeitig. Darüber hinaus beinhaltet gesprochene Sprache eine Reihe nonverbaler Äußerungen, die durchaus von Bedeutung sein können, um das transkribierte Interview verstehend interpretieren zu können. Hierzu zählen etwa die Prosodie gesprochener Sprache (also Betonungen, Pausen, Intonation, Sprechtempo, Wortdehnungen und Lautstärke) und parasprachliche Elemente (wie etwa Lachen oder lautes Ausatmen) sowie Mimik, Gestik und Dialekte. Wenn Sie entscheiden wollen, ob – und wenn ja, wie detailliert – Sie derartige nonverbale Äußerungen in Ihre Transkripte aufnehmen wollen, so ist auf jeden Fall schon einmal klar, dass Transkription mehr ist als bloßes Abschreiben der Interviewaufzeichnung (vgl. Przyborski und Wohlrab-Sahr 2021, S. 215). Ebenfalls klar ist, dass sich gewisse Informationsverluste nicht gänzlich vermeiden lassen, wenn man gesprochene in geschriebene Sprache transformiert. Die Entscheidung für die Anwendung konkreter Transkriptionsregeln ist daher letztlich immer eine Entscheidung darüber, welche Verluste man in Bezug auf das konkrete Forschungsanliegen für vertretbar hält (vgl. Kuckartz und Rädiker 2022, S. 199).

Gleichwohl muss man nicht bei jedem Forschungsanliegen das Rad neu erfinden. Es existiert nämlich eine ganze Reihe unterschiedlicher Transkriptionssysteme, die sich in der Hauptsache darin unterscheiden, inwieweit sie nonverbale Äußerungen in die Transkripte eingehen lassen. Die Bandbreite reicht dabei von einer rein schriftsprachlichen Wiedergabe der Interviewaufzeichnung bis zu einem hoch detaillierten phonetischen Protokoll. Für welches Transkriptionssystem Sie sich entscheiden, ist von Ihrem Erkenntnisinteresse und den Anforderungen der von Ihnen angewandten Auswertungsmethode abhängig. Leitend kann dabei der Grundsatz sein, dass Sie so genau wie *nötig* transkribieren sollten – und keineswegs so genau wie *möglich*. Eine möglichst detaillierte Transkription ist nämlich kein Garant für eine gelungene Interpretation unserer Daten. Beispielsweise hätte ein sehr detailliertes Transkriptionssystem im Fall der Lehrer/innen-Studie eher wenig Sinn gemacht. Im Fokus von Experteninterview und qualitativer Inhaltsanalyse steht ja ein spezifisches Wissen über einen bestimmten Gegenstand, das die Forschenden mit Hilfe der interviewten Lehrer/innen zu erschließen versuchen. Im Zentrum ihres Interessen steht daher das, *was* in einem Interview gesagt wurde – und nicht *wie* es gesagt wurde. Andere Interviewformen und Auswertungsmethoden stellen hingegen höhere Anforderungen an das Transkriptionssystem, da sie stärker die Darstellung der Interviewten berücksichtigen. Auch aus forschungsökonomischen Gründen sollte angesichts begrenzter Zeit und Ressourcen ein angemessenes Transkriptionssystem gewählt werden:

„Die Maxime möglichst genau zu transkribieren kann auch die fatale Konsequenz haben, dass der Text nun mehr schwer lesbar ist – etwa im Fall von transkribierter Dialektfärbung – und die sozialwissenschaftliche Analyse hierdurch keineswegs gefördert, sondern eher behindert wird." (Kuckartz und Rädiker 2022, S. 199)

Merke

Entscheidung für ein Transkriptionssystem

Transkriptionssysteme unterscheiden sich hauptsächlich darin, ob und inwieweit sie nonverbale Äußerungen in die Transkripte aufnehmen. Die Wahl eines Transkriptionssystems ist vom Erkenntnisinteresse und den Anforderungen der Auswertungsmethode abhängig. Grundsätzlich gilt, dass nur so viel wie nötig transkribiert werden sollte – viel hilft nicht zwangsläufig viel.

Auch Sabine Kowal und Daniel O'Connell (2022, S. 443 f.) weisen zu Recht darauf hin, dass häufig mit großem Aufwand mehr transkribiert als später analysiert wird. Sie plädieren daher dafür, nur diejenigen Merkmale eines Interviews zu transkribieren, die auch tatsächlich in dessen Auswertung einfließen, und unterscheiden vier mögliche Transkriptionsniveaus (vgl. Fuchs-Heinritz 2009, S. 287; Przyborski und Wohlrab-Sahr 2021, S. 217 ff.):

- Verschriftlichung in Standardorthographie
  In diesem Fall wird die Interviewaufzeichnung in gängiges Schriftdeutsch transkribiert. Im Vordergrund steht die Fixierung inhaltlich relevanter Aussagen. Durch redaktionelle Überarbeitung wird Klarheit und Übersichtlichkeit angestrebt, sodass die so entstandenen Transkripte im Nachhinein gut lesbar sind:
  „Die Verschriftlichung in Standardorthographie orientiert sich an den Normen der geschriebenen Sprache und macht die Arbeit von Transkribierenden leichter. Sie vernachlässigt aber zugleich die Besonderheiten der gesprochenen Sprache wie die Auslassungen einzelner Laute (Elision) oder die Angleichung aufeinander folgender Laute (Assimilation)" (Kowal und O'Connell 2022, S. 441).
- „Literarische Umschrift" (Ehlich 1980, S. 23).
  In diesem Fall werden auch die Auslassungen und Angleichungen im Transkript berücksichtigt: beispielsweise die Elision des zweiten ‚e' im Wort ‚gehen',

das häufig als ‚gehn' gesprochen wird, oder die Assimilation ‚haste' für den Ausdruck ‚hast du'. Es wird also gängiges Schriftdeutsch verwandt, um auch den Höreindruck der Interviewaufzeichnung wiederzugeben. Dabei werden im Regelfall auch Dialekte berücksichtigt.

- Quasi-literarische Verschriftlichung der Aufzeichnung
In diesem Fall wird die gesprochene Sprache des/der Interviewten durch Neukonstruktionen der gängigen Schriftsprache wiedergegeben. Es entsteht ein Transkript, welches das Selbstzeugnis des Interviewten schriftsprachlich möglichst exakt wiederzugeben versucht, aber nur mit erhöhter Anstrengung lesbar ist.
- Transkription unter Einbeziehung aller parasprachlichen Äußerungen
In diesem Fall werden nicht nur die Äußerungen des/der Interviewten, sondern seine bzw. ihre vollständige kommunikative Handlung erfasst. Beide Aspekte können dann in die Auswertung und Interpretation der schriftlich fixierten Daten einfließen.

Qualitative Sozialforscher/innen verfügen also über eine ganze Reihe unterschiedlicher Transkriptionssysteme mit jeweils unterschiedlichen Transkriptionsregeln und Transkriptionsniveaus. Bei aller Unterschiedlichkeit verwenden diese jedoch auch einige gemeinsame Elemente. Hierzu zählen beispielsweise leicht erkennbare Markierungen für Sprecherwechsel und Zeichen für Pausen und deren Länge, für Wortabbrüche, für Gesprächsunterbrechungen oder für wichtige nichtsprachliche Interaktionen (vgl. Strübing 2018, S. 118). Diese Elemente finden sich auch im Transkriptionssystem von Werner Kallmeyer und Fritz Schütze (1976), das ich Ihnen im Folgenden an die Hand geben möchte, weil es für die meisten sozialwissenschaftlichen Forschungsanliegen sowie für alle in diesem Buch vorgestellten Auswertungsmethoden geeignet ist:

Tabelle 17   Transkriptionssystem nach Kallmeyer und Schütze

Kürzel	Bedeutung
(,)	ganz kurzes Absetzen innerhalb einer Äußerung
..	kurze Pause
...	mittlere Pause
(x)	x Sekunden Pause
mhm	Pausenfüller, Rezeptionssignal
(.)	Senken der Stimme
(-)	Stimme in der Schwebe

3.5 Exkurs: Transkription

Kürzel	Bedeutung
(')	Heben der Stimme
sicher	auffällige Betonung
s i c h e r	gedehnt
(lachen)	Charakterisierung von nichtsprachlichen Vorgängen
&	auffällig schneller Abschluss
(...)	unverständlich
(kommt es?)	nicht genau verständlich
A: aber da kam ich nicht B: ich möchte doch sagen	gleichzeitiges Sprechen

Quelle: Kallmeyer und Schütze 1976, S. 6 f.

Das Transkriptionssystem von Kallmeyer und Schütze haben wir im Übrigen auch in unserer Pilger-Studie angewandt, von der ich Ihnen bereits in Kapitel 1 berichtet habe. Im Folgenden möchte ich Ihnen daher einen sehr kleinen Ausschnitt aus dem Transkript eines narrativen Interviews mit einem männlichen deutschen Pilger zeigen:

Quelle

Auszug aus dem Transkript eines narrativen Interviews

2-P17: Gut. (2) Mhm ... Ich bin (,) Mhm ... zunächst einmal sag ich, wie alt ich bin. (,) 66 Jahre alt .. Und mhm die Entscheidung über den Jakobsweg zu gehen .. hat sicherlich etwas damit zu tun, was mein mhm L e b e n s l a u f hergibt. .. Wirklich auch der der letzten Jahre (1)

3-I: Mhm.

4-P17: Ich bin seit zwölf Jahren mhm ... lebe ich von meiner Frau getrennt. (,) Wir haben uns getrennt. Wobei (') irgendwo haben wir uns auseinander-dividiert, auseinander g e l e b t (,) .. Und ich wollte das erst nicht wahrhaben. .. Die Initiative kam von meiner Frau. Bis ich dann nachher auch mhm gemerkt habe: (-) ... Das hat keinen Zweck, wenn du da weiter drauf bestehst, da ist nichts zu machen. ... Das war mhm .. nicht ganz einfach für mich. (') .. Sicherlich auch nicht einfach für meine Frau & ..

5-P17: Mhm nach diesem (,) nach dieser Trennung hab ich mich natürlich mhm ja neu orientieren müssen. .. Mhm hab ich mich sehr viel auch mit mir (-), mit mir selbst befasst. Ich hab schon vorher, bevor wir uns getrennt haben (') mhm psychische Probleme gehabt. ... Hab ne Psychotherapie gemacht, die

6-I: Mhm (')

7-P17: sicherlich auch mit dazu beigetragen hat, dass wir uns auseinander gelebt haben, weil meine Frau (') mhm mit der Veränderung, die ich mhm während der drei Jahre, wo ich die Therapie gemacht hab mhm nicht fertig geworden ist. ... Es ist ne Veränderung in mir vorgegangen. .. Ich hab das nicht gemerkt (-) Meine Frau hat das mehr gemerkt und ich hab nicht mitgekriegt mhm, dass meine Frau (,) ja (,) darunter gelitten hat. Die hat dann irgendwann zu mir gesagt „Herbert, siehst du überhaupt? Du siehst mich ja gar nicht mehr. Siehst du gar nicht, dass ich in der letzten Zeit fünf Kilo abgenommen habe." ... Ich hab das nicht (,) Ich hab das nicht gemerkt.

8-P17: Gut, und mhm (,) wie gesagt .. das, das hab ich dann hinter mich gebracht. .. Mhm die Zeit der Trennung war sehr schwer. .. Mhm nach fünfunddreißig Jahren Ehe (-) so was zu machen, ist nicht ganz einfach. .. Heute bin ich meiner Frau dankbar. .. Das hab ich ihr auch gesagt kürzlich. Wir verstehen uns sehr gut. Mhm, hab ich gesagt: „Weißt du was, wenn du diesen Schritt nicht gemacht hättest (') wär ich nicht im letzten Jahr (,) und in diesem Jahr mhm auf den Jakobsweg gegangen."

Wenn Sie diesen Transkriptauszug genauer betrachten, der – wie vermutlich unschwer zu erkennen ist – den Beginn des Interviews abbildet, werden Ihnen zwei weitere Aspekte auffallen, die im Zuge der Transkription einer Interviewaufzeichnung von Bedeutung sind: die Anonymisierung und die fehlende Zeilennummerierung. Zum einen ist es aus forschungsethischen Gründen unabdingbar, die Transkripte vollständig und gründlich zu anonymisieren. Dabei müssen all diejenigen Informationen gestrichen werden, die es den Leser/innen des Transkripts erlauben würden, Rückschlüsse auf die interviewte Person zu ziehen. Hierzu zählen etwa Namen, Orte und besondere persönliche Eigenschaften (vgl. Fuß und Karbach 2019, S. 97 ff.). Bei der Anonymisierung können Sie derartige Informationen entweder durch Platzhalter ersetzten – also beispielsweise durch ‚[Name]' oder ‚[Stadt]' – oder Sie können Pseudonyme verwenden. Ich würde Ihnen zu

3.5 Exkurs: Transkription

letzterer Möglichkeit raten, da die Transkripte dann im Regelfall besser lesbar sind und die Kommunikation in einer Auswertungsgruppe erleichtert wird. So heißt der von uns interviewte Pilger natürlich nicht Herbert, sondern es handelt sich lediglich um das Pseudonym, das wir ihm gegeben haben. Wichtig bei der Verwendung von Pseudonymen ist, dass diese äquivalent zu den eigentlichen Daten sind:

> *„Dabei sollte man [...] Äquivalente wählen, da sonst die Leser und Interpreten des Textes auf eine falsche Fährte geraten. Eine Kleinstadt in Bayern kann nicht durch einen Ort in Mecklenburg-Vorpommern, eine Universitätsstadt muss durch eine Universitätsstadt, Johanna kann durch Katharina, aber nicht durch Jennifer pseudonymisiert werden."* (Küsters 2009, S. 76)

Es ist interessant zu beobachten, wie stark sich ein Pseudonym verselbständigen kann. Wenn ich beispielsweise mit meinem Kollegen Christian Kurrat über diese Lebensgeschichte spreche, so sprechen wir heute ganz selbstverständlich von Herbert. Selbst wenn ich wollte, könnte ich Ihnen nicht mehr aus dem Kopf sagen, wie dieser Pilger tatsächlich heißt. Nicht anonymisiert haben wir hingegen die Information, dass Herbert zum Zeitpunkt des Interviews 66 Jahre alt war. Wir gehen nämlich davon aus, dass im Forschungsfeld Jakobsweg mit jährlich über 200 000 Pilgern hinreichend männliche Pilger dieses Alters unterwegs sind, um Rückschlüsse auf eine konkrete Person zu verhindern. Diesbezüglich mag die Lage in anderen Forschungsfeldern jedoch anders geartet sein, so dass hier auch eine Anonymisierung von Altersangaben notwendig wäre.

Zum anderen wird Ihnen vielleicht aufgefallen sein, dass wir in unseren Transkripten keine Zeilennummerierung verwenden. Dies war zwar vor wenigen Jahren noch das Standardvorgehen und wird auch heute noch häufig praktiziert. Allerdings birgt die Zeilennummerierung auch einen entscheidenden Nachteil: Möchte ich nämlich die Formatierung des Transkripts verändern – also beispielsweise die Schriftgröße und/oder den Seitenrand anpassen – würden sich dabei alle Zeilennummern verschieben. Und dieser Fall ist gar nicht so selten: Denken Sie beispielsweise an eine Abschluss- oder Doktorarbeit, die Sie zunächst im DIN A4-Format einreichen und anschließend als Buch im A5-Format publizieren wollen. In einem solchen Fall müssten Sie dann alle Belege, Zitate und Zeilennummern mühsam manuell verändern. Daher empfehle ich Ihnen, mit Absatznummerierungen zu arbeiten. Fügen Sie in Ihrem Transkript dazu immer dann einen Absatz ein, wenn der Sprecher wechselt oder ein Sprecher innerhalb einer Äußerung das Thema wechselt. Diese Sinneinheiten können Sie dann fortlaufend nummerieren – und sie bleiben auch dann erhalten, wenn Sie die Formatierung Ihres Transkripts verändern. In der Pilger-Studie verwenden wir daher beispielsweise das Kürzel ‚4-P17'. Dieses signalisiert, dass es sich um das Interview mit dem Pilger Nummer 17 handelt, also um Herbert, und hier um den vierten Absatz bzw. die vierte Sinneinheit. Wenn wir nun in einem Forschungsbericht oder einer Publikation aus diesem Interview zitieren wollen, dann können wir dies in der folgenden Weise tun:

„Wir haben uns getrennt. Wobei (') irgendwo haben wir uns auseinanderdividiert, auseinandergelebt [...] Die Initiative kam von meiner Frau. Bis ich dann nachher auch mhm gemerkt habe: (-) ... Das hat keinen Zweck, wenn du da weiter drauf bestehst, da ist nichts zu machen. ... Das war mhm .. nicht ganz einfach für mich. (') .. Sicherlich auch nicht einfach für meine Frau [...]." (Pilger 17, Abs. 4)

Schließlich muss ich Sie noch darauf hinweisen, dass Sie den Zeitaufwand für die Transkription eines oder gar mehrerer Interviews auf keinen Fall unterschätzen sollten. Als Faustregel liest man in einschlägiger Literatur häufig von einem Verhältnis eins zu sechs; für die Transkription eines zehnminütigen Interviews würden Sie dementsprechend circa eine Stunde Transkriptionszeit einrechnen müssen (vgl. Dittmar 2009). Diese Kalkulation ist an sich nicht unrealistisch, lässt jedoch außer Acht, dass Sie das Transkript im Anschluss auch anonymisieren, Korrektur lesen und formatieren sowie die Sinneinheiten nummerieren müssen. Wenn man diese Nebenarbeiten berücksichtigt, sollte man meiner Erfahrung nach eher von einem Verhältnis von eins zu zehn ausgehen. Es würde also zehn Stunden dauern, um ein einstündiges Interview in ein fertiges Transkript zu überführen. Wenn Sie beispielsweise für Ihre empirische Bachelor- oder Masterarbeit fünf Interviews führen möchten, die jeweils eine Stunde dauern, so müssen Sie schon einmal 50 Stunden Arbeitszeit allein für die Transkription einplanen. Angesichts dieses immensen Zeitaufwands ist die Versuchung groß, die Transkription ganz oder teilweise in fremde Hände zu geben, etwa in diejenigen von Familienmitgliedern, professionellen Schreibkräften oder – was vermutlich am verlockendsten ist – sie von einer Software ‚automatisch' mit nur einem Klick erledigen zu lassen. Von allen drei Möglichkeiten möchte ich Ihnen jedoch unbedingt abraten. Zum einen ist es nämlich so, dass Ihnen selbst die Transkription viel leichter fallen wird, weil Sie das Interview noch ‚im Ohr haben'. Wenn Sie hingegen andere Personen oder Computer transkribieren lassen, werden Sie im Anschluss viele Dinge überarbeiten müssen, wie beispielsweise unverständliche Passagen oder einschlägige Fachbegriffe (vgl. Fuß und Karbach 2019, S. 92 ff.). Zum anderen – und dies wäre meiner Ansicht nach der entscheidende Grund – kursiert unter empirischen Sozialforscher/innen der Spruch: ‚Wenn du selbst transkribierst, hast du die halbe Datenauswertung schon gemacht'. In der Tat ist es nämlich so, dass während der intensiven Auseinandersetzung mit dem Interview während der Transkription viele analytische Gedanken aufkommen und dass man viele Zusammenhänge bereits zu diesem Zeitpunkt erkennt. Definitiv wird Ihnen dies die anschließende Auswertung des Transkripts erheblich erleichtern.

Gleichwohl müssen Sie aber natürlich nicht vollkommen auf die Unterstützung von Computern verzichten. Empfehlen kann ich Ihnen solche Programme, die Ihnen das Leben während der Transkriptionsphase leichter machen. Sie sind unter anderem in der Lage, die Audiodatei mit der Interviewaufzeichnung und die Textdatei mit dem Transkript innerhalb eines Fensters zu öffnen. Darüber hinaus verfügen sie über einige ausgesprochen hilfreiche Zusatzfunktionen: Beispielsweise können Sie die Geschwindigkeit der Wiedergabe einstellen, beim Fortsetzen der Wiedergabe beginnt diese eine Sekunde vor der letzten Pause und es werden automatische Sprecherkennzeichnungen und Zeitmarken im Transkript eingefügt. Letzteres ermöglicht Ihnen, auf eine bestimmte Stelle des Transkripts zu klicken und die Aufzeichnung des Interviews genau ab dieser Stelle zu starten. Über derartige Funktionen verfügt beispielsweise das Programm ‚f4transkript'.

> **Literatur und Software zur Transkription**
>
> *Fuß, Susanne und Ute Karbach. 2019 [2014]. Grundlagen der Transkription: Eine praktische Einführung. 2. Aufl. Opladen: Barbara Budrich.*
>
> Von Susanne Fuß und Ute Karbach stammt eine sehr praxisnahe Anleitung zur Transkription von Interviews, die gerade dann hilfreich sein kann, wenn man zum ersten Mal transkribiert. Die Autorinnen vergleichen nicht nur verschiedene Transkriptionsregeln, sondern entwickeln auch ein eigenes Transkriptionssystem, dessen Module sich je nach Forschungsfrage miteinander kombinieren lassen. Außerdem diskutieren sie die Vor- und Nachteile von Spracherkennungs- und Transkriptionssoftware.
>
> *Transkription mit f4transkript*
>
> So viel sei hier schon einmal vorweggenommen: Das Programm ‚f4transkript' erleichtert die Transkription von Audioaufzeichnungen erheblich. Es kann gegen eine vergleichsweise geringe Gebühr unter www.audiotranskription.de bezogen werden. Der Hersteller bietet als Zusatzfunktion mittlerweile auch eine automatische Spracherkennung an. Hiervon ist allerdings abzuraten, da nonverbale Äußerungen nicht erfasst werden und die nötige Nachbereitung eines automatisch erstellten Transkripts nicht zu unterschätzen ist.

Mit diesem Exkurs zur etwas leidigen, aber auch sehr intensiven und erkenntnisreichen Phase der Transkription beende ich die Auseinandersetzung mit dem zweiten in diesem Buch vorgestellten ‚Meilenstein der qualitativen Sozialforschung'. Lassen Sie mich noch einmal kurz zusammenfassen: Sie haben die Studie „Psychologie der Krisenbewältigung. Eine Längsschnittuntersuchung mit arbeitslosen Lehrern" von Dieter Ulich, Karl Haußer, Petra Strehmel, Maya Kandler, Blanca Degenhardt und Philipp Mayring anhand ihres Untersuchungsdesigns und ihrer Untersuchungsergebnisse kennengelernt. Intensiv haben Sie sich dabei mit der ersten Interviewform beschäftigt: dem Experteninterview. Darüber hinaus haben Sie sich mit den verschiedenen Formen der qualitativen Inhaltsanalyse auseinandergesetzt, die im Rahmen der Lehrer/innen-Studie insbesondere von Philipp Mayring entwickelt wurde. Anhand dieser Auswertungsmethode habe ich daraufhin die Umsetzung der Gütekriterien Offenheit und intersubjektive Nachvollziehbarkeit kritisch reflektiert. Abschließend möchte ich Ihnen auch in diesem Kapitel Literatur empfehlen, die sich vertiefend mit diesen Methoden auseinandersetzt:

Literatur

Literaturempfehlungen

Mayring, Philipp. 2022 [1983]. Qualitative Inhaltsanalyse: Grundlagen und Techniken. 13. Aufl. Weinheim: Beltz Juventa.

Das Lehrbuch von Philipp Mayring kann mit Fug und Recht als Standardwerk zur qualitativen Inhaltsanalyse gelten. Es erläutert die methodengeschichtliche Entwicklung von der quantitativen zur qualitativen Inhaltsanalyse (die auch erklärt, warum in qualitativen Inhaltsanalysen immer wieder Quantifizierungen vorgenommen werden). Die einzelnen Auswertungsschritte werden dabei jeweils anhand von Beispielen aus der Lehrer/innen-Studie erläutert. In den neueren Auflagen – aktuell ist dies die 13. (!) – wurde die Verständlichkeit der Erläuterungen deutlich erhöht. Außerdem wird der induktiven Kategoriebildung nun ein expliziter Stellenwert eingeräumt.

Mayring, Philipp und Michaela Gläser-Zikuda. 2008 [2005]. Die Praxis der qualitativen Inhaltsanalyse. 2. Aufl. Weinheim: Beltz.

Der Band stellt konkrete Anwendungsbeispiele der qualitativen Inhaltsanalyse in unterschiedlichen wissenschaftlichen Disziplinen vor. Diese werden jeweils sowohl unter inhaltlichen als auch unter methodischen Gesichtspunkten diskutiert und erlauben einen Einblick in die Forschungspraxis.

Kuckartz, Udo und Stefan Rädiker. 2022 [2012]. Qualitative Inhaltsanalyse. Methoden, Praxis, Computerunterstützung. 5. Aufl. Weinheim: Beltz Juventa.

Udo Kuckartz und Stefan Rädiker möchten, wie sie in einem ihrer Vorworte schreiben, ein ebenfalls dezidiert anwendungsbezogenes Buch über die qualitative Inhaltsanalyse vorlegen, das alle Schritte und Techniken beschreibt, die zur praktischen Anwendung nötig sind. Basierend auf Mayring und Gläser und Laudel entwickeln sie dabei drei eigene inhaltsanalytische Techniken. Darüber hinaus gibt insbesondere das ausführliche Kapitel zur computergestützten Inhaltsanalyse hilfreiche Hinweise für den Fall, dass umfangreiche Daten mittels einschlägiger Software analysiert werden sollen.

Kommunale Machtstrukturen. Oder: Narrative Verfahren

4

Als dritten ‚Meilenstein der qualitativen Sozialforschung' werde ich mich in diesem Kapitel mit einer Studie beschäftigen, die im Jahr 1976 von Fritz Schütze unter dem Titel „Zur Hervorlockung und Analyse von Erzählungen thematisch relevanter Geschichten im Rahmen soziologischer Feldforschung – dargestellt an einem Projekt zur Erforschung von kommunalen Machtstrukturen" publiziert wurde. Wie bereits im Fall der Lehrer/innen-Studie wird es dabei auch diesmal um Krisen gehen – und zwar um solche Krisen, die in deutschen Kommunen durch die Gebietsreform der 1960er und -70er Jahre ausgelöst wurden:

> „[U]ns [ist] daran gelegen, einen alltäglichen [...] Typ politischer Krisen in der BRD zu untersuchen und hierbei zu fragen, wie sich eine derartige Krise auf der Erlebnis- und Handlungsebene der von ihr betroffenen Menschen abbildet. Die Zusammenlegung von Gemeinden ist eine derartige alltägliche Standardkrise, die zudem von der Planungstätigkeit des politisch-administrativen Systems mehr oder weniger ‚planmäßig' fortlaufend erzeugt wird und in einigen Bundesländern allerorten anzutreffen ist." (Schütze 1976, S. 162)

Auch im Fall der Gebietsreform-Studie steht also das Erleben und Handeln der an der Krise beteiligten Akteure im Zentrum der Forschung. Lassen Sie mich zunächst noch einmal in Erinnerung rufen, was die Gebietsreform auszeichnete und warum sie zu einem hochbrisanten politischen Thema avancierte. Die Gebietsreform wurde zwischen 1967 und 1978 auf Initiative der zuständigen Landesregierungen umgesetzt, um Kosten einzusparen und die Effizienz kommunaler Verwaltungsstrukturen zu erhöhen. Zu diesem Zweck wurden kommunale Einheiten vergrößert – entweder durch Eingemeindung oder die Fusion benachbarter Kommunen. Vor der Gebietsreform existierten in der Bundesrepublik Deutschland rund 24 000 Kommunen, von denen knapp 11 000 weniger als 500 Einwohnerinnen und Einwohner zählten, sowie 139 kreisfreie Städte und 425 Landkreise. Nach Eingemeindung bzw. Zusammenlegung waren es nur noch gut 8 500 Kommunen, 91 kreisfreie Städte und 237 Landkreise (vgl. Landtag NRW 2005). Insbesondere zwei Aspekte dieser weitreichenden Gebietsreform werden uns im Folgenden noch beschäftigen: Zum einen stieß die Reform bei vielen Bürger/innen, vor allem aber auch bei Kommunalpolitiker/innen auf Ablehnung, die eine Begrenzung ihrer bisherigen Zuständigkeiten fürchteten:

> *„Bei Gemeindezusammenlegungen treten zum Teil unantizipierbare krisenhafte Problemstellungen auf, die sich mitunter in heftigen Kontroversen zwischen den Bevölkerungsgruppen der zusammengelegten Gemeindeteile Luft machen (in Flugblattaktionen, Zeitungsdebatten, Störungen von Gemeinderatssitzungen, Bedrohungen von Gemeindepolitikern, Verschleppung und Zerstörung von Ortsschildern, Abbruch persönlicher Kontakte usw.). Kernprobleme derartiger Gemeindezusammenlegungen sind die Festlegung des Proporzes der Anzahl von Gemeinderatssitzen, die jedem der an der Zusammenlegung beteiligten Ursprungsorte zur Besetzung freistehen soll [...]; die Wahl des Bürgermeisters (da ja in der Regel mehrere der alten Bürgermeister mit ihren persönlichen Interessen und ihrem jeweiligen Anhang zur Wahl stehen); und eine Reihe von Standortproblemen wie die Platzierung des Gemeindezentrums, des Schwimmbades, des Schulzentrums, der Industrieanlagen."* (Schütze 1977, S. 8)

Zum anderen wurde die Gebietsreform in der Weise umgesetzt, dass immer dann ein neuer Gemeindename eingeführt wurde, wenn die ursprünglich eigenständigen Kommunen eine annähernd gleiche Größe aufwiesen. Bei der Eingemeindung kleinerer Kommunen behielt die größere hingegen in der Regel ihren bisherigen Namen – ein Umstand, den sich Schütze methodologisch zunutze machte. Die Gebietsreform-Studie ist meiner Einschätzung nach aus einem ähnlichen Grund als ‚Meilenstein qualitativer Sozialforschung' zu verstehen wie die Lehrer/innen-Studie: Auch hier wurden im Zuge der Forschung neue Methoden entwickelt, denen bis heute ein hoher Stellenwert im ‚Werkzeugkasten' der empirischen Sozialforschung zukommt – diesmal die Erhebungsmethode des narrativen Interviews und die Auswertungsmethode der Narrationsanalyse. Bevor ich mich mit diesen beiden Methoden eingehend beschäftige, möchte ich zunächst wieder einen schlaglichtartigen Blick auf den Kontext werfen, in dem die Studie durchgeführt wurde, um daraufhin ihre Zielsetzung herauszuarbeiten.

4.1 Die Studie: Autor und Zielsetzung

Die Gebietsreform-Studie entstand im Kontext der – man kann wohl sagen: – legendären ‚Arbeitsgruppe Bielefelder Soziologen'. Dieser gehörten seit dem Ende der 1960er Jahre neben Fritz Schütze auch Ulrich Oevermann, Joachim Matthes, Werner Meinefeld, Werner Springer, Ansgar Weymann und Ralf Bohnsack an. Erklärtes Ziel der Arbeitsgruppe war es, die US-amerikanische Methodendiskussion auch innerhalb der deutschen Soziologie aufzugreifen. Konkret wurden dazu Übersetzungen einschlägiger englischsprachiger Literatur initiiert und Ansätze amerikanischer Feldforschung weiterentwickelt. Darüber hinaus wurde eine Reihe spezifischer Erhebungs- und Auswertungsmethoden entwickelt; neben den hier thematisierten narrativen Verfahren zählt dazu beispielsweise Oevermanns Objektive Hermeneutik. Im Kontext dieses Interesses an neuen qualitativen Erhebungs- und Auswertungsmethoden förderte die Universität Bielefeld auch die Gebietsreform-Studie. Als Projektleiter fungierte Fritz Schütze, dessen Biografie ich im Folgenden knapp skizziere; als Projektmitarbeiter waren Christian Brühne und Gerhard Riemann tätig.

Autor/-in

Fritz Schütze

Fritz Schütze wurde am 10. Januar 1944 geboren. Er studierte Soziologie, Philosophie und Sprachwissenschaften an der Westfälischen Wilhelms-Universität Münster und wurde im Jahr 1972 zum Thema „Handeln in Sprache – Sprache im Handeln. Strategien des sprachbezogenen Denkens innerhalb und im Umkreis der Soziologie" promoviert.

Nach einem Forschungsaufenthalt bei Anselm L. Strauss an der University of California in San Francisco erfolgte 1980 seine Habilitation zum Thema „Kommunikative Sozialisationsforschung" an der Fakultät für Soziologie der Universität Bielefeld. Dort gehörte er dem renommierten ‚Arbeitskreis Bielefelder Soziologen' an. Ebenfalls ab 1980 lehrte Schütze qualitative Verfahren der empirischen Sozialforschung an der Gesamthochschule Kassel. Im Jahr 1993 wurde er zum Universitätsprofessor für Mikrosoziologie an die Otto-von-Guericke-Universität Magdeburg berufen, wo er bis zu seiner Emeritierung im Jahr 2009 tätig war.

Zu Schützes Forschungsschwerpunkten zählen die Biografieforschung und die Professionssoziologie. Innerhalb der empirischen Sozialforschung gilt er als wichtigster Protagonist des narrativen Interviews und der Narrationsanalyse.

Bei der Gebietsreform-Studie handelt es sich, wie Schütze immer wieder betont, um eine Interaktionsfeldstudie. Dezidiert verbindet sie ihr inhaltliches Interesse an der Rekonstruktion kommunaler Machtstrukturen mit dem Anliegen der Methodenentwicklung. Auch deshalb stellt sie sich explizit in die Tradition klassischer Gemeindestudien – wie beispielsweise diejenigen der Chicago School (vgl. Kap. 1.2) und der Marienthal-Studie (vgl. Kap. 2) –, die in einem eigenen Kapitel unter erkenntnistheoretischen, aber auch unter methodologischen Geschichtspunkten aufgearbeitet werden (vgl. Schütze 1976, S. 165 ff.):

„Selbstverständlich konnte die klassische Gemeindeforschung beim geringen Entwicklungsstand der grundlagentheoretischen Reflexion in den damaligen Sozialwissenschaften diese Phänomene nur in Forschungsbeispielen bildhaft umreißen und nicht analytisch exakt definieren." (ebd., S. 171)

Dieses Defizit der klassischen Gemeindeforschung soll in der Gebietsreform-Studie durch die Entwicklung und Anwendung neuer Erhebungs- und Auswertungsmethoden ausgeglichen werden. Gleichzeitig soll aber auch Theoriearbeit geleistet werden. Man muss nämlich wissen, dass die Soziologie der 1960er und -70er Jahre stark von einem Konkurrenzverhältnis zweier sehr unterschiedlicher Ansätze geprägt war: Auf der einen Seite bemühten sich Soziologinnen und Soziologen um die Entwicklung makrotheoretischer Ansätze. Ihr Anliegen war es, gesellschaftliche *Strukturen* in abstrakter Weise zu beschreiben, weil sie – stark verkürzt – davon ausgingen, dass diese Strukturen das soziale Handeln von Akteuren determinieren. Auf der anderen Seiten wandten sich Soziologinnen und Soziologen mikrotheoretischen Ansätzen zu. Diese stellten vice versa das soziale *Handeln* ins Zentrum ihrer Überlegungen, weil sie annahmen, dass dieses Handeln gesellschaftliche Strukturen erst hervorbringe. Beide Soziologien, die ‚Sociology of Social Structure' und die ‚Sociology of Social Action', standen sich zum Zeitpunkt der Durchführung der Gebietsreform-Studie scheinbar unversöhnlich gegenüber, weshalb Schütze (ebd., S. 161) von einer „verhängnisvollen gegenwärtigen Aufsplitterung soziologischer Forschungsfragestellungen in makrotheoretische und mikrotheoretische" spricht. Vor diesem Hintergrund muss man auch die beiden Forschungsanliegen lesen, die er zu Beginn seiner Studie formuliert:

- Es geht Schütze zum einen darum, qualitative Methoden zu entwickeln, die in der Lage sind, das Wechselspiel gesellschaftlicher Strukturen und sozialen Handelns zu erfassen. Damit ist insofern eine durchaus steile Ausgangsthese verbunden, als die Vertreter/innen makrotheoretischer Ansätze vehement widersprachen, gesellschaftliche Strukturen durch empirische Sozialforschung rekonstruieren zu können. Das erste Forschungsanliegen der Gebietsreform-Studie war mithin die

„*Entwicklung eines ‚interpretativen' Verfahrens der Datenerhebung und -analyse, das Umschlagstellen makrostruktureller Faktoren der Gesellschaftsformation in mikrostrukturelle Phänomene aufzuspüren und zu analysieren ermöglicht, denn makrostrukturelle Faktoren sind gerade auf der Interaktionsebene empirisch angehbar."* (ebd.)

- Es gebe also bestimmte empirisch erfassbare „Umschlagstellen", an denen sich das Wechselspiel von Strukturen und Handeln herauskristallisiere. Zum anderen ist Schütze daher auf der Suche nach geeigneten Forschungsgegenständen, anhand derer er seine These belegen kann. Entsprechend benennt er als zweites Forschungsanliegen die

„*Verfolgung eines soziohistorisch spezifisch inhaltlichen Forschungsthemas, das jene Umschlagstellen in exemplarischer Klarheit zu erfassen erlaubt und deshalb innerhalb eines intermediären Aggregates, z. B. dem der Ortsgesellschaft, angesiedelt sein sollte."* (ebd.)

Einen derartigen Forschungsgegenstand glaubt er mit Ortsgesellschaften, also mit Kommunen, gefunden zu haben. Diesbezüglich möchte er die Interessenkonstellationen relevanter kommunaler Akteure rekonstruieren und daraufhin „heteronome Systembedingungen" aufzeigen. Unter Letzteren versteht Schütze dabei widersprüchliche Handlungslogiken, auf die ich später genauer zurückkommen werde.

Lassen Sie uns zuvor jedoch noch einen Moment bei den von Schütze sogenannten „Ortsgesellschaften" bleiben. Diese bilden für ihn eine „intermediäre Instanz", eine Instanz also, an der gesellschaftliche Strukturen und soziales Handeln aufeinandertreffen. Sie bilden eine Instanz, die in der sozialen Wirklichkeit existent und mithin durch empirische Sozialforschung erfassbar ist:

„*Ortsgesellschaft ist neben Organisation die intermediäre soziale Einheit par excellence zwischen makrostruktureller Gesellschaftsformation und individueller Handlungsabwicklung – eine intermediäre Einheit, in der sich sozialstrukturelle Determinanten der makrostrukturellen Gesellschaftsformation und Interaktionsprozesse unmittelbar beobachtbar verschränken. [...] Gerade im Untersuchungsfeld der Ortsgesellschaft läßt sich mithin aufzeigen, was die Widersprüche einer gesamtgesellschaftlichen Formation für die Lebensführung der Gesellschaftsmitglieder an unplanbaren Deformationen ihres Handlungsfeldes, an Entzug von Ressourcen, an Reduktionen von Handlungskapazität [...] bereithalten. Zudem bietet die Ortsgesellschaft als kleinste Form segmentärer Differenzierung der Gesamtgesellschaft in gebietshoheitliche Körperschaften das kleinste und deshalb*

> *methodisch überschaubarste in sich relativ geschlossene Interaktionstableau einer spezifischen Gesellschaftsformation zur sozialwissenschaftlichen Analyse an. [...] Sollen heteronome Systembedingungen und Interessenkonstellationen in ihren wesentlichen Aspekten totalisierend erfaßt werden, ist die Analyse solcher in sich relativ geschlossener Interaktionsfelder – oder wie man paradox sagen könnte: eine makrostrukturelle Analyse von Interaktionen – zwingend erforderlich."* (Schütze 1976, S. 209 f.)

Schütze begründet seine Forschungsanliegen also nicht nur inhaltlich in Bezug auf den Untersuchungsgegenstand Gebietsreform, sondern gibt auch ein übergeordnetes Forschungsziel an: eben die Rekonstruktion der Wechselwirkungen zwischen gesellschaftlichen Strukturen und sozialem Handeln. Wenn man so will, geht es ihm darum, sowohl die Makro- als auch die Mikroebene der Gesellschaft durch eine empirische Erfassung ihrer Mesoebene auszuleuchten. Diesen Ansatz begründet er auch methodologisch: Intermediäre Instanzen wie die von ihm untersuchten Kommunen böten Forschenden einen relativ problemlosen Feldzugang, seien gut überblick- und daher in Gänze erfassbar. Ein derartiges Herunterbrechen einer übergeordneten soziologischen Fragestellung auf einen konkreten empirischen Gegenstand bei gleichzeitiger Entwicklung eines gegenstandsangemessenen Untersuchungsdesigns ist, wie ich in Kapitel 1 herausgearbeitet habe, prototypisch für das Vorgehen empirischer Sozialforschung. Der konkrete empirische Gegenstand – dies ist bereits klar geworden – ist im Fall von Schützes Studie die Zusammenlegung von Gemeinden im Zuge der Gebietsreform:

> *„Ein gegenwärtig nahezu alltäglich auftretender, weil durch politische Willensbildung und Administration planmäßig verursachter Typ von schwerer sozialer Krise für die Identität, die Interessenkonstellationen und die Machtstruktur einer Ortsgesellschaft sind Zusammenlegungen von Gemeinden im Rahmen der von der jeweiligen Landesplanung initiierten und vom jeweiligen Landtag verabschiedeten Gebietsreformen."* (ebd., S. 212)

Von außen, also auf der Makroebene, werden durch die Gebietsreform Strukturbedingungen geschaffen, die den Handlungsspielraum – in Schützes Worten: die „Handlungskapazität" – der Kommunalpolitiker/innen auf der Mikroebene determinieren. Von diesen Überlegungen ausgehend formuliert Schütze eine ganze Reihe konkreter Forschungsfragen, die ich hier aufgrund ihrer im Original ausgesprochen ausführlichen Begründung nur stark gekürzt wiedergeben kann:

> **Die Forschungsfragen der Gebietsreform-Studie**
>
> „In welchem Ausmaße sowie durch welche Widersprüche und Tendenzen der makrostrukturellen Gesellschaftsformation sind Gemeindezusammenlegungen in ihren Ursachen und der Art ihrer Durchführung bestimmt? [...]
> Werden die verschiedenen Typen von Gemeindezusammenlegungen [...] in unterschiedlichem Ausmaß von den grundlegenden Widersprüchen und Tendenzen der makrostrukturellen Gesellschaftsformation tangiert?
> Wie sieht der faktische im Gegensatz zum gesetzgeberisch vorgeschriebenen Planungs- und Entscheidungsprozess aus, der zu Gemeindezusammenlegungen führt? [...]
> Was sind die Standardprobleme von Gemeindezusammenlegungen unterschiedlichen Typs?
> Was wird hinsichtlich der Gemeindezusammenlegungen inhaltlich geplant, an Schwierigkeiten antizipiert und an Lösungen per Gesetz festgelegt?
> In welchen für Landes- und Kreisplaner und insbesondere für den Gemeindepolitiker unkontrollierbaren Handlungsbedingungen [...] schlagen sich die Widersprüche der gegenwärtigen Gesellschaftsformation im Zuge einer Gemeindezusammenlegung nieder?
> Welche Restrukturierungen rufen Gemeindezusammenlegungen auf der Ebene der sozialstrukturell bedingten Interessenkonstellationen hervor?
> Was bedeutet die von der Gemeindezusammenlegung hervorgerufene Restrukturierung von Interessenkonstellationen für die Existenzbedingungen etablierter und neuer Machteliten? [...]
> Inwieweit, in welchen Bereichen und in welcher Art reduzieren die von den krisenhaften Erscheinungen einer Gemeindezusammenlegung freigesetzten heteronomen Systembedingungen des Handelns die Handlungskapazitäten der von diesen Krisenerscheinungen betroffenen Gemeindepolitiker?
> Welche neuen Möglichkeiten zu universalisierendem politischen Diskurs, zu sekundär legitimatorischem und genuinem Konsens, zur Orientierung auf generelle Handlungsprinzipien und Bezugsinstanzen bilden sich in der Gemeindepolitik heraus?"
>
> *Quelle: Schütze, Fritz. 1976. Zur Hervorlockung und Analyse von Erzählungen thematisch relevanter Geschichten im Rahmen soziologischer Feldforschung – dargestellt an einem Projekt zur Erforschung kommunaler Machtstrukturen. In Kommunikative Sozialforschung – Alltagswissen und Alltagshandeln, Hrsg. Arbeitsgruppe Bielefelder Soziologen, 159–260. München: Fink, S. 218–221.*

Um diese Forschungsfragen zu beantworten, seien, schreibt Schütze (1977), spezifische Erhebungs- und Auswertungsmethoden nötig. Insbesondere im Rahmen von Studien zur Gebietsreform nämlich seien aufgrund der formalen Merkmale von Interviewtranskripten interpretative Schlüsse zu ziehen:

> *„[Z]. B. daß der Informant an einer bestimmten Darstellungs- und Ereignisstelle zögert und das Niveau der narrativen Darstellung schlagartig absinken lässt; möglicher Schluss, gestützt durch weitere Indikatoren: er möchte seine eigene Interessenverwicklung verschleiern."* (ebd., S. 3)

Derartige formale Indikatoren ließen sich dann mit den Darstellungen anderer Interviewter vergleichen – beispielsweise um zu belegen, „daß beim Informanten tatsächlich eine solche Interessenverwicklung bestehe" (ebd.). Wie Sie im folgenden Abschnitt sehen werden, umreißt Schütze mit diesen Überlegungen ein zentrales Merkmal der Narrationsanalyse. Hierbei handelt es sich um eine Auswertungsmethode, mit der sich die Transkripte sogenannter narrativer Interviews analysieren lassen. Sie lernen nach dem Experteninterview nun also auch eine zweite Form qualitativer Interviews kennen. Im Rahmen der Gebietsreform-Studie führten Schütze und seine Mitarbeiter insgesamt 60 derartige Interviews mit Kommunalpolitikern und Kommunalpolitikerinnen, die in den Prozess einer Gemeindezusammenlegung involviert waren. In einer ersten Erhebungsphase wurden 30 narrative Interviews innerhalb einer Kommune geführt – was einer Vollerhebung der zusammengelegten Gemeinde entsprach. In zwei weiteren Erhebungsphasen wurden daraufhin jeweils 15 narrative Interviews mit den relevantesten Kommunalpolitiker/innen zweier weiterer zusammengelegter Gemeinden geführt. Insgesamt wurden von den Forschenden mithin drei Kommunen erfasst. Typisch für narrative Interviews ist, dass sie im Allgemeinen ausführlicher ausfallen als Experteninterviews; im Fall der Gebietsreform-Studie wiesen sie beispielsweise Längen zwischen eineinhalb und drei Stunden auf.

4.2 Die Methodik: Narratives Interview und Narrationsanalyse

Schauen wir uns die von Schütze entwickelten Methoden nun also etwas genauer an. Zusammenfassend möchte ich das narrative Interview und die Narrationsanalyse dabei als narrative Verfahren bezeichnen. Methodengeschichtlicher Ausgangspunkt für ihre Ausarbeitung ist neben den soziolinguistischen Arbeiten von William Labov (1971) vor allem eine empirische Studie der US-amerikanischen Forscher Leonhard Schatzman und Anselm Strauss. Letzteren hatte Schütze bei

4.2 Die Methodik

einem Forschungsaufenthalt an der University of California kennengelernt – und er wird Ihnen als einer der Protagonisten der Grounded Theory Methodologie im folgenden Kapitel wieder begegnen (vgl. Kap. 5.1). Unter dem Titel „Social Class and Modes of Communication" hatten Schatzman und Strauss (1955) persönliche Erfahrungen der Angehörigen von Unter- und Mittelschicht während und nach dem Hereinbrechen eines Tornados untersucht – und zwar durch die Erhebung von Erzählungen. Mit dieser bis dato nicht angewandten Erhebungsmethode setzt sich Schütze (1976, S. 178 ff.) auch im Rahmen seiner Gebietsreform-Studie ausführlich auseinander. Dabei unterscheidet er vier Ebenen des Erzählens, welche die Grundlage für seine weiteren methodologischen Überlegungen und schließlich für das methodische Vorgehen der narrativen Verfahren sein werden:

- Formale Darstellung
  Die Ebene der formalen Darstellung beschreibt zunächst den strukturellen Aufbau einer Erzählung und ihre semantischen Elemente.
- Inhaltliche Darstellung
  Auf der Ebene der inhaltlichen Darstellung steht dasjenige Bild im Vordergrund, das ein Erzähler bzw. eine Erzählerin von einem Ereignis zeichnet – beispielsweise also von einem Tornado oder einer Gemeindezusammenlegung. Thematisiert werden darüber hinaus gesellschaftliche Bedingungen, die dieses Ereignis rahmen. Sie werden sehen, dass es zwischen Inhalt und Darstellung erhebliche Diskrepanzen geben kann und dass deren Interpretation ein weiteres zentrales Charakteristikum der Narrationsanalyse darstellt.
- Faktisches Handeln
  Auf der Ebene des faktischen Handelns wird rekonstruiert, wie Erzähler/innen und ihre Interaktionspartner/innen im Kontext des geschilderten Ereignisses *tatsächlich* gehandelt haben – nicht also, wie sie ihr Handeln während der Erzählung darstellen.
- Ebene des kommunikativen Austauschs
  Ich habe bereits erläutert, dass es sich bei einem Interview stets um eine Interaktion zwischen Forschenden und Interviewten handelt – und genau diesen Aspekt betont schließlich die Ebene des kommunikativen Austauschs. Insbesondere für das Zustandekommen von Erzählungen ist eine derartige Interaktionskonstellation konstitutiv; Erzählungen benötigen nämlich zwingend nicht nur einen Erzähler bzw. eine Erzählerin, sondern auch einen Zuhörer bzw. eine Zuhörerin:
  „Der Beziehungsaspekt des Interaktionsprozesses ‚Geschichtenerzählen' […] umfaßt folgende Prozesse: die Herstellung von grundsätzlicher Interaktionsreziprozität zum Geschichtenerzählen durch Anstachelung der Erzählbereitschaft beim Interaktionspartner sowie durch Dokumentation der eigenen Zuhörbereitschaft

vermittels Nicken, Einstreuen von ‚hm, hm', Bekunden von Neugierde usw. bzw. durch permanentes Aufzeigen der eigenen Erzähl- und Weitererzählbereitschaft; das Aushandeln einer gemeinsamen Situationsdefinition über das Hauptziel des Geschichtenerzählens samt der dieser Situationsdefinition vorausgehenden Transaktionen wie des Ins-Spiel-Bringens der eigenen Interessen des Erzählers und des Zuhörers an der Geschichtenerzählung sowie des Herausfindens der Interessen des jeweiligen Interaktionspartners [...]." (ebd., S. 182)

Diese für Erzählungen konstitutive Verhaltensweise müssen Forschende daher auch an den Tag legen, wenn sie narrative Interviews führen möchten. Sie imitieren also Alltagskommunikation und dies ist ein erster Hinweis darauf, dass das narrative Interview im Vergleich zu anderen Formen qualitativer Interviews einige Besonderheiten aufweist, die es zu einer erkenntnistheoretisch vielversprechenden Erhebungsmethode machen. Die Interviewten werden nicht distanziert zu einem Geschehen bzw. zu ihrem Handeln befragt, sondern dazu bewegt, dieses Geschehen im Rahmen einer Erzählung zu *reanimieren* – es gleichsam noch einmal zu erleben. Dabei bestimmen die Interviewten den Verlauf ihrer Erzählungen weitgehend selbst. Anders als beim Experteninterview geben Forschende bei narrativen Interviews keine Themen vor und strukturieren das Interview nicht durch einen Leitfaden oder ähnliche Instrumente. Die Beeinflussung des Interviewverlaufs durch die Forschenden ist daher stark minimiert und das narrative Interview berücksichtigt somit explizit das Gütekriterium der Offenheit gegenüber dem Untersuchungsgegenstand. Daher vertritt Schütze die Auffassung, dass sich mit narrativen Interviews besonders authentische und umfängliche Daten erheben lassen:

„Das autobiographische narrative Interview erzeugt Datentexte, welche die Ereignisverstrickungen und die lebensgeschichtliche Erfahrungsaufschichtung des Biographieträgers so lückenlos reproduzieren, wie das im Rahmen systematischer sozialwissenschaftlicher Forschung überhaupt nur möglich ist. Nicht nur der ‚äußerliche' Ereignisablauf, sondern auch die ‚inneren Reaktionen', die Erfahrungen des Biographieträgers mit den Ereignissen und ihre interpretative Verarbeitung in Deutungsmustern, gelangen zur eingehenden Darstellung. [...] Das Ergebnis ist ein Erzähltext, der den sozialen Prozeß der Entwicklung und Wandlung einer biographischen Identität kontinuierlich, d. h. ohne exmanente, aus dem Methodenzugriff oder den theoretischen Voraussetzungen des Forschers motivierte Interventionen und Ausblendungen, darstellt und expliziert." (Schütze 1983, S. 286)

Im Gegensatz zum Experteninterview interessiert nun also auch die subjektive Perspektive des bzw. der Interviewten – und nicht nur ein sozusagen ‚objektives' Geschehen. Bereits diese einleitende Charakterisierung des narrativen Interviews sollte deutlich gemacht haben, dass narrative Verfahren vergleichsweise stark an verschiedene theoretische Grundlagen rückgebunden sind, dass sie – wie es Aglaja Przyborski und Monika Wohlrab-Sahr (2021, S. 106) ausdrücken – zu den „grundlagentheoretisch fundiertesten Erhebungsverfahren im Bereich der qualitativen Sozialforschung" gehören. Man kommt daher nicht umhin, sich mit dieser grundlagentheoretischen Fundierung auseinanderzusetzen, bevor man verstehen kann, was empirische Daten kennzeichnet, die mittels narrativer Verfahren erhoben und ausgewertet wurden.

4.2.1 Erzähltheoretische Grundlagen

Theoretischer Ausgangspunkt narrativer Verfahren ist die linguistische Erzählforschung, von der Schütze durch seine langjährige Zusammenarbeit mit dem Linguisten Werner Kallmeyer inspiriert wurde. Insbesondere vier linguistische Konzepte hat er dabei unmittelbar rezipiert: das Konzept der vier kognitiven Figuren, das Konzept der Stegreiferzählung, das Konzept der Zugzwänge des Erzählens und die konzeptionelle Unterscheidung von drei Formen einer Sachverhaltsdarstellung.

Die vier kognitiven Figuren
Beim Erleben eines prozesshaften Geschehens schichten sich die Erlebnisse im Gedächtnis der beteiligten Akteure auf – und zwar in Form der vier sogenannten kognitiven Figuren (vgl. Kallmeyer und Schütze 1977, S. 176 ff.). Dies sind im Einzelnen:

- Erzählträger/innen
  Hierbei handelt es sich um die am erlebten Prozess beteiligten Akteure. Sie werden signifikant eingeführt, wenn von dem Prozess erzählt wird.
- Ereigniskette
  Im Gedächtnis der beteiligten Akteure wird der erlebte Prozess in seine einzelnen Phasen gegliedert. Diese werden im Rahmen von Erzählungen meist chronologisch dargestellt und bilden die Wahrnehmung des Erzählers vom Verlauf und dem inneren Zusammenhang des erzählten Prozesses ab (vgl. Küsters 2009, S. 26).
- Situationen
  Bei Situationen handelt es sich um besonders verdichtete Kernpunkte des erlebten Prozesses, sozusagen also um seine Höhepunkte. Wird von derartigen Situationen erzählt, zeichnet sich die Erzählung häufig durch einen hohen Detailreichtum aus. Erzähler/innen wechseln dabei immer wieder in die direk-

te Rede und geben wörtliche Zitate wieder, die ihnen in Erinnerung geblieben sind (vgl. ebd.).
- Thematische Gesamtgestalt
Als thematische Gesamtgestalt verstehen narrative Verfahren die zentrale Problematik eines erlebten Prozesses. Diese wird von Erzähler/innen typisiert und meist normativ bewertet.

Ich möchte versuchen, diese vier kognitiven Figuren anhand eines Beispiels zu verdeutlichen: Nehmen wir an, Sie haben ein Präsenzseminar besucht, kommen am Sonntagnachmittag nach Hause und wollen Ihrem Partner bzw. Ihrer Partnerin davon erzählen. Vermutlich werden Sie dann mit der thematischen Gesamtgestalt beginnen: Sie werden typisierend erzählen, dass sich ihre Geschichte um ein Präsenzseminar dreht – und nicht etwa um eine Geschäftsreise oder ähnliches. Aller Wahrscheinlichkeit nach werden Sie auch eine normative Bewertung vornehmen, indem Sie gleich zu Beginn zum Ausdruck bringen, ob Sie das Seminar für gut oder schlecht, für lehrreich oder langweilig halten. Sodann werden Sie bestimmte Erzählträger/innen einführen. Freilich können Sie aber nicht von allen Teilnehmerinnen und Teilnehmern erzählen, sondern nur von denjenigen, die Ihnen besonders im Gedächtnis geblieben sind – glücklicherweise hat man als Dozent diesbezüglich gute Chancen, zu den sozusagen ‚relevanten' Erzählträgern zu gehören. Von besagtem Präsenzseminar werden Sie mehr oder minder chronologisch erzählen (Ereigniskette), ohne dabei jedoch all ihre Erlebnisse während des gesamten Wochenendes darstellen zu können. Stattdessen werden Sie von denjenigen Situationen erzählen, von denen Sie annehmen, dass sie Ihrer Partnerin bzw. Ihrem Partner einen besonders plastischen und vor allem nachvollziehbaren Eindruck von dem Seminar vermitteln. Dies wäre jedenfalls eine prototypische Stegreiferzählung – womit wir beim zweiten linguistischen Konzept wären, dass für unsere Zwecke von Interesse ist.

Die Stegreiferzählung

Ziel des narrativen Interviews ist es, die vier im Gedächtnis des Erzählers aufgeschichteten kognitiven Figuren im Rahmen von Stegreiferzählungen zu reanimieren (vgl. Schütze 1984). Dabei handelt es sich um spontane und unvorbereitete Erzählungen in Face-to-Face-Situationen, die sich mit Harry Hermanns folgendermaßen definieren lassen:

> *„Stegreiferzählungen sind spontane Erzählungen, die nicht durch Vorbereitung oder durch standardisierte Versionen einer dauernd erzählten Geschichte vorgeprägt oder vorgeplant sind, sondern aufgrund eines besonderen Anlasses aus dem Stand heraus erzählt werden."* (Hermanns 1992, S. 119 f.)

4.2 Die Methodik

Insbesondere zwei Aspekte dieser Definition sind hervorzuheben: Zum einen entstehen Stegreiferzählungen nur in Face-to-Face-Situationen. Für Forschende bedeutet dies, dass sie narrative Interviews nur *persönlich* führen können; Experteninterviews hingegen lassen sich – trotz einiger Abstriche – auch telefonisch oder per Video-Konferenz führen. Zum anderen handelt es sich bei Stegreiferzählungen um „spontane Erzählungen […] aus besonderem Anlass", die nicht standardisiert sind. Auch dies können Sie sich anhand eines einfachen Beispiels verdeutlichen: Stellen Sie sich vor, Sie kommen nach einem Urlaub wieder zur Arbeit. Wenn Sie dort morgens der erste Kollege fragt, wie Ihr Urlaub gewesen ist, werden Sie tatsächlich davon *erzählen* – nämlich ausführlich, emotional und mit großem Engagement. Wenn Ihnen dann aber nachmittags die fünfte Kollegin die gleiche Frage stellt, wird Ihre Antwort anders ausfallen: Dann wird es sich wohl kaum noch um eine Erzählung im linguistischen Sinne handeln, sondern eher um eine mittlerweile stark verknappte und eben standardisierte Zusammenfassung. Jedenfalls kommt es dann nicht mehr zur Reanimation der vier kognitiven Figuren, an die eine Stegreiferzählung gebunden ist:

„Dadurch ist die Stegreiferzählung aber auch an diese kognitiven Figuren gebunden. Es ist beispielsweise im spontanen, unvorbereiteten Erzählen eines selbst erlebten Geschehens nur schwer möglich, die eigene Handlungsbeteiligung vollständig zu verbergen oder einzelne Glieder der Ereigniskette bewusst wegzulassen, ohne inkonsistent oder unverständlich zu werden." (Küsters 2009, S. 27)

Die Reanimation der kognitiven Figuren aber stellt die Grundlage für eine zentrale Prämisse narrativer Verfahren dar – für die sogenannte Homologieannahme. Diese geht von einer engen Verbindung zwischen der aktuellen Stegreiferzählung und dem in der Vergangenheit erlebten Prozessgeschehen aus:

„Die Struktur faktischen Handelns kann nicht nur durch teilnehmende Beobachtung aktuellen Handelns, die Analyse von Dokumentenmaterial sowie die Aufnahme und Analyse von Aktualtexten erfaßt werden, die in unmittelbaren, auch außersprachliche Teilsegmente einbeziehenden Interaktionen geschöpft werden, sondern sie kann indirekt auch durch Hervorlockung und Vergleich von Erzählungen desselben Themas erfaßt werden, die von den wichtigsten Teilnehmern des in der Erzählung dargestellten Interaktionsablaufs erzählt werden." (Schütze 1976, S. 181)

Die Homologie zwischen erlebtem Prozess und erzählter Geschichte charakterisiert Schütze (ebd., S. 189) als „elementare universale Kulturtechnik" – eine recht steile These, die ihm viel Kritik einbrachte und auf die ich daher in der methodologischen Reflexion der Gebietsreform-Studie zurückkommen werde (vgl.

Kap. 4.4). Schütze rechtfertigt seine Homologieannahme mit den soziolinguistischen Arbeiten von Sacks (1971) und von Labov und Waletzki (1973). Letztere hatten nämlich zeigen können, dass die Reihenfolge, in der Ereignisse erzählt werden, der tatsächlichen Reihenfolge der Ereignisse „notwendig entspricht" (ebd., S. 96). Aufgrund der Homologieannahme ließe sich also erzähltheoretisch fundiert noch einmal die Authentizität von Daten unterstreichen, die mittels narrativer Interviews erhoben wurden:

„Erzählungen eigenerlebter Erfahrungen sind diejenigen vom soziologisch interessierenden faktischen Handeln und Erleben abgehobenen sprachlichen Texte, die diesem am nächsten stehen und die Orientierungsstrukturen des faktischen Handelns und Erleidens auch unter der Perspektive der Erfahrungsrekapitulation in beträchtlichem Maße rekonstruieren: d. h., insbesondere seine Zeit-, Orts- und Motivationsbezüge, seine elementaren und höherstufigen Orientierungskategorien, seine Aktivitäts- und Reaktionsbedingungen, seine Planungsstrategien, seine grundlegenden Standpunkte und Basispositionen und seine Planungs- und Realisierungskapazitäten." (Schütze 1987, S. 14)

Die drei Zugzwänge des Erzählens

Während einer Stegreiferzählung wirken beim Erzähler die drei sogenannten Zugzwänge des Erzählens (vgl. Kallmeyer und Schütze 1977, S. 188). Der Erzähler orientiert sich unbewusst an den folgenden im Laufe seiner Sozialisation erworbenen Gestaltungsprinzipien von Erzählungen:

- Detaillierungszwang
  Erzähler/innen sind getrieben, soweit ins Detail zu gehen, dass ihre Erzählung nachvollziehbar ist. Damit Zuhörer/innen eine Geschichte verstehen können, müssen Erzähler/innen ihre Erlebnisse und deren Hintergründe einerseits mit einem gewissen Detaillierungsgrad darstellen. Daher finden sich in Stegreiferzählungen immer wieder auch Hintergrunderzählungen. Hierbei handelt es sich um exkursförmige Einschübe, die Erzähler/innen immer dann einfließen lassen, wenn ihnen ein bestimmtes Hintergrundwissen zum Verständnis der eigentlichen Erzählung notwendig erscheint.
- Kondensierungs- und Relevanzfestlegungszwang
  Andererseits können Erzähler/innen freilich nicht alle Details eines von ihnen erlebten Prozesses schildern. Pointiert könnte man sagen: Um vollumfänglich von einem dreitägigen Präsenzseminar zu erzählen, würde man drei weitere Tage benötigen. Erzähler/innen sind daher getrieben, vieles wegzulassen und anderes zusammenzufassen. Dabei müssen sie Relevanzen festlegen, also entscheiden, welche Details zum Verständnis seiner Erzählung tatsächlich notwendig sind. Mit dem Kondensierungszwang geht daher auch der sogenannte Relevanzfestlegungszwang einher.

- Gestaltschließungszwang
 Erzähler/innen sind getrieben, den von ihnen erzählten Prozess von anderen Sachverhalten abzugrenzen – sie erzählen daher beispielsweise nur von dem Präsenzseminar und nicht parallel von anderen Dingen. Dabei werden sie eine begonnene Erzählung in kohärenter Weise fortführen und zu einem adäquaten Ende bringen. Der Gestaltschließungszwang bewirkt daher auch, dass narrativ Interviewte ihre Erzählung im Regelfall trotz eventueller Schuld- und/oder Schamgefühle bis zum Ende erzählen.

Wir können daher festhalten, dass die Zugzwänge des Erzählens für Forschende eine nicht zu unterschätzende Funktionalität aufweisen: Sie führen dazu, dass unsere Interviewten uns den zu untersuchenden Prozess nachvollziehbar machen, sich dabei auf das Wesentliche konzentrieren, aber gleichzeitig umfänglich und eben authentisch erzählen.

Die drei Formen der Sachverhaltsdarstellung

Wohlgemerkt wirken die drei Zugzwänge des Erzählens nur, wenn es sich tatsächlich um eine *Erzählung* handelt. Diese ist – um den etwas sperrigen, aber einschlägigen Begriff zu verwenden – neben Argumentationen und Beschreibungen jedoch nur *eine* Form der Sachverhaltsdarstellung. Im Rahmen von Erzählungen werden Erlebnisse aus der Vergangenheit reanimiert (vgl. Labov 1980, S. 287). Sie bestehen daher aus einer temporalen Abfolge, die nicht verändert werden kann, ohne den Sinnzusammenhang des erlebten Prozesses zu verändern (vgl. Przyborski und Wohlrab-Sahr 2021, S. 293 f.). Aus diesem Grund sind Erzählungen von einer zeitlichen Entwicklungsperspektive geprägt. Sie repräsentieren ein Prozessgeschehen, das eine Ausgangssituation, ein Ereignis, eine neue Situation und ein Ergebnis umfasst, und bewegen sich eng am erzählten Geschehen (vgl. Küsters 2009, S. 25). Schauen wir uns auch diese Merkmale an einem kleinen Beispiel an. Ich könnte Ihnen bei passender Gelegenheit etwa das Folgende erzählen:

> *Am Samstag war ich auf einer Party beim Stefan. Da hab ich die Sabine getroffen. Das ist ja eigentlich so ne ganz Schüchterne. Mit der hab ich bestimmt ne Stunde auf dem Balkon gesessen. Da hatten wir aber schon zwei Flaschen Wein getrunken.*

Der erste Satz macht deutlich, dass es sich um einen von mir in der Vergangenheit (am Samstag) erlebten Prozess handelt (Stefans Party). Im zweiten und dritten Satz führe ich eine Erzählträgerin (Sabine) anhand ihrer Grundeigenschaften (schüchtern) ein. Wir können erzähltheoretisch begründet zum einen annehmen, dass es sich dabei um eine relevante Akteurin handelt, die im weiteren Verlauf der Geschichte eine wesentliche Rolle spielen wird. Zum anderen können wir vermuten, dass auch Sabines Schüchternheit eine relevante Information darstellt, die für das Verständnis der Geschichte notwendig ist. Nur durch sie nämlich ist der vierte Satz in seiner von mir gemeinten Bedeutung verständlich: *Eigentlich ist Sabine schüchtern, nun aber habe ich mich für einen längeren Zeitraum mit ihr unterhalten.* Um diesen scheinbaren Widerspruch nachvollziehbar zu machen, füge ich im letzten Satz schließlich eine Hintergrunderzählung ein: Dass Sabine an jenem Abend weniger schüchtern war als gewöhnlich, könnte nämlich mit unserem Alkoholkonsum zusammenhängen. Dies ist zugegebenermaßen ein sehr stilisiertes Beispiel für eine Stegreiferzählung. Gleichwohl ist es jedoch nicht unplausibel, dass ich Ihnen derartiges erzähle. Da es sich bei einem Lehrbuch aber nicht um eine Face-to-Face-Kommunikation handelt, treibt mich der Gestaltschließungszwang leider nicht dazu, Ihnen meine Geschichte zu Ende zu erzählen.

Die zweite mögliche Form einer Sachverhaltsdarstellung ist die Argumentation. Hier nimmt der Erzähler bzw. die Erzählerin Stellung zu dem von ihm oder ihr erlebten Prozess:

> *„Im Unterschied zur Erzählung wird in den argumentativen und bewertenden Textsorten kein bestimmtes Ereignis in seiner zeitlichen und kausalen Entwicklung geschildert […]. Es werden stattdessen a) Hintergründe erläutert; b) Behauptungen aufgestellt, die über eine spezifische Situation hinaus Bedeutung beanspruchen; c) Personen und Situationen nach allgemeinen Merkmalen charakterisiert und eingeschätzt; sowie d) Ereigniszusammenhänge reflektiert und bilanziert."* (Przyborski und Wohlrab-Sahr 2021, S. 298 f.)

Argumentationen beziehen sich also in analytischer oder bewertender Weise auf ihren Gegenstand; im letzteren Fall spricht man auch von Evaluationen. Häufig werden sie explizit eingeleitet: beispielsweise durch Formulierungen wie „Man muss sich folgendes klarmachen…" oder „Wenn ich heute darüber nachdenke…".

Auch die Beschreibung als dritte Form der Sachverhaltsdarstellung weist keine temporale Struktur auf. Vielmehr werden Sachverhalte in statischer Weise als konstante Zustände oder sich wiederholende Vorgänge geschildert (vgl. Küsters 2009, S. 25 f.). Die folgende Tabelle fasst diese drei Formen der Sachverhaltsdarstellung zusammen:

Tabelle 18 Formen der Sachverhaltsdarstellung

	Merkmale	Sprachliche Indikatoren	Beispiel
Erzählung	• Differenzierte Darstellung eines konkreten (selbsterlebten) Ereignisses oder Prozesses in seinem zeitlichen Verlauf	„1948" „letzten Monat" „in München" „Erst… dann… und zum Schluss…"	„Gestern bin ich dann zu den anderen auf den Platz gegangen. Wir ham uns gefragt, wann Antje wohl wie

4.2 Die Methodik

	Merkmale	Sprachliche Indikatoren	Beispiel
Erzählung (fortgesetzt)	• Meist präzise Angaben über Ort, Zeit, Beteiligte und weiteren Kontext • Hoher Detaillierungsgrad		der kommt vom Training. Wir haben dann schon mal begonnen zu spielen. Sie kam dann auch bald."
Argumentation bzw. Evaluation	• Fokus auf generelle kausale Zusammenhänge mit dem Ziel der Begründung bzw. Rechtfertigung einer bestimmten Einstellung oder Verhaltensweise	„denn" „von daher" „weil" „obwohl" „deswegen"	„Antje ist so ehrgeizig. Drum wird sie nie pünktlich mit ihrem Training fertig, und wir müssen hier immer auf sie warten."
Beschreibung	• Zusammenfassende bzw. resümierende Darstellung wiederkehrender, gleichartiger Sachverhalte • Oft sprachliche Hinweise auf den generalisierenden Charakter der Darstellung oder verallgemeinernde Zeitangaben	„normalerweise" „immer" „jedes Jahr im Sommer" „montags"	„Montags ist es meistens so: Wir müssen auf Antje warten. Bis die vom Training kommt. Und das kann dauern."

Quelle: Kleemann et al. 2013, S. 66. Leicht modifiziert.

Lassen Sie mich die in diesem Abschnitt vorgestellten linguistischen Konzepte, welche die theoretische Grundlage für narrative Verfahren darstellen, noch einmal stichwortartig zusammenfassen:

Merke

Erzähltheoretische Grundlagen narrativer Verfahren

Kognitive Figuren
Erlebnisse schichten sich im Gedächtnis in Form von vier kognitiven Figuren auf:
- Erzählträger/innen
- Ereigniskette
- Situationen
- Thematische Gesamtgestalt

Stegreiferzählung
Die vier kognitiven Figuren werden im Rahmen von Stegreiferzählungen reanimiert. Hierbei handelt es sich um spontanes und unvorbereitetes Erzählen in Face-to-Face-Kommunikationen.

> *Zugzwänge des Erzählens*
> Im Rahmen von Stegreiferzählungen wirken die drei Zugzwänge des Erzählens:
> - Detaillierungszwang
> - Kondensierungs- bzw. Relevanzfestlegungszwang
> - Gestaltschließungszwang
>
> *Formen der Sachverhaltsdarstellung*
> Erzählungen sind nur eine von drei möglichen Formen der Sachverhaltsdarstellung:
> - Erzählungen
> - Argumentationen bzw. Evaluationen
> - Beschreibungen

4.2.2 Narratives Interview

Der idealtypische Verlauf eines narrativen Interviews umfasst insgesamt elf Schritte, die sich in fünf Phasen unterteilen lassen: die Vorbereitungsphase, die Initiierung des Interviews, die Phase der Stegreiferzählung, die Nachfrage- und die Nachbereitungsphase. Werfen Sie zunächst einen Blick auf das Ablaufschema, bevor ich das methodische Vorgehen der einzelnen Schritte erläutere:

Merke

> **Ablaufschema eines narrativen Interviews**
>
> Vorbereitungsphase
> 1. Auswahl der Interviewten und Vorbereitung der Interviewenden
>
> Initiierung des narrativen Interviews
> 2. Vorgespräch
> 3. Erzählstimulus
> 4. Aushandlung und Ratifizierung
>
> Stegreiferzählung
> 5. Haupterzählung
> 6. Koda

> Nachfragephase
> 7. Immanente Nachfragen
> 8. Exmanente Nachfragen
> 9. Erhebung soziodemografischer Daten
>
> Nachbereitungsphase
> 10. Nachgespräch
> 11. Verfassen des Interviewprotokolls

Auswahl der Interviewten und Vorbereitung der Interviewenden
Ich habe bereits erläutert, dass die Auswahl von Interviewpartner/innen von der konkreten Forschungsfrage sowie von den Gegebenheiten im Untersuchungsfeld abhängig ist. Ein anschauliches Beispiel für eine Fallauswahl finden Sie im Lehrbuch zu narrativen Verfahren von Ivonne Küsters (2009). Hier schildert sie illustrativ ihre entsprechende Strategie im Rahmen einer Studie, in der sie die Biografien von Personen untersucht hat, die erst im Erwachsenenalter damit begonnen haben, ein Musikinstrument zu erlernen. Lediglich einen wichtigen Hinweis möchte ich an dieser Stelle paraphrasieren: Narrative Interviews sollten Sie nicht mit Ihnen bekannten Personen führen. Bei Experteninterviews wäre dies weniger problematisch, bei narrativen Interviews jedoch ist aus zwei Gründen die Gefahr groß, dass im Rahmen von Interviews mit Bekannten keine Stegreiferzählungen im linguistischen Sinne zustande kommen. Zum einen können Bekannte davon ausgehen, dass Sie bereits über viele relevante Informationen verfügen – dies würde den Detaillierungszwang beinträchtigen. Zum anderen könnte der Gestaltschließungszwang unterdrückt werden, weil die Interviewten ihren Bekannten gegenüber größere Hemmungen haben, über Themen zu sprechen, die mit Schuld- oder Schamgefühlen behaftet sind:

> *„Dringend und grundsätzlich ist jedoch davon abzuraten, die eigenen Bekannten selbst zu befragen, da derartige Interviews meist misslingen. Die Bekanntschaft bewirkt Erzählhemmungen und führt zugleich dazu, dass viele Sachverhalte nicht ausführlich und konkret genug erzählt werden, weil der Interviewpartner weiß, dass der Interviewer über diese Informationen verfügt." (ebd., S. 49)*

Als Forschende/r sollte man sich hinreichend auf Interviews vorbereiten. Hierzu zählt insbesondere auch, das Aufnahmegerät für die Aufzeichnung sicher zu beherrschen. Im Idealfall nämlich sollte diesem in der Interviewsituation möglichst wenig Aufmerksamkeit gewidmet werden – und dies ist am ehesten dann der Fall, wenn Sie sich nicht allzu ausführlich mit dessen Bedienung auseinandersetzen müssen. Freilich sollten Sie vor Beginn des Interviews auch die Batterien bzw. den Akku und die Speicherkapazität überprüfen. Es ist nämlich ausgesprochen unglücklich, wenn eine Aufzeichnung aus einem so banalen Grund wie leeren Batterien misslingt. Dies gilt insbesondere für narrative Interviews, da sie sich kaum wiederholen lassen. Im Fall von Experteninterviews kann man einen bzw. eine Interviewpartner/in ggf. bitten, erneut über ein Thema zu sprechen. Im Fall von narrativen Interviews hingegen wird man eine umfängliche und authentische Stegreiferzählung kein zweites Mal stimulieren können – das Interview wäre daher schlicht unbrauchbar. Schließlich sollten Sie sich auch auf die weiteren Schritte des narrativen Interviews gut vorbereiten: beispielsweise indem Sie den Erzählstimulus auswendig lernen und eine Liste möglicher exmanenter Nachfragen erstellen.

Vorgespräch

Das Treffen mit einem bzw. einer Interviewpartner/in beginnt im Regelfall mit einem Vorgespräch. Dieses hat ausgesprochen hohe Bedeutung für den Aufbau einer Vertrauensbeziehung, die wiederum Voraussetzung dafür ist, dass eine Stegreiferzählung zustande kommen kann:

„Das Vorgespräch [...] ist eine wichtige Voraussetzung für ein gelingendes Interview, wird doch in ihm die Vertrauensbeziehung aufgebaut, die es dem Erzähler im Interview erlaubt, sich ohne Misstrauen dem Erzählfluss zu überlassen." (ebd., S. 54)

Während des Vorgesprächs bietet es sich an, dem bzw. der Interviewpartner/in einige Hinweise zu Ihrem Forschungsvorhaben zu geben. Diese sollten allerdings eher knapp und vor allem nicht allzu theoretisch ausfallen. Keinesfalls sollten Sie in diesem Zusammenhang Ihre Forschungsfrage unmittelbar an den bzw. die Interviewte weiterreichen. Dies nämlich würde nur dazu führen, dass er bzw. sie sich bemüht, diese Frage argumentativ zu beantworten. Eigentlich wollen Sie ja aber eine Stegreiferzählung stimulieren – und ihre Forschungsfrage erst durch deren narrationsanalytische Auswertung wissenschaftlich fundiert beantworten. Außerdem sollten Sie, falls dies nicht schon im Vorfeld des Interviews geschehen ist, die Anonymisierung der erhobenen Daten zusichern und einige Informationen zum Ablauf des Interviews geben (vgl. Schütze 1987, S. 238). Letzteres ist insbesondere bei narrativen Interviews von Bedeutung, da der hohe Redeanteil des bzw. der Interviewten sowie die vergleichsweise strikte Zurückhaltung des bzw. der Forschenden der Ad-hoc-Vorstellung vom Verlauf eines Interviews zuwiderlaufen. Aus forschungsethischen Gründen dürfen Sie außerdem nicht das Einholen einer Genehmigung für die Aufzeichnung des Interviews übergehen – um schließlich das Diktiergerät einzuschalten und in die Phase der Stegreiferzählung überzugehen.

Erzählstimulus, Aushandlung und Ratifizierung

Die eigentliche Besonderheit der Datenerhebung mittels narrativer Interviews besteht darin, dass man als Forscher/in zunächst nur eine einzige Frage stellt – den sogenannten Erzählstimulus. Dieser muss eine erzählgenerierende Wirkung entfalten und sich auf einen Prozess beziehen, der von dem bzw. der Interviewten erlebt wurde. Häufig ist es so, dass auf den Erzählstimulus eine Aushandlungsphase folgt. Der bzw. die Interviewte braucht nämlich meist eine gewisse Zeitspanne, um sich wirklich auf die Erzählaufforderung einlassen zu können. Diese Aushandlung schließt im Regelfall mit einer expliziten Ratifizierung ab. Schauen wir uns diese wichtigen Schritte am Beginn eines narrativen Interviews an einem Beispiel an. Da aus der Gebietsreform-Studie selbst nur sehr vereinzelte empirische Daten vorliegen – sie beschränkt sich in erster Linie auf die Präsentation von Rekonstruktionen und Interpretationen sowie auf methodologische Reflexionen – greife ich diesmal auf Beispiele aus unserer Pilger-Studie zurück. Hier beginnt das narrative Interview mit einem Pilger folgendermaßen:

Quelle

> **Beispiel für einen Erzählstimulus und seine Ratifizierung**
>
> *1-I:* Ich hatte schon gesagt: Ich schreibe eine Arbeit über die Renaissance des Pilgertums und speziell über den Jakobsweg und die Jakobspilger. Meine erste Frage wäre: Ich würde dich bitten, mir deine Lebensgeschichte zu erzählen bis zu dem Tag, an dem du dich entschieden hast, den Jakobsweg zu gehen. Ich würde dich dabei nicht unterbrechen, sondern einfach zuhören und vielleicht im Anschluss noch einige Nachfragen stellen.
>
> *2-P08:* Also quasi mein g a n z e r Lebenslauf? (..) Wo ich geboren wurde? (.) Und wo ich zur Schule gegangen bin?
>
> *3-I:* Alles, was dir wichtig ist, ist auch für mich interessant.
>
> *4-P08:* Bis zu dem Tag (,) als ich mich entschlossen hab zu gehen (-)?
>
> *5-I:* Mhm.
>
> *6-P08:* (3) Das ist aber viel (..) Ja (.) Und auch alle Einzelheiten so? (..) Ja (.) Ja, okay (,) […]

Sie sehen, dass die Initiierung des Interviews eine knappe Information zur Fragestellung der Studie, den eigentlichen Erzählstimulus („Ich würde dich bitten, mir deine Lebensgeschichte zu erzählen bis zu dem Tag, an dem du dich entschieden hast, den Jakobsweg zu gehen") und einen kurzen Hinweis zum Ablauf des Interviews beinhaltet. Hierauf reagiert der interviewte Pilger in Absatz 2 zunächst mit Verwunderung und Zögern: Er kann nicht glauben, dass er tatsächlich seine ganze Lebensgeschichte erzählen soll. Der Erzählstimulus muss also ausgehandelt werden. Dies tut Kollege Christian Kurrat ausgesprochen geschickt mit einer Formulierung, die ich Ihnen uneingeschränkt empfehlen kann: „Alles, was dir wichtig ist, ist auch für mich interessant". Noch immer jedoch zögert der Interviewpartner; erst nach weiteren insgesamt sieben Sekunden sagt er schließlich „Ja (.) Ja, okay", ratifiziert damit den Erzählstimulus und beginnt seine Haupterzählung.

Haupterzählung

Den Auftakt der Haupterzählung bildet in vielen Fällen eine sogenannte Erzählpräambel, in der der Erzähler/innen argumentativ feststellen, wie sie ihre Erzählung verstanden wissen möchten. Vielleicht erinnern Sie sich noch an den Transkriptauszug unseres Interviews mit dem Pilger Herbert (vgl. Kap. 3.5), der diesbezüglich zunächst festgestellt hatte, dass seine Entscheidung zu einer Pilgerschaft tatsächlich mit seiner Biografie in Zusammenhang steht. Wenn man so will, reanimiert er also zunächst in typischer Weise die kognitive Figur der thematischen Gesamtgestalt:

Quelle

> **Beispiel für eine Erzählpräambel**
>
> 2-P17: Gut. (2) Mhm ... Ich bin (,) Mhm ... zunächst einmal sag ich, wie alt ich bin. (,) 66 Jahre alt .. Und mhm die Entscheidung über den Jakobsweg zu gehen .. hat sicherlich etwas damit zu tun, was mein mhm L e b e n s l a u f hergibt. .. Wirklich auch der der letzten Jahre (1)

Entscheidend für das Gelingen eines narrativen Interviews ist, dass man die Gestaltung der Haupterzählung voll und ganz dem bzw. der Interviewten überlässt. Keinesfalls sollte man den Erzählfluss unterbrechen und somit die Wirkung der Zugzwänge des Erzählens konterkarieren. Stattdessen sollte man „erzählgenerierend schweigen" (Küsters 2009, S. 58). Dies meint letztlich kein anderes Verhalten, als man es auch im Alltag an den Tag legt, wenn jemand etwas erzählt. Beispielsweise sollte man immer wieder Blickkontakt halten, mit dem Kopf nicken und zustimmende Laute („hm") einstreuen und/oder mitlachen. Gegebenenfalls kann man auch expliziter auf Emotionen eingehen: beispielsweise durch Formulierungen wie „Das ist wirklich hart!" (vgl. Schütze 1987, S. 239). Darüber hinaus sollte man sich aber strikt darum bemühen, auch längere Pausen auszuhalten:

> „Auch lange Pausen des Erzählers muss der Interviewer aushalten, ohne die Rederolle zu übernehmen. Dies ist eine Verfahrensnotwendigkeit des narrativen Interviews, die von der Alltagskommunikation besonders stark abweicht; als Interviewer muss man sich darauf vorbereiten, dass man innerlich danach drängen wird, das Schweigen zu brechen, es aber als professioneller narrativer Interviewer unterlassen muss." (Küsters 2009, S. 59)

Pausen kommen in Stegreiferzählungen immer wieder vor – wie das folgende Beispiel für eine emotionale Situation zeigt, in der uns eine interviewte Pilgerin vom Tod ihres Vaters berichtet:

Beispiel für eine emotionale Situation

56-P11: Aber trotzdem waren mhm Begegnungen auf dem Weg (,) Mitunter auch wieder (.) Vor allem, wenn's Begegnungen mit einzelnen Menschen waren (,) Die waren sehr intensiv, weil ich mein Herz hab ausschütten können (.) Und darüber reden befreit schon mal. Mhm. Und die haben ihr Herz ausgeschüttet. Man kriegt mit (-) Okay, man ist ja nicht alleine (-) Auch andere haben ihr Päckchen zu tragen (.) Und es tröstet (-) Es war einfach gut. Hat gut getan (.) Und durch die Bewegung mhm find ich mhm ist es halt immer: Du schwitzt und du schwitzt auch gewisse Sachen raus. Ja (-) Nicht nur Müll im Gewebe, sondern auch Müll aus deinem Kopf. Mhm und man wird wieder frei. (.) Und ja (.) Es tut gut (..) Obwohl es mich nach wie vor bewegt (.) weil ich meinen Papa (,) total geliebt hab.

57-P11: [Stimme bricht weg. P11 bricht in Tränen aus, wischt sich mehrfach die Tränen weg und nippt an ihrem Kaffee]

58-P11: (67) Ja (,) […]

Sie sehen, dass es insgesamt eine Minute und sieben Sekunden dauert, bis sich die interviewte Pilgerin wieder fängt, nachdem ihr die Stimme weggebrochen ist – eine Zeitspanne, die einem Interviewer bzw. einer Interviewerin unvorstellbar lang erscheinen kann. Schließlich sollte man während der Haupterzählung Erzählstümpfe identifizieren. Hierbei handelt es sich um Passagen einer Erzählung, die nicht zu Ende erzählt werden (vgl. Schütze 1977, S. 43). Diese Erzählstümpfe sollte man notieren, um sie im Schritt der immanenten Nachfragen aufgreifen zu können.

Koda

Das Ende einer Haupterzählung wird von dem bzw. der Interviewten meist deutlich markiert – in Form einer sogenannten Koda. Hierbei handelt es sich um eine Schlusspassage, die häufig zusammenfassenden, bilanzierenden und/oder bewertenden Charakter hat und in vielen Fällen noch einmal auf den Erzählstimulus zurückkommt. Auch hierfür ein kurzes Beispiel:

Quelle

> **Beispiel für eine Koda**
>
> 97-P23: Von daher mhm bin ich schon sehr beeindruckt von (-) diesem Ganzen (..) Ich will jetzt nicht sagen (,) Es bringt mich Gott mhm oder dem Glauben näher (.) oder weiter (.) Es beruhigt eigentlich mhm diese ganze mhm Denkweise in mir (,) Wo ich mhm sage: Ich (,) ich werde hier von Tag zu Tag ruhiger. (.) Ja (,) und das finde ich so schön (..) So grob. [lacht]

Die gesamte Koda stellt auch in diesem Fall eine Bilanzierung der Erfahrungen des Pilgers auf dem Jakobsweg dar. Etwas unverständlich wirkt vielleicht zunächst die abschließende Formulierung „So grob". Hiermit bezieht sich der Pilger auf den schon 97 Absätze zurückliegenden Erzählstimulus. Er möchte also sagen: ‚So, das war grob meine Lebensgeschichte, nach der du mich gefragt hast'. Mit einer derartigen Koda endet die Phase der Stegreiferzählung und es beginnt die Nachfragephase. Diese dient dazu, das Erzählpotenzial des bzw. der Interviewten voll auszuschöpfen, und gliedert sich in immanente und exmanente Nachfragen:

> „Für den Nachfrageteil des narrativen Interviews lautet die Kerndevise, auf alle Warum- und Meinungsfragen zu verzichten. Stattdessen sollen auch in diesem Teil des Interviews narrative Textstücke generiert werden – und zwar Erzählstücke, die in der Anfangserzählung zu kurz kamen (nun hervorgelockt durch immanente Fragen) bzw. die in der Anfangserzählung ausgelassen wurden (jetzt in Gang gebracht durch exmanente Fragen)." (Schütze 1977, S. 53)

Immanente Nachfragen

Immanente Nachfragen beziehen sich auf die Erzählstümpfe, die man während der Haupterzählung notiert hat. Diese greift man nun auf und bittet den bzw. die Interviewte, abgebrochene Passagen zu Ende zu erzählen. Daher sollten die immanenten Nachfragen, genau wie der Erzählstimulus, erzählgenerierenden Charakter haben. Hierzu ein letztes Beispiel:

Quelle

Beispiel für eine immanente Nachfrage

114-I: Jetzt hattest du gesagt: Nachdem du die Ausbildung beendet hattest, bist du nach Leverkusen gezogen.

115-P03: Mhm.

116-I: Und hast dort in einer Praxis mit angefangen.

117-P03: Nee.

118-I: Dann hab ich das nicht ganz richtig verstanden. Kannst du das nochmal erzählen?

119-P03: Genau (.) Also, (,) Ich hatte versucht, das quasi nebenbei laufen zu lassen (,) Also (-) zu arbeiten, in Köln zu arbeiten. Mhm. Das heißt (,) Jeden Tag halt reinzufahren (,) beziehungsweise an den Tagen, mhm wo du arbeitest (,) Und dann eben mhm nebenbei noch so ein Praktikum zu machen.

Exmanente Nachfragen

Unter exmanenten Nachfragen versteht man hingegen solche Fragen, die man bereits im Vorfeld des Interviews entwickelt hat. Dieser Schritt weist daher große Ähnlichkeit zu einem leitfadengestützten Experteninterview auf (vgl. Kap. 3.2). Auch hier arbeitet man also mit einer Liste der zur Beantwortung der Forschungsfrage relevanten Aspekte eines Themas. Freilich muss man zu diesem Zeitpunkt des Interviews nur noch diejenigen Aspekte ansprechen, die der bzw. die Interviewte nicht bereits von sich aus im Rahmen seiner Haupterzählung oder seiner Beantwortung der immanenten Nachfragen thematisiert hat. Exmanente Nachfragen müssen dabei nicht zwangsläufig erzählgenerierend wirken, sondern können durchaus auch auf Argumentationen, Evaluationen und/oder Beschreibungen abzielen.

Erhebung soziodemografischer Daten

Schließlich erhebt man am Ende der Nachfragephase noch die zur Beantwortung Ihrer Forschungsfrage relevanten soziodemografischen Daten des bzw. der Interviewten – also beispielsweise Alter, Familienstand, Ausbildungsgrad, Berufstätigkeit oder ähnliches. Diese Daten sollten unbedingt erst jetzt, also ganz am Ende des Interviews, abgefragt werden. Die ersten Fragen eines Interviews nämlich legen den bzw. die Interviewte/n auf ein bestimmtes Antwortschema fest. Würden Sie die knapp beantwortbaren Fragen zu soziodemografischen Daten bereits zu Beginn des Interviews stellen, würden Sie ihn bzw. sie auf einen stakkatoartigen Wechsel von Fragen und Antworten festlegen. Nur mit großer Mühe könnten Sie dann noch zur Stimulierung ausführlicher Erzählungen wechseln (vgl. Küsters 2009, S. 64). An dieser Stelle endet das eigentliche Interview und Sie können das Aufnahmegerät abschalten.

Nachgespräch

Mit dem Beenden der Aufzeichnung löst sich die Interviewsituation auf und die latente Anspannung fällt von den Beteiligten ab. Unglücklicherweise führt dies immer wieder dazu, dass der bzw. die Interviewte nun weitere Informationen preisgibt, die zwar für die Beantwortung der Forschungsfrage relevant sind, aber eben nicht mehr aufgezeichnet werden. In derartigen Fällen bleibt Ihnen nichts anderes übrig, als diese Informationen im Gedächtnis zu behalten und später im Interviewprotokoll zu vermerken. Recht bald wechselt die Thematik des Nachgesprächs dann jedoch zu anderen Themen, die häufig um das weitere Fortgehen Ihrer Forschung kreisen. Eine der Fragen von Seiten des bzw. der Interviewten, auf die Sie eine Antwort vorbereiten sollten, ist diejenige, ob Sie ihm bzw. ihr den Forschungsbericht zukommen lassen können, beispielsweise also ihre fertige Abschlussarbeit. Diese Frage ist keineswegs leicht zu beantworten: Einerseits ist die Zusendung der Arbeit eine freundliche Geste, mit der Sie sich für Zeit und Mühe des bzw. der Interviewten bedanken können. Andererseits bringt die Zusendung auch einige Nachteile mit sich. Schließlich lassen Sie die von Ihnen Interviewten in Ihrer Arbeit nur stellenweise direkt zu Wort kommen und konzentrieren sich in erster Linie auf vom Einzelfall abstrahierende Rekonstruktionen und Interpretationen. Fraglich ist, ob der bzw. die Interviewte sich in derartigen Abstraktionen wiederfindet. Unter Umständen kann der Gedanke daran, dass er bzw. sie Ihre Interpretationen lesen wird, bei der Auswertung der Daten sogar hemmend wirken (vgl. ebd., S. 64). Wenn Sie sich nichtsdestotrotz für eine Zusendung Ihrer Arbeit entscheiden, sollten sie dieser jedoch keinesfalls die Transkripte der Interviews beifügen. Wie Sie bereits gesehen haben, entspricht die transkribierte gesprochene Sprache nämlich keineswegs der gängigen Schriftsprache (vgl. Kap. 3.5). So fällt einem bzw. einer Interviewten häufig erst beim Lesen eines Transkripts auf, wie häufig er bzw. sie Sätze nicht zu Ende spricht oder ungeschickte Formulierungen verwendet – und dies kann eine recht unangenehme Feststellung sein.

Verfassen des Interviewprotokolls
Nachdem Sie den Ort des Interviews verlassen haben, sollten Sie schließlich im letzten Schritt des narrativen Interviews ein Interviewprotokoll anfertigen, in dem Sie alle Vorgänge vor und nach der Aufzeichnung festhalten. Ihre Eindrücke von dem bzw. der Interviewten, vom Interviewort und von der Atmosphäre während des Interviews sollten hier genauso erfasst werden wie Ihre Gefühle, erste analytische Gedanken und Ad-hoc-Interpretationen. Damit Ihnen diese Aspekte noch präsent sind, sollten Sie das Protokoll möglichst bald nach dem Ende des Interviews verfassen. Da eine derartige Niederschrift jedoch meist recht zeitaufwendig – und nach einem langen und konzentrierten Interview häufig auch anstrengend – ist, rate ich Ihnen, sich unmittelbar nach dem Interview einen ruhigen Ort zu suchen, an dem Sie das Interviewprotokoll mit Hilfe Ihres Aufnahmegeräts ‚auf Band' sprechen können. Dies geht im Regelfall sehr viel schneller und leichter von der Hand. Später können Sie auch diese Aufzeichnung dann transkribieren.

4.2.3 Narrationsanalyse

Für die Auswertung narrativer Interviews stehen im ‚Werkzeugkasten' der empirischen Sozialforschung im Prinzip mehrere Methoden zur Verfügung – beispielsweise die Grounded Theory Methodologie, die Sie im folgenden Kapitel kennenlernen werden. Schütze selbst jedoch schlägt die von ihm im Rahmen der Gebietsreform-Studie entwickelte Narrationsanalyse vor – eine Methode also, die speziell für die Auswertung narrativer Interviews konzipiert wurde und die oben erläuterten erzähltheoretischen Grundannahmen berücksichtigt. Ihr Clou besteht darin, das Transkript eines narrativen Interviews zunächst auf zwei getrennten Ebenen zu analysieren: einerseits in Bezug auf die Rekonstruktion des von dem bzw. der Interviewten erlebten Prozesses und andererseits in Bezug auf die Darstellung dieses Prozesses im Rahmen des Interviews. Die Ergebnisse beider Analyseperspektiven werden sodann miteinander verglichen, um Diskrepanzen zwischen Inhalt und Darstellung herauszuarbeiten. Dies geschieht in den ersten vier Auswertungsschritten der Narrationsanalyse, die sich jeweils auf einen Einzelfall beziehen. In zwei weiteren Schritten werden daraufhin mehrere Fälle kontrastiv miteinander verglichen, um typische biografische Muster in Bezug auf das untersuchte Phänomen zu abstrahieren. Insgesamt umfasst die Narrationsanalyse somit sechs Auswertungsschritte. Die folgende Tabelle verschafft Ihnen zunächst einen Überblick, bevor ich die einzelnen Schritte erläutere:

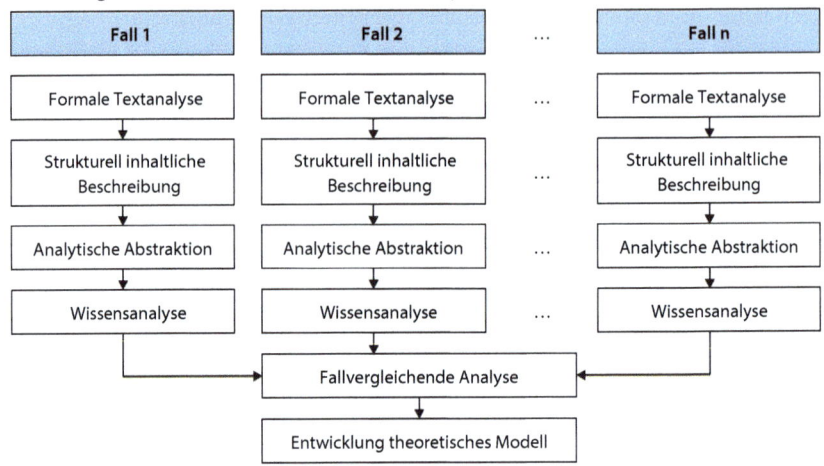

Abbildung 10 Ablaufschema der Narrationsanalyse

Quelle: Kleemann et al. 2013, S. 76. Modifiziert.

Formale Textanalyse

Fritz Schütze beschreibt den ersten Schritt einer Narrationsanalyse mit folgenden Worten:

> „Formale Indikatoren in Erzähltexten sind insbesondere die narrativen Rahmenschaltelemente, die anzeigen, daß eine Darstellungseinheit abgeschlossen ist und nunmehr die nächste folgt. Der erste Analyseschritt [...] besteht mithin darin, zunächst einmal alle nicht-narrativen Textpassagen zu eliminieren und sodann den bereinigten Erzähltext auf seine formalen Abschnitte hin zu segmentieren." (Schütze 1983, S. 286)

Bei einer formalen Textanalyse handelt es sich also um einen, wenn man so will, rein technischen Schritt, der noch keine Rekonstruktionen oder gar Interpretationen anstrebt. Vielmehr wird das Transkript erst einmal in Segmente untergliedert. Diese repräsentieren entweder die verschiedenen Phasen einer Erzählkette oder grenzen verschiedene Formen der Sachverhaltsdarstellung voneinander ab. Dies geschieht anhand sogenannter Rahmenschaltelemente (vgl. Kallmeyer und Schütze 1977, S. 185). Hierbei handelt es sich um sprachliche Indikatoren, von denen Sie einige bereits in Tabelle 18 kennengelernt haben. Beispielsweise werden die Phasen einer Erzählkette sprachlich häufig durch Indikatoren wie „dann", „letzten Monat" oder „zum Schluss" abgegrenzt. Argumentationen bzw. Evaluationen werden durch Indikatoren wie „weil" oder „obwohl" eingeleitet und Be-

4.2 Die Methodik

schreibungen etwa durch „immer", „normalerweise" oder „montags". Man sucht im Transkript also nach derartigen Rahmenschaltelementen, um es in Segmente zu untergliedern. Die einzelnen Segmente weisen dabei häufig große Unterschiede in ihrem Detaillierungsgrad und somit auch in ihrer Länge auf. Für jedes einzelne Segment legt man daraufhin fest, welche Darstellungsform es in erster Linie repräsentiert – ob es sich also um eine Erzählung, eine Argumentation bzw. Evaluation oder um eine Beschreibung handelt. Dabei helfen die allgemeinen Merkmale der einzelnen Formen, die Sie bereits kennengelernt haben. Die Unterscheidung der Darstellungsformen ist zentral für die Auswertung des Transkripts mittels einer Narrationsanalyse; in ihren folgenden beiden Auswertungsschritten berücksichtigt sie nämlich zunächst nur Erzählungen. Argumentationen, Evaluationen und Beschreibungen klammert sie hingegen erst einmal aus, weil sie im Sinne der Homologieannahme davon ausgeht, dass nur Erzählungen den im Interview geschilderten Prozess unmittelbar repräsentieren. In der einschlägigen Terminologie der Narrationsanalyse könnte man auch sagen: Das Transkript wird um nicht-narrative Passagen bereinigt. Dieses methodische Vorgehen bleibt jedoch nicht immer komplikationslos, weil es sich um eine rein analytische Differenzierung handelt. Häufig sind in Erzählungen aber auch Beschreibungen und Argumentationen eingelagert:

„Häufig werden die einzelnen Teile einer Haupterzählung, die so genannten Erzählsegmente, durch Evaluationen im Argumentationsschema ausgeleitet, in denen der Erzähler beispielsweise die Bedeutung des geschilderten Vorgangs für die Fortsetzung der Geschichte bewertet." (ebd.)

Beispielsweise könnte ein Interviewter bzw. eine Interviewte von einem Zoobesuch erzählen. Dieser spielt in der Vergangenheit, es sind verschiedene Erzählträger/innen beteiligt und es gibt eine prozesshafte Entwicklung (erst Affen, dann Elefanten, schließlich Pinguine oder ähnliches). Im linguistischen Sinne handelt es sich bei diesem Segment also tatsächlich um eine Stegreiferzählung, die unter Umständen aber mit einer Formulierung wie „Das war ein schöner Tag" abschließt. Dies wäre dann eine Evaluation, die in die Erzählung eingelagert ist. Gleichwohl wäre das Zoobesuch-Segment aber insgesamt als Erzählung zu klassifizieren – und die Evaluation würde eine Koda darstellen, die man auch als abschließendes Rahmenschaltelement begreifen könnte. Auf das Zoobesuch-Beispiel werde ich gleich noch einmal zurückkommen. Zuvor jedoch wende ich mich dem zweiten Auswertungsschritt der Narrationsanalyse zu.

Strukturell inhaltliche Beschreibung
Beginnen wir auch diesmal wieder mit einer Erläuterung des Analyseschritts durch Schütze:

> „Im zweiten Analyseschritt wird sodann eine strukturelle inhaltliche Beschreibung der Darstellungsstücke durchgeführt, die formal durch Rahmenschaltelemente voneinander abgegrenzt sind. [...] Die strukturelle inhaltliche Beschreibung arbeitet die einzelnen zeitlich begrenzten Prozeßstrukturen des Lebenslaufs – d. h. fest gefügte institutionell bestimmte Lebensstationen; Höhepunktsituationen; Ereignisverstrickungen, die erlitten werden; dramatische Wendepunkte; sowie geplante und durchgeführte biographische Handlungsabläufe heraus." (Schütze 1983, S. 286)

Nach der formalen Analyse des Interviewtranskripts stehen nun also dessen Struktur und Inhalt im Fokus der Narrationsanalyse. In Bezug auf die Struktur geht es einerseits darum, die Funktionalität der Segmente, die man zuvor herausgearbeitet hat, zu bestimmen. Segmente können sowohl Teil der Haupterzählung als auch Hintergrund- oder Belegerzählungen sein. Hintergrunderzählungen fügen Erzähler/innen immer dann ein, wenn sie den Eindruck haben, dass bestimmte Informationen zum Verständnis der Haupterzählung nötig sind. Dies hatten Sie bereits anhand meiner kleinen Erzählung zu Stefans Party gesehen: Dort war offenbar die Information zu Sabines Schüchternheit Voraussetzung für das Verständnis des weiteren Geschehens. Mit Belegerzählungen hingegen untermauern der Erzähler/innen ihre Argumentationen und Evaluationen.

Andererseits geht es in Bezug auf die Struktur einer Erzählung darum, den Zusammenhang zwischen mehreren Segmenten zu erkennen. Diese bilden immer dann Einheiten, wenn ähnliche Handlungsbedingungen und/oder -weisen vorliegen. Die Herausarbeitung derartiger Zusammenhänge dient dazu, den Entwicklungspfad einer Erzählung zu rekonstruieren und analytische Konzepte zur Charakterisierung des dargestellten Prozesses zu entwickeln. In Bezug auf den Inhalt eines Interviewtranskripts werden die Handlungsweisen der Erzählträger/innen Segment für Segment in Form knapper Überschriften zusammengefasst. Diese können sehr hilfreich sein, um den Inhalt eines Interviews zu erfassen. Auch dies möchte ich anhand eines Beispiels erläutern. Zugegebenermaßen handelt es sich dabei erneut um ein ausgesprochen knappes und stilisiertes Beispiel, das sich so wohl kaum in einer realen Erzählung finden lässt. Gleichwohl hoffe ich, dass es Ihnen das Vorgehen der formalen Textanalyse und der strukturell inhaltlichen Beschreibung in ihren Grundzügen verdeutlichen kann:

Beispiel für formale Textanalyse und strukturell inhaltliche Beschreibung

Merke

Zunächst also das ‚Transkript' einer stark stilisierten Stegreiferzählung:

Ich war am Wochenende im Zoo. Das war mal wieder richtig schön. Als die Kinder noch klein waren, war ich da ja öfter. Und dann bin ich noch in die Eisdiele gegangen. Das war lecker. Deshalb ist es da ja auch immer so voll.

In der folgenden Übersicht werde ich diese Erzählung zunächst anhand der in ihr enthaltenen Rahmenschaltelemente segmentieren. Dabei hat es sich in der Forschungspraxis etabliert, die Rahmenschaltelemente im Transkript zu unterstreichen. Darüber hinaus lege ich für jedes Segment fest, um welche Form der Sachverhaltsdarstellung es sich handelt. In diesem Zusammenhang ist es üblich, die Darstellungsform mit bestimmten Abkürzungen am rechten Rand des Transkripts zu vermerken: Z steht für eine Erzählung, A für eine Argumentation, E für eine Evaluation und B für eine Beschreibung. Außerdem gebe ich für jedes Segment seine Funktionalität an – ob es sich also um die Haupterzählung oder eine Hintergrund- bzw. Belegerzählung handelt. Und schließlich versehe ich jedes Segment mit einer zusammenfassenden Überschrift; dies ermöglicht dem/der Forschenden, den Strukturplan eines Prozesses ‚mit einem Blick' zu erfassen. Bitte versuchen Sie doch einmal, meine ‚Analyseschritte' nachzuvollziehen:

Segment 1: Der Zoobesuch *(Haupterzählung)*
Ich war am Wochenende im Zoo. <u>Das war mal wieder richtig schön.</u>   Z, (E)

Segment 2: Kleine Kinder *(Hintergrunderzählung)*
Als die Kinder noch klein waren, war ich da ja öfter.   B

Segment 3: Besuch in der Eisdiele *(Haupterzählung)*
<u>Und dann</u> bin ich noch in die Eisdiele gegangen. <u>Das war lecker.</u>   Z, (E)

Segment 4: Volle Eisdiele *(Belegerzählung)*
<u>Deshalb</u> ist es da ja auch immer so voll.   A

Thema der Haupterzählung ist also ein Zoo- mit anschließendem Eisdielenbesuch. Beide Segmente der Haupterzählung (1 und 3) schließen in typischer Weise mit einer Evaluation (E) als ausleitendem Rahmenschaltelement ab.

> Diese Darstellungsform habe ich jeweils in Klammern gesetzt, weil es sich ja hauptsächlich um Erzählungen (Z) handelt. Darüber hinaus finden wir in Segment 2 eine Hintergrunderzählung, mit der offenbar betont werden soll, dass es sich bei dem Zoobesuch für den oder die Erzähler/in um ein nicht alltägliches Geschehen handelt. Da diese Hintergrunderzählung jedoch keinen Prozesscharakter aufweist, handelt es sich formal um eine Beschreibung (B). Die Erzählung endet mit einer Belegerzählung. Die Evaluation „Das war lecker" soll offenbar durch das Argument (A) untermauert werden, dass die besagte Eisdiele stets gut besucht ist.

Ziel der strukturell inhaltlichen Beschreibung ist es, die Prozessstrukturen des Lebenslaufs des bzw. der Interviewten zu rekonstruieren (vgl. Schütze 1981, S. 67 ff.). Küsters benennt die folgenden Leitfragen, die dabei hilfreich sein können:

> *„Warum macht der Erzähler an dieser Stelle einen Einschnitt? Was ist neu, hat sich geändert (im Verhältnis zum vorherigen Segment)? Was wird erzählt? Was könnte stattdessen erzählt werden? Was wird nicht erzählt, dethematisiert? Welchen Tonfall hat die Erzählung? Aus welcher Sprachsphäre wird gesprochen? Welche Perspektive nimmt der Erzähler ein? Welche Zusammenhänge stellt er her? Wie führt er Personen und Bedingungen ein? In welchem sozialen Rahmen stellt er das Geschehen dar? Wie wird die geschilderte Entwicklung erzählt und wie wird sie charakterisiert?"* (Küsters 2009, S. 79)

Auch Schütze schlägt eine Heuristik vor, mit deren Hilfe sich die Prozessstrukturen eines Lebenslaufs erfassen lassen. Idealtypisch unterscheidet er vier Verlaufslogiken von Lebensabschnitten:

- Biografisches Handlungsmuster
  In diesem Fall hat der Akteur das Heft des Handelns selbst in der Hand. Bei dem von ihm geschilderten Prozess handelt es sich um eine selbst initiierte und gesteuerte Entwicklung – beispielsweise um eine Firmengründung oder einen Studienabbruch. Derartige biografische Handlungsmuster folgen dem „intentionalen Prinzip" (Schütze 1983, S. 288).
- Institutionelles Ablaufmuster
  Im Fall institutioneller Ablaufmuster findet das immer noch bedingt intentionale Handeln des Akteurs im Rahmen einer den Lebensabschnitt strukturierenden Institution statt. Dies ist beispielsweise während eines Studiums der Fall, das bestimmte Handlungsweisen in Art und Reihenfolge vorgibt, aber auch bei einer Familiengründung, die ebenfalls von normativen Erwartungen

begleitet wird. Schütze (ebd.) spricht daher von einem „normativ-versachlichten Prinzip".
- Verlaufskurven
Im Fall von Verlaufskurven hingegen verliert der Akteur seine Handlungshoheit weitgehend. Für eine gewisse Zeitspanne seines Lebenslaufs wird er vielmehr von äußeren Bedingungen ‚getrieben'. Er ist daher nicht mehr vollumfänglich in der Lage, selbstbestimmt und gestaltend auf seine Biografie einzuwirken:
„Wenn biographische Handlungsschemata das intentionale Prinzip des Lebensablaufs und institutionelle Erwartungsmuster wie das des Lebenszyklus das normativ-versachlichte Prinzip des Lebensablaufs repräsentieren, so stehen Verlaufskurven für das Prinzip des Getriebenwerdens durch sozialstrukturelle und äußerlich-schicksalhafte Bedingungen der Existenz." (ebd.)
- Biografischer Wandlungsprozess
Schließlich beschreibt Schütze biografische Wandlungsprozesse als vierte mögliche Struktur eines Lebensabschnitts. Diese stellen Übergangsphasen dar, die meist an negative Verlaufskurven anschließen. Nach Abschluss des Wandlungsprozesses gewinnt der Akteur seine Handlungshoheit zurück.

Analytische Abstraktion
Nachdem die einzelnen Prozessstrukturen des Lebenslaufs identifiziert und mit Hilfe von Schützes Heuristik beschrieben wurden, folgt als dritter Schritt nun deren analytische Abstraktion:

„Das Ergebnis der strukturellen inhaltlichen Beschreibung wird im dritten Abschnitt der Auswertung [...] von den Details der einzelnen dargestellten Lebensabschnitte gelöst, die abstrahierenden Strukturaussagen zu den einzelnen Lebensabschnitten werden systematisch miteinander in Beziehung gesetzt, und auf dieser Grundlage wird die biographische Gesamtformung, d. h. die lebensgeschichtliche Abfolge der erfahrungsdominanten Prozeßstrukturen in den einzelnen Lebensabschnitten bis hin zu gegenwärtig dominanten Prozeßstruktur herausgearbeitet." (ebd.)

Hier werden die einzelnen Strukturen der Erfahrungsaufschichtung und des erzählten Prozesses miteinander verknüpft, um einen abstrakten Strukturplan des Lebenslaufs zu entwickeln (vgl. Küsters 2009, S. 81), den Schütze als „biographische Gesamtformung" beschreibt.

Wissensanalyse

„Erst nachdem so der wesentliche Ereignisablauf und die grundlegende biographische Erfahrungsaufschichtung ermittelt ist, wird es in einem vierten Auswertungsschritt, der Wissensanalyse, möglich, die eigentheoretischen, argumentativen Einlassungen des Informanten zu seiner Lebensgeschichte und zu seiner Identität sowohl aus den Erzählpassagen der beiden ersten Interviewabschnitte als auch aus dem abschließenden argumentierenden und abstrahierenden Abschnitt des narrativen Interviews zu explizieren und unter Ansehung des Ereignisablaufs, der Erfahrungsaufschichtung und des Wechsels zwischen den dominanten Prozeßstrukturen des Lebensablaufs, systematisch auf ihre Orientierungs-, Verarbeitungs-, Deutungs-, Selbstdefinitions-, Legitimations-, Ausblendungs- und Verdrängungsfunktion hin zu interpretieren. Ohne den lebensgeschichtlichen Ereignis- und Erfahrungsrahmen für die eigentheoretischen Wissensproduktionen des Biographieträgers zu kennen, ist es unmöglich, den Stellenwert autobiographischer Theorieproduktionen für den Lebenslauf zu bestimmen." (ebd.)

Im vierten Schritt der Narrationsanalyse werden die Handlungen des Akteurs also mit seinen Deutungen, Wahrnehmungen und Bewertungen in Beziehung gesetzt. Wenn man die vergangenen Handlungen eines Akteurs nun mit seiner Präsentation im Interview vergleicht, stellt man den Inhalt der Darstellung gegenüber. Dies ist ein zentrales Charakteristikum der Narrationsanalyse. Man fragt also danach, ob der bzw. die Interviewte sich so beschreibt, wie er bzw. sie in der Vergangenheit gehandelt hat – oder ob sich Diskrepanzen zwischen der biografischen Selbstbeschreibung und dem tatsächlichen Verlauf der Biografie finden lassen. Harry Hermanns illustriert dies an folgendem Beispiel:

„Berichtet ein Erzähler etwa bei der Darstellung seiner Lebensgeschichte immer wieder von für seinen Lebensweg wichtigen Erfahrungen, bei denen er stets in der Helferrolle war (als älterer Bruder, als Jugendgruppenleiter u. a. m.), und daß er anschließend bei der Studienfachwahl das Fach Sozialarbeit gewählt hat, um anderen zu helfen, dann finden wir eine Entsprechung zwischen Erfahrungsaufschichtung und Eigentheorie. Wenn dagegen jemand seine Lebensgeschichte erzählt und dabei stets von den verschiedensten Konkurrenzkämpfen um Status berichtet, und er dann unvermittelt als Motiv für die Wahl seines Studienfachs Medizin den Wunsch, anderen zu helfen, angibt, dann ist dies zunächst eine argumentative Erklärung, die nicht durch die Erzählung des Ereignisstromes abgedeckt ist. Sie muß damit nicht unglaubwürdig sein, aber die Diskrepanz zwischen Erzählung und Argumentation müßte erklärbar sein." (Hermanns 1992, S. 122)

Kontrastiver Fallvergleich und Entwicklung eines theoretischen Modells
Die bisherigen Auswertungsschritte der Narrationsanalyse haben sich jeweils auf einen einzelnen Fall bezogen und werden für jeden erhobenen Fall separat durchgeführt. Die beiden letzten Schritte hingegen sind fallübergreifend. Erst wenn für jeden erhobenen Fall eine biografische Gesamtformung herausgearbeitet und die vergangenen Handlungen mit der Darstellung im Interview verglichen worden sind, können die einzelnen Fälle miteinander verglichen werden. Ziel des kontrastiven Fallvergleichs ist die Identifikation typischer Gemeinsamkeiten und Unterschiede der jeweiligen Biografien. Die Vergleichskategorien kristallisieren sich dabei häufig erst im Verlauf der Datenauswertung heraus:

> *„In der fallvergleichenden Analyse geht es nicht allein darum, Unterschiede respektive Gemeinsamkeiten zwischen den Fällen bloß zu identifizieren, sondern auch Zusammenhänge zwischen einzelnen Dimensionen systematisch herauszuarbeiten. [...] Im Fallvergleich werden einzelne Fälle kontrastierend miteinander verglichen und relevante Gemeinsamkeiten und Unterschiede (sowie die möglichen Gründe dafür) identifiziert. Je weiter die fallvergleichende Analyse fortschreitet, desto mehr sollte man sich von den Einzelfällen lösen und die Einzelfälle abstrakten Kategorien zuordnen, um diese dann typisierend zu vergleichen."* (Kleemann et al. 2013, S. 100 f.)

Für einen kontrastiven Fallvergleich bietet sich ein kontrollierter Wechsel zwischen minimalem und maximalem Vergleich an – eine Forschungsstrategie, die Sie bereits in Kapitel 1.4 kennengelernt haben und auf die ich im folgenden Kapitel noch einmal zurückkommen werde, da sie stark mit der Grounded Theory Methodologie verknüpft ist. Einen Wechsel von minimalem und maximalem Vergleich schlägt auch Schütze vor, um auf der Basis des kontrastiven Fallvergleichs ein theoretisches Modell zu entwickeln. Häufig nimmt ein derartiges Modell die Form einer Typologie an. Daher werde ich Ihnen zum Abschluss dieses Kapitels einige Hinweise zur Entwicklung empirisch begründeter Typologien geben. Zuvor aber werde ich die Untersuchungsergebnisse der Gebietsreform-Studie knapp zusammenfassen, um ihr Untersuchungsdesign daraufhin methodologisch reflektieren zu können.

4.3 Die Ergebnisse: Interessenkonstellationen und heteronome Systembedingungen

Die Untersuchungsergebnisse der Gebietsreform-Studie, die durch eine Narrationsanalyse von 60 narrativen Interviews mit Kommunalpolitikern und -politikerinnen gewonnen wurden, werden auf eine eher ungewöhnliche Weise präsentiert: nämlich in erster Linie anhand methodologischer Überlegungen. Das Anliegen der Studie besteht somit weniger in der inhaltlichen Diskussion von Untersuchungsergebnissen, sondern ist vielmehr darauf ausgelegt zu zeigen, ob und inwiefern sich soziologische Forschungsfragen mittels narrativer Erhebungs- und Auswertungsmethoden beantworten lassen. Werfen wir daher zunächst einen Blick in eine einschlägige Passage der Gebietsreform-Studie, damit Sie eine Vorstellung davon gewinnen, auf welcher Ebene in ihrem ‚Ergebnisteil' argumentiert wird. Dabei werden Sie feststellen, dass sich die Präsentation der Untersuchungsergebnisse in Art und analytischer Tiefe deutlich von den übrigen in diesem Buch vorgestellten Studien unterscheidet:

Quelle

> **Methodologisch orientierte Ergebnispräsentation der Gebietsreform-Studie**
>
> „Geleitet vom textuellen Auftreten der Personalpronomina ‚wir' und ‚sie' [...] soll das Indexikalitätensystem [...] des Erzählers als gemeindepolitisch Handelndem rekonstruiert werden [...]
>
> Bereits auf dieser Stufe der Analyse des in den Erzählungen zum Ausdruck kommenden elementaren Orientierungswissens kann man Widersprüche erfassen, welche die praktischen, d.h. politischen und sozioökonomischen Interessen des Erzählers und seine politischen Grundstrategien zum Ausdruck bringen. Zum Beispiel spricht ein Erzähler, ein Politiker der A-Partei, von seiner Fraktion im Gemeinderat als ‚wir'. Aber einige Minuten später im Verlauf der Erzählung sind die Politiker der A-Partei des anderen Gemeindeteils ‚sie'. Faktisch zielt die politische Strategie des erzählenden Politikers der A-Partei darauf ab, alle Handlungszentren zu ignorieren oder gar aus seinem Orientierungssystem grundsätzlich zu eliminieren, die nicht mit den politischen Interessen und Strategien von ‚ich' und seinen engsten Mitarbeitern kompatibel sind.
>
> Neben den Bezügen auf das Wir- und das Sie-System (und auf deren Unterkategorien) spielt der Erzähler oft auf politische Instanzen an, die weder ‚wir' noch ‚sie' im Bezugsrahmen der Gemeindepolitik sind, sondern Instanzen oberhalb der Ebene der Gemeindepolitik: die Landesregierung, die Planungsbürokratie, große überörtlich operierende Industrieunternehmen oder auch ganz einfach für den Gemeindepolitiker nicht eindeutig identifizierbare und häufig noch nicht einmal als solche benennbare sozioökonomische, demographische, technische, bürokratische Tendenzen. Wir versuchten, diese politischen Tendenzen und Instanzen mit dem Konzept ‚heteronome Systembedingungen des Handelns' zu fassen."

> *Quelle: Schütze, Fritz. 1976. Zur Hervorlockung und Analyse von Erzählungen thematisch relevanter Geschichten im Rahmen soziologischer Feldforschung – dargestellt an einem Projekt zur Erforschung kommunaler Machtstrukturen. In Kommunikative Sozialforschung – Alltagswissen und Alltagshandeln, Hrsg. Arbeitsgruppe Bielefelder Soziologen, 159–260. München: Fink, S. 229–231.*

Ich möchte trotz dieser eigentümlichen und inhaltlich stark begrenzten Ergebnispräsentation versuchen, zwei zentrale Untersuchungsergebnisse der Gebietsreform-Studie herauszuarbeiten. Ihr Erkenntnisinteresse besteht neben der Entwicklung narrativer Erhebungs- und Auswertungsmethoden ja darin, heteronome Systembedingungen und die Interessenkonstellationen der von Gemeindezusammenlegungen betroffenen Kommunalpolitiker/innen zu rekonstruieren. In Bezug auf die heteronomen Systembedingungen stellt sich die Lage in diesem Untersuchungsfeld für Schütze folgendermaßen dar: Der Handlungsspielraum von Kommunalpolitiker/innen wird von zwei Seiten aus determiniert: zum einen durch makrostrukturelle politische und wirtschaftliche Bedingungen, die ‚von oben' auf die Kommunalpolitik einwirken und die für die handelnden Kommunalpolitiker/innen praktisch unplanbar sind. Zum anderen wird ihr Handlungsspielraum von der Struktur alltäglicher Handlungssituationen auf kommunaler Ebene determiniert, die ebenfalls nicht unmittelbar beeinflusst werden kann (vgl. Schütze 1976, S. 236). Beide Determinanten ihres Handlungsspielraums sind von den Kommunalpolitiker/innen nur bedingt antizipierbar:

> *„Die Gemeindepolitiker versuchen ihre Unfähigkeit zur Planung ihrer eigenen Handlungsabläufe dadurch zu kompensieren, daß sie ihren Erwartungsfahrplan fortlaufend an die neuen, unerwarteten Faktoren des Interaktionstableaus mehr oder weniger unbewußt in Ad-hoc-Schritten anpassen, ohne dabei ihre eigenen Prinzipien der Handlungsorientierung ernstlich in Frage stellen zu müssen." (ebd.)*

Im vorhergehenden Abschnitt habe ich erläutert, dass die Narrationsanalyse stark auf Diskrepanzen zwischen dem Inhalt einer Erzählung und der Darstellung des oder der Erzähler/in fokussiert. In Bezug auf die Handlungsspielräume der interviewten Kommunalpolitiker/innen unterscheidet Schütze in diesem Sinne drei Arten von Diskrepanzen. Erstens stimmen die mit ihren Ad-hoc-Strategien einhergehenden Intentionen nicht in jedem Fall mit den tatsächlichen Folgen ihres Handelns überein. Dies illustriert Schütze anhand eines der wenigen Beispiele der Gebietsreform-Studie, die direkt Bezug auf ihre empirischen Daten nehmen:

„Führende Politiker der A-Partei versuchten z. B., die Fraktion der in der zusammengelegten Gemeinde dominierenden B-Partei in ortsspezifische Sektionen aufzuspalten, indem sie die Wahl eines der drei alten, aus Konkurrenzgründen miteinander verfeindeten, aber allesamt der B-Partei angehörigen Bürgermeister der drei Ursprungsgemeinden lancierten. Das eigentliche Ziel dieser Machenschaft bestand darin, die Position eines Zünglein an der Waage zwischen den verfeindeten Ortssektionen der B-Partei zu erreichen. Jedoch das vom Ränkeschild selbst berichtete, aber dennoch in seiner Diskrepanz zur ursprünglichen Handlungsplanung nicht voll erfaßte faktische Ergebnis bestand darin, daß der Listige selbst überlistet wurde." (ebd., S. 237)

Neben derartigen Diskrepanzen zwischen Handlungsintentionen und -folgen konnte Schütze, zweitens, Diskrepanzen zwischen ursprünglichen und später modifizierten Handlungsintentionen rekonstruieren. Auch diese illustriert er anhand eines knappen Beispiels:

„In einer früheren Phase der Erzählung wird über eine schwere kommunalpolitische Auseinandersetzung berichtet, die einer der Gemeindeteile hinsichtlich der Wahlkreiseinteilung mit Argumenten der gerechten Ausgewogenheit der politischen Kräfte der einzelnen Gemeindeteile vom Zaun brach. Das Problem wurde laut Erzählung zu diesem Zeitpunkt nicht gelöst, und gegen Ende des Interviews wird an der unausgesprochenen Implikation eines auf inhaltlich andersartige Ereignisabläufe bezogenen Darstellungsstranges deutlich, daß die ursprüngliche Änderung der Wahlkreiseinteilung von ihren Protagonisten, zu denen auch der Erzähler gehört, nicht mehr verfolgt wird. Weder wird dem Erzähler deutlich, daß er in seiner Darstellung eine Diskrepanz zwischen früheren und gegenwärtigen Handlungsabsichten zum Ausdruck gebracht hat; noch könnte er ohne eine entsprechende Fremd-Problematisierung etwa durch den Forscher die sozialstrukturellen Gründe für diese Diskrepanz benennen. Aus dem inhaltlichen Vergleich des Gesamts der erzählten Geschichten geht jedoch hervor, daß sich im Verlauf der ersten Jahre nach der Zusammenlegung die Bevölkerungskonzentration auf dem Gemeindeterritorium zu Ungunsten des Gemeindeteils, der der Neufestlegung der Wahlkreisgrenzen das Wort geredet hatte, derart stark verändert hat, daß eine Neueinteilung der Wahlkreise zugunsten des genannten Gemeindeteils nicht mehr thematisierbar ist. – Das ursprüngliche Problem ist also allmählich im Verlauf der erzählten Geschichte ‚versandet'." (ebd., S. 237f.)

Wenn hier vom „Gesamt der erzählten Geschichten" die Rede ist, wird noch einmal deutlich, welche konstitutive Rolle kontrastive Fallvergleiche für eine narrationsanalytische Datenauswertung spielen. Dies gilt auch für die dritte Form der von Schütze rekonstruierten Diskrepanzen: Diese verlaufen zwischen der Selbstdarstellung der interviewten Kommunalpolitiker/innen als aktiv handelnde Akteure und den durch die Auswertung von Interviews mit anderen Akteuren nachgezeichneten Fremdbildern. Offenbar stellen sich die Interviewten immer wieder autonomer und aktiver dar, als sie von anderen wahrgenommen werden:

> *„Aus einer derartigen Kontrastierung läßt sich ermitteln, inwieweit der Erzähler trotz Selbsttypisierung seiner Person als Herr der Lage in seinem kommunalpolitischen Handeln von heteronomen Systembedingungen getrieben wird: Gerade der Umstand, daß ein Gemeindepolitiker sich selbst fortlaufend Aktivitätsimpulse zuschreibt, die ganz andere Quellen haben, ist ein Hinweis auf das unbewußte Einwirken heteronomer Systembedingungen des Handelns."* (ebd., S. 240)

In Bezug auf die ihn interessierenden Interessenkonstellationen der interviewten Kommunalpolitiker/innen stellt Schütze fest, dass diese stark mit Machtinteressen und Privilegien innerhalb der kommunalpolitischen Struktur verflochten sind. Dieser Umstand stellt für den Forscher ein methodologisches Problem dar: Aufgrund der Verflechtung mit Machtstreben tendieren die Interviewten dazu, ihre Interessen nur stark begrenzt und kontrolliert darzustellen. Die Interviewten präsentierten durch pauschale Beschreibungen vielmehr eine ‚offizielle Fassade' des Geschehens. Diese verstellte jedoch den Blick auf die eigentlich interessierenden Hintergründe und Interessenkostellationen und stand einer umfänglichen und authentischen Datenerhebung entgegen:

> *„Nun muß der soziologische Feldforscher aber von dem forschungstechnisch wichtigen Tatbestand ausgehen, daß die für die Zusammenlegung relevanten Kommunalpolitiker, sofern sie gebeten werden, über [...] zum Teil unantizipierbare Probleme der Zusammenlegung ihrer Gemeinden zu berichten, dies nur in außerordentlich vager und allgemeiner Form tun werden mit einem Informationsoutput, der häufig noch hinter demjenigen der verfügbaren Zeitungsdokumente zurückbleibt. Es ist selbstverständlich, daß die betroffenen Gemeindepolitiker nur ungern aus der Schule plaudern, da es z. T. um eigene Fehleinschätzungen und Fehlhandlungen (gewöhnlich auf der Grundlage eigener Interessenlagen) sowie um diejenigen politischer Freunde geht. Aber auch abgesehen von Fehlleistungen wird nicht gern eine offene Einschätzung der Situation der Gesamtgemeinde gegeben, da bei jeder Indiskretion dies den Gemeindepolitiker für die künftige kommunalpolitische Debatte festlegen könnte."* (Schütze 1977, S. 8f.)

Daher wandte Schütze einen bemerkenswerten Trick an: Er interviewte die Kommunalpolitiker/innen gar nicht zu ihren jeweiligen Interessen, sondern stimulierte Stegreiferzählungen zum Prozess der Namensgebung für die neue Gemeinde. Auf diese Weise verstrickten sich die Interviewten in Erzählungen, anhand derer es den Forschenden möglich war, auch die Interessenkonstellationen zu rekonstruieren:

„Viele dieser Probleme [die mit der Gemeindezusammenlegungen einhergehen, P. H.] können von Feldforschern nur schwer angesprochen werden, weil sie die Interessenkonstellationen und Machtstrukturen der Kommunalpolitik involvieren. Es gibt jedoch ein Problem, über das gern informiert wird: die Auswahl und Festlegung des Namens der zusammengelegten Gemeinde. [...] Uns kam in diesem Zusammenhang die Idee, Gemeindepolitiker über ein epiphänomenales Thema der Zusammenlegung ihrer Gemeinden erzählen zu lassen. Das Erzählen eigenerlebter Geschichten verwickelt in Gestaltschließungs- und Detaillierungszwänge, die den Informanten bewegen, auch über Vorgänge und Handlungsmotivationen zu berichten, über die er in der normalen Interviewkommunikation schweigen würde." (Schütze 1976, S. 162f.)

Die Kommunalpolitiker im Speziellen zu der Namensgebung ihrer zusammengelegten Gemeinde zu interviewen, war dabei nur eine von mehreren denkbaren Möglichkeiten der Stimulierung von Stegreiferzählungen. Sie wurde von den Forschenden gewählt, weil ihnen das Thema Namensgebung harmlos, aber gleichzeitig relevant erschien:

„Sicherlich sind neben dem Thema eines Ortsnamensstreites noch andere Thematiken mit narrativer Generierungskraft im Rahmen öffentlicher Kommunen denkbar [...]. Nur selten werden aber Thematiken im Rahmen des Forschungsbereichs ‚Gemeindezusammenlegungen' auffindbar sein, die so harmlos und doch so wichtig sind, daß man mit Lust augenzwinkernd-lachend über sie berichtet. Es ist erstaunlich, wie verhältnismäßig schwer es im Gegensatz zu Interviews in Forschungsfeldern von Gemeindezusammenlegungen mit Ortsnamensstreit fällt, in Forschungsfeldern von Gemeindezusammenlegungen ohne Ortsnamensstreit oder ähnliche ‚harmlose' Vorgänge die interviewmäßige Erzeugung und Aufrechterhaltung konsistenter, d. h. auf einem roten Darstellungsfaden aufgereihter Erzählstrukturen sicherzustellen [...]." (vgl. Schütze 1977, S. 25f.)

Aus diesem trickreichen methodischen Vorgehen ergab sich im Fall der Gebietsreform-Studie der folgende Erzählstimulus, der außergewöhnlich ausführlich gehalten ist, weil er das Interviewthema sowohl in einen größeren Ereigniszusammenhang als auch in ein spezifisches Erkenntnisinteresse der Forschenden einzubetten versucht. Schütze (ebd., S. 58) konstatiert daher, dass der Stimulus im Untersuchungsfeld „sehr viel flexibler und umgangssprachlicher" gesetzt werden müsse. So oder so werden Sie in seiner Ausformulierung einige wichtige Aspekte der Führung narrativer Interviews wiederfinden, die Sie im vorhergehenden Abschnitt bereits kennengelernt haben: eine kurze, aber nicht zu ausführliche Erläuterung des Forschungsinteresses, die Versicherung der Anonymisierung und den Hinweis auf den Ablauf des Interviews (vgl. Kap. 4.2).

4.3 Die Ergebnisse

Erzählstimulus der Gebietsreform-Studie

„Wir sind an unantizipierten Problemen interessiert, die auf den Kommunalpolitiker bei Gemeindezusammenlegungen zukommen. Wir haben festgestellt, daß ein ganz zentrales und typisches Problem bei Gemeindezusammenlegungen das der Namensgebung ist, und haben deshalb dieses spezielle Problem in den Vordergrund unseres Interesses gestellt. Wir möchten Sie bitten, ihre Erzählung so anzulegen, daß der Namensstreit im Zentrum steht bzw. sozusagen den Höhepunkt bildet. – Natürlich interessiert uns auch, wie es überhaupt zum Namensstreit kommen konnte und wie er sich ausgewirkt hat. Ein grober Überblick über den Gesamtzusammenhang der Ereignisse, die für die hiesige Gemeindezusammenlegung relevant waren und sind, ist sicherlich für das Verständnis des Namensstreites unumgänglich. Um wirklich den Gesamtaspekt der jeweiligen Zusammenlegung erfassen zu können, bitten wir relevante Gemeindepolitiker, uns ihre Erfahrungen mit der jeweiligen Gemeindezusammenlegung in einer Erzählung mitzuteilen. Wir stoßen so auf Probleme und Zusammenhänge, von denen sich sowohl die Landesplaner als auch die Soziologen mit ihren abstrakten Theorien wenig träumen lassen. Uns interessieren diese Probleme und Zusammenhänge ganz allgemein, und deshalb gehen wir zu Gemeindepolitikern in mehreren Gemeinden, die in der letzten Zeit zusammengelegt worden sind. Wir wollen in möglichen Veröffentlichungen lediglich unter ganz generellen Gesichtspunkten etwas zu Problemen von Gemeindezusammenlegungen sagen, und deshalb wird der Name der hiesigen Gemeinde, geschweige denn der Name irgendeines Gemeindepolitikers, in unseren Veröffentlichungen nicht auftauchen. Aber gerade weil wir durch Erfahrung begründete allgemeine Erkenntnisse sammeln wollen, sind wir auf Ihren persönlichen Erfahrungszusammenhang und Ihre Darstellung von wichtigen Einzelereignissen, so wie sie sich hier zugetragen haben, angewiesen. […] Wir möchten, daß uns Ihr eigener Erfahrungszusammenhang klar wird. Deshalb werden wir Sie nur dann unterbrechen, wenn wir etwas nicht verstanden haben. Allerdings würden wir uns freuen, wenn wir anschließend mit Ihnen die Fragen, die uns während Ihrer Erzählung in den Sinn kommen, diskutieren könnten. Wir werden deshalb hin und wieder ein Stichwort notieren."

Quelle: Schütze, Fritz. 1977. Die Technik des narrativen Interviews in Interaktionsfeldstudien dargestellt an einem Projekt zur Erforschung von kommunalen Machtstrukturen. Bielefeld: Universität Bielefeld, S. 27–33.

Gar nicht nach dem Thema zu fragen, das uns als Sozialforscher/innen eigentlich interessiert, sondern stattdessen ein „epiphänomenales Thema" anzusprechen, kann immer dann ein erfolgversprechender und trickreicher methodischer Weg sein, wenn das eigentliche Thema aufgrund von Scham- bzw. Schuldgefühlen bzw. von andersartigen Erzählhemmnissen verstellt wird. Dies funktionierte im Fall der Gebietsreform-Studie in vorbildlicher Weise und unterstreicht noch einmal, wie weitgehend man sich die Zugzwänge des Erzählens zu Nutze machen kann. Um den Forschenden ihre Darstellung verständlich zu machen, mussten die Interviewten nämlich auch unangenehme Aspekte erzählen:

> *„Der vermeintliche Umweg über detaillierte Erzählungen, die dem Anschein nach nur Facetten beleuchteten, erbrachte letztlich genaueren Aufschluss über den Prozess und seine Handlungsbedingungen als direkte Fragen nach dem die Forschenden interessierenden Untersuchungsgegenstand. Diese wichtige, in der Forschungspraxis gewonnene Erkenntnis über die innere Logik von Erzählungen bildete die Grundlage für Schützes nachfolgende Ausarbeitung [...] der Narrationsanalyse." (Kleemann et al. 2013, S. 64f.)*

Fritz Schütze konnte durch diesen ‚Umweg' zum einen zeigen, dass die Interessen von den interviewten Kommunalpolitiker/innen häufig explizit den Interessen anderer Akteure gegenübergestellt werden. Zum anderen werden eigene Interessen in narrativen Interviews häufig konspirativ geäußert – beispielsweise von einem Kommunalpolitiker, der an einschlägiger Stelle explizit um die Verschwiegenheit des Forschers bittet:

> *„Aber wir sahen darin – jetzt muß ich Sie bitten (lacht) das wirklich vertraulich zu behandeln – eh – doch die Möglichkeit – eh – der B-Partei da ziemlich – Feuer unter dem Hintern zu machen, ... indem wir die Namensfrage ziemlich hochgespielt haben, obwohl (informell, lässig) sie uns eigentlich völlig schnuppe war." (Interviewter Kommunalpolitiker zitiert nach Schütze 1976, S. 244)*

4.4 Reflexion: Gegenstandsangemessenheit und Relevanz

Nach diesem diesmal recht holzschnittartigen Einblick in die Untersuchungsergebnisse der Gebietsreform-Studie wende ich mich im Folgenden ihrer methodologischen Reflexion zu. Erneut werde ich dabei die konkrete Anwendung zweier Gütekriterien der qualitativen Sozialforschung beleuchten, die Sie in Kapitel 1.5 abstrakt kennengelernt hatten. Diesmal beschäftige ich mich mit der Gegenstandsangemessenheit und Relevanz einer Untersuchung.

Gegenstandsangemessenheit

In Bezug auf die Gegenstandsangemessenheit einer empirischen Studie gilt es sicherzustellen, dass ihr Untersuchungsdesign in der Lage ist, die gestellte Forschungsfrage zu beantworten und die untersuchten Gegenstände zu erfassen. In formaler Hinsicht erfüllt die Gebietsreform-Studie das Gütekriterium der Gegenstandsangemessenheit daher ohne Zweifel – schließlich wurden sowohl die Erhebungs- als auch die Auswertungsmethode im Rahmen der Studie entwickelt. Gleichwohl möchte ich noch einmal betonen, dass es sich hierbei um zwei ausgesprochen stark aufeinander bezogene und abgestimmte Methoden der qualitativen Sozialforschung handelt: Mit einer Narrationsanalyse lassen sich eben ausschließlich die Transkripte narrativer Interviews auswerten. Andere Datensorten hingegen – also beispielsweise Beobachtungsprotokolle, die Transkripte von Experteninterviews oder auch Dokumente aus dem Untersuchungsfeld – kommen für eine narrationsanalytische Auswertung nicht in Frage. Würde man sie auf diese Datensorten anwenden, wäre das Untersuchungsdesign eben nicht gegenstandsangemessen. Aus dieser Tatsache ergeben sich insbesondere zwei mögliche Einsatzbereiche für narrative Verfahren:

- Interaktionsfeldstudien
  Hierunter versteht man solche Studien, deren Ziel es ist, vergangene Prozesse der Interaktion relevanter Akteure in einem begrenzten Untersuchungsfeld zu rekonstruieren, um sie im Sinne ursächlicher Erklärungen zu interpretieren und auf dieser Basis theoretische Modelle zu entwickeln. Bei der Gebietsreform-Studie handelt es sich um eine derartige Interaktionsfeldstudie.
- Biografieforschung
  In den vergangenen Jahrzehnten haben sich narrative Verfahren darüber hinaus immer stärker auf Fragestellungen der Biografieforschung konzentriert – eine methodengeschichtliche Fokussierung, die von Schütze (1983) selbst angestoßen wurde. Ziel einer soziologischen Biografieforschung ist es zu untersuchen, ob und inwiefern bestimmte Phänomene der sozialen Wirklichkeit mit den jeweiligen Biografien der handelnden Akteure in Zusammenhang stehen – beispielsweise das Pilgern (vgl. Heiser und Kurrat 2012, 2015) oder das Erlernen eines Musikinstruments (vgl. Küsters 2009).

Aufgrund Ihrer starken erzähltheoretischen Fundierung müssen darüber hinaus einige weitere Voraussetzungen erfüllt sein, um narrative Verfahren gegenstandsangemessen anwenden zu können. So muss der bzw. die Interviewte zunächst in den interessierenden Prozess involviert gewesen sein und diesem eine gewisse Aufmerksamkeit gewidmet haben (vgl. Schütze 1977, S. 17 f.). Sonst nämlich hätte sich der vergangene Prozess nicht in Form der vier kognitiven Figuren in der Erinnerung des oder der Erzähler/in aufgeschichtet. Daher können beispielsweise Routinen nicht mittels narrativer Verfahren untersucht werden:

> „Es ist nur dann anwendbar, wenn eine Geschichte erzählt werden kann, d. h. wenn die soziale Erscheinung (zumindest partiell) erlebten Prozesscharakter hat und wenn dieser Prozesscharakter dem Informanten auch vor Augen steht. Damit sind in der Regel soziale Abläufe ausgeschlossen, die gewöhnlich unterhalb der tagtäglichen Aufmerksamkeitsschwelle liegen. Zum Beispiel kann mit Hilfe des narrativen Interviews kaum ermittelt werden, was die Routinen beruflichen Handelns oder was sublime Störungen eines Interaktionsablaufs sind." (Schütze 1987, S. 243)

Der bzw. die Interviewte muss außerdem eine sogenannte Erzählkompetenz aufweisen. Er oder sie muss also in der Lage sein, die kognitiven Figuren zu reanimieren, um den erlebten Prozess in Form einer Stegreiferzählung schildern zu können. Im methodologischen Diskurs besteht jedoch bis heute keine Einigkeit darüber, ob es sich bei der Erzählkompetenz, wie Schütze (1976, S. 16; 1977, S. 52) annimmt, tatsächlich um eine universelle Basiskompetenz handelt, über die jeder Mensch verfügt, oder ob die Erzählkompetenz eine Eigenschaft darstellt, die sich nur in bestimmten Schichten bzw. Milieus findet (vgl. Fuchs-Heinritz 2009, S. 181). Weitgehend unstrittig ist hingegen, dass die Interviewten ein gewisses Lebensalter erreicht haben müssen, damit die sozialisierten Zugzwänge des Erzählens wirksam werden können. Narrative Interviews mit Kindern führen zu wollen, wäre daher kein gegenstandsangemessenes Untersuchungsdesign. Darüber hinaus benennt Küsters (2009, S. 31 f.) zwei weitere Grenzen narrativer Verfahren: Zum einen lassen sich mittels narrativer Verfahren keine sogenannten Kollektivereignisse erforschen. Hierunter versteht sie historisch bedeutsame Ereignisse, die eine große öffentliche Aufmerksamkeit erregt haben – beispielsweise den Mauerfall am 9. November 1989 oder die Anschläge vom 11. September 2001. In derartigen Fällen ist die persönliche Erlebnisaufschichtung potenzieller Interviewpartner/innen stark von einer massenmedialen Aufbereitung der Ereignisse überlagert, sodass nicht von einer Homologie zwischen erlebtem Geschehen und Erzählung ausgegangen werden kann. Dieses Problem tritt zum anderen auch bei Personengruppen auf, mit „denen eine Stegreiferzählung zwar erhoben werden kann, deren Authentizitätsgehalt aber mit starken Zweifeln betrachtet werden muss" (ebd., S. 31). Dies gilt einerseits für Menschen, die eine Psychotherapie durchlaufen haben. In deren Rahmen werden nämlich häufig Deutungsmodelle entwickelt und vermittelt, die in der Lage sind, die im Gedächtnis aufgeschichteten Erlebnisse zu überformen. In einem narrativen Interview würden dann lediglich derartige nachträgliche Deutungen reproduziert, nicht aber die kognitiven Figuren reanimiert. Das gilt anderseits auch für besonders gebildete und eloquente Personen,

4.4 Reflexion

die aufgrund ihrer beruflichen Position umfangreiche Erfahrung damit haben, biografische Erzählungen an spezifische Kontexte anzupassen:

> *„[S]olche Menschen sind es gewohnt, ihren Lebenslauf an vielfältige situative Erfordernisse anzupassen, sozusagen marktabhängig auszugestalten und verfügen auch über die rhetorischen Mittel und die Selbstkontrolle, erzählerische Zugzwänge zumindest teilweise nicht wirksam werden zu lassen. Dies soll allerdings nicht heißen, dass diese Personen nicht mittels narrativer Interviews befragt werden können […] Nur sollte bei der Auswertung geprüft werden, ob in der Erzählung nicht das Biographie-Design eher repräsentiert ist als tatsächliche Orientierungen." (ebd., S. 32)*

Relevanz

Das zweite Gütekriterium, das ich anhand der Gebietsreform-Studie nun konkreter beleuchten kann, ist dasjenige der Relevanz einer empirischen Untersuchung. Diesbezüglich geht es um die Frage, welche Bedeutung einer Studie für die Vermehrung und Ausdifferenzierung wissenschaftlichen Wissens zukommt. In gewohnter Manier greife ich auf die Ausbuchstabierung dieses Gütekriteriums durch Ines Steinke (2022, S. 330) zurück:

Tabelle 19 Relevanz der Gebietsreform-Studie

Kriterium	Anforderungen	Anwendung
Fragestellung	Das Erkenntnisinteresse muss relevant sein für den wissenschaftlichen und/oder öffentlichen Diskurs.	Mit der Gebietsreform untersucht Schütze einen Gegenstand, dem seinerzeit eine hohe öffentliche Aufmerksamkeit zuteilwurde.
Theorieentwicklung	Das neu entwickelte theoretische Modell muss bereits vorhandene Ansätze aufgreifen, erweitern und/oder ausdifferenzieren.	In der Gebietsreform-Studie wird kein gegenstandsbezogenes theoretisches Modell entwickelt, sondern zwei theoriebasierte Methoden.
Erklärungspotenzial	Das theoretische Modell muss in der Lage sein, das untersuchte Phänomen zu erklären.	In der Gebietsreform-Studie wird kein gegenstandsbezogenes theoretisches Modell entwickelt.
Lösungspotenzial	Das theoretische Modell muss zur Lösung gesellschaftlicher Probleme anregen.	Die Ergebnisse der Gebietsreform-Studie können zur Konfliktminimierung politischer Reformprozesse beitragen.
Generalisierbarkeit	Die gegenstandsbezogenen Untersuchungsergebnisse müssen verallgemeinert werden können.	Generalisierbare Ergebnisse werden aufgrund des spezifischen Untersuchungsgegenstands nicht entwickelt, wohl aber zwei Methoden, die in vielfältigen Kontexten anwendbar sind.

Kriterium	Anforderungen	Anwendung
Darstellung	Das theoretische Modell muss überschaubar und nachvollziehbar dargestellt werden.	Die erzähltheoretische Fundierung narrativer Verfahren wird überschaubar und nachvollziehbar dargestellt.

In Anlehnung an: Steinke 2022, S. 330

Auf der Basis dieser Ausbuchstabierung ließe sich nun also der Schluss ziehen, dass die Gebietsreform-Studie in theoretischer Hinsicht keine nennenswerte Relevanz aufweist. Schütze entwickelt eben kein gegenstandsbezogenes theoretisches Modell, das wissenschaftliche Diskurse aufgreift oder Generalisierungen anstreben würde. Dies gilt jedoch wohlgemerkt nur in *inhaltlicher* Hinsicht – also in Bezug auf seinen Untersuchungsgegenstand. In *methodologischer* Hinsicht hingegen entwickelt Schütze im Rahmen seiner Studie zwei Methoden, die in verschiedensten Forschungskontexten angewandt werden können, also durchaus begrenzt generalisierbar sind. Insbesondere greift er mit dem narrativen Interview und der Narrationsanalyse vorhandene (erzähl-)theoretische Ansätze auf, die er in konkrete methodische Handlungsanleitungen transformiert. In methodologischer Hinsicht weist die Gebietsreform-Studie mithin eine hohe Relevanz auf und kann mit Recht als ‚Meilenstein der qualitativen Sozialforschung' verstanden werden.

4.5 Exkurs: Typenbildung

Da Schütze in seiner Gebietsreform-Studie kein gegenstandsbezogenes theoretisches Modell entwickelt, möchte ich mich abschließend mit einer weit verbreiteten Art derartiger Modelle beschäftigen, die auch für die Interpretation empirischer Daten typisch ist, die mittels narrativer Verfahren erhoben wurden: mit der Bildung von Typologien. Diese hat in der Soziologie eine lange Tradition und beginnt bereits bei den Klassikern unseres Fachs. So hatte – um eines der prominentesten Beispiele zu nennen – Max Weber (1921, S. 12) vier Idealtypen sozialen Handelns unterschieden: zweckrationales, wertrationales, affektuelles und traditionales Handeln. Derartige Idealtypen beziehen sich auf empirisch erfassbare Phänomene, die aber nicht bloß deskriptiv beschrieben werden. Vielmehr werden bestimmte Merkmale abstrahiert, um zu einem theoretisierenden Modell sozialer Wirklichkeit zu gelangen. Eine Typologie ist daher immer ein Modell, das mehrere Typen umfasst. Das Ziel der sozialwissenschaftlichen Typenbildung besteht darin, durch einen kontrastiven Fallvergleich Gemeinsamkeiten und Unterschiede zwischen den untersuchten Fällen herauszuarbeiten, um ähnliche Fälle zu einem Typus zu gruppieren:

4.5 Exkurs: Typenbildung

„Eine Typologie ist immer das Ergebnis eines Gruppierungsprozesses, bei dem ein Objektbereich anhand eines oder mehrerer Merkmale in Gruppen bzw. Typen eingeteilt wird [...], so dass sich die Elemente innerhalb eines Typus möglichst ähnlich sind (interne Homogenität auf der ‚Ebene des Typus') und sich die Typen voneinander möglichst stark unterscheiden (externe Heterogenität auf der ‚Ebene der Typologie' [...]). Mit dem Begriff Typus werden die gebildeten Teil- oder Untergruppen bezeichnet, die gemeinsame Eigenschaften aufweisen und anhand der spezifischen Konstellation dieser Eigenschaften beschrieben und charakterisiert werden können [...]." (Kelle und Kluge 2010, S. 85)

Heute zählt die Typenbildung zu den gängigsten Ergebnisformen qualitativer Sozialforschung. Auch in diesem Lehrbuch haben Sie dafür bereits einige Beispiele kennengelernt:

- Die Typologie der *Marienthal-Studie* umfasst vier Typen von Arbeitslosen: die Ungebrochenen, die Resignierten, die Verzweifelten und die Apathischen (vgl. Kap. 2.3).
- Die Typologie der *Musikinstrumenten-Studie* von Ivonne Küsters (2009) umfasst drei Typen von Menschen, die erst im Erwachsenen-Alter begonnen haben, ein Instrument zu erlernen. Diese Typen werden anhand des Zusammenhangs zwischen Instrumentenspiel und Biografie abgegrenzt, wobei es sich entweder um eine Substitution oder eine Kompensation der Biografie handelt bzw. keine biografische Verankerung identifizierbar ist.
- Die Typologie der *Pilger-Studie* umfasst fünf Typen von Jakobspilger/innen. Diese werden anhand der biografischen Auslöser für eine Pilgerschaft unterschieden und gehen mit typischen Handlungs- und Kommunikationsmustern während einer Pilgerschaft einher (vgl. Heiser und Kurrat 2015; Kurrat 2015). Zu unterscheiden sind dabei die Typen Bilanzierung, Krise, Auszeit, Übergang und Neustart.
- Und auch im folgenden Kapitel werden Sie mit der *Krankenhaus-Studie* von Anselm Strauss und Barney Glaser eine Typologie kennenlernen. Diese umfasst drei Typen von Bewusstheitskontexten im Sterben liegender Patient/innen. Wie diese sich voneinander abgrenzen lassen, werde ich gleich genauer beleuchten.

Wie Sie sehen, werden Typen in der Forschungspraxis häufig mit prägnanten Begriffen überschrieben, welche die zentralen Charakteristika eines Typus möglichst pointiert zum Ausdruck bringen. Ordnet man einen konkreten Fall einem Typus zu, so bedeutet dies nicht zwangsläufig, dass die anderen Typen der Typologie für diesen Fall überhaupt nicht von Relevanz wären. Wenn wir beispielsweise einen oder eine Pilger/in dem Typus Krise zugeordnet haben, ist damit nicht unbedingt gesagt, dass der oder sie nicht auch am Übergang in eine neue Lebensphase steht.

Wir bringen damit lediglich zum Ausdruck, dass eine Lebenskrise der *zentrale* Auslöser für die Pilgerfahrt ist. Für andere Pilgernde hingegen mag der biografische Übergang von zentraler Bedeutung sein.

Typologien nämlich erfüllen gemeinhin zwei erkenntnistheoretische Funktionen: In deskriptiver Hinsicht dienen sie dazu, den Untersuchungsgegenstand überschaubar und nachvollziehbar abzubilden, indem die zentralen Charakteristika der einzelnen Typen in Form von Gemeinsamkeiten und Unterschieden herausgearbeitet werden:

> *„Zunächst helfen sie bei der Beschreibung sozialer Realität durch Strukturierung und Informationsreduktion. Die Einteilung eines Gegenstandsbereichs in wenige Gruppen oder Typen erhöht dessen Übersichtlichkeit, wobei sowohl die Breite und Vielfalt des Bereichs dargestellt als auch charakteristische Züge, eben das ‚Typische' von Teilbereichen hervorgehoben wird. Durch die Bildung von Typen und Typologien kann deshalb komplexe soziale Realität auf eine beschränkte Anzahl von Gruppen bzw. Begriffen reduziert werden, um sie greifbar, und damit begreifbar zu machen."* (Kelle und Kluge 2010, S. 10 f.)

In theoretischer Hinsicht zielen Typen darauf ab, diejenigen Mechanismen herauszuarbeiten, die derartige Gemeinsamkeiten und Unterschiede ursächlich zu erklären vermögen: „Indem sie die zentralen Ähnlichkeiten und Unterschiede im Datenmaterial deutlich machen, regen sie die Formulierung von Hypothesen über allgemeine kausale Beziehungen und Sinnzusammenhänge an" (ebd., S. 11). Insbesondere narrative Verfahren weisen daher häufig ein Interesse an Alters- oder Personengruppen mit gemeinsamen Merkmalen auf (vgl. Schütze 1983, S. 283). Dies haben Sie im Rahmen der Narrationsanalyse an Schützes Abstraktion individueller Lebensläufe zu allgemeinen Prozessstrukturen des Lebenslaufs gesehen. Die Konstruktion einer Typologie möchte ich Ihnen anhand eines der prominentesten sozialwissenschaftlichen Modelle zur Typenbildung erläutern: anhand des „Stufenmodells empirisch begründeter Typenbildung" von Udo Kelle und Susann Kluge (vgl. Kelle und Kluge 2010, S. 82 ff.):

- Stufe 1: Erarbeitung relevanter Vergleichsdimensionen
  Zunächst liegt nach der Auswertung empirischer Daten ein Satz klassifizierender Kategorien vor. Die Interpretation dieser Kategorien führt sodann zu einer begrenzten Anzahl von Merkmalen, mit deren Hilfe sich die Gemeinsamkeiten und Unterschiede einzelner Fälle erfassen lassen. Anhand derartiger Vergleichsdimensionen können mehrere Fälle zu Typen gruppiert und abstrakt charakterisiert werden:
  > *„Hierbei geht es darum, jene Kategorien bzw. Merkmale zu erarbeiten und zu definieren, mit deren Hilfe Ähnlichkeiten und Unterschiede zwischen den Fällen*

4.5 Exkurs: Typenbildung

[...] angemessen erfasst und anhand derer die ermittelten Gruppen und Typen charakterisiert werden können." (ebd., S. 91)
- Stufe 2: Gruppierung der Fälle und Analyse empirischer Regelmäßigkeiten
Im zweiten Schritt der Typenbildung wird der sogenannte Merkmalsraum abgesteckt, der alle logisch möglichen Kombinationen der herausgearbeiteten Merkmale abbildet. In Form mehrdimensionaler Kreuztabellen verschafft man sich dabei einen Überblick über alle potenziellen Kombinationsmöglichkeiten. Dies wäre dann schon eine Typologie – die es allerdings noch weiter zu abstrahieren bzw. empirisch zu untermauern gilt. Es kann sich nämlich zeigen, dass logisch mögliche Kombinationen im Untersuchungsfeld übersehen wurden. In diesem Fall muss man weiter forschen, um herauszufinden, ob diese möglichen Merkmalskombinationen auch in der sozialen Wirklichkeit zu finden sind – oder ob sie dort nicht existent bzw. nicht relevant sind. Außerdem kann es passieren, dass man einen oder mehrere Fälle unserer Untersuchung nicht eindeutig einem der Typen zuordnen kann. In diesem Fall muss man feinere Unterscheidungen treffen und die Typologie weiter ausdifferenzieren:
„Hierbei werden die Fälle anhand der definierten Vergleichsdimensionen [...] und ihrer Ausprägungen [...] gruppiert und die ermittelten Gruppen hinsichtlich empirischer Regelmäßigkeiten untersucht. [...] Die Fälle, die einer Merkmalskombination zugeordnet werden, müssen miteinander verglichen werden, um die interne Homogenität der gebildeten Gruppen [...] zu überprüfen [...]. Des Weiteren müssen die Gruppen untereinander verglichen werden, um zu überprüfen, ob auf der ‚Ebene der Typologie' eine genügend hohe externe Heterogenität herrscht, d. h. ob die entstehende Typologie genügend Varianz [...] im Datenmaterial abbildet." (ebd.)
- Stufe 3: Analyse inhaltlicher Sinnzusammenhänge und Typenbildung
Einer Typologie geht es, wie gesagt, um mehr als nur darum, die soziale Wirklichkeit lediglich zu beschreiben. Vielmehr sollen soziale Strukturen rekonstruiert, verstanden und interpretativ erklärt werden, indem die Zusammenhänge zwischen den Merkmalen der einzelnen Typen herausgearbeitet werden. Dabei verkleinert sich der entwickelte Merkmalsraum im Allgemeinen noch einmal:
„Wenn die untersuchten sozialen Phänomene nicht nur beschrieben, sondern auch ‚verstanden' und ‚erklärt' werden sollen, müssen die inhaltlichen Sinnzusammenhänge analysiert werden, die den empirisch vorgefundenen Gruppen bzw. Merkmalskombinationen zugrunde liegen. In der Regel führen diese Analysen zu einer Reduktion des Merkmalsraums und damit der Gruppen [...] auf wenige Typen." (ebd.)
- Stufe 4: Charakterisierung der Typen
Schließlich werden die einzelnen Typen der Typologie anhand der relevanten

Vergleichsdimensionen und ihrer Sinnzusammenhänge charakterisiert. Dabei gilt es auch zu bestimmen, um welche Art von Typen es sich handelt. Kelle und Kluge (ebd., S. 85) unterscheiden diesbezüglich die Weberschen Idealtypen von Proto- von Extremtypen.

Die folgende Abbildung gibt einen Überblick über den Prozess der Typenbildung:

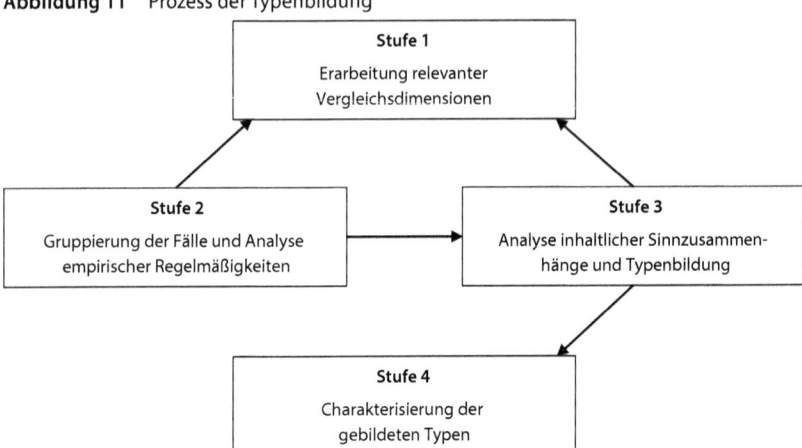

Abbildung 11 Prozess der Typenbildung

Quelle: Kelle und Kluge 2010, S. 82. Leicht modifiziert

Mit diesem Exkurs zur Typenbildung sind wir am Ende des vorliegenden Kapitels angelangt. Diesmal haben Sie die Studie „Zur Hervorlockung und Analyse von Erzählungen thematisch relevanter Geschichten im Rahmen soziologischer Feldforschung – dargestellt an einem Projekt zur Erforschung von kommunalen Machtstrukturen" von Fritz Schütze anhand ihrer Zielsetzung und ihrer Untersuchungsergebnisse kennengelernt. Da aus der Studie selbst nur wenige empirische Daten vorliegen, habe ich das methodische Vorgehen des narrativen Interviews und der Narrationsanalyse anhand einiger Beispiele aus der Pilger-Studie erschlossen. Insbesondere habe ich dabei auch die dezidierten theoretischen Grundlagen narrativer Verfahren diskutiert, deren Anwendung die hohe Relevanz der Gebietsreform-Studie für die methodengeschichtliche Entwicklung der qualitativen Sozialforschung unterstreicht. Bevor ich mich dem nächsten und – zumindest in diesem Buch – letzten ‚Meilenstein der qualitativen Sozialforschung' zuwende, möchte ich Ihnen wieder einige Literaturempfehlungen geben:

4.5 Exkurs: Typenbildung

Literatur

Literaturempfehlungen

Zunächst möchte ich Ihnen neben der Gebietsreform-Studie zwei weitere Texte von Schütze empfehlen, die sich mit der Datenerhebung bzw. -auswertung mittels narrativer Verfahren befassen:

Schütze, Fritz. 1977. Die Technik des narrativen Interviews in Interaktionsfeldstudien dargestellt an einem Projekt zur Erforschung von kommunalen Machtstrukturen. Bielefeld: Universität Bielefeld.

Anschaulich und ausführlich schildert Fritz Schütze die erkenntnis- und erzähltheoretischen Grundannahmen des narrativen Interviews. Dessen konkretes methodisches Vorgehen während der Datenerhebung wird anhand von Reflexionen der Gebietsreform-Studie dargestellt. Insbesondere die Erläuterungen zur Stimulierung von Stegreiferzählungen sowie zu immanenten und exmanenten Nachfragetechniken geben wertvolle Hinweise für die Forschungspraxis.

Schütze, Fritz. 1983. Biographieforschung und narratives Interview. Neue Praxis 13: 283–293.

In einem sechs Jahre später publizierten Aufsatz richtet Schütze die Forschung mittels narrativer Verfahren stärker auf biografische Fragestellungen aus – ein Fokus, der ihnen bis heute innewohnt. Übersichtlich skizziert er dabei die einzelnen Auswertungsschritte der Narrationsanalyse. Anhand mehrerer Transkriptauszüge illustriert er insbesondere sein Konzept der Prozessstrukturen von Lebensläufen.

Küsters, Ivonne. 2009 [2006]. Narrative Interviews. Grundlagen und Anwendungen. 2. Aufl. Wiesbaden: VS.

Ivonne Küsters hat das bis heute einzige soziologische Lehrbuch zu narrativen Verfahren vorgelegt. Anhand ihrer Studie zum Erlernen von Musikinstrumenten im Erwachsenenalter schildert sie ausführlich, wie sie ihr Forschungsthema entwickelt, ihre Fälle ausgewählt, ihre Daten erhoben und ausgewertet sowie schließlich zu einer Typologie abstrahiert hat. Lesenswert sind ihre knappen Überlegungen zur Kulturabhängigkeit narrativer Verfahren, die auch etwas über die Entwicklung qualitativer Sozialforschung im

Allgemeinen aussagen. Hilfreich sind schließlich ihre praktischen Hinweise zum Einstieg ins Forschungsfeld.

5 Awareness of Dying.
Oder: Die Grounded Theory Methodologie

Mit dem letzten vorzustellenden ‚Meilenstein' kehren wir nun zurück in die USA. In Kapitel 1.2 haben Sie ja bereits erfahren, dass die Etablierung und Ausdifferenzierung qualitativer Sozialforschung dort mit den Studien der Chicago School ihren Anfang genommen hatten. Sie haben jedoch auch gesehen, dass die Kanonisierung spezifischer Auswertungsmethoden dann im Wesentlichen in Europa erfolgte, insbesondere im deutschsprachigen Raum. Aber auch die US-amerikanischen Soziologen Anselm L. Strauss und Barney G. Glaser haben die Studien der Chicago School aufgegriffen und sich im Zuge der Entwicklung ihrer Grounded Theory Methodologie insbesondere der Frage gewidmet, wie sich aus den Ergebnissen derartiger Fallstudien allgemeine theoretische Modelle generieren lassen. Auf diese Frage werde ich zurückkommen; zuvor sollten Sie aber nicht überlesen, dass im Gegensatz zu den vorangegangenen Kapiteln nun nicht mehr von einer *Methode* die Rede ist, sondern von einer *Methodologie*. Diese Unterscheidung ist zentral für das Verständnis der Grounded Theory Methodologie. Daher möchte ich zunächst herausarbeiten, worin der Unterschied zwischen einer Methode und einer Methodologie besteht. Methoden haben Sie als spezifische Verfahrensweisen kennengelernt, die mit mehr oder minder klar formulierten Regeln für die Forschungspraxis einhergehen – dies war sowohl bei der teilnehmenden Beobachtung als auch beim Experteninterview und der qualitativen Inhaltsanalyse sowie beim narrativen Interview und der Narrationsanalyse der Fall. Im Gegensatz dazu sind Methodologien eher als die theoretischen Hintergründe von Methoden zu verstehen:

> „*Methodologien liefern den theoretischen Begründungsrahmen für methodische Vorgehensweisen. Sie liefern die Argumente für die Legitimation der jeweiligen Methoden als wissenschaftlich angemessene Verfahren des Erkenntnisgewinns.*" *(Strübing 2018, S. 30)*

Methodologien geben Ihnen also theoretische Begründungen dafür an die Hand, wie und warum Sie bestimmte Erhebungs- und Auswertungsmethoden anwenden. Insbesondere stellen sie dabei heraus, dass es sich bei den Methoden der qualitativen Sozialforschung um genuin *wissenschaftliche* Forschungsstrategien handelt, die sich aufgrund ihres theoretischen Hintergrunds beispielsweise von journalistischen Interviews und essayistischen Interpretationen unterscheiden:

> *„In Methodologien werden praktische Schritte (Methoden) des Erhebens und Auswertens von Daten reflektiert und in dieser Weise grundlagentheoretisch abgesichert. Ohne methodologische Reflexionen liefe die Forschung Gefahr, willkürliche und nicht überprüfbare Aussagen über die Wirklichkeit zu produzieren."* (Kleemann et al. 2013, S. 14)

Im Rahmen der Grounded Theory Methodologie spielt diese grundlagentheoretische Reflexion empirischer Daten eine zentrale Rolle. Zwar adressiert auch sie eine konkrete Vorgehensweise während der Auswertung und Interpretation von Daten; in erster Linie aber bezeichnet Grounded Theory Methodologie einen bestimmten Forschungs*stil*, eine bestimmte Haltung von Forschenden gegenüber ihren Daten:

> *„Methodologisch gesehen ist die Analyse qualitativer Daten nach der Grounded Theory [...] keine spezifische Methode oder Technik. Sie ist vielmehr als ein Stil zu verstehen, nach dem man Daten qualitativ analysiert und der auf eine Reihe von charakteristischen Merkmalen hinweist [...], um die Entwicklung und Verdichtung von Konzepten sicherzustellen."* (Strauss 1998, S. 30)

Die Studie, anhand derer ich den Forschungsstil der Grounded Theory Methodologie erschließen werde, trägt den Titel „Hospital Personnel, Nursing Care and Dying Patients". Ich werde Sie im Weiteren kurz als Krankenhaus-Studie bezeichnen. Wenn man so will, geht es inhaltlich also auch diesmal um eine Krise: um das Sterben als finale Krise des menschlichen Daseins. Aus dessen Untersuchung sowie aus der Rekonstruktion von Interaktionsmustern und strukturellen Bedingungen rund um sterbende Krankenhauspatient/innen sind gleich vier Monografien hervorgegangen:

- In einer ersten inhaltlichen Monografie veröffentlichen Glaser und Strauss im Jahr 1965 unter dem Titel „Awareness of Dying" die zentralen Untersuchungsergebnisse ihrer Studie. Diese werde ich in Kapitel 5.2.4 genauer betrachten und dabei unter anderem feststellen, dass es den Autoren in erster Linie um die Frage geht, ob sich sterbende Patient/innen ihres nahen Todes bewusst sind. So gesehen trifft der englische Originaltitel das Erkenntnisinteresse der

Studie besser als derjenige der deutschen Übersetzung von 1974; letzterer nämlich lautet „Interaktion mit Sterbenden".

- Im Jahr 1967 veröffentlichen Glaser und Strauss unter dem Titel „The Discovery of Grounded Theory" eine methodologische Monografie, in der sie das Untersuchungsdesign der Krankenhaus-Studie erläutern und reflektieren. Auch hier repräsentiert der Originaltitel das Anliegen der Publikation besser als die deutsche Übersetzung („Grounded Theory. Strategien qualitativer Forschung"). In der Tat nämlich geht es den Autoren darum aufzuzeigen, wie sich Theorien auf der Basis empirischer Daten induktiv *entdecken* lassen, weshalb Strübing (2018, S. 122) von einer „Streitschrift mit expliziter Kritik an und in Abgrenzung von [...] deduktiven Forschungsstilen" spricht. Das Buch richtet sich insbesondere an junge Sozialforscher/innen, die neue Wege gehen und sich von quantitativer Forschung sowie von den in den 1960er Jahren als soziologischer Mainstream geltenden strukturfunktionalistischen Ansätzen abheben wollen. Ihnen galt und gilt es bis heute als „Manifest qualitativer Sozialforschung" (Joas und Knöbl 2004, S. 215).
- Im Jahr 1968 veröffentlichen Glaser und Strauss unter dem Titel „Time for Dying" eine weitere inhaltliche Monografie. In ihr konzentrieren sie sich stärker auf die akute Phase von Sterbeprozessen. Letztere verstehen sie als genuin soziale Prozesse, die vom Handeln relevanter Akteure genauso geprägt sind wie von organisationalen Strukturen:
  „*We take as the task of our book [...] an illumination of the temporal features of dying in hospitals – as related both to the work of hospital personnel and to dying itself as a social process. We shall describe the organization of terminal care in hospitals: and, since dying and its ‚care' occur over time, we shall focus on the temporal organization of behavior toward dying patients.*" *(Glaser und Strauss 1968, S. Xf.)*
- Die vierte Publikation von 1967 stammt aus der Feder der Projektmitarbeiterin Jeanne Quint Benoliel. Sie trägt den Titel „The Nurse and the Dying Patient" und beleuchtet entsprechend in erster Linie die Rolle des Pflegepersonals bei seiner Interaktion mit sterbenden Patient/innen. Diese Fokussierung trägt sicherlich auch der Tatsache Rechnung, dass die Krankenhaus-Studie von der Abteilung für Krankenpflege des amerikanischen Gesundheitsministeriums finanziert wurde.

Sie sehen also, dass es durchaus unterschiedliche Wege gibt, die inhaltlichen und methodologischen Überlegungen einer Studie darzustellen: Die Marienthal-Studie beispielsweise konzentriert sich auf ihre Forschungsergebnisse, beleuchtet ihr Untersuchungsdesign aber recht ausführlich in einem methodologischen Anhang; die Lehrer/innen-Studie hingegen weist eine klassische Gliederung in Methoden-

und Ergebnisteil auf; die Gebietsreform-Studie beinhaltet nahezu ausschließlich methodologische Überlegungen und präsentiert ihre Untersuchungsergebnisse gleichsam en passant; und die Krankenhaus-Studie publiziert ihre Untersuchungsergebnisse bzw. methodologischen Überlegungen in verschiedenen Monografien. An ihrer Publikationsstrategie können Sie darüber hinaus sehen, dass sich dieselben empirischen Daten anhand unterschiedlicher Fragestellungen auswerten lassen: anhand der Bewusstheit des bevorstehenden Todes, anhand des akuten Sterbeprozesses sowie anhand der Rolle des Pflegepersonals. Ich werde mich im Folgenden inhaltlich auf die Frage nach der Bewusstheit („Awareness of Dying") und methodologisch auf die Monografie „The Discovery of Grounded Theory" konzentrieren.

5.1 Die Studie: Autoren und Zielsetzung

Auch die Krankenhaus-Studie kann mit Fug und Recht als ‚Meilenstein der qualitativen Sozialforschung' bezeichnet werden. Dies wird deutlich, wenn man sich die Ausgangslage der Soziologie in den 1950er und -60er Jahren verdeutlicht: Seinerzeit herrschte eine recht tiefe Kluft zwischen soziologischer Theoriebildung und empirischer Sozialforschung. Einerseits gab es ein Lager von Soziolog/innen, die sich um die Entwicklung theoretischer Modelle bemühten und diese deduktiv zur Beschreibung sozialer Wirklichkeit anwandten. Andererseits forschte ein Lager von Soziolog/innen empirisch – ohne sich jedoch nennenswert mit der Frage auseinander zu setzen, wie sich aus den entsprechenden Untersuchungsergebnissen abstrakte allgemeine Theorien generieren lassen. Die Grounded Theory Methodologie nimmt diesbezüglich eine vermittelnde Position ein. Ihre Grundidee besteht darin, mit empirischer Sozialforschung auf eine Theorieentwicklung abzuzielen. Induktiv entwickelte theoretische Modelle sollen dabei jedoch stets *in empirischen und insbesondere in qualitativen Daten begründet* sein – es soll sich im eigentlichen Sinn des Wortes um *grounded* theories handeln:

> „Durch ihre paradigmatische Positionierung gegenüber einer abstrakten, sich gegenüber der Empirie immunisierenden soziologischen Theorie einerseits und einer an den Naturwissenschaften orientierten standardisierten Methodologie anderseits haben sie den Weg für diejenigen geebnet, die später im Bereich der ‚qualitativen Methoden' eigene Zugänge entwickelt haben." (Przyborski und Wohlrab-Sahr 2021, S. 241)

Die Krankenhaus-Studie wurde von Anselm Strauss initiiert, dessen Interesse an der Interaktion mit Sterbenden durch eine persönliche Erfahrung geweckt wurde – den Tod seiner Mutter:

> *„Fünf Jahre vor Beginn unserer Untersuchung lernte Strauss beim Tode seiner Mutter kennen, was wir als geschlossenen Bewußtheits-Kontext und als Kontext der wechselseitigen Täuschung [bezeichnen werden]. Zwei Jahre später war er mit einigen Freunden in ein nach seiner Meinung ‚sorgsam ausgearbeitetes Zusammenspiel des geheimen Einverständnisses' verwickelt, um einen sterbenden Freund nicht wissen zu lassen, wie nahe sein Tod bevorstand […]. Diese beiden persönlichen Erfahrungen erweckten sein Interesse für die Probleme und Konsequenzen des langsamen Dahinsiechens im Gegensatz zu schnellem Sterben. […] Glaser, der kurz zuvor seinen Vater verloren hatte, war besonders beeindruckt von der Bedeutung der Todeserwartung und dem Wissen der einzelnen Beteiligten darum. Er hatte die Auswirkungen selbst erlebt, wußte wie weit sie die Einstellung der Angehörigen beim Sterben seines Vaters beeinflußt hatten, hatte mitangesehen, wie der Arzt mit den Angehörigen umgegangen war und wie alle seinen Vater behandelt hatten. Auch er war betroffen gewesen, als beim Sterben seines Vaters die Hoffnungslosigkeit der ‚man kann nichts mehr tun'-Phase alle gelähmt hatte."* (Glaser und Strauss 1965, S. 263 f.)

Während einer sechsmonatigen Explorationsphase konnte Strauss zum einen die Abteilung für Krankenpflege des National Institute of Health für eine Finanzierung des Forschungsprojekts in Form eines sechsjährigen Public-Health-Service Research-Stipendiums gewinnen. Zum anderen konnte er Barney Glaser dafür gewinnen, das Projekt gemeinsam mit ihm zu leiten. Zu den weiteren Mitarbeiterinnen gehörten Jeanne Quint Benoliel, Elaine MacDonald und Ruth Fleshman. Werfen Sie in gewohnter Manier daher zunächst einen Blick auf die Biografien der Projektleiter, bevor ich mich dem Erkenntnisinteresse der Studie zuwende.

Anselm L. Strauss und Barney G. Glaser

Anselm L. Strauss
Anselm Leonard Strauss wurde am 18. Dezember 1916 in New York City geboren, nachdem seine Großeltern aus Deutschland in die USA emigriert waren. Er studierte Biologie und Soziologie an der University of Virginia und wurde im Jahr 1945 an der University of Chicago promoviert. Dort war Strauss Schüler von Herbert Blumer und einer der Vertreter der Chicago School.

Nach seiner Tätigkeit als wissenschaftlicher Mitarbeiter lehrte Strauss ab dem Jahr 1946 Soziologie als Assistant Professor zunächst an der Indiana University und ab 1952 an der University of Chicago. Im Jahr 1960 wurde er von der University of California in San Francisco zum ordentlichen Professor für Sozial- und Verhaltenswissenschaften berufen. Dort forschte er als Medizinsoziologe zur Interaktion mit Sterbenden und zum Umgang mit chronischen Erkrankungen. Gemeinsam mit Barney G. Glaser entwickelte er in diesem Forschungskontext die Grounded Theory Methodologie. Darüber hinaus war er als Berater für die Weltgesundheitsorganisation tätig. Im Jahr 1980 wurde er mit dem Charles H. Cooley Award ausgezeichnet.

Im Jahr 1987 wurde Strauss emeritiert; er starb am 5. September 1996 in San Francisco.

Barney G. Glaser
Barney G. Glaser wurde am 27. Februar 1930 in San Francisco geboren. Er studierte an der dortigen Stanford University und absolvierte Auslandssemester in Paris und Freiburg. Im Jahr 1961 wurde er als Schüler von Paul F. Lazarsfeld und Robert K. Merton an der Columbia University zum Thema „Organizational Scientists: Their Professional Careers" promoviert.

An der University of California in San Francisco forschte Glaser gemeinsam mit Anselm L. Strauss zur Interaktion mit Sterbenden und zum Umgang mit chronischen Erkrankungen; in diesem Forschungskontext entwickelten beide die Grounded Theory Methodologie. Weltweit leitete Glaser Workshops und Seminare zu empirischer Sozialforschung und gründete im Jahr 1999 das webbasierte Grounded Theory Institute. Er starb am 30. Januar 2022.

Neben den persönlichen Erfahrungen von Strauss und Glaser gab es eine weitere Beobachtung, die das Erkenntnisinteresse der Krankenhaus-Studie prägte: die Hospitalisierung des Todes. Genau wie in Deutschland stirbt nämlich auch in den USA seit der Mitte des 20. Jahrhunderts ein zunehmend höherer Anteil von Menschen nicht mehr zuhause, sondern in Krankenhäusern:

> „Mit dem Wissen, daß die meisten Amerikaner heute im Krankenhaus sterben, haben wir uns auf die Vorgänge beim Tod im Krankenhaus konzentriert. Wir haben uns mehr mit der Interaktion zwischen dem Kranken und dem Krankenhauspersonal beschäftigt als mit dem Patienten selber. Wir berichten nicht nur über ‚Einstellungen zum Tod', sondern auch über entsprechende Aktionsbereiche. Unsere Untersuchung galt weniger dem Tod an sich als dem Sterbeprozeß – einem Vorgang von oft beträchtlicher Dauer." *(ebd., S. 5f.)*

Aus der Erforschung der Interaktionen zwischen sterbenden Patient/innen und Krankenhauspersonal soll, so betonen die Autoren immer wieder, auch ein praktischer Nutzen abgeleitet werden: „Wir möchten dazu beitragen das Sterben für den

Patienten, seine Angehörigen und das Krankenhauspersonal durch Vernunft und Mitleid zu erleichtern. Vernunft und Mitleid lassen sich durchaus vereinbaren" (ebd.). Dieses Forschungsinteresse wird auf die folgenden konkreten Forschungsfragen heruntergebrochen (vgl. ebd., S. 6, 15), die das Handeln der beteiligten Akteure sowie dessen Kontextbedingungen und Konsequenzen zu rekonstruieren suchen:

- In Bezug auf das strategische Handeln relevanter Akteure: Wie handeln Ärzt/innen und Pflegepersonal als gesellschaftliche Akteure und wie gehen sie mit Sterbenden um? Welche vorübergehenden oder permanenten Arten sozialer Interaktion ergeben sich aus dem Umgang mit Sterbenden? Welche Strategien werden von den beteiligten Akteuren verfolgt?
- In Bezug auf die Kontextbedingungen: Unter welchen Voraussetzungen treten bestimmte Formen der Interaktion auf? Wie weit wird der Sterbeprozess von den strukturellen Bedingungen der Organisation Krankenhaus berücksichtigt?
- In Bezug auf die Konsequenzen: Welche Konsequenzen ergeben sich aus den Interaktionsmechanismen und strukturellen Bedingungen für Patient/innen, Angehörige, Personal und Krankenhaus?

Sie werden im folgenden Abschnitt sehen, dass die Gruppierung dieser Forschungsfragen bereits auf einige zentrale Elemente der Grounded Theory Methodologie verweist. Bevor ich mich dem Untersuchungsdesign der Krankenhaus-Studie zuwende, möchte ich noch einmal unterstreichen, dass sie konsequent im Sinne des oben beschriebenen Forschungsstils vorgeht. Die Publikationen sind daher ausgesprochen stark an der Interpretation empirischer Daten orientiert. Bezüge auf bereits vorhandene theoretische Modelle finden sich hingegen nur punktuell und sind über alle drei inhaltlichen Monografien verstreut; ein expliziter Theorieteil liegt nicht vor. Wenn überhaupt auf andere Publikationen Bezug genommen wird, dann in erster Linie auf gegenstandsbezogene Literatur und weniger auf genuin sozialwissenschaftliche Veröffentlichungen. Dies mag auch der Tatsache geschuldet sein, dass sich die Krankenhaus-Studie explizit nicht nur an ein soziologisches Fachpublikum richtet, sondern ebenso an eine interessierte Öffentlichkeit und hier insbesondere an Leserinnen und Leser, die als Fachkräfte mit der Pflege und medizinischen Versorgung sterbender Patient/innen betraut sind.

5.2 Die Methodik: Theoretisches Sampling, Kodieren, Memos und Situationsanalyse

Um die gerade skizzierten Forschungsfragen zur Interaktion mit sterbenden Patient/innen beantworten zu können, führten Glaser, Strauss und die übrigen Projektmitarbeiterinnen Feldstudien in sechs Krankenhäusern der Region San Francisco durch. Über einen Zeitraum von insgesamt drei Jahren beobachteten die Forschenden teilnehmend auf Frühgeborenen-, Krebs- und Intensivstationen. Darüber hinaus interviewten sie im Sterben liegende Patient/innen und deren Angehörige sowie Ärzt/innen und Pflegekräfte. Die Auswahl der Stationen und Interviewpartner/innen erfolgte dabei freilich nicht zufällig; sie basierte vielmehr auf der explorativen Vorstudie, die Strauss schon vor dem offiziellen Beginn des Forschungsprojekts durchgeführt hatte:

„Die Auswahl der einzelnen Beobachtungsplätze und die Ausrichtung unserer Arbeit entsprach der Zielsetzung, (in diversen Bereichen) frühere und spätere Hypothesen zu bestätigen, neue zu entwickeln und neue Daten zu bestimmten Kategorien oder Kombinationen von Kategorien zu erheben." (ebd., S. 265f.)

Die Fallauswahl beruhte also auf theoretischen Vorüberlegungen, die im Rahmen der Vorstudie generiert wurden – ein Prinzip, das ich im folgenden Abschnitt ‚theoretisches Sampling' nennen werde. Ihren Forschungsalltag schildern die Autoren mit recht bildreichen Worten, die für den Schreibstil der Krankenhaus-Studie typisch sind:

„Der Soziologe folgt dem Personal bei der Arbeit, beobachtet und stellt manchmal Fragen nach Einzelheiten. Er sitzt mit im Schwesternzimmer und verfolgt schweigend die Gespräche. Gelegentlich fragt er einzelne Mitarbeiter nach beobachteten Geschehnissen oder nach Dingen, die er gehört hat. Manchmal interviewt er Mitglieder des klinischen Stabs länger und ausführlicher und gibt diesen Interviews durch Verwendung eines Tonbandgerätes einen besonders offiziellen Anstrich. Er nimmt an Besprechungen teil. Er beobachtet Tag und Nacht den Zustand bestimmter Patienten, sagt auf Nachfrage aber nur, er studiere das Krankenhauswesen. Feldstudien finden tagsüber, abends und nachts statt. Sie können zehn Minuten dauern oder viele Stunden lang." (ebd., S. 6)

In Bezug auf die Datenerhebung haben wir es bei der Krankenhaus-Studie also mit einem klassischen ethnografischen Vorgehen zu tun; in Bezug auf die Datenauswertung gingen die Forschenden hingegen völlig neue Wege und entwickelten den Forschungsstil der Grounded Theory Methodologie. Im Gegensatz zu den Auswertungsmethoden, die Sie in den vorangegangenen Kapiteln kennengelernt haben, handelt es sich dabei um einen universellen Forschungsstil, der in der Lage ist, ein breites Spektrum verschiedener Datensorten sowie ein breites Spektrum unterschiedlichster Untersuchungsgegenstände zu analysieren. Ziel der Grounded Theory Methodologie ist, wie gesagt, die Entwicklung theoretischer Modelle, die in empirischen Daten und ihrer systematischen Analyse begründet und verankert sind:

> *„Eine Theorie auf der Grundlage von Daten zu generieren, heißt, dass die meisten Hypothesen und Konzepte nicht nur aus den Daten stammen, sondern im Laufe der Forschung systematisch mit Bezug auf die Daten ausgearbeitet werden."* (Glaser und Strauss 1967, S. 23)

Für diese Forschungshaltung plädieren Glaser und Strauss in aller Deutlichkeit bereits 1965 im methodologischen Anhang der Krankenhaus-Studie:

Quelle

Plädoyer für eine empirisch begründete Theoriebildung

„Das Verlangen daß eine substantielle Theorie den gegebenen Daten weitgehend entsprechen sollte, mag überflüssig erscheinen. Tatsächlich gibt es aber bei den üblichen Verfahren, eine soziologische Theorie zu entwickeln, viele Hindernisse und Fallstricke, die eine gute Anpassung ausschließen. Soziologen entwickeln oft eine substantielle Theorie [...], die, ohne daß sie sich dessen bewußt werden, von eigenen Idealvorstellungen beeinflußt ist. Wertungen, die seiner Berufsethik und sozialen Herkunft entsprechen, populäre Einstellungen und Klischeevorstellungen wie auch wohlgezielte Anstrengungen, logische Deduktionen von formalen Theorien abzuleiten, zu denen sich der einzelne Soziologe im Verlauf seiner Studien bekannt hat [...], beeinflußen ihn bei seiner Arbeit. Diese teils bewußten, teils unbewußten Taktiken führen charakteristischerweise zu Theorien, die weit entfernt von der Alltagsrealität ihres Anwendungsbereiches sind, so daß man nicht recht weiß, wie und in welchem Bereich der Sozialstruktur man sie anwenden sollte, wo sie den Daten des Anwendungsbereiches entsprechen, oder in welchem Verhältnis sie zu den verschiedenen auftauchenden Problemen stehen. Auf logische Deduktion verlassen kann sich allein der, der glaubt, daß die formale Theorie alle nötigen Konzepte und Hypothesen liefern kann; die Folge sind ein typisches Anpassen und Entstellen von Daten, die in die vorhandenen soziologischen Kategorien nicht hineinzupassen scheinen oder nicht hineingezwungen werden können. Da es nur wenige soziologische Theorien

> gibt, die sich mit Veränderungen befassen, werden logische Deduktionen meist aufgrund statischer Theorien untermauert, was zu Ungenauigkeiten, Entstellungen und Verzerrung führt, wenn die abgeleitete Theorie auf eine sich ständig verändernde, alltägliche Realität bezogen wird.
> Es ist klar, daß eine Alltagsrealität des Anwendungsbereiches gerecht werdende substantielle Theorie sorgfältig von verschiedenen, über eine beträchtliche Zeitspanne gesammelten Daten ausgehen muss. Diese zunächst meist auf qualitativen Daten beruhende Untersuchung [...] wird in zwei Richtungen geführt. Es geht darum, neue Konzepte und Hypothesen zu entdecken und gleichzeitig die auftauchenden Hypothesen unter möglichst unterschiedlichen Bedingungen zu überprüfen. Nur auf diese Weise wird eine Theorie der Alltagsrealität [...] entsprechen können. Nur so wird sie auch anzuwenden sein."
>
> Quelle: Glaser, Barney G. und Anselm L. Strauss. 1974 [1965]. *Interaktion mit Sterbenden. Beobachtungen für Ärzte, Schwestern, Seelsorger und Angehörige*. Göttingen: Vandenhoeck & Ruprecht, S. 240–241.

Das über die Untersuchung eines konkreten Gegenstands hinausgehende Ziel einer empirisch begründeten Theoriebildung machen Glaser und Strauss auch im Vorwort ihrer zwei Jahre später erschienenen Methoden-Publikation noch einmal deutlich:

> *„Unser Buch zielt darauf ab, die Fähigkeiten von Sozialwissenschaftlern zu verbessern, Theorie zu generieren, die für ihre Forschung relevant ist. [...] Wir plädieren in unserem Buch dafür, Theorie auf die Sozialforschung selbst zu gründen – sie aus den Daten zu generieren. Wir haben diese Position mit der allgemeinen Methode komparativer Analyse [...] sowie mit verschiedenen auf die Generierung von Grounded Theory abgestellten Verfahrensweisen verbunden."* (Glaser und Strauss 1967, S. 16)

Bei der Grounded Theory Methodologie handelt es sich also um einen Forschungs*stil*, um eine – wie Anselm Strauss und Juliet Corbin (2010, S. X) schreiben – „besondere Art [...], über die soziale Wirklichkeit nachzudenken und sie zu erforschen":

> *„Grounded Theory [versteht] sich weniger als präskriptives Verfahren [...], dem haargenau zu folgen wäre. Vielmehr ist Grounded Theory eher gedacht als eine konzeptuell verdichtete, methodologisch begründete und in sich konsistente Sammlung von Vorschlägen,*

die sich für die Erzeugung gehaltvoller Theorien über sozialwissenschaftliche Gegenstandsbereiche als nützlich erwiesen haben." (Strübing 2021, S. 1f.)

Der Forschungsstil der Grounded Theory Methodologie umfasst verschiedene methodische Elemente, von denen ich die folgenden vier als zentral betrachten würde:

- Theoretische Sensibilität und theoretisches Sampling
  Die Fallauswahl erfolgt nicht ex ante, sondern kontinuierlich im Laufe des Forschungsprozesses. Beispielsweise werden die zu untersuchenden Fälle auf der Basis erster Untersuchungsergebnisse ausgewählt. Dadurch werden die Forschenden zunehmend sensibel dafür, welche Fälle, aber auch welche Daten von besonderer Bedeutung sind. Diese Daten können dann gezielt ausgewählt und vertiefend analysiert werden.
- Kodieren und Vergleichen
  Im Zuge eines mehrstufigen Kodierprozesses werden die erhobenen Daten in sogenannte Konzepte überführt, die im Laufe der Forschung zunehmend abstrahiert und schließlich zu Kategorien verdichtet werden. Anhand eines permanenten Vergleichs ihrer Gemeinsamkeiten und Unterschiede werden diese Kategorien zueinander in Beziehung gesetzt und in Hinblick auf ihre Relevanz für die Erklärung des untersuchten Phänomens überprüft. Der klassische Kodierprozess umfasst drei Stufen. Von Kathy Charmaz (2014) wurde er aus einer konstruktivistischen Perspektive auf vier Stufen erweitert.
- Memos und Diagramme
  Die Grounded Theory Methodologie legt großen Wert auf das regelmäßige Verfassen und Organisieren sogenannter Memos und Diagramme. Diese dienen als Hilfsmittel, um analytische Gedanken und Interpretationen systematisch zu erfassen und Schritt für Schritt zu einem theoretischen Modell zu integrieren.
- Situationsanalyse
  Zu Beginn der 2000er-Jahre brachte Adele Clarke (2012) eine „postmoderne" Perspektive in die Grounded Theory Methodologie ein (Denzin 2007, S. 454). Sie grenzt sich insbesondere von rational choice-Modellen und linearen Kausalitätsannahmen ab und versucht, die Komplexität sozialer Prozesse mit Hilfe von Situationsanalysen sowohl theoretisch als auch empirisch zu erfassen.

Nicht alle dieser vier Elemente wurden also gleichzeitig und nicht alle von Glaser und Strauss entwickelt. Vielmehr haben wir es mit einer permanenten Weiterentwicklung der Grounded Theory Methodologie zu tun, die ihren Anfang in einem handfesten Methodenstreit der beiden Autoren der Krankenhaus-Studie nahm. Barney Glaser nämlich hielt in den 1970er und -8oer Jahren mit aller Konsequenz an analytischen Konzepten und Kategorien fest, die ebenso strikt wie ausschließlich aus empirischen Daten emergieren sollten. Deutlich plädierte er in diesem Zusammenhang für eine konsequente Ausklammerung des Vorwissens von Forschenden, sozusagen für eine „tabula rasa-Position rein induktiver Erkenntnis" (ebd., S. 73). Anselm Strauss hingegen entwickelte zu dieser Zeit gemeinsam mit seiner Mitarbeiterin Juliet Corbin neue Auswertungstechniken – etwa das Kodierparadigma, das Sie in Kapitel 5.2.2 kennenlernen werden. Diese ließen ihren Ansatz der Grounded Theory Methodologie deutlich technischer und prozessualer sowie letztlich pragmatischer werden. Nicht mehr zu übersehende Differenzen zwischen den beiden ursprünglichen Protagonisten der Grounded Theory Methodologie zeigten sich erstmals am Ende der 1970er Jahre, als Glaser (1978) und Strauss (1987) jeweils eigene methodologische Monografien vorlegten. Zwischenzeitlich eskalierte ihr Streit sogar, als Glaser in der Einleitung seines Buches „Emergence vs. Forcing" zwei seiner Briefe an Strauss abdruckte (vgl. Strübing 2021, S. 69). Darin heißt es unter anderem: „Ich ersuche Dich, das Buch (Grundlagen qualitativer Sozialforschung) zurückzuziehen. Es verzerrt und verkennt die Grounded Theory, während es 90 % ihrer wichtigen Ideen krass vernachlässigt" (Glaser 1992, S. 2). Spätestens an diesem Punkt haben sich zwei verschiedene Stränge der Grounded Theory Methodologie entwickelt:

„eine von Anselm Strauss geprägte pragmatistisch inspirierte, die er, teilweise gemeinsam mit Juliet Corbin, in ihren praktischen Dimensionen ausgearbeitet hat, sowie eine [...] empiristische Variante von Barney Glaser, die dieser nach ‚Theoretical Sensitivity' vor allem in dem sehr polemischen und Strauss-kritischen Buch ‚Emergence vs. Forcing' (1992) und dann noch einmal aktualisiert in ‚Doing Grounded Theory' (1998) postuliert hat." (Strübing 2021, S. 4)

Zu den „führenden Repräsentantinnen der zweiten Generation von Grounded Theory" (ebd., S. 107) zählen die US-amerikanischen Soziologinnen Kathy Charmaz und Adele Clarke, die beide an der University of California von Anselm Strauss ausgebildet wurden. Charmaz brachte eine konstruktivistische Perspektive in die Grounded Theory Methodologie ein und Clark die Situationsanalyse. Die methodengeschichtliche Entwicklung der Grounded Theory Methodologie stellt sich damit folgendermaßen dar:

5.2 Die Methodik

Abbildung 12 Methodengeschichtliche Entwicklung der Grounded Theory Methodologie

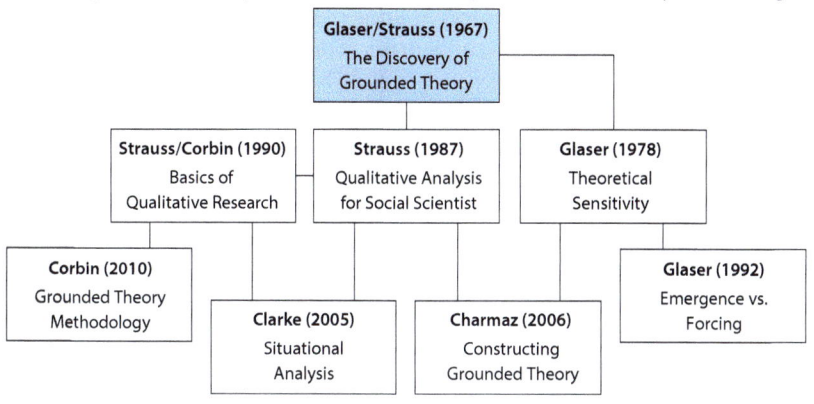

Quelle: Eigene Darstellung

Bevor ich die vier Elemente der Grounded Theory näher betrachte, möchte ich Sie an etwas erinnern, das ich am Anfang dieses Buches bereits erläutert habe: Bei qualitativer Sozialforschung handelt es sich stets um einen *zirkulären* Forschungsprozess. Dieses Charakteristikum wird von der Grounded Theory Methodologie in besonderem Maße betont. So schreiben Glaser und Strauss in der Methoden-Publikation der Krankenhaus-Studie, dass sich Datenerhebungs- und -auswertungsphasen immer wieder abwechseln:

> „Die grundlegende Operation besteht darin, Daten zeitgleich zu erheben, zu kodieren und zu analysieren. Theoriegenerierung, gekoppelt mit der Auffassung von Theorie als Prozess, erfordert, dass alle drei Operationen weitestgehend parallel ausgeführt werden. Sie sollten von Anfang der Untersuchung an bis hin zu ihrem Ende ineinander übergreifen und sich permanent überkreuzen." (Glaser und Strauss 1967, S. 60)

Vor diesem Hintergrund muss ich sozusagen einen Hinweis in eigener Sache einfügen: Zirkularität ist didaktisch nur äußerst schwer abzubilden. Ich kann Ihnen die Techniken und Verfahrensweisen der Grounded Theory Methodologie im Rahmen eines Fernstudienkurses daher nur nacheinander – wenn man so will, also linear – darstellen. Dies sollten Sie aber keinesfalls missverstehen: Beispielsweise werden die Kodierschritte nicht nur einmal in der hier genannten Reihenfolge durchlaufen, sondern wechseln sich in der Praxis immer wieder ab. Und auch das theoretische Sampling betreibt man nicht nur einmal am Anfang der Untersuchung, sondern mit Fortschreiten der Theorieentwicklung permanent.

Auch Strauss versucht sich an dieser didaktischen Quadratur des Kreises, indem er den zirkulären Forschungsprozess in linearer Weise abbildet. Gleichwohl vermittelt seine Abbildung einen guten Eindruck vom beständigen Wechsel zwischen den Phasen Datenerhebung, Datenanalyse und Theoriebildung. Ein idealtypischer Forschungsprozess nach der Grounded Theory Methodologie gestaltet sich daher so, dass zunächst ein erster Fall erhoben und kodiert wird. Die dabei gewonnenen Erkenntnisse bilden die Grundlage für die Auswahl eines zweiten Falls. Dessen analytische Kodierung steuert dann nicht nur die Auswahl des dritten Falls, sondern führt auch zu ersten theoretischen Gedanken, die in Form von Memos und oder Diagrammen festgehalten werden und die theoretische Sensibilität der Forschenden erweitern. Diese wiederum fließt in die Analyse weiterer Daten ein – usw., usw.:

Abbildung 13 Zirkulärer Forschungsprozess der Grounded Theory Methodologie

| Datenerhebung | Datenanalyse | Theoriebildung |

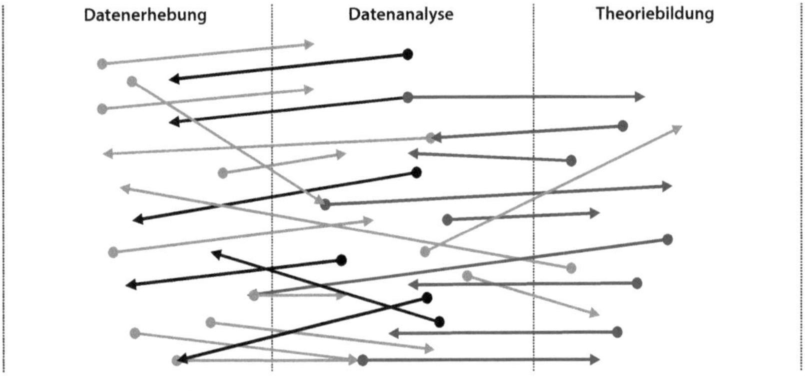

Quelle: Strauss 1998, S. 46. Modifiziert.

5.2.1 Theoretische Sensibilität und theoretisches Sampling

Eine zentrale von der Grounded Theory Methodologie aufgeworfene Frage besteht darin, wie viel Vorwissen über den interessierenden Untersuchungsgegenstand man als Sozialforscher/innen mitbringen darf und soll, wenn man eine empirische Studie beginnt. Zunächst wird man diesbezüglich wohl feststellen müssen, dass grundlegende – auch theoretische – Vorstellungen zu den meisten Phänomenen der sozialen Wirklichkeit zum geteilten Wissen gehören, über das alle Gesellschaftsmitglieder verfügen. Niemals wird man das Feld, das man untersuchen möchte, daher völlig ohne Vorwissen betreten können – auch wenn

5.2 Die Methodik

Glaser diese pointierte Vorstellung eines oder einer unbedarften Forscher/in zwischenzeitlich vertreten hatte. Dies wird auch am Beispiel der Forschung in einem Krankenhaus deutlich: Natürlich haben wir alle eine gewisse Vorstellung von den Strukturen, Funktionsweisen und Akteuren einer derartigen Organisation. Dass wir ein Krankenhaus überhaupt als Organisation bezeichnen, verweist darüber hinaus darauf, dass wir aufgrund unseres Soziologiestudiums über ein bestimmtes soziologisches Fachwissen verfügen, das unseren Blick auf das Untersuchungsfeld prägen und in bestimmte Bahnen lenken wird – ob wir es nun wollen oder nicht:

„Z. B. weiß [der Forscher] schon bevor er ein Krankenhaus untersucht, dass es dort Ärzte, Schwestern und Pfleger, Stationen und Aufnahmeverfahren gibt. Diese Konzepte sind ein Ansatzpunkt seiner weiteren Forschung. Natürlich weiß er noch nicht um die Relevanz dieser Konzepte für sein Problem [...]." (Glaser und Strauss 1967, S. 61)

Derartiges Vorwissen, das man mit Kathy Charmaz auch als initiale Konzepte begreifen kann, wird im Regelfall jedoch nicht zum zentralen Bestandteil des theoretischen Modells, das man am Ende einer Untersuchung entwickelt. Vielmehr schärft es den Blick für Gegebenheiten im Untersuchungsfeld, die für die Beantwortung einer Forschungsfrage relevant sein könnten – es fördert die sogenannte theoretische Sensibilität:

„Der Soziologe sollte [...] hinlänglich theoretisch sensibel sein, sodass er eine aus den Daten hervorgehende Theorie konzeptualisieren und formulieren kann. Hat man erst einmal mit der Arbeit begonnen, entwickelt sich die theoretische Sensibilität kontinuierlich fort. Sie verfeinert sich immer weiter, solange der Soziologe in theoretischen Termini auf seine Kenntnisse reflektiert und möglichst verschiedene Theorien daraufhin befragt, wie sie mit ihrem Material verfahren und konzipiert sind, welche Positionen sie beziehen und welche Art von Modellen sie gebrauchen." (ebd., S. 62)

Entscheidend ist, dass mit der theoretischen Sensibilität keine kategorischen Vorfestlegungen einhergehen dürfen; keinesfalls nämlich darf man jene Offenheit für neue und unerwartete Erkenntnisse verlieren, über die ich in Kapitel 3.4 bereits geschrieben habe. Unerlässlich ist die theoretische Sensibilität aber eben dafür, den Daten Bedeutung zu verleihen und dabei Wichtiges von Unwichtigem unterscheiden zu können:

„Widmet der Soziologe sich ausschließlich einer vorab erschlossenen Theorie (z. B. über formale Organisation), schränkt er seine theoretische Sensibilität zwangsläufig ein. Er wird dann zum Doktrinär und vermag weder zu der von ihm favorisierten noch zu sonst

einer Theorie auf Distanz gehen. Er verliert die Sensibilität für Fragen, die seine Theorie in Zweifel stellen, oder er wird defensiv; er ist davon besessen, zu testen, zu modifizieren und alles aus seinem einmal festgelegten Blickwinkel zu betrachten." (ebd.)

Zusammenfassend kann theoretische Sensibilität daher mit Strauss und Corbin folgendermaßen definiert werden:

„Theoretische Sensibilität ist die Fähigkeit zu erkennen, was in den Daten wichtig ist, und dem einen Sinn zu geben. [...] Theoretische Sensibilität hat zwei Quellen. Einerseits kommt sie daher, daß man sich in der Fachliteratur gut auskennt, und auch aus professioneller und persönlicher Erfahrung. [...] Andererseits wird theoretische Sensibilität auch während des Forschungsprozesses durch die kontinuierliche Auseinandersetzung mit den Daten erworben [...]." (Strauss und Corbin 2010, S. 30)

Theoretische Sensibilität steht also nicht nur am Anfang einer Untersuchung, sondern nimmt im Verlauf des Forschungsprozesses idealerweise immer weiter zu. Ein Umstand, den man sich nicht nur zu Nutze machen, sondern auch aktiv fördern kann:

Techniken zum Ausbau theoretischer Sensibilität

In ihrem Lehrbuch „Grounded Theory: Grundlagen qualitativer Sozialforschung" (2010, S. 56 ff.) stellen Anselm Strauss und seine langjährige Mitarbeiterin Juliet Corbin einige interessante Techniken vor, mit denen sich die theoretische Sensibilität während des Forschungsprozesses ausbauen lässt. Hierzu zählen etwa das aktive Befragen von Daten, das permanente Ziehen von Vergleichen und die sogenannte „Flip-Flop-Technik". Diese Techniken können Ihnen insbesondere dabei helfen, ihre theoretischen Vorannahmen anhand empirischer Daten in Frage stellen und dabei „ausgetretene Wege des Nachdenkens" zu verlassen (ebd., S. 57).

Nicht selten finden sich in der Soziologie Bezüge zur Biologie. Nicht nur wenn es um soziale Systeme und ihre Umweltbezüge geht – sondern auch in Hinblick auf die Fallauswahl, also auf die Bildung eines Samples. Explizite Methoden der Samplebildung nämlich kamen erstmals in der Biologie zur Anwendung (vgl. Przyborski und Wohlrab-Sahr 2021, S. 229). Biolog/innen können beispielsweise recht umstandslos von einer untersuchten Wasserprobe oder Zellkultur auf die Beschaffenheit des gesamten Gewässers bzw. der gesamten Schleimhaut schließen. In der empirischen Sozialforschung hingegen ist die Ausgangslage komplizierter, weil es sich bei unseren Untersuchungsgegenständen nur äußerst selten um ‚homogene Massen' handelt. Quantitative Sozialforschung löst das Problem der Fallauswahl über die Idee der Zufallsstichprobe: Ihre diesbezügliche Grundannahme lautet, dass relevante Eigenschaften innerhalb der Grundgesamtheit normalverteilt sind und diese Verteilung derjenigen in einer zufällig gewählten Stichprobe entsprechen muss (vgl. Kap. 1.4). Für den Bereich der qualitativen Sozialforschung schlagen Glaser und Strauss hingegen die Strategie des sogenannten ‚theoretischen Samplings' vor. Darunter verstehen sie, dass der erste untersuchte Fall ausgewertet wird, um auf der Basis der dabei erzielten Untersuchungsergebnisse den zweiten Fall auszuwählen. Wie Sie in Abbildung 12 gesehen haben, wechseln sich Datenerhebung und -auswertung daher immer wieder ab. Im Gegensatz zur quantitativen Sozialforschung steht das zu untersuchende Sample mithin nicht bereits im Vorfeld der eigentlichen Untersuchung fest:

> *„Theoretisches Sampling meint den auf die Generierung von Theorie zielenden Prozeß der Datenerhebung, währenddessen der Forscher seine Daten parallel erhebt, kodiert und analysiert sowie darüber entscheidet, welche Daten als nächstes erhoben werden sollen und wo sie zu finden sind. Dieser Prozeß der Datenerhebung wird durch die im Entstehen begriffene [...] Theorie kontrolliert."* (Glaser und Strauss 1967, S. 53)

Eine Strategie, die einen derartig beständigen Wechsel zwischen Datenerhebung und -auswertung anzuleiten vermag, haben Sie in Kapitel 1.4 bereits kennengelernt: den Wechsel zwischen minimalem und maximalem Fallvergleich. Durch ihn entwickelt sich das theoretische Verständnis von dem zu untersuchenden Gegenstand im Laufe des Forschungsprozesses immer weiter:

> *„Die ersten Fragen oder Beobachtungsbereiche basieren auf Konzepten, die aus Fach-, Berufs- oder Laien-Literatur oder aus der Erfahrung abgeleitet sind. Aber wie Sie wissen, besitzen diese Konzepte noch keine bestätigte theoretische Relevanz für die sich entwickelnde Theorie und müssen deshalb als provisorisch angesehen werden. Trotzdem sorgen sie für einen anfänglichen Fokus, einen Ausgangspunkt für den Forscher. Sobald die Datenerhebung beginnt, sollten die anfänglichen Interview- oder Beobachtungs-Leitfäden genau das sein: nur anfängliche Leitfäden. Während der Forschungsarbeit starr an ihnen festzuhalten, schließt der Situation innewohnende Datenmöglichkeiten aus; und hindert den Forscher daran, Dichte und Variation der Konzepte zu erreichen, die für das Entwickeln einer Grounded Theory unabdingbar sind. Erinnern Sie sich daran: Entdeckungen sind das Ziel der Grounded Theory, deswegen muß die Datenerhebung – und das damit verbundene theoretische Sampling – so strukturiert werden, daß Entdeckungen ermöglicht werden."* (Strauss und Corbin 2010, S. 152)

Ein weit verbreitetes Missverständnis besteht in der Annahme, theoretisches Sampling würde sich nur auf die Fallauswahl beziehen, also auf die Phase der Datenerhebung. Genauso steuert es aber die Phase der Datenauswertung. Theoretisches Sampling bildet also auch die Grundlage dafür, entscheiden zu können, welche Teile der erhobenen Daten vertiefend untersucht werden sollten. Dies ist insbesondere dann hilfreich, wenn die Datenerhebung aus forschungspraktischen Gründen nur en bloc erfolgen kann:

> „In der Praxis empirischer Forschung ist es [...] mitunter kaum möglich, die Datengewinnung über einen relativ langen Zeitraum zu strecken und jederzeit – nach den im Theoriebildungsprozess sich entwickelnden Erfordernissen – ins ‚Feld' zurückzukehren. Gerade bei Feldforschung oder bei Unternehmensfallstudien sind die Zugänge teilweise auf einen bestimmten kürzeren Zeitraum beschränkt. Diese Einschränkungen stehen dem theoretischen Sampling aber nicht entgegen. Denn meist lassen sich reichhaltige Daten auf Vorrat gewinnen, die dann je nach Theoriefortschritt in geeigneter Weise in Strategien minimalen oder maximalen Vergleiches einbezogen werden können." (Strübing 2021, S. 32)

Das Ziel des theoretischen Samplings besteht einerseits darin, die Dichte und den Abstraktionsgrad des sich entwickelnden theoretischen Modells zu fördern. Andererseits wird, wie Sie im folgenden Abschnitt sehen werden, gleichzeitig der untersuchte Gegenstandsbereich durch eine möglichst vollständige Erfassung seiner Eigenschaften und Dimensionen erweitert. Darüber hinaus dient theoretisches Sampling auch der Optimierung des Untersuchungsdesigns einer Studie:

> „Theoretisches Sampling ist ein in mehrfacher Hinsicht Qualität sicherndes und kontrollierendes Verfahren: Es fördert einerseits die konzeptuelle Dichte der entstehenden Theorie, indem Varianten des Phänomens systematisch erarbeitet und durch übergreifende Kategorien integriert werden. Es erhöht damit aber zugleich auch die Reichweite der Theorie, indem es in kontrollierten und explizierten Schritten eine Ausweitung des Untersuchungsbereichs ermöglicht und so in Richtung auf eine umfassende Theorie des Gegenstandsbereichs wirkt [...]. Weil Auswahl und Erhebung der Daten sukzessive und prozessgesteuert erfolgen, ergibt sich überdies die Chance, nicht nur die Adäquanz der ausgewählten Daten, sondern auch die zu ihrer Gewinnung zu verwendenden Erhebungsmethoden sukzessive zu optimieren." (ebd., S. 34)

In der Krankenhaus-Studie gestaltete sich das theoretische Sampling folgendermaßen: Zunächst untersuchten Glaser und Strauss verschiedene medizinische Abteilungen (Säuglings- und neurochirurgische Krankenhausstationen), in denen die Bewusstheit der Patient/innen über ihren bevorstehenden Tod nicht oder nur gering ausgeprägt war. Im Sinne eines maximalen Vergleichs wurden daraufhin Intensivstationen untersucht, in denen die Bewusstheit stark ausgeprägt war. Sodann wurde der Grad der Bewusstheit konstant gehalten, indem Intensiv- mit Krebsstationen verglichen wurden. Im Sinne eines minimalen Vergleichs wurde dabei lediglich die Dauer des Sterbeprozesses variiert. Auch in der Krankenhaus-Studie erfolgte mithin ein kontrollierter Wechsel zwischen minimalem und maximalem Vergleich. Sie werden im folgenden Abschnitt sehen, dass nicht alle sterbenden Patient/innen sich ihres Schicksals bewusst sind. Bei einer bestimmten Gruppe ist dies jedoch aufgrund struktureller Kontextbedingungen wahrscheinlich:

> *„Beispielsweise sind in Bezug auf das Sterben ‚offene Bewusstheitskontexte' (in denen das Personal und der Patient sich darüber im Klaren sind, dass er stirbt) immer dann zu erwarten, wenn Patienten in einem staatlichen Krankenhaus ‚gefangen' gehalten werden. ‚Gefangene' Patienten können Verurteilte, Veteranen oder an der Forschung beteiligte Personen sein."* (Glaser und Strauss 1967, S. 71)

Ein Beispiel für einen maximalen Vergleich beschreiben die Autoren folgendermaßen:

> *„Z. B. stellte einer von uns einmal fest, dass in malaysischen Krankenhäusern die Familien sich um die Pflege sterbender Patienten kümmern. Diese Beobachtung war interessant, weil wir bis zu diesem Punkt davon ausgegangen waren, dass Familienangehörige (in den USA) entweder wie weitere Patienten (die man beruhigen und sich ausruhen lassen müsse) behandelt oder als Ärgernis ignoriert würden. Als wir unsere amerikanischen Daten erneut durchgingen, entdeckten wir, dass die Familie auf verschiedene Art und Weise durchaus für die Pflege sterbender Patienten eingespannt wird. Wir hatten diesen unscheinbaren Tatbestand übersehen. Indem wir also im Ausland zur Kenntnis nahmen, was wir in Amerika vermissten, entdeckten wir eine transnationale Uniformität – nicht etwa eine Differenz."* (ebd., S. 73)

Das theoretische Sampling wird so lange durchgeführt, bis der Punkt der sogenannten theoretischen Sättigung erreicht ist. Damit ist gemeint, dass durch die Analyse zusätzlicher Daten keine neuen Erkenntnisse mehr gewonnen werden können. In den einschlägigen Begrifflichkeiten der Grounded Theory Methodologie bringen zusätzliche Daten und ihre Auswertung somit keine neuen Eigenschaften einer Kategorie mehr hervor und tragen nicht mehr zu deren analytischer Ausdifferenzierung bei:

> *„Das Kriterium, um zu beurteilen, wann mit dem Sampling (je Kategorie) aufgehört werden kann, ist die theoretische Sättigung der Kategorie. Sättigung heißt, dass keine zusätz-*

> *lichen Daten mehr gefunden werden können, mit deren Hilfe der Soziologe weitere Eigenschaften der Kategorie entwickeln kann. Sobald sich die Beispiele wiederholen, wird er davon ausgehen können, dass eine Kategorie gesättigt ist."* (ebd., S. 77)

Ist die theoretische Sättigung erreicht, ist die induktive Kategorieentwicklung mithin abgeschlossen und berücksichtigt alle identifizierten Variationen und Prozesse. Und auch die Beziehungen zwischen den Kategorien sind nun ausgearbeitet und validiert.

Merke

Theoretische Sensibilität, theoretisches Sampling und theoretische Sättigung

Unter theoretischer Sensibilität versteht man die im Laufe des Forschungsprozesses zunehmende Fähigkeit, innerhalb der erhobenen Daten Bedeutungen und Relevanzen erkennen zu können. Sie bildet daher auch die Grundlage für ein theoretisches Sampling, in dessen Rahmen aufgrund erster interpretativer Erkenntnisse zusätzliche Fälle bzw. Daten für eine vertiefte Analyse ausgewählt werden. Dies geschieht so lange, bis die theoretische Sättigung erreicht ist und aus der Analyse zusätzlicher Daten keine neuen Erkenntnisse mehr gewonnen werden können.

5.2.2 Kodieren und Vergleichen

Das zweite zentrale Element der Grounded Theory Methodologie, auf das ich genauer eingehen möchte, ist das sogenannte Kodieren. Es bezeichnet einen Auswertungs- und Interpretationsprozess, in dessen Rahmen theoretische Konzepte anhand der erhobenen Daten entwickelt und miteinander in Beziehung gesetzt werden. Dies geschieht durch einen permanenten Vergleich der Daten innerhalb eines dreistufigen Kodierprozesses: „Kodieren stellt die Vorgehensweise dar, durch die die Daten aufgebrochen, konzeptualisiert und auf neue Art zusammengesetzt werden. Es ist der zentrale Prozeß, durch den aus den Daten Theorien entwickelt werden" (Strauss und Corbin 2010, S. 39). Anselm Strauss und Juliet Corbin (ebd., S. 57 ff.) unterscheiden dabei die folgenden drei Kodierschritte:

- Offenes Kodieren
  Zunächst werden die erhobenen Daten aufgebrochen und kleinschrittig mit sogenannten theoretischen Konzepten versehen, die voneinander abgegrenzt

werden, indem ihre Eigenschaften und deren Dimensionen rekonstruiert werden. Zusammengehörende Konzepte hingegen werden zu Kategorien abstrahiert. Das Ergebnis dieses Schrittes ist ein vorläufig ungeordneter Bestand von Kategorien.

- Axiales Kodieren
  Im Rahmen des axialen Kodierens werden die herausgearbeiteten Kategorien zueinander in Beziehung gesetzt. Das Ergebnis dieses Schrittes ist ein sogenanntes Kodierparadigma.
- Selektives Kodieren
  Im Rahmen des selektiven Kodierens wird die sogenannte Kernkategorie bestimmt, die das untersuchte Phänomen zu erklären bzw. Typen voneinander abzugrenzen vermag. Das Ergebnis ist eine – wie es in einschlägiger Literatur häufig bezeichnet wird – analytische Geschichte des untersuchten Phänomens.

Schauen wir uns diese Schritte im Folgenden etwas detaillierter sowie anhand einiger Beispiele an, bevor ich Ihnen die konstruktivistische Erweiterung von Kathy Charmaz vorstelle. Bitte denken Sie noch einmal daran, dass wir es mit einem zirkulären Forschungsprozess zu tun haben: In der Forschungspraxis wechseln sich die einzelnen Schritte immer wieder ab.

Offenes Kodieren

Beim offenen Kodieren handelt es sich um ein dezidiert kleinschrittiges Vorgehen, das idealerweise Satz für Satz erfolgt. Die erhobenen Daten – beispielsweise also das Transkript eines Interviews – werden zunächst aufgebrochen, um Konzepte zu entwickeln und diese anhand ihrer Eigenschaften und Dimensionen voneinander abzugrenzen sowie schließlich zu Kategorien zu abstrahieren. Als Ergebnis des offenen Kodierens liegt uns eine Vielzahl von Konzepten und Kategorien vor, die erst einmal jedoch noch nicht miteinander in Zusammenhang gebracht werden – dies geschieht erst im Rahmen des axialen Kodierens:

„Während des offenen Kodierens werden die Daten in einzelne Teile aufgebrochen, gründlich untersucht, auf Ähnlichkeiten und Unterschiede hin verglichen, und es werden Fragen über die Phänomene gestellt, wie sie sich in den Daten widerspiegeln. Durch diesen Prozeß werden die eigenen und fremden Vorannahmen über Phänomene in Frage gestellt oder erforscht, was zu neuen Entdeckungen führt." (Strauss und Corbin 2010, S. 44)

Unter Konzepten versteht die Grounded Theory Methodologie eine analytische Beschreibung bestimmter Teile der erhobenen Daten, also beispielsweise eines Satzes aus einem Interviewtranskript. Entscheidend für die Entwicklung eines theoretischen Modells ist, dass die Konzepte abstrakteren Charakter haben als bloße deskriptive Zusammenfassungen. Vielmehr befragen Konzepte gleichsam aktiv die ihnen zugeordneten Daten. Sie weisen damit eine größere analytische Tiefe auf als die Paraphrasen, die Sie im Rahmen der qualitativen Inhaltsanalyse kennengelernt haben (vgl. Kap. 3.2.2). Diese beiden Anforderungen an Konzepte beschreiben Glaser und Strauss in der Methoden-Publikation der Krankenhaus-Studie folgendermaßen:

> „Der Typ von Konzept, der generiert werden sollte, hat zwei miteinander verbundene essenzielle Eigenschaften. Erstens sollten die Konzepte analytisch sein – d.h. hinreichend allgemein, um die Charakteristika konkreter Einheiten und nicht die Einheiten selbst zu bezeichnen. Zweitens sollten sie sensibilisierend sein – d.h. ein ‚bedeutsames' Bild erstellen, brauchbare Illustrationen liefern, die Dritte in die Lage versetzen, das Gemeinte auf der Grundlage eigener Erfahrungen zu erfassen." (Glaser und Strauss 1967, S. 56)

Die Bildung analytischer Konzepte möchte ich anhand eines Beispiels von Strauss und Corbin illustrieren, das einige Prominenz erlangt hat: anhand der ‚Dame in Rot'. Wenn Sie die folgenden Zeilen lesen, werden Sie sich vielleicht an ähnliche Situationen erinnern, in denen Sie die Interaktionen in Ihrer Umwelt interpretativ beobachtet haben – beispielsweise in einem Restaurant:

Die Dame in Rot – Konzepte

„Stellen Sie sich vor, Sie befinden sich in einem ziemlich teuren, aber beliebten Restaurant. Das Restaurant ist auf drei Ebenen gebaut. Auf der ersten Etage befindet sich eine Bar, auf der zweiten ein kleiner Speiseraum und auf der dritten der Haupt-Speiseraum und die Küche. Die Küche ist offen, so daß Sie sehen können, was dort vor sich geht. Weine, Liköre und entsprechende Gläser zum Servieren sind auch auf dieser dritten Etage verfügbar. Während Sie auf Ihr Essen warten, bemerken Sie eine Dame in Rot. Sie scheint einfach nur in der Küche herumzustehen, aber Ihr gesunder Menschenverstand sagt Ihnen, daß ein Restaurant keine Dame in Rot bezahlen würde, nur damit sie dort herumsteht – besonders nicht in einer Küche in vollem Betrieb. Ihre Neugier ist geweckt, also entschließen Sie sich, eine induktive Analyse durchzuführen, um herauszufinden, ob Sie den Job der Frau feststellen können. (Wer einmal mit der Grounded Theory gearbeitet hat, kann gar nicht anders.)
Sie bemerken, daß die Frau aufmerksam im Küchenbereich herumschaut, **einem Arbeitsplatz**, wobei sie dieses und jenes genauer beobachtet und sich

merkt, was abläuft. *Sie fragen sich, was tut sie hier? Dann nennen Sie es* **Beobachten**. Was beobachten? **Küchenarbeit**.
Als nächstes kommt jemand und stellt ihr eine Frage. Sie antwortet. Diese Handlung unterscheidet sich vom Beobachten, also *kodieren sie sie* als **Informationsweitergabe**.
Sie scheint alles zu bemerken. Sie nennen das **Aufmerksamkeit**. Unsere Dame in Rot geht zu jemandem und sagt etwas zu ihm. Da dieses Ereignis auch Informationen beinhaltet, die weitergegeben werden, *nennen Sie es auch* **Informationsweitergabe**.
Obwohl sie inmitten dieser ganzen Aktivität steht, scheint sie nicht zu stören. *Um dieses Phänomen zu beschreiben,* verwenden Sie den Begriff **Unaufdringlichkeit**.
Sie dreht sich um und geht schnell und ruhig mit **Effizienz** in den Speisesaal und fährt fort, auch hier die Aktivität zu **beobachten**.
Sie scheint jeden und alles sehr aufmerksam zu verfolgen, eine Art Monitoring oder **Überwachen**. Aber was überwachen? Wenn Sie ein scharfsinniger Beobachter sind, bemerken Sie, daß sie die **Qualität** der Bedienung überwacht, wie die Kellner mit den Gästen interagieren und auf diese reagieren; das **Timing der Bedienung**, wieviel Zeit zwischen dem Platznehmen der Gäste, ihren Bestellungen und dem Servieren der Speisen vergeht; und die **Reaktion und Zufriedenheit der Gäste** mit der Bedienung.
Ein Kellner kommt mit einer Bestellung für eine große Gesellschaft. Sie rührt sich, um ihm zu helfen, **Unterstützung zu geben**.
Die Frau sieht aus, als wenn sie weiß, was sie tut, und ist darin kompetent: **Erfahrenheit**.
Sie geht zu einer Wand in der Nähe der Küche hinüber und schaut auf etwas, das wie ein Zeitplan aussieht: **Informationsgewinnung**.
Der Chefkoch kommt herunter. Sie unterhalten sich für einige Augenblicke, schauen sich im Raum nach unbesetzten Tischen um und beurteilen, an welchem Punkt ihrer Mahlzeit die sitzenden Gäste zu sein scheinen: die beiden **beraten**.

Quelle: Strauss, Anselm L. und Juliet M. Corbin. 2010 [1990]. Grounded Theory. Grundlagen qualitativer Sozialforschung. Weinheim: Beltz Juventa, S. 45–46.

Es ist immer wieder faszinierend, wie tief und breit eine Analyse ausfällt, wenn man soziales Handeln sinnverstehend beobachtet. Hat man erst einmal die im obigen Beispiel fettgedruckte Reihe analytischer Konzepte gebildet, werden in einem nächsten Schritt deren Eigenschaften bestimmt und dimensionalisiert. Unter Eigenschaften werden dabei die zentralen Merkmale eines Konzepts verstanden und unter Dimensionen die Anordnung einer Eigenschaft innerhalb eines Kontinuums. Schauen wir uns auch dies anhand der ‚Dame in Rot' an – im Speziellen anhand des gerade gebildeten Konzepts ‚Beobachten':

Quelle

Die Dame in Rot – Eigenschaften und Dimensionen

„Lassen Sie uns den Arbeitstyp **Beobachten** herausgreifen. Bei jedem Vorkommen von Beobachten können wir seine Häufigkeit festhalten. **Häufigkeit** kann durch folgende Frage dimensionalisiert werden: Wie oft beobachtet sie diesen Bereich im Vergleich zu anderen, oft – nie? Beobachten hat auch die Eigenschaft **Ausmaß**. Wiederum halten wir mit jedem Ereignis fest, ob sie diesen Bereich mehr als einen anderen beobachtet. Hinzu kommt die Eigenschaft **Intensität**. Ist die Intensität, mit der sie jeden Bereich beobachtet, hoch oder niedrig, und verändert sich das mit der Zeit? Eine andere Eigenschaft ist die **Dauer** des Beobachtens. Beobachtet sie einen Bereich für lange oder kurze Zeit?"

Quelle: Strauss, Anselm L. und Juliet M. Corbin. 2010 [1990]. Grounded Theory. Grundlagen qualitativer Sozialforschung. Weinheim: Beltz Juventa, S. 45–52.

Schließlich werden im Rahmen des offenen Kodierens diejenigen Konzepte, deren Eigenschaften und Dimensionen Gemeinsamkeiten aufweisen, zu Kategorien gruppiert. Kategorien weisen daher einen höheren Abstraktionsgrad auf als Konzepte:

Quelle

Die Dame in Rot – Kategorien

„Als Beispiel könnten wir das Konzept **Überwachen** wählen und fragen: Warum überwacht sie den Arbeitsfluß? Die Zufriedenheit der Gäste? Die Qualität der Bedienung? Und den zeitlichen Verlauf? Geschieht das zu demselben oder einem anderen Zweck als das Beobachten der Arbeit in

> der Küche? Oder das Beraten, das sie mit dem Chefkoch durchführt? Wie hängt das Erfahrensein mit dem Überwachen zusammen? Hier können wir schlußfolgern, daß Überwachen, Beraten und Beobachten alle zu derselben Sache zu gehören scheinen – **Arbeit**, die sich auf das **Beurteilen und Aufrechterhalten des Arbeitsflusses** bezieht. Es handelt sich jedoch hier um eine besondere Art der Arbeit – das Zubereiten und Servieren von Speisen in einem Restaurant. Wir können alle Konzepte, die sich auf diese Arbeit beziehen, bezeichnen als: **Arbeitstypen zum Beurteilen und Aufrechterhalten des Arbeitsflusses**. Aber das Konzept **Erfahrung** paßt nicht recht unter diese Überschrift. Wenn wir es mit Unaufdringlichkeit und Aufmerksamkeit vergleichen, ist es ähnlich. Deshalb können die drei unter dem Titel Attribute oder Qualitäten eingeordnet werden. Aber Attribute und Qualitäten wovon? Antwort: Von einer Person, die qualifiziert im Beurteilen und Aufrechterhalten des Arbeitsflusses ist. Aber diese lange Phrase ist viel zu umständlich, also müssen wir ihr einen besseren Namen geben. Da der Job anscheinend mit dem Aufrechterhalten des Arbeitsflusses in einem Restaurant zu tun hat, und da sich die Arbeit auf das Essen bezieht, können wir die Frau eine **Speisen-Dirigentin** nennen. Dann werden Aufmerksamkeit, Unaufdringlichkeit und Erfahrung ‚Attribute' oder ‚Bedingungen' für eine gute Speisen-Dirigentin in einem Restaurant. Attribute oder Bedingungen beziehen sich auf eine andere, aber damit verbundene Klasse von Phänomenen. Wir verfügen nun über eine Kategorie (Speisen-Dirigentin) und zwei Subkategorien (Arbeitstypen zum Beurteilen und Aufrechterhalten des Arbeitsflusses; und Bedingungen dafür, eine gute Speisen-Dirigentin zu sein)."
>
> *Quelle: Strauss, Anselm L. und Juliet M. Corbin. 2010 [1990]. Grounded Theory. Grundlagen qualitativer Sozialforschung. Weinheim: Beltz Juventa, S. 47–48.*

Zusammenfassend lässt sich die analytische Beobachtung der ‚Dame in Rot' folgendermaßen systematisch darstellen – wie ich es im folgenden Abschnitt nennen werde: in Form eines Diagramms (Abbildung 14).

Die ‚Dame in Rot' stellt ein, wenn auch realitätsnahes, so doch konstruiertes Beispiel für das Herausarbeiten von Konzepten, Eigenschaften, Dimensionen und Kategorien dar. Ich möchte Ihnen daher im Folgenden zwei konkrete Kategorien aus der Krankenhaus-Studie vorstellen: die Kategorien ‚professionelle Haltung' und ‚sozialer Verlust'. Unter letzterer verstehen die Autoren:

> „Z. B. ist eine mit der Pflege sterbender Patienten verbundene theoretische Kategorie der ‚soziale Verlust' – der Verlust für Familie und Beruf. Diese Kategorie berührt offensichtlich die Art und Weise, wie Pflegende sich um sterbende Patienten kümmern. Die Kategorie des sozialen Verlusts kann durch die Beobachtung, dass VIPs auf Intensivstationen besonders umsorgt werden, gewonnen werden oder auch dadurch, dass Schwarze in den Notaufnahmen von städtischen Krankenhäusern oft vernachlässigt werden." (Glaser und Strauss 1967, S. 41f.)

Die Kategorie ‚sozialer Verlust' repräsentiert somit die Einschätzung des Pflegepersonals, inwiefern der Tod eines Menschen einen Verlust für dessen Familie bzw. für dessen beruflichen Kontext darstellt. Eine Eigenschaft dieser Kategorie ist dabei die ‚Verlustverarbeitung':

> „[S]ie erfasst die vom Pflegepersonal in Anschlag gebrachten Überlegungen und Verhaltensweisen, den sozialen Verlust zu ‚rationalisieren'. Alle drei Aspekte sind miteinander verknüpft: Verlustverarbeitung hilft den Pflegenden, sich den Tod eines Patienten zu erklären, einen Tod, der in ihren Augen einen sozialen Verlust darstellt, und diese Relation hilft den Pflegenden, ihre professionelle Haltung zu bewahren, wenn sie mit dem Tod konfrontiert werden." (ebd., S. 53f.)

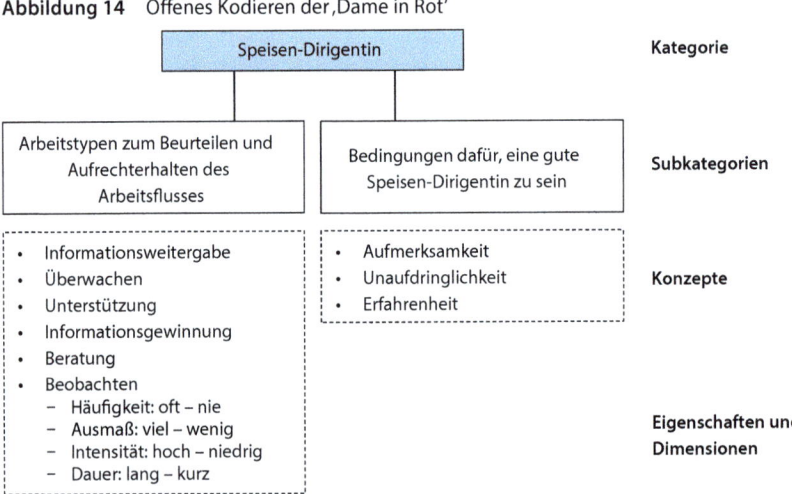

Abbildung 14 Offenes Kodieren der ‚Dame in Rot'

Quelle: eigene Darstellung

5.2 Die Methodik

Die Kategorie basiert freilich auf der Analyse empirischer Daten, beispielsweise auf den folgenden Aussagen von interviewten Pflegekräften: „Er war so jung.", „Er wollte Arzt werden.", „Sie hatte ein erfülltes Leben." und „Was werden die Kinder und ihr Gatte ohne sie tun?" (vgl. ebd., S. 120). Derartige Transkriptstellen werden offen kodiert und miteinander verglichen, um Zusammenhänge zwischen verschiedenen Konzepten und Kategorien herausarbeiten zu können:

> *„Während wir z. B. ständig verglichen, wie Pflegende auf den sozialen Verlust reagierten, den der Tod von Patienten hervorruft, stellten wir fest, dass der Tod einiger Patienten als größerer Verlust wahrgenommen wurde; in der Regel stand mit der Schwere des sozialen Verlusts die für den Patienten erbrachte Pflegeleistung in positivem Zusammenhang. Offensichtlich war auch, dass einige der sozialen Attribute, deren Kombination den Pflegenden den Maßstab zur Bestimmung des sozialen Verlusts liefert, sofort erfasst werden (Alter, ethnische Zugehörigkeit, soziale Klasse), während andere erst allmählich im Umgang mit dem Patienten erlernt werden (berufliche Stellung, Familienstand, Status, Bildung). Diese Beobachtung machte uns klar, dass die Einschätzung des sozialen Verlusts sich verändern kann, sobald man etwas über die weniger offensichtlichen Attribute des Patienten erfährt. Das Studium von Vergleichsgruppen ließ uns schließlich auch erkennen, unter welchen Bedingungen (Stations- und Krankenhaustypen) wir verschiedene Gruppen von Patienten, mit deren Tod sich je unterschiedliche Grade sozialen Verlusts verbinden, finden würden."* (ebd., S. 120f.)

Offenbar also besteht auch zwischen den Kategorien ‚sozialer Verlust' und ‚professionelle Haltung' ein ebenso empirisch begründeter wie theoretisch plausibler Zusammenhang:

> *„[D]as Kalkulieren des sozialen Verlusts [...] ist mit den Strategien der Pflegenden verbunden, mit den aufwühlenden Auswirkungen des Todes eines Patienten, welcher einen großen sozialen Verlust bedeutet (z. B. eine Mutter mit zwei Kindern), auf ihre professionelle Haltung umzugehen. Dieses Beispiel zeigt weiter, dass die Kategorie mit anderen Kategorien der Analyse integriert wird: der soziale Verlust, den der Tod eines Patienten hervorruft, hängt damit zusammen, wie Pflegende, während sie den Tod erwarten, professionell Haltung bewahren."* (ebd., S. 123)

Auf Basis des Vergleichs beider Kategorien stellen die Autoren der Krankenhaus-Studie (ebd., S. 129) die vorläufige These auf: „Patienten, deren Tod als hoher sozialer Verlust betrachtet wird, erhalten, verglichen mit solchen, deren Tod als geringerer sozialer Verlust angesehen wird, mehr Aufmerksamkeit von den Pflegenden". Damit eine derartige These den Status einer empirisch begründeten theoretischen Annahme erlangen kann, muss sie im Laufe des weiteren Forschungsprozesses durch zusätzliche Fälle bzw. durch die vertiefte Analyse mit ihr zusammenhängender Daten untermauert werden – so wie Sie es als theoretisches Sampling kennengelernt haben.

Merke

> **Offenes Kodieren**
>
> Im Rahmen des offenen Kodierens werden die erhobenen Daten zunächst aufgebrochen. Kleinschrittig werden sie mit Konzepten versehen, die sie analytisch beschreiben. Zu jedem Konzept werden daraufhin seine Eigenschaften und deren Dimensionen bestimmt. Diese dienen dazu, Konzepte mit einschlägigen Gemeinsamkeiten zu Kategorien zu abstrahieren.

Axiales Kodieren
Wie im Beispiel des ‚sozialen Verlusts' werden die gebildeten Kategorien im nächsten Kodierschritt, dem sogenannten ‚axialen Kodieren', nun in einen Zusammenhang gebracht, indem mögliche Verbindungen zwischen einzelnen Kategorien herausgearbeitet werden. Die Daten werden, wenn man so will, also auf neue und analytische Weise zusammengesetzt, weshalb Strauss und Corbin (2010, S. 182) metaphorisch von einem „Puzzlespiel" sprechen:

> „Offenes Kodieren […] bricht die Daten auf und erlaubt es, einige Kategorien, deren Eigenschaften und dimensionale Ausprägungen zu identifizieren. Axiales Kodieren fügt diese Daten auf neue Art wieder zusammen, indem Verbindungen zwischen einer Kategorie und ihren Subkategorien ermittelt werden." (ebd., S. 76)

Wichtig zu wissen ist, dass nicht alle vorliegenden Daten axial kodiert werden müssen. An diesem Punkt des Auswertungsprozesses geht es nämlich noch nicht um die abschließende Beantwortung der eigentlichen Forschungsfrage. Es werden daher nur einzelne Daten in Hinblick auf ihre Zusammenhänge beleuchtet. Wie Sie gleich sehen werden, erweisen sich häufig nur eine oder wenige Kategorien als zentral für die ursächliche Erklärung des untersuchten Phänomens:

> „Nicht alle im Material identifizierten Phänomene werden systematisch vergleichend auf ihre Ursachen, Umstände und Konsequenzen befragt, sondern nur diejenigen, von denen – nach dem vorläufigen Stand der Analyse – angenommen werden kann, dass sie für die Klärung der Forschungsfrage relevant sind oder sein könnten. Damit wird implizit eine Reihe zunächst sehr vager Hypothesen entwickelt, die im weiteren Gang der Analyse überprüft werden: Durch die Entscheidung Phänomen A näher zu untersuchen und

5.2 Die Methodik

axial zu kodieren, nehmen wir an, dass dieses Phänomen für unser theoretisches Modell von Bedeutung sein wird." (Strübing 2021, S. 19)

Um Kategorien systematisch zueinander in Beziehung setzen zu können, hat Strauss (1987) das sogenannte ‚Kodierparadigma' entwickelt. Hierbei handelt es sich um eine handlungstheoretisch fundierte Heuristik, anhand derer sich die Zusammenhänge zwischen Kategorien darstellen lassen. Der Begriff ‚Kodierparadigma' führt jedoch ein wenig in die Irre, da die Bezeichnung ‚Paradigma' im Deutschen recht bedeutungsgeladen daherkommt. Dies ist im Amerikanischen deutlich weniger der Fall; hier bezeichnet ‚Paradigma' eher das, was ein Kodierparadigma tatsächlich ist – eben eine analytische Heuristik, die zum Verstehen der Daten beitragen kann:

„Beim axialen Kodieren liegt unser Fokus darauf, eine Kategorie (Phänomen) in Bezug auf Bedingungen zu spezifizieren, die das Phänomen verursachen; den Kontext (ihren spezifischen Satz von Eigenschaften), in den das Phänomen eingebettet ist; die Handlungs- und interaktionalen Strategien, durch die es bewältigt, mit ihm umgegangen oder durch die es ausgeführt wird; und die Konsequenzen dieser Strategien." (Strauss und Corbin 2010, S. 76)

Ein Kodierparadigma umfasst fünf Felder, die – daher die Bezeichnung *axiales* Kodieren – entlang einer Achse aufgespannt werden. Schauen Sie sich das Kodierparadigma zunächst allgemein an:

Abbildung 15 Das Kodierparadigma

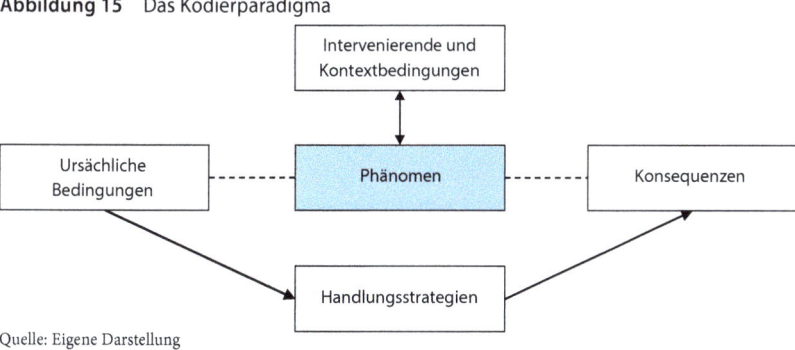

Quelle: Eigene Darstellung

Im Zentrum der Achse steht dasjenige Phänomen, das man im Weberschen Sinne verstehen will. Dabei handelt es sich um dasjenige Ereignis, auf das eine Reihe von Handlungen oder Interaktionen gerichtet ist, um es zu kontrollieren bzw. zu bewältigen oder zu dem die Handlungen der untersuchten Akteure in Beziehung stehen (vgl. Strauss und Corbin 2010, S. 75). Dem Feld ‚ursächliche Bedingungen' werden diejenigen im Rahmen des offenen Kodierens herausgearbeiteten Kategorien zugeordnet, die Auslöser für Handlungen sind, welche man ihrerseits dem Feld ‚Handlungsstrategien' zuordnet. Auch diese Bezeichnung ist in gewisser Weise irreführend, da eigentlich nur das Handeln der Akteure in einer bestimmten Situation gemeint ist; dieses muss aber nicht zwangsläufig intentional oder gar ‚strategisch' sein. Aus Handlungen ergeben sich Folgen, die man dem Feld ‚Konsequenzen' zuordnet. Unter ‚Kontextbedingungen' werden schließlich diejenigen strukturellen Bedingungen subsummiert, die das untersuchte Phänomen rahmen – etwa örtliche, zeitliche oder biografische Rahmenbedingungen. Hier finden Sie zunächst ein sehr simples Kodierparadigma in Anlehnung an die Krankenhaus-Studie. Komplexere Beispiele für Kodierparadigmen lernen Sie im folgenden Abschnitt kennen:

Abbildung 16 Beispiel für ein Kodierparadigma

```
                    ┌─────────────────────────────────────────────┐
                    │ Gesellschaftliche Bedingungen („Zivilisations-
                    │ krankheiten"), Strukturelle Bedingungen der
                    │ Organisation Krankenhaus                     │
                    └─────────────────────────────────────────────┘
                                        ▲
                                        │
┌──────────────────┐         ┌──────────────────┐         ┌──────────────────┐
│ Krebserkrankung  │--------▶│    Schmerzen     │--------▶│ Schmerzlinderung,│
│                  │         │                  │         │    Sedierung     │
└──────────────────┘         └──────────────────┘         └──────────────────┘
                                        │                          ▲
                                        ▼                          │
                                ┌──────────────────┐               │
                                │  Verabreichung von│──────────────┘
                                │   Schmerzmitteln  │
                                └──────────────────┘
```

Quelle: Eigene Darstellung

Merke

Axiales Kodieren

Im Rahmen des axialen Kodierens werden die herausgearbeiteten Kategorien zueinander in Beziehung gesetzt. Als heuristisches Hilfsmittel dient dabei das Kodierparadigma, das ursächliche Bedingungen, Handlungen, Konsequenzen und Kontextbedingungen unterscheidet und um das interessierende Phänomen gruppiert.

Selektives Kodieren

Unter selektivem Kodieren versteht die Grounded Theory Methodologie die Offenlegung des „roten Fadens" einer „analytischen Geschichte", welche die vielen im Rahmen des axialen Kodierens erarbeiteten kleinen Zusammenhänge repräsentiert. Dazu wird aus den vorliegenden Kategorien diejenige Kernkategorie ausgewählt, um die herum alle anderen Kategorien integriert werden können (vgl. Strauss und Corbin 2010, S. 94). Dies bedeutet auch, dass ein Großteil der erhobenen Daten nun erneut kodiert werden muss, um die Beziehungen der Konzepte und Kategorien zur Kernkategorie herauszuarbeiten:

> „Auf eine präzise gestellte Untersuchungsfrage wird meist ein einziges zentrales Konzept die wesentliche Antwort liefern können. Genau dies ist das Ziel. In dem Moment, in dem sich mehrere Kernkategorien anzubieten scheinen, zeigt eine genauere Betrachtung oft, dass jedes dieser Konzepte auf eine jeweils etwas variierte Untersuchungsfrage antwortet." (Strübing 2021, S. 20)

Wenn Probleme bei der Integration von Kategorien zu einem theoretischen Modell auftauchen, ist dies somit häufig ein Hinweis auf eine falsch ausgewählte Kernkategorie. Die Kernkategorie der Krankenhaus-Studie haben Sie im Übrigen schon kennengelernt: die Bewusstheit sterbender Patient/innen in Bezug auf ihren bevorstehenden Tod. Auf diese Kernkategorie werde ich im Abschnitt 5.3 zurückkommen.

Merke

> **Selektives Kodieren**
>
> Im Rahmen des selektiven Kodierens wird diejenige Kernkategorie ausgewählt, mit der alle übrigen herausgearbeiteten Kategorien in Zusammenhang gebracht werden können. Ziel des selektiven Kodierens ist die Entwicklung einer analytischen Geschichte.

Konstruktivistische Erweiterung

Kathy Charmaz erweitert die drei Kodierschritte von Strauss und Corbin aus einer konstruktivistischen Perspektive. Dabei kritisiert sie die beiden Autoren der Krankenhaus-Studie: Glasers Ansatz scheint ihr aufgrund seiner empiristischen, induktivistischen und positivistischen Grundhaltung zu stark verengt. Am Ansatz von Strauss diagnostiziert sie hingegen eine allzu starke Konzentration auf bestimmte Verfahrensweisen und Techniken, die ihrer Ansicht nach vor allem die

Idee des permanenten Vergleichs unterlaufen (vgl. Charmaz 2014, S. 8). Gleichwohl orientiert sich Charmaz stärker an Strauss und Corbin. Auch sie vertritt die Auffassung, dass sich Sozialforscher/innen ihren Untersuchungsgegenständen nicht völlig ohne Vorwissen nähern können:

> *„Consistent with Blumer's (1969) description of sensitizing concepts, grounded theorists often begin their studies with certain research interests and a set of general concepts. These concepts give your ideas to pursue and sensitize you to ask particular kinds of questions about your topic."* (ebd., S. 16)

Darüber hinaus – und dies ist einer der Kernpunkte ihrer konstruktivistischen Weiterentwicklung – berücksichtigt Charmaz explizit die Rolle der Forschenden, insbesondere auch während der Datenerhebung, die von den ursprünglichen Protagonisten der Grounded Theory Methodologie kaum thematisiert wurde:

> *„A pragmatist foundation can help you preserve an emphasis on language, meaning, and action in grounded theory. Subsequently you avoid reducing grounded theory research to studies of overt behavior or interview accounts taken at face value. If you hold constructivist sensibilities, you may learn and interpret nuances of meaning and action while becoming increasingly aware of the interactive and emergent nature of your data and analyses."* (ebd., S. 184)

Folgerichtig spricht Charmaz daher von der *Konstruktion* (constructing) einer empirisch begründeten Theorie – und nicht etwa von deren Entdeckung (discovery), wie es Glaser und Strauss im Titel der Methoden-Publikation der Krankenhaus-Studie getan hatten. Bei genauerer Betrachtung handelt es sich bei der Entwicklung neuer theoretischer Modelle allerdings um eine *Re*konstruktion von Theorien, da erstere durch die Berücksichtigung von Vorwissen immer Anschluss an bereits bestehende theoretische Modelle finden:

> *„I assume that neither data nor theories are discovered. Rather, we are part of the world we study and the data we collect. We construct our grounded theories through our past and present involvements and interactions with people, perspectives, and research practices."* (ebd., S. 10)

In Bezug auf das konkrete methodische Vorgehen während der Datenauswertung entwickelt Charmaz ein Kodierverfahren, das sich sowohl am Ansatz von Strauss und Corbin als auch an demjenigen von Glaser orientiert. Ihr Verfahren umfasst die folgenden vier Kodierschritte:

- Initial coding
  Unter ‚initial coding' versteht Charmaz die textnahe Auswertung von Datenfragmenten in Bezug auf ihre analytische Relevanz (vgl. ebd., S. 42 ff.). Dieser Kodierschritt weist große Ähnlichkeiten zu dem offenen Kodieren auf.
- Focussed coding
  Diejenigen Konzepte, die den Forschenden nach dem initialen Kodieren besonders relevant erscheinen und/oder besonders häufig entwickelt wurden, werden im Rahmen des ‚focussed coding' vertiefend analysiert und zu Kategorien abstrahiert:
  „Coding is part work, but it is also part play. We play with the ideas we gain from the data. We become involved with our data and learn from them. Coding gives us a focused way of viewing data. Through coding we make discoveries and gain a deeper understanding of the empirical world." (ebd., S. 70)
- Axial coding
  Die herausgearbeiteten Kategorien werden im Rahmen des ‚axial coding' auf Verbindungen und Gemeinsamkeiten untersucht (vgl. ebd., S. 60 ff.). Ganz ähnlich wie beim axialen Kodieren nach Strauss und Corbin werden zunächst getrennte Daten und die sie repräsentierenden Konzepte in einen kohärenten Zusammenhang gebracht – freilich allerdings ohne Rückgriff auf das Kodierparadigma oder ähnliche Heuristiken.
- Theoretical coding
  Im Rahmen des ‚theoretical coding' werden Kategorien schließlich zu einer kohärenten und abstrakten ‚analytic story' (ebd., S. 63) integriert. Dieser Kodierschritt basiert im Wesentlichen auf dem theoretischen Kodieren nach Glaser (1978).

5.2.3 Memos und Diagramme

Ein drittes zentrales Element der Grounded Theory Methodologie sind Memos und Diagramme. In gewisser Weise kehren wir mit ihnen an den Anfang dieses Buches zurück. Dort hatten Sie mit der Ethnografie eine Methode kennengelernt, die explizit auf das Schreiben als Mittel zur Theorieentwicklung setzt. So nachhaltig wie die Ethnografie tut dies innerhalb der qualitativen Sozialforschung ansonsten wohl nur die Grounded Theory Methodologie. Ihr jedoch dient das Schreiben nicht nur als Mittel der Datenerhebung, sondern auch zur Unterstützung der Datenauswertung:

> „Zugleich ist der Prozess des Schreibens, Überarbeitens, Sortierens etc. von Memos ein sehr handfester Schritt der Theoriebildung, der zur Systematisierung und zu Entschei-

dungen anleitet, weil Schriftlichkeit Festlegungen erfordert und weil Widersprüche in geschriebenen Texten sichtbar und überprüfbar werden. Die praktische Erfahrung, dass theoretische Konzepte von vagen Ideen ausgehend sukzessive weiter ausgearbeitet werden, einige analytische Ideen sich auch als unproduktiv erweisen und im Laufe des Projekts verworfen werden, während andere unerwartet in das Zentrum der Aufmerksamkeit rücken, macht überdies sehr deutlich, was die Vorstellung von inkrementeller Theoriebildung und von Theorie als Prozess praktisch bedeutet." (Strübing 2021, S. 36 f.)

In der Grounded Theory Methodologie werden drei Formen von Memos unterschieden: Kode-Memos, theoretische Memos und Planungs-Memos. In Kode-Memos werden die Ergebnisse der drei gerade vorgestellten Kodierschritte festgehalten, beispielsweise die Erläuterungen und Hintergrundüberlegungen zu Konzepten, Eigenschaften, Dimensionen, Kategorien und ihren Zusammenhängen (vgl. Strauss und Corbin 2010, S. 169). Kode-Memos weisen daher eine recht große Nähe zu den erhobenen Daten und ihrer Kodierung auf. Theoretische Memos hingegen fangen sozusagen dort an, wo Kode-Memos aufhören. Bei ihnen handelt es sich um mehr oder minder kurze schriftliche Ausarbeitungen, die zusammenfassenden, explizierenden und vor allem theoretisch sensibilisierenden Charakter haben können. Theoretische Memos können daher mit Strauss und Corbin (ebd.) verstanden werden als „Produkte des induktiven und deduktiven Denkens über tatsächlich und möglicherweise relevante Kategorien, ihre Eigenschaften, Dimensionen, Beziehungen, Variationen, Prozesse und die Bedingungsmatrix". Im Folgenden finden Sie ein derartiges Memo zum wechselseitigen Zusammenspiel von Routinen und Innovationen in Krankenhäusern, das Juliet Corbin im Rahmen ihrer entsprechenden Forschungsarbeit verfasst hat:

Quelle

Memo zu Routinen und Innovationen in Krankenhäusern

„Ich beschäftige mich mit dem vor langer Zeit beobachteten Thema, daß Pflegekräfte typischen Problemen gegenüberstehen, die oft zeitraubend, mühsam und emotional belastend sind. *Dennoch unternehmen sie nichts, um institutionelle Regeln oder Verfahren zur Vermeidung solcher Probleme zu ändern. Stattdessen fahren sie mit ihrer institutionalisierten, routinierten Art zu arbeiten fort.* (z. B. die Probleme sterbender Patienten oder wiederholten Klagen eines Patienten über Schmerzen). Sie charakterisieren solche Patienten dann auf der Grundlage früherer Erfahrungen. Aber zu einer institutionalisierten Änderung kommt es anscheinend nicht. Ich habe lange Zeit gedacht, daß dies an der Art und Weise liegt, wie Organisationen ihre Arbeit erledigen, ihre Prioritäten setzen und vielleicht strukturelle Zwänge produzieren, die immer wieder kleine Krisen verursachen. Aber jetzt folgt eine viel bessere und detailliertere Reihe von Antworten.

1) *Wenn der Arbeitsfluß zusammenbricht, kommt es zu einer Änderung der Vorgehensweise.*

2) *Wenn sie die Vorgehensweise nicht ändern, liegt das daran, daß die Arbeit im Zusammenhang mit dem Problem nicht von hoher Priorität ist.* Die Pflegekräfte sind so damit beschäftigt, die Arbeit ganz oben auf der Prioritätenliste zu erledigen, daß sie keine Zeit und Kraft haben, irgendetwas anderes zu tun. Wenn das Problem – wie z. B. ein Problem-Patient – zu gravierend wird, rufen sie Spezialisten – Sozialarbeiter, Pfarrer, Psychiater – weil ihre eigene Arbeit weitergehen muß. Oder sie ignorieren den Patienten. Vielleicht werten sie das Problem auch ab.

3) *Wenn die Arbeit, die durch den Zusammenbruch des Arbeitsflusses beeinträchtigt ist, von hoher Priorität ist (z. B. die Effektivität der Arbeit oder die Sicherheit des Patienten bedroht), dann müssen sie überlegen, wie eine Wiederholung dieses Ereignisses zu verhindern ist.*
a) *Wenn die Änderung einfach durchzuführen ist,* wird sie durch interaktionelle Prozesse erledigt: Aushandeln, Überredung oder auch ein wenig Zwang.
b) *Wenn die Änderung schwierig zu organisieren ist,* bedeutet das eine Menge zusätzlicher Arbeit, die unvermeidlich ist: herausfinden, was zu tun ist, Entscheidungsfindung planen, Überreden, Aushandeln, neue Ressourcen finden, Motivieren, zusätzliche Kontrolle, wenn die neue Routine institutionalisiert wird etc. Und natürlich die zusätzliche Belastung durch den gesamten Strukturierungsprozeß bis alles wieder seinen gewohnten Gang geht.

4) Was wir also meinen ist, daß dies die Bedingungen und Mechanismen sind, durch die neue Verfahrensweisen institutionalisiert werden, um die alten Routinen zu ersetzen. *Beachte:* wir müssen noch genauer auf die Bedeutung von Routine-Verfahren eingehen. Auf dem untersten Level heißt das, wie Aufgaben erledigt werden. Das kann sowohl durch Absprachen im Team als auch durch administrative Regeln geschehen.

Quelle: Strauss, Anselm L. und Juliet M. Corbin. 2010 [1990]. Grounded Theory. Grundlagen qualitativer Sozialforschung. Weinheim: Beltz Juventa, S. 47–48.

Theoretische Memos strukturieren auch das theoretische Sampling. Sie verweisen darauf, welche Fälle als nächstes erhoben werden sollten, welche Interviewfragen zukünftig gestellt oder welche Daten vertiefend analysiert werden sollten. Derartige Überlegungen werden in Planungs-Memos festgehalten, die den weiteren Forschungsprozess anleiten.

Quelle

Memo zum theoretischen Sampling der Krankenhaus-Studie

„Besuche bei den verschiedenen Diensten wurden wie folgt schematisiert: Ich wollte zuerst einen Blick auf Einrichtungen werfen, in denen das Bewusstsein des Patienten nur eingeschränkt gegeben ist (und so schaute ich mir zuerst eine Frühgeborenenstation und dann eine neurochirurgische Station an, auf der die Patienten sich häufig im Koma befinden). Als nächstes wollte ich Sterben in einer Situation beobachten, in der das Personal und oft auch die Patienten mit dem Tod rechnen und dieser auch schnell eintritt. Also beobachtete ich auf einer Intensivstation. Dann wollte ich meine Beobachtungen in Einrichtungen anstellen, in denen das Personal den Tod durchaus, der Patient ihn aber nicht unbedingt erwartet und dieser in der Regel langsam eintritt. So schaute ich mir eine Krebsstation an. Dann wollte ich Bedingungen kennenlernen, unter denen der Tod unerwartet und schnell eintritt, und so sah ich mir eine Notaufnahme an. Während wir uns verschiedene Einrichtungen ansahen, beobachteten wir die obigen Situationen ebenfalls in anderen Krankenhaustypen. So wurde unsere Schematisierung von Situationen sowohl von einem allgemeinen konzeptuellen Schema gelenkt – das Hypothesen über Todesbewusstsein, Todeserwartung und -rate beinhaltete – als auch von einer erst im Entstehen begriffenen konzeptuellen Struktur, die zunächst gar nicht ins Auge gefasste Probleme mit einzubeziehen erlaubte. Manchmal kehrten wir nach zwei, drei oder vier Wochen kontinuierlicher Beobachtung einer Einrichtung oder Situation zu ganz anderen, schon vorher untersuchten Einrichtungen zurück, um Fragen zu überprüfen, die wir zunächst übergangen hatten."

Quelle: Glaser, Barney G. und Anselm L. Strauss 2010 [1967]. Grounded Theory. Strategien qualitativer Forschung. 3. Aufl. Bern: Huber, S. 186.

Diagramme erfüllen im Prinzip die gleiche forschungspraktische Funktion wie Memos: Sie strukturieren den Forschungsprozess und stellen wichtige Zwischenschritte bei der sukzessiven Entwicklung eines theoretischen Modells dar. Im Gegensatz zu Memos handelt es sich bei Diagrammen aber nicht um schriftliche Ausarbeitungen, sondern um visuelle Darstellungen. Dabei unterscheiden Strauss und Corbin (2010) zwei Formen voneinander:

- Logische Diagramme
  „Visuelle Darstellungen analytischer Gedankengänge. Sie zeigen anhand der paradigmatischen Eigenschaften die Entfaltung der logischen Beziehungen zwischen Kategorien und Subkategorien auf [...]. Eine Art logischer Ordnungsproze ß, der Ihnen dabei hilft herauszufinden, wie die Kategorien miteinander verbunden sind." (ebd., S. 169)
- Integrative Diagramme
  „Visuelle Darstellungen analytischer Gedankengänge zum Ausprobieren und Demonstrieren von konzeptuellen Verknüpfungen. Ihre Struktur ist nicht an das Paradigma gebunden, sondern für eigene Vorstellungen und Einfälle offen." (ebd.)

Memos und Diagramme werden während des gesamten Forschungsprozesses immer wieder erstellt, überarbeitet und/oder verworfen. Aus eigener Erfahrung kann ich Ihnen nur dazu raten, dieses Element der Grounded Theory Methodologie regelmäßig und umfänglich zu nutzen. Es wird Ihnen spätestens dann, wenn Sie die Datenauswertung abgeschlossen haben und den eigentlichen Forschungsbericht – also beispielsweise eine Bachelor- oder Masterarbeit – verfassen, eine unschätzbare Hilfe sein. Da die Anzahl von Memos und Diagrammen mit der Zeit immer weiter zunimmt, kann ich Ihnen darüber hinaus nur empfehlen, ihre Memos von Beginn an systematisch zu verwalten und zu organisieren.

Literatur

Tipps zum Verfassen und Organisieren von Memos und Diagrammen

In ihrem Lehrbuch „Grounded Theory: Grundlagen qualitativer Sozialforschung" von Anselm Strauss und Juliet Corbin (2010, S. 169 ff.) finden Sie eine Reihe hilfreicher Tipps zum Verfassen und Organisieren von Memos und Diagrammen. Corbin erläutert darüber hinaus einige instruktive Beispiele für Memos aus einer von ihr durchgeführten Studie zum Umgang mit Schmerzen.

Ein Diagramm im Sinne der Grounded Theory Methodologie haben Sie bereits kennengelernt, als ich die offene Kodierung der ‚Dame in Rot' visuell dargestellt habe (vgl. Abb. 13). Weitere Beispiele finden Sie in den Arbeiten zur Situationsanalyse von Adele Clarke.

5.2.4 Situationsanalyse

Eines der aktuellsten Elemente der Grounded Theory Methodologie stammt von Adele Clarke. Die Nachfolgerin auf dem Lehrstuhl von Anselm Strauss verbindet die drei Elemente, die Sie bereits kennengelernt haben, mit dem verstärkten Interesse der Soziologie an Diskursanalysen:

> „Im Vergleich zum handlungszentrierten Konzept der prozessualen Kernkategorie des basic social process, welche der traditionellen Grounded Theory zugrunde liegt, hat die Situationsanalyse eine radikal andere konzeptionelle Infrastruktur oder Leitmetapher: Sie stützt sich auf Strauss' situationszentrierten Ansatz der ‚sozialen Welten/Arenen/Aushandlungen'." (Clarke 2012, S. 24)

Auch Clarkes methodologisches Ziel besteht in der Entwicklung einer konstruktivistischen Grounded Theory sowie in der schon im Titel ihrer Monografie genannten Situationsanalyse. Die Analyse sozialer Situationen greift dabei den „postmodern turn" zeitgenössischer Soziologie auf:

> „Während die Moderne Universalität, die Verallgemeinerung, Vereinfachung, Dauerhaftigkeit, Stabilität, Ganzheit, Rationalität, die Regelmäßigkeit, die Einheitlichkeit und Angemessenheit betonte, verschieben sich die Schwerpunkte in der Postmoderne hin zu Partikularismus, Posititonalitäten, Komplikationen, Substanzlosigkeit, Instabilitäten, Unregelmäßigkeiten, Widersprüchen, Heterogenitäten, Situiertheit und Fragmentierung – kurz: Komplexität. [...] Doch für mich erfordern die methodologischen Implikationen der Postmoderne in erster Linie, dass Situiertheit, Abweichung, Ungleichheiten aller Art, Positionalität und Relationalität in all ihrer Komplexität und mit ihren Multiplizitäten, Instabilitäten und Widersprüchen sehr ernst genommen werden." (ebd., S. 26 ff.)

Clarke bemüht sich daher, die Komplexität sozialer Situationen möglichst umfänglich empirisch zu erfassen. Dabei möchte sie die jeweiligen Situationen nicht nur als einen von mehreren Parametern in die Analyse einbeziehen – so wie es im Fall der Kontextbedingungen des Kodierparadigmas geschieht. Sie erhebt die Situation vielmehr zur zentralen Untersuchungseinheit der Grounded Theory Methodologie:

> „Situative Fragen stehen bei der Datensammlung für Situationsanalysen im Mittelpunkt. Hierdurch akzeptieren wir die Begrenztheit der Analyse einer bestimmten Situation, anstatt zu versuchen, sie durch die Generierung einer formalen Theorie zu überwinden. Partiale Perspektiven sind hinreichend." (ebd., S. 66)

5.2 Die Methodik

Dies bedeutet auch, dass nichtmenschliche Entitäten – wie beispielsweise Technologien, Tiere, Diskurse, Dokumente oder Bilder – in die Analyse einbezogen werden müssen. Im Fall des Kodierparadigmas wurde hingegen nur menschliches (‚strategisches') Handeln berücksichtigt:

„Dadurch, dass die Handlungsmacht nichtmenschlicher, in der Situation vorhandener Elemente ‚gesehen' wird, werden Selbstverständlichkeiten zerstört und Mead'sche Momente des konzeptionellen Bruchs [...] erzeugt, durch welche wir die Welt auf völlig neue Weisen betrachten können. [...] Nichtmenschliche Aktanten konditionieren die Interaktionen in der Situation strukturell durch ihre spezifischen Materialeigenschaften und -anforderungen sowie durch unsere Verpflichtungen ihnen gegenüber. Ihre Handlungsmacht ist allgegenwärtig. Die Situationsanalyse berücksichtigt explizit sowohl auf materielle als auch auf diskursive Weise die nichtmenschlichen Elemente in der erforschten Situation." (ebd., S. 102 ff.)

Das zentrale methodische Werkzeug der Situationsanalyse nach Clarke sind die verschiedenen von ihr entwickelten Formen von Maps. Hierbei handelt es sich um visuelle Elemente, die große Ähnlichkeit mit den bereits thematisierten Diagrammen aufweisen. Da es sich ebenfalls um visuelle Elemente handelt, durchbrechen Maps die etablierten Analyseverfahren und fordern zu neuen Betrachtungsweisen heraus. Sie erleichtern die Analyse von Situationen und können helfen, Forschungsprozesse zu strukturieren und sich in umfangreichem Datenmaterial zurecht zu finden:

„Die Mapping-Ansätze richten den Fokus [...] auf die Schlüsselelemente, Materialitäten, Diskurse, Strukturen und Bedingungen, welche die erforschte Situation charakterisieren. Die kartographische Erfassung der Daten in Maps erlaubt es dem Analytiker, die Forschungssituation empirisch zu rekonstruieren." (ebd., S. 24)

Clarke unterscheidet drei Formen von Maps: Situations-Maps, Maps sozialer Welten und Arenen sowie Positions-Maps. Situations-Maps erfassen alle relevanten menschlichen und nichtmenschlichen Elemente einer Situation und deren Beziehungen. Sie bilden mithin alle Elemente ab, die konstitutiv für eine Situation sind, und rekonstruieren auf dieser Basis die Zusammenhänge von Elementen, anhand derer auch die jeweiligen Perspektiven der an einer Situation beteiligten Akteure rekonstruiert werden können. Hier ein Beispiel für eine derartige Situations-Map, in der die Emotionsarbeit von Krankenpflegepersonal dargestellt wird:

Abbildung 17 Beispiel für eine Situations-Map

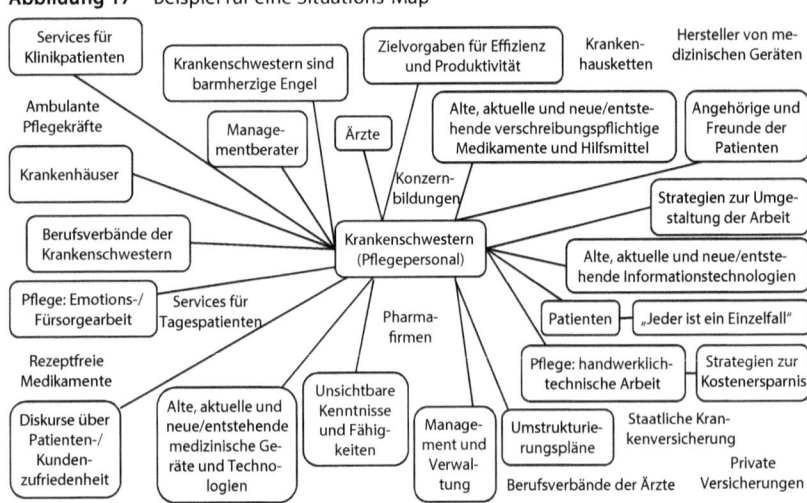

Quelle: Clarke 2012, S. 142. Modifiziert.

Dieses Beispiel hat Adele Clarke der Dissertation ihrer Doktorandin Debora Bone (2002) entnommen. Dort trägt es den Titel „Relationale Analyse mithilfe einer Situations-Map – Pflegearbeit der Krankenschwestern unter Managed Care" und bildet die relationale Analyse der relevanten Elemente einer Pflegesituation aus der Sicht des Pflegepersonals ab:

> „Der erste Eindruck […] beinhaltet die zentrale Bedeutung der Krankenschwestern in der Situation. Und dass diese auch Beziehungen zu anderen Elementen hatten (wenn auch nicht so deutlich). Auf den zweiten Blick sieht man dann das breite Spektrum von Elementen, auf die sie sich beziehen. Auf den dritten sieht die Analyse ein wenig chaotisch aus. Dies ist insofern interessant, als uns diese Mapping-Strategie als Analysemethode an die Ungeordnetheit des Pflege- und Fürsorgegebens im Krankenhaus erinnert und an die vielen Elemente, die gleichzeitig jongliert werden müssen." (Clarke 2012, S. 142)

Die zweite Form stellen die Maps sozialer Welten bzw. Arenen dar – Begrifflichkeiten die Clarke von Strauss (1993) übernommen hat. In Arenen treffen die Repräsentant/innen verschiedener sozialer Welten aufeinander, um bestimmte Themen auszuhandeln. Entsprechende Maps kartografieren kollektive Verpflichtungen, Beziehungen und Handlungsschauplätze:

„*Um eine Map von Sozialen Welten/Arenen anzufertigen, begibt man sich in die interessierende Situation und versucht, ihr einen kollektiven soziologischen Sinn abzugewinnen. Dabei beginnt man mit den Fragen: Was sind die Muster kollektiver Verpflichtung, und welche wichtigen Sozialen Welten sind hier bei der Arbeit? Der Analytiker muss klären, welche Sozialen Welten und Subwelten bzw. Segmente in einer bestimmten Arena zusammen kommen und warum.*" (Clarke 2012, S. 148)

Auch hierfür ein Beispiel aus der soziologischen Krankenhausforschung:

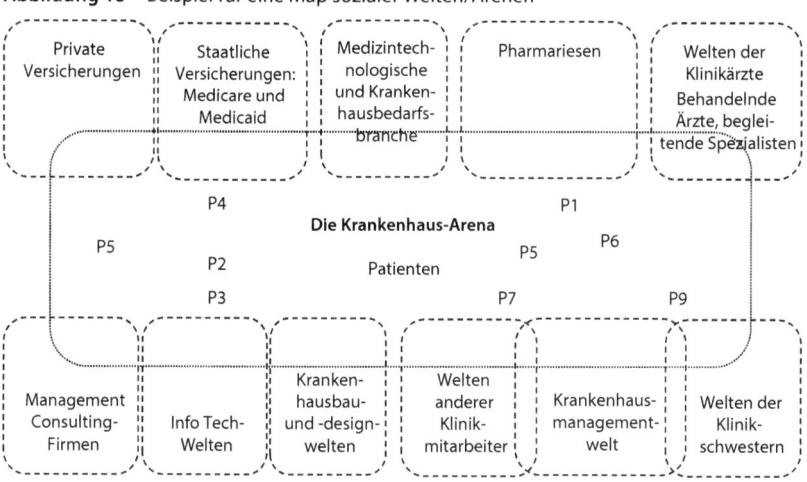

Abbildung 18 Beispiel für eine Map sozialer Welten/Arenen

Quelle: Clarke 2012, S. 156. Modifiziert.

Diese Map mit dem Titel „Map von Sozialen Welten/Arenen – Pflegearbeit in der Krankenhaus-Arena" macht insbesondere deutlich, wie viele Akteure aus ganz unterschiedlichen sozialen Welten in der Arena Krankenhaus aufeinandertreffen:

„*[Die] Abbildung [...] hilft uns zu erkennen, dass es eine ganze Reihe anderer einflussreicher Sozialer Welten in der Krankenhaus-Arena gibt, welche das situierte Handeln der Krankenschwestern potentiell einschränken und auf unterschiedliche Weise ermöglichen. [...] Anders ausgedrückt, wenn Krankenhäuser Orte sind, wohin sehr kranke Menschen gehen, um sich behandeln zu lassen, dann kann es durchaus sein, dass die Arbeit von Ärzten verschiedener Fachrichtungen sowie Effekte von Medizintechnologien, Medi-*

kamenten und Geräten in den Köpfen vieler (aber nicht aller) Menschen symbolisch über der Pflegearbeit stehen." (ebd., S. 157)

Die dritte Form von Maps stellen schließlich die sogenannten Positions-Maps dar, welche die unterschiedlichen Positionen innerhalb eines Diskurses abbilden:

"Positions-Maps beinhalten den Großteil der wichtigen, in den Daten eingenommenen Positionen zu den darin wichtigsten diskursiven Themen – Schwerpunkt- oder Hauptthemen und oftmals, aber durchaus nicht immer umstrittene Themen. [...] Dass Positionen nicht mit Personen, Gruppen oder Institutionen korreliert/assoziiert sind, ist vielleicht der wichtigste und radikalste Aspekt von Positions-Maps nach dem post-modern turn. [...] Positionen auf Positions-Maps sind Positionen in Diskursen." (ebd., S. 165)

Das folgende Beispiel trägt den Titel „Klinische Effizienz und Emotionsarbeit in der Krankenpflege" und bildet verschiedene diskursive Positionen zur Bedeutung klinischer Effizienz ab:

Abbildung 19 Beispiel für eine Positions-Map

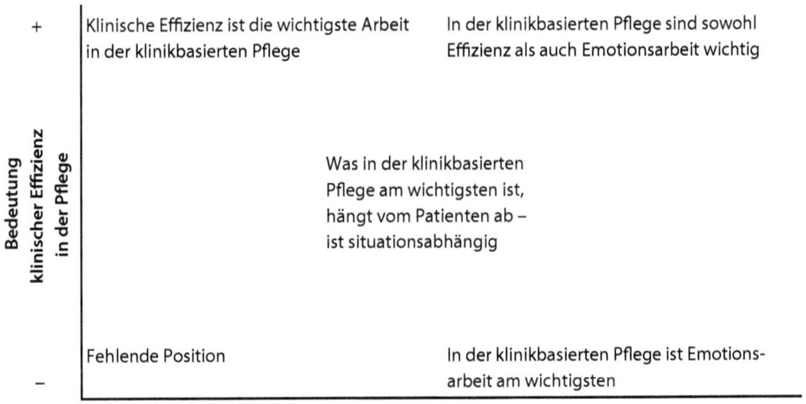

+	Klinische Effizienz ist die wichtigste Arbeit in der klinikbasierten Pflege		In der klinikbasierten Pflege sind sowohl Effizienz als auch Emotionsarbeit wichtig
Bedeutung klinischer Effizienz in der Pflege		Was in der klinikbasierten Pflege am wichtigsten ist, hängt vom Patienten ab – ist situationsabhängig	
–	Fehlende Position		In der klinikbasierten Pflege ist Emotionsarbeit am wichtigsten

Quelle: Clarke 2012, S. 169. Modifiziert.

Mit Hilfe derartiger Positions-Maps integriert Clarke die soziologische Diskursanalyse in ihren Ansatz der Grounded Theory Methodologie. Unter Diskursen ist dabei die Kommunikation aller Art über ein bestimmtes Thema zu verstehen. Diskurse stellen situationsübergreifende soziale Zusammenhänge dar, die das Handeln der beteiligten Akteure strukturieren:

„Diskurse und andere virtuelle Realitäten können ebenfalls als nichtmenschliche Elemente von Situationen betrachtet werden, die in den meisten, wenn nicht gar in allen Situationen mehr oder weniger von analytischer Bedeutung sind. Daher müssen sie in ernstzunehmender Situationsanalyse und gegenstandsverankertem Theoretisieren berücksichtigt werden." (ebd., S. 105)

Die Grounded Theory Methodologie dürfe sich folglich, so Clarke weiter, nicht auf die Analyse des Handelns individueller und kollektiver Akteure beschränken:

„Die ausschließliche Analyse individueller und kollektiver menschlicher Akteure ist für viele qualitative Projekte nicht mehr hinreichend, weil wir selbst, ebenso wie die Menschen und Dinge, die wir erforschen wollen, permanent und routinemäßig sowohl Diskurse produzieren als auch von ihnen überflutet werden. Historische, visuelle, narrative und andere diskursive Materialien sowie nichtmenschliche, materielle Kulturobjekte aller Art müssen zunehmend [...] in unsere Forschung und Analyse miteinbezogen werden." (ebd., S. 183)

Zusammenfassend kann man festhalten, dass die Situationsanalyse nach Clarke in erster Linie eine *Erweiterung* der klassischen Grounded Theory Methodologie darstellt. Sie gibt deren methodengeschichtliche Wurzeln keineswegs preis, sondern setzt neue – in ihrem Selbstverständnis: postmoderne – Schwerpunkte, die aktuelle Entwicklungen der Soziologie aufgreifen. Allerdings strebt sich auch eine andere Erkenntnisebene an: Während die Grounded Theory Methodologie von Glaser und Strauss zum Ziel hatte, aus empirisch verankerten theoretischen Modellen abstrakte und allgemeingültige soziologische Theorien zu entwickeln, kommt die Situationsanalyse deutlich bescheidener daher. Ihr geht es ‚nur' darum, einen begrenzten Gegenstandsbereich – etwa eine Situation oder einen Diskurs – umfänglich zu erfassen und systematisch zu analysieren.

5.3 Die Ergebnisse: Die Bewusstheitskontexte Sterbender

Damit komme ich zurück zur Krankenhaus-Studie: Ihre Beobachtungs- und Interviewdaten aus den verschiedenen Stationen kalifornischer Krankenhäuser haben auch Anselm Strauss und Barney Glaser zunächst offen und im Anschluss axial kodiert. Als Kernkategorie konnten sie während des selektiven Kodierens ihrer empirischen Daten die bereits erwähnte Bewusstheit des nahen Todes eines Patienten bzw. einer Patientin herausarbeiten. Nicht immer wissen die betroffenen Patient/innen also, dass sie bald sterben werden – im Sample der Krankenhaus-Studie war dies sogar eher selten der Fall. Auch Angehörige und Pflegepersonal sind sich des bevorstehenden Todes nicht immer bewusst. Aufgrund der Vielzahl von am Sterbeprozess beteiligten Akteuren sprechen die Autoren von sogenannten Bewusstheits*kontexten*, von awareness contexts:

> „Auf jeden Fall unterscheidet sich das Verhalten eines Kranken, der weiß oder ahnt, daß er sterben muß, von dem eines Patienten, der sich der Aussichtslosigkeit seines Zustands nicht bewußt ist. Diese Bewußtheit aber wird den Verlauf des weiteren Geschehens entscheidend beeinflussen und betrifft nicht nur den Patienten, sondern auch seine Ärzte und Pflegerinnen." (Glaser und Strauss 1965, S. 13)

Die Bewusstheit des nahen Todes stellte sich deshalb als Kernkategorie heraus, die das untersuchte Phänomen des Sterbens im Krankenhaus zu erklären vermag, weil von ihr das Handeln der beteiligten Akteure und die daraus resultierenden Konsequenzen abhängen:

> „[Wir] bemerkten [...], daß wir bei unserer Untersuchung immer wieder auf den einen Faktor gestoßen waren, auf den anscheinend alle Variationen zurückzuführen sind: das Wissen der einzelnen an der Sterbesituation Beteiligten über das Schicksal des Patienten." (ebd., S. 252)

Anhand der folgenden drei Merkmale entwickeln die Autoren der Krankenhaus-Studie vor diesem Hintergrund eine Typologie von Bewusstheitskontexten:

- Informationen, die Patient/innen vom Krankenhauspersonal und ihren Angehörigen über den bevorstehenden Tod erhalten,
- Bewusstheit der Patient/innen darüber, dass sie bald sterben werden,
- Ausmaß, in dem die Patient/innen ihr Wissen dem Krankenhauspersonal mitteilen.

Im Exkurs zur Typenbildung haben Sie gesehen, dass nicht alle Kombinationen von Merkmalen logisch möglich bzw. in der sozialen Wirklichkeit relevant sind (vgl. Kap. 4.5). Beispielsweise scheint es wenig plausibel, dass ein Patient oder eine Patientin sich seines bzw. ihres nahen Todes nicht bewusst ist und dies dem Pflegepersonal mitteilt. Nachdem der Merkmalsraum entsprechend bereinigt wurde, kristallisierten sich vier Typen von Bewusstheitskontexten heraus, die ich im Folgenden näher beleuchten werde. Verschaffen Sie sich zunächst einen Überblick:

> **Die Typologie von Bewusstheitskontexten sterbender Patient/innen** Merke
>
> - Geschlossener Bewusstheitskontext
>   Die Patient/innen sind ahnungslos, das Personal jedoch weiß um den bevorstehenden Tod.
> - Argwöhnischer Bewusstheitskontext
>   Die Patient/innen hegen einen Verdacht, sind sich ihres nahen Todes jedoch nicht sicher.
> - Bewusstheitskontext der wechselseitigen Täuschung
>   Alle beteiligten Akteure wissen Bescheid, gestehen es sich gegenseitig aber nicht ein.
> - Offener Bewusstheitskontext
>   Die Patient/innen kennen ihren Zustand und thematisieren ihn offen.

Geschlossener Bewusstheitskontext

Ein geschlossener Bewusstheitskontext, in dem Patient/innen nichts von ihrem bevorstehenden Tod wissen oder ahnen, entwickelt sich immer dann, wenn sie nicht hinreichend erfahren sind, um ihren gesundheitlichen Zustand einschätzen zu können. Hinzu kommt, das Ärzt/innen ihren Patient/innen nur ungern offenbaren, dass diese bald sterben werden. Gleiches gilt für Angehörige und Mitpatient/innen: Auch letztere vermeiden häufig eine Aufklärung, um vermeintlich unangenehme Situationen gar nicht erst entstehen zu lassen. Darüber hinaus befördern auch strukturelle Bedingungen und organisationale Vorgaben einen geschlossenen Bewusstheitskontext. So werden Krankenakten beispielsweise getrennt von den Patient/innen aufbewahrt und ärztliche Besprechungen finden hinter verschlossenen Türen statt. Greift man das im vorhergehenden Abschnitt erläuterte Kodierparadigma auf, wären die letztgenannten Krankenhausstrukturen als Kontextbedingungen zu verstehen; die Einschätzungskapazität der Patient/innen und das Verhalten von Angehörigen, Krankenhauspersonal und Mitpatient/innen hingegen als ursächliche Bedingungen. Lassen Sie uns das Kodierparadigma auch weiterhin als Heuristik verwenden, die uns dabei helfen kann, den geschlossenen Bewusstheitskontext zu beschreiben. Fraglich wäre dann, welche Handlungsstrategien das Klinikpersonal an den Tag legt, um den Bewusstheitskontext der betroffenen Patient/innen geschlossen zu halten. Zusammenfassend bezeichnen Glaser und Strauss seine entsprechenden Strategien als „Verschwiegenheitsspiel":

> „Um bei dem ahnungslosen Patienten keinen Zweifel an seiner fiktiven Krankengeschichte aufkommen zu lassen, müssen Arzt und Schwestern genau beobachten, wie der Patient auf Ereignisse und Hinweise reagiert, die dazu führen könnten, daß er argwöhnt oder erfährt, wie ernst sein Zustand ist. Ihre Versuche, seine Auffassungen zu manipulieren, führen zu einem geheimen Spiel, das mit ihm und rund um ihn stattfindet. Dieses Spiel wird mit verteilten Rollen gespielt, aber jeder Darsteller muß den Patienten glauben machen, daß alles geschieht, um ihn gesund – oder zumindest nicht kranker – werden zu lassen. Alle Beteiligten müssen sich bei diesem Spiel sehr konzentrieren und entsprechend erfahren sein, um nicht aus der Rolle zu fallen. Sie haben den Vorteil, daß sie als – manchmal schon bewährtes – Team gegen einen einzelnen Gegner stehen, der normalerweise nicht viel Erfahrung besitzt, Anzeichen eines nahen Todes zu entdecken und richtig zu interpretieren." (ebd., S. 36)

Ein Aspekt dieses „Verschwiegenheitsspiels" ist dabei, dass das Krankenhauspersonal alle Gesprächsthemen vermeidet, die in die Zukunft weisen:

> „Eine junge Schwester sagte uns, daß sie mit einem Patienten über seine künftigen Freundinnen und Partys zu plaudern pflegte, aber ganz unabsichtlich alle Gesprächsthemen, die in die ferne Zukunft wiesen, ausschloß, als sie erfuhr, daß der Tod des Patienten kurz bevorstand." (ebd., S. 39)

Am „Verschwiegenheitsspiel" sind mitunter auch die Angehörigen beteiligt – beispielsweise dann, wenn sie eine Entlassung veranlassen, damit der Patient bzw. die Patientin zuhause sterben kann:

> „Ein Beispiel wäre der Fall eines Patienten, bei dem aufgrund eines Diagnoseeingriffs unheilbarer Krebs [der] Bauchspeicheldrüse festgestellt wurde; entlassen wurde er jedoch als Diabetiker mit entsprechenden Anweisungen zur Insulinbehandlung." (ebd., S. 37)

An diesen beiden kurzen Passagen der Krankenhaus-Studie wird auch eine besondere Darstellungsform empirischer Daten deutlich. Während die Studien, die ich bisher betrachtet habe, meist direkte Bezüge zu ihren Daten herstellen – beispielsweise in Form von wörtlichen Zitaten aus geführten Interviews oder der dichten Beschreibung teilnehmender Beobachtungen – entwickeln Glaser und Strauss einen ganz eigenen Stil: Sie belegen ihre Rekonstruktionen und Interpretationen durch episodenhafte Schilderungen. Die Autoren zitieren ihre Daten dabei weniger, sondern paraphrasieren sie in erster Linie episodisch.

Die Konsequenzen eines geschlossenen Bewusstheitskontextes bestehen darin, dass die Patient/innen sich nicht auf ihren bevorstehenden Tod vorbereiten können – etwa indem sie Abschiedsbriefe verfassen, religiösen Beistand suchen und/oder ihr Leben bilanzieren. Für das Pflegepersonal stellt der geschlossene Bewusstheitskontext eine belastende Situation dar, da es sein Handeln stark kontrollieren muss, um den betroffenen Patient/innen keine unbedachten Hinweise auf den bevorstehenden Tod zu geben. Schließlich kann sich auch das Leid der Angehörigen verschlimmern. Dies wäre in gewisser Weise eine paradoxe Konsequenz, da den Angehörigen ja eigentlich daran gelegen ist, unangenehme Situationen zu vermeiden. Auch dies sei anhand einer episodischen Paraphrasierung von Glaser und Strauss illustriert:

> *„Die Ehefrau eines Sterbenden war vom Arzt unterrichtet worden, daß der Tod ihres Mannes bevorstand. Sie teilte sich in ihrem Kummer Freunden mit, die ihrerseits dem noch jungen Sohn die traurige Nachricht übermittelten. Daraufhin entwickelte der Sohn ein ausgeprägtes Mißtrauen gegen den Arzt. Außerdem fühlte er sich von seinem Vater hintergangen und enterbt, weil dieser die Verantwortlichkeiten, die ja nun auf ihn entfallen würden, nicht mit ihm besprochen hatte. [...] Der Vater, der nicht wußte, daß er sterben würde, konnte nichts tun, um die Situation zu retten. Und damit wurde durch den geschlossenen Bewußtheits-Kontext für die Familienmitglieder eine schon ohnehin traurige Situation noch schmerzlicher und schwieriger."* (ebd., S. 45)

Zusammenfassend liegt ein geschlossener Bewusstheitskontext also immer dann vor, wenn Patient/innen nichts von ihrem bevorstehenden Tod wissen oder ahnen. Ich habe diesen Kontext anhand seiner ursächlichen Bedingungen und seiner Kontextbedingungen, anhand der Handlungsstrategien des Pflegepersonals sowie anhand der daraus resultierenden Konsequenzen beleuchtet. Dies bedeutet auch, dass ich ihn ganz im Sinne der Grounded Theory Methodologie nun in Form eines Kodierparadigmas darstellen kann:

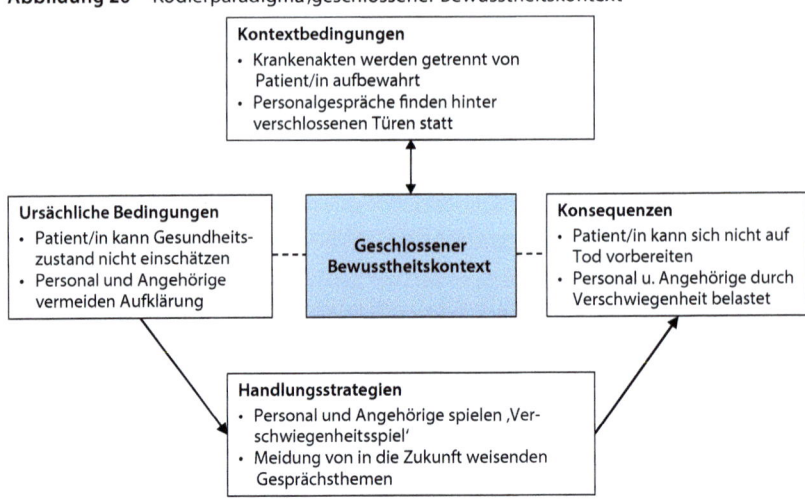

Abbildung 20   Kodierparadigma ‚geschlossener Bewusstheitskontext'

Quelle: Eigene Darstellung auf der Basis von Glaser und Strauss 1965, S. 32 ff.

Argwöhnischer Bewusstheitskontext

Der zweite im Rahmen der Krankenhaus-Studie herausgearbeitete Typus wird von Glaser und Strauss als argwöhnischer Bewusstheitskontext überschrieben:

> „Bezeichnend für diesen Bewußtheitskontext ist, daß der Patient nichts Bestimmtes weiß. Er hegt den mehr oder minder ausgeprägten Verdacht, daß das Klinikpersonal nicht mehr an seine Genesung glaubt." (Glaser und Strauss 1965, S. 48)

Ursächlich für die Entstehung eines argwöhnischen Bewusstheitskontextes kann sein, dass Patient/innen ihre Krankheitssymptome aufgrund ihrer Berufstätigkeit oder langfristigen Erfahrung mit einer chronischen Krankheit besser einzuschätzen in der Lage sind. Darüber hinaus kann es vorkommen, dass das Krankenhauspersonal verdächtige Formulierungen verwendet, die den Argwohn der Patient/innen wecken – beispielsweise das Signalwort ‚Krebs'. Ist der Argwohn einmal geweckt, verstärkt sich der Bewusstheitskontext selbst und gerät mitunter zu einem „Kampf um die entscheidenden Informationen" (ebd., S. 51). Zu seinen Kontextbedingungen zählt neben der räumlichen Trennung von Patient/innen und Krankenhauspersonal auch die organisationale Vorgabe der Klinikleitung, dass Krankenschwestern und -pfleger den Kontakt zu ihren Patient/innen zeitlich limitieren sollen. Dies verringert die Wahrscheinlichkeit, dass Patient/innen ihren

Argwohn thematisieren und das Personal auf diese Weise zu einer Reaktion nötigen. Schließlich zählt auch die hierarchische Ordnung innerhalb des Krankenhauses zu den Kontextbedingungen des argwöhnischen Bewusstheitskontextes – beispielsweise kann das Pflegepersonal immer dann auf Ärzt/innen verweisen, wenn es mit dem Argwohn von Patient/innen konfrontiert wird.

Die argwöhnischen Patient/innen hingegen suchen aktiv nach bestätigenden Anzeichen für ihren Gesundheitszustand – etwa durch das heimliche Mithören von Gesprächen, durch Einsicht in ihre Krankenakten oder eben durch direkte Fragen an das Krankenhauspersonal:

„Im Krankenhausmilieu entstehen ständig neue Situationen, ergeben sich immer wieder Hinweise, die beim Patienten Verdacht erregen, entwickeln und manchmal auch bestätigen können. Argwöhnt er erst einmal, daß man ihm etwas vorenthalten will, kann jedes Wort und jede Geste der anderen bedeutsam sein. Auf allen räumlich konzentrierten Stationen, die zudem [...] abgeschlossen sind, hat ein Kranker oft Gelegenheit, das Personal zu beobachten. Er sieht, wie sie sich zu Gesprächen zusammenfinden und oft mag er etwas mitanhören, das seinen Verdacht erregt, fördert oder bestätigt." (ebd., S. 54)

Die Handlungsstrategien des Personals entsprechen denjenigen des Typs ‚geschlossener Bewusstheitskontext' – außer, dass nun noch größere Vorsicht geboten ist. Diesbezüglich zitieren die Autoren zwei Krankenschwestern in folgender Weise:

„Die eine Schwester: Eine strenge Miene besagt, daß es nicht viel zu reden gibt, man ist kurz und sehr förmlich... Ja, ganz die vielbeschäftigte Schwester.
Die andere Schwester: Man ist freundlich, aber...
Die erste Schwester: Freundlich, aber bestimmt und nicht zu vertraulich.
Die andere Schwester: Man kann über alles sprechen, nur nicht über den Zustand.
Die erste Schwester: Und wenn man mit ihnen plaudert und sich nicht ganz so streng gibt, kann man über alles Mögliche reden; aber das Thema des Sterbens sollte man sorgfältig umgehen." (Krankenschwestern zitiert nach Glaser und Strauss 1965, S. 56)

Auch die Konsequenzen eines argwöhnischen Beswusstheitskontextes entsprechen weitgehend denjenigen des geschlossenen. Darüber hinaus haben die betroffenen Patient/innen jedoch das unangenehme Gefühl, dass ihnen die Wahrheit vorenthalten wird. Krankenhauspersonal und Angehörige hingegen müssen über ihr bedachtes Handeln hinaus nun auch entscheiden, wie sie dem Argwohn der Patient/innen begegnen wollen. Der argwöhnische Bewusstheitskontext stellt sich in Form eines Kodierparadigmas somit folgendermaßen dar:

Abbildung 21 Kodierparadigma ‚argwöhnischer Bewusstheitskontext'

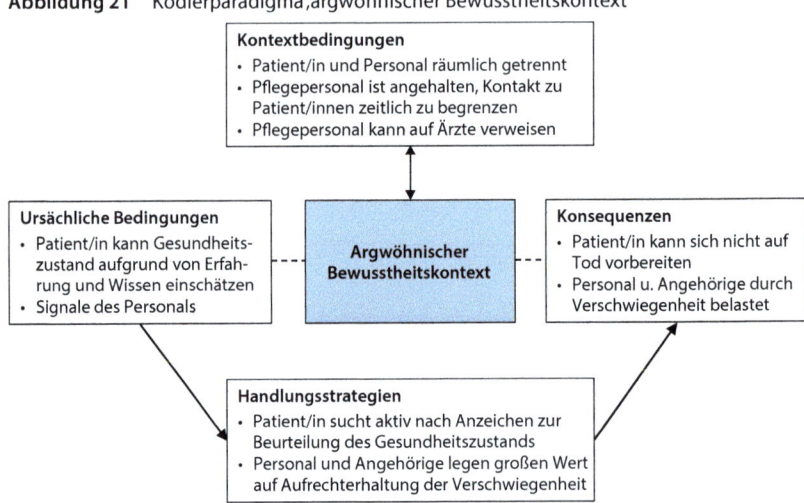

Quelle: Eigene Darstellung auf der Basis von Glaser und Strauss 1965, S. 48 ff.

Bewusstheitskontext wechselseitiger Täuschung

Den Bewusstheitskontext der wechselseitigen Täuschung fassen die Autoren der Krankenhaus-Studie folgendermaßen zusammen:

> „Wenn Patient wie Stab wissen, daß der Patient sterben wird, aber etwas anderes vorgeben – wenn beide übereinstimmend handeln, als werde er weiterleben –, besteht ein Kontext wechselseitiger Täuschung. Jede Partei kann sich zur Teilnahme entschließen; sie endet, wenn einer der Beteiligten die Täuschung nicht länger aufrechterhalten kann oder will." (Glaser und Strauss 1965, S. 63)

Zu den Kontextbedingungen wechselseitiger Täuschung zählen neben den bereits genannten organisationalen Strukturen auch gesellschaftliche Rahmenbedingungen. So charakterisieren Glaser und Strauss den Tod als Tabu-Thema, welches auch das Handeln sterbender Patient/innen beeinflusst. Diese thematisieren ihren Gesundheitszustand nämlich nicht aktiv, während das Krankenhauspersonal dazu neigt, Sterben und Tod nur auf expliziten Wunsch der Betroffenen zum Thema zu machen. Eine derartige Pattsituation ist dann die ursächliche Bedingung für die Entwicklung und Aufrechterhaltung des Bewusstheitskontextes wechselseitiger Täuschung. In der Krankenhaus-Studie wird dies anhand der folgenden Paraphrasierung eines Interviews illustriert:

5.3 Die Ergebnisse

„Interviewer: Sprach er über seinen Krebs oder über seinen Tod?
Schwester: Nein, nein, er sprach nie darüber. Ich hörte nie das Wort ‚Krebs' aus seinem Munde …
Interviewer: Deutete er an, daß er um seinen bevorstehenden Tod wußte?
Schwester: Nun ja, ich hatte manchmal den Eindruck … Er zeigte es nicht ganz offen. Aber ich glaube, an dem Tag, an dem sein Zimmergenosse ihm sagte, er solle doch aufstehen und herumgehen, war er ziemlich aufgebracht. Ich hatte jedenfalls das Gefühl. Er sagte, daß er sich zur Zeit sehr, sehr elend fühle und das entsprach auch seinem Zustand.
Interviewer: Er sprach nie von seiner Entlassung aus dem Krankenhaus?
Schwester: Nie.
Interviewer: Sprach er überhaupt je über seinen Zustand?
Schwester: Nein, niemals auch nur ein Wort.
Interviewer: Sie sagten gestern, er sei mehr oder minder isoliert gewesen, weil die Schwestern glaubten, er sei feindselig. Aber Sie müssen solche Patienten doch kennen, sie sind ihnen doch schon oft begegnet. Sie meinen, Sie blieben ihm absichtlich fern?
Schwester: Nein, ich meine, ganz zum Schluß war das so. Sehen Sie, das verstand ich unter isoliert sein … wir haben keine Beziehungen zu ihnen. Auch ich hatte sie nicht, wenn ich nicht gerade etwas für ihn zu tun hatte. Ich meine, man erwartet doch von uns ein gewisses Eingehen auf den Patienten. Aber wenn sie sehr krank sind, tun wir das nicht … Ich habe mit meiner Ausbilderin darüber gesprochen, erwähnt, was ich für ihn hätte tun können … auch über dieses Isoliert-Sein. Ich hätte irgendeine Beziehung zu ihm aufnehmen sollen …
Interviewer: Weil Sie wußten, daß er sterben würde und weil sie halbwegs vermuteten, daß auch er es wußte? Meinen Sie, daß das Verstehen zwischen Ihnen dadurch gefördert wurde?
Schwester: Ich glaube ja … Es ist natürlich schwer zu sagen, aber wenn ich ins Zimmer kam, auch dann, als es ihm schon sehr schlecht ging, sah er mich immer an und versuchte zu lächeln. Da hatte ich den Eindruck, er hatte es akzeptiert … Ich glaube, auch das war ein Grund, mehr auf ihn einzugehen … ich hätte es tun sollen … ich glaube, er war sehr allein." (zitiert nach Glaser und Strauss 1965, S. 67)

Nach allem, was Sie in diesem Buch bislang gelernt haben, werden Sie wohl feststellen müssen, dass es sich bei diesem Interviewauszug nicht unbedingt um ein Beispiel für eine gelungene Interviewführung handelt. Der Interviewer nämlich tendiert immer wieder dazu, die von ihm interviewte Krankenschwester allzu schnell zu unterbrechen. Darüber hinaus wirken seine Fragen ausgesprochen suggestiv und beziehen sich weder auf exklusives Wissen über einen spezifischen Gegenstand (Experteninterview) noch auf die Stimulierung der Erzählung eines selbst erlebten Prozesses (narratives Interview). Gleichwohl vermittelt der Interviewauszug ein Bild von den Handlungsstrategien der beteiligten Akteure: Diese sind beständig darum bemüht, die wechselseitige Täuschung zu bestätigen und fortzuführen. Daher ‚überhören' sie alle Anzeichen für einen bevorstehenden Tod. Darüber hinaus suggerieren sowohl das Krankenhauspersonal als auch die sterbenden Patient/innen Normalität – beispielsweise durch die Einrichtung des Krankenzimmers, durch Körperpflege oder regelmäßige Mahlzeiten. Derartiges Handeln führt zunächst zu der Konsequenz, dass die Patient/innen ihre Würde und ihre Intimität bewahren können. Gleichzeitig jedoch verhindert die wechselseitige Täuschung den Aufbau einer Vertrauensbeziehung zwischen Personal und Patient/innen. Auch das Vertrauen zu den eigenen Angehörigen leidet freilich, wie das folgende Zitat einer Patientin verdeutlicht, deren Angehörige ihren bevorstehenden Tod nicht thematisieren wollten: „Ich habe das Gefühl, gegen Wattemauern anzurennen" (zitiert nach Glaser und Strauss 1965, S. 74). Schließlich führt der Bewusstheitskontext wechselseitiger Täuschung dazu, dass die sterbenden Patient/innen nicht psychologisch und/oder seelsorgerisch betreut werden können. In Form eines Kodierparadigmas stellt er sich folgendermaßen dar:

Abbildung 22 Kodierparadigma ‚Bewusstheitskontext wechselseitiger Täuschung'

Kontextbedingungen
- Organisationale Strukturen wie bei offenem oder argwöhnischem Bewusstheitskontext
- Tod ist gesellschaftliches Tabu-Thema

Ursächliche Bedingungen
- Patient/in thematisiert Gesundheitszustand nicht aktiv
- Personal will Tod nur auf expliziten Wunsch thematisieren

Kontext wechselseitiger Täuschung

Konsequenzen
- Keine Beziehung zwischen Patient/in und Personal
- Patient/in kann nicht psychologisch betreut werden

Handlungsstrategien
- Beteiligte suggerieren Normalität und überhören Anzeichen für bevorstehenden Tod
- Patient/in thematisiert Zukunft

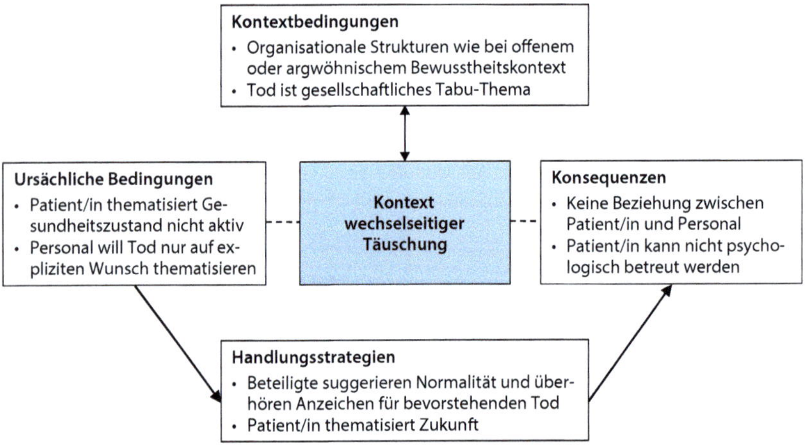

Quelle: Eigene Darstellung auf der Basis von Glaser und Strauss 1965, S. 63 ff.

Offener Bewusstheitskontext

Ein offener Bewusstheitskontext schließlich liegt dann vor, wenn Patient/innen um ihren bevorstehenden Tod wissen und ihr Wissen gegenüber ihren Angehörigen und dem Krankenhauspersonal offen thematisieren. Damit sich ein offener Bewusstheitskontext entwickeln kann, muss es zu einem Übergang vom geschlossenen, argwöhnischen oder wechselseitig täuschenden Bewusstheitskontext kommen. Insofern zeichnet die von Glaser und Strauss entwickelte Typologie auch den typischen Verlauf eines Sterbeprozesses nach – so wie die Typologie der Marienthal-Studie den typischen Verlauf einer Langzeitarbeitslosigkeit nachgezeichnet hatte (vgl. Kap. 2.3). Der Übergang vom argwöhnischen in den offenen Bewusstheitskontext wird meist von den Patient/innen initiiert, wie eine der interviewten Krankenschwestern exemplarisch schildert:

> „Ein langes Schweigen trat ein. Dann fragte die Patientin: ‚Werden Sie mich daheim besuchen, wenn ich hier entlassen werde?' Ich entgegnete, ob sie das gern wolle. ‚Ja, Mary, wir könnten gemeinsam schöne Ausflüge machen...' Ihre Gedanken schienen in weite Ferne zu schweifen, als träume sie von all den Orten, die sie besuchen und von all den Dingen, die wir gemeinsam erleben wollten. Das dauerte eine ganze Weile. Dann fragte ich: ‚Meinen Sie, daß Sie Ihren Wagen selber steuern können?' Sie sah mich an: ‚Mary, Sie wissen doch, daß das nur Wunschträume sind. Ich weiß, daß ich sterben werde.' Sie weinte und sagte: ‚Es ist furchtbar. Ich habe nie gedacht, daß es so sein würde.'" (Krankenschwester zitiert nach Glaser und Strauss 1965, S. 73)

Die wechselseitige Täuschung kann nur dann in einen offenen Bewusstheitskontext übergehen, wenn beide Parteien dazu bereit sind. Immer wieder sind die untersuchten Akteure aber darum bemüht, Gelegenheiten zum Übergang zu übergehen und die Täuschung aufrecht zu erhalten. Ein direkter Übergang vom geschlossenen in den offenen Bewusstheitskontext wird hingegen meist von Ärzt/innen initiiert, die ihre Patient/innen über deren Gesundheitszustand aufklären. Dabei stehen den Ärzt/innen verschiedene Möglichkeiten der Aufklärung zur Verfügung, die auch den Reaktionsprozess der betroffenen Patient/innen bestimmen (vgl. ebd., S. 112 ff.). Die Autoren der Krankenhaus-Studie arbeiten diesbezüglich eine ganze Reihe idealtypischer Reaktionsmuster von Patient/innen heraus. Durch eine abrupte und unverhohlene Aufklärung beispielsweise werden eher Ablehnung und Verdrängung hervorgerufen als die Akzeptanz des nahen Todes. Dass Patient/innen sich auf ihren Tod vorbereiten können, ist nichtsdestotrotz die wichtigste Konsequenz eines offenen Bewusstheitskontextes:

> „Die Überlegung, daß einem Patienten die Gelegenheit gegeben wird, rechtzeitig seine Angelegenheiten zu ordnen und für die Zukunft seiner Familie vorzusorgen, spielt bei der Entscheidung des Arztes, einen Patienten über seinen ernsten Zustand aufzuklären, eine große Rolle." (ebd., S. 116)

Neben der Erledigung organisatorischer Angelegenheiten wird den Patient/innen durch einen offenen Bewusstheitskontext die Gelegenheit zu Reflexion und

Abschied gegeben. Das Pflegepersonal wird darüber hinaus von dem geschilderten „Verschwiegenheitsspiel" entlastet. Der Übergang in einen offenen Bewusstheitskontext bringt jedoch auch unintendierte Nebenfolgen mit sich, die Glaser und Strauss (ebd., S. 76 ff.) unter dem Stichwort „Doppeldeutigkeit des Wissens" diskutieren. Das Wissen über den bevorstehenden Tod geht nämlich mit neuem Unwissen einher – beispielsweise darüber, wann genau der Tod eintritt und wie der akute Sterbeprozess ablaufen wird (vgl. Glaser und Strauss 1968). Auch die Unkenntnis normativer Erwartungen an den bzw. die Sterbende zählt zu diesem Unwissen. Das Handeln sterbender Patient/innen ist dabei in vielfältiger Weise gerahmt von Erwartungen der Organisation Krankenhaus und der Professionen des Klinikpersonals sowie von gesellschaftlichen Normen und Werten:

> *„Diese Normen hängen sowohl mit der Arbeit des Stabs wie mit generellen amerikanischen Bewertungen von mutigem oder dezentem Verhalten zusammen. Zu den ungeschriebenen Regeln gehören: der Patient sollte weitgehend seine Fassung und Ausgeglichenheit bewahren. Ganz am Ende sollte er mit Würde den Tod erwarten. Er sollte sich nicht vorzeitig von der Welt abwenden und den Lebenden den Rücken kehren; er sollte sich vielmehr bemühen, ein ‚gutes' Mitglied seiner Familie zu bleiben und ‚nett' zu seinen Mitpatienten sein. Solange es ihm möglich ist, sollte er an dem sozialen Leben auf der Station teilnehmen. Er sollte dem Stab seine Tätigkeit durch Kooperation erleichtern und alles vermeiden, was einzelne in Verlegenheit bringen könnte."* (Glaser und Strauss 1965, S. 82)

Die Typologie der vier Bewusstheitskontexte wird im weiteren Verlauf der Krankenhaus-Studie aus ganz unterschiedlichen Perspektiven interpretiert und in Bezug auf eine Reihe von Teilaspekten vertieft. Diese weiterführenden Untersuchungsergebnisse hier en detail darzustellen, würde den Rahmen dieses Buches sprengen und vom eigentlichen Thema wegführen: den Methoden der qualitativen Sozialforschung und ihren methodologischen Hintergründen. Sie werden noch einiges mehr über die Interaktion mit Sterbenden erfahren, wenn Sie die Krankenhaus-Studie im Original lesen – gerade, weil sie ihren Untersuchungsgegenstand ausgesprochen plastisch darstellt und dabei eine gut lesbare Sprache verwendet.

Auf einen wichtigen Aspekt der Ergebnisse empirischer Studien möchte ich jedoch hinweisen, bevor Sie sich dem Original zuwenden: Untersuchungsergebnisse müssen stets aus ihrer Zeit heraus gelesen werden. Es ist nämlich stark zu vermuten, dass sich das Verhältnis zwischen Patient/innen und Klinikpersonal in den vergangenen fünf Jahrzehnten entscheidend gewandelt hat. Am Beispiel der Geburtshilfe zeigt Jürgen Gerhards (2001) beispielsweise, dass die Wünsche und Bedürfnisse werdender Eltern seit den 1970er Jahren von Hebammen deutlich stärker berücksichtigt werden als zuvor – und dies wird wohl auch für den Bereich

Krankenpflege zutreffen. Darüber hinaus wird sich vermutlich die Rollenverteilung zwischen ärztlichem und Pflegepersonal deutlich gewandelt haben. Und schließlich sind gerade in jüngster Zeit mit Palliativstationen und Hospizen neuartige Organisationsstrukturen entstanden, die auch die Interaktion mit Sterbenden wesentlich verändert haben dürften. Glaser und Strauss zeichnen daher ein Bild vom Sterben in amerikanischen Krankenhäusern der 1960er Jahre und man muss sich fragen, ob und inwiefern ihre Untersuchungsergebnisse auf europäische Kliniken und/oder die heutige Zeit generalisierbar sind.

Auf diese Frage der Limitation ihrer Studie werde ich im Rahmen der methodologischen Reflexion zurückkommen. Schließen möchte ich die Darstellung der Untersuchungsergebnisse zuvor jedoch mit einem bilanzierenden Zitat aus der Krankenhaus-Studie. Es betont einmal mehr ihr positivistisches Anliegen – den Wunsch der Forscher also, mit ihrer Studie auch einen praktischen Nutzen für eine Verbesserung der Interaktion mit Sterbenden zu generieren:

„Z. B. werden Schwestern eher mit Familie und Patienten während plötzlicher Übergänge von geschlossener zu vortäuschender oder offener Bewußtheit umgehen können, wenn sie versuchen, die Grundsätze unserer Theorie […] zu berücksichtigen und wenn sie bei der Anwendung die Theorie ständig anpassen. […] Wenn Ärzte […] z. B. überprüfen, ob es unter bestimmten Bedingungen ratsam ist, die Patienten über den nahenden Tod aufzuklären, könnten die Antworten im Rahmen unserer Theorie der Bewusstheitskontexte und der üblichen Reaktionsweisen, die auf eine Enthüllung folgen, interpretiert werden. Das wird die Beteiligten umgekehrt auf weitere sinnvolle Fragen bringen und zu Verbesserungsvorschlägen für viele Situationen der Pflege kurz vor dem Tod führen. […] Z. B. kann ein allgemeines Verständnis dessen, was ‚gegenseitige Täuschung' (samt der für die Pflege möglicherweise negativen Folgen) bedeutet, das Personal dazu veranlassen, den Patienten nicht mehr unbeabsichtigt zur gegenseitigen Täuschung zu zwingen. Auf ähnliche Weise kann das aus der aufmerksamen Lektüre unserer Kapitel über Reaktionen der Familie in ‚geschlossenen' und ‚offenen' Bewusstheitskontexten gewonnene Verständnis dem Personal dabei helfen, in Zukunft besser mit diesen familiären Reaktionen […] umzugehen." (ebd., S. 244 ff.)

5.4 Reflexion: Kohärenz und Limitation

Auch diesmal möchte ich Untersuchungsdesign und -ergebnisse der Krankenhaus-Studie unter methodologischen Gesichtspunkten anhand der Gütekriterien qualitativer Sozialforschung reflektieren. In Kapitel 1.5 haben Sie acht dieser Gütekriterien kennengelernt, die ihnen dabei helfen können, eine Studie kritisch einzuschätzen, die Sie darüber hinaus aber auch beachten sollten, wenn Sie selbst als

Sozialforscher bzw. Sozialforscherin tätig werden möchten. Zwei dieser acht Kriterien habe ich bislang nur abstrakt, nicht jedoch in Bezug auf eine konkrete Studie diskutiert: die Kohärenz und die Limitation eines empirisch verankerten theoretischen Modells. Dies möchte ich im Folgenden nun nachholen.

Kohärenz

Das Gütekriterium Kohärenz verweist darauf, dass ein auf der Basis empirischer Daten entwickeltes theoretisches Modell in sich konsistent sein muss; es darf also keine inhärenten Widersprüche enthalten. Ines Steinke (2022, S. 330) unterscheidet diesbezüglich zwischen einer theoretischen und einer empirischen Kohärenz:

Tabelle 20 Kohärenz der Krankenhaus-Studie

Kriterium	Anforderungen	Anwendung
Theoretische Kohärenz	Das entwickelte theoretische Modell muss in sich kohärent sein.	Die Typologie der vier Bewusstheitskontexte wirkt in sich schlüssig und wird durch episodische Paraphrasierungen illustriert.
Empirische Kohärenz	Widersprüche in den erhobenen Daten und ihrer Interpretation sollten reflektiert werden. Ungelöste Widersprüche sollten offenbart werden.	Der zentrale Stellenwert von Vergleichen innerhalb der Grounded Theory Methodologie minimiert das Risiko von Inkohärenzen.

In Anlehnung an: Steinke 2022, S. 330

Insbesondere mit dem Problem der empirischen Kohärenz ist man als Sozialforscher/in häufig konfrontiert. Immer wieder nämlich kommt es vor, dass uns in unserem Untersuchungsfeld Daten begegnen, die sich zunächst zu widersprechen scheinen. So kann es beispielsweise vorkommen, dass man Diskrepanzen rekonstruiert zwischen organisationalen Vorgaben – also beispielsweise Satzungen, Verfahrensvorschriften oder Dienstanweisungen, die im Rahmen einer Dokumentenanalyse erhoben wurden – und dem tatsächlichen Handeln der beteiligen Akteure, das beispielsweise teilnehmend beobachtet wurde. Entscheidend ist, dass man derartige Diskrepanzen – wenn man so will, also Inkohärenzen – explizit thematisiert und versucht, sie in ein theoretisches Modell zu integrieren. Für eine – wenn Sie mir dieses Paradoxon erlauben – kohärente theoretische Integration empirischer Inkohärenzen finden sich im soziologischen Diskurs zahlreiche Beispiele. Diesbezüglich denke ich etwa an das organisationssoziologische Konzept der „Schauseite", das stark verkürzt davon ausgeht, dass Organisationen auf der „Vorderbühne" (Goffman 1969) ein sozusagen öffentlichkeitswirksames Bild von sich erzeugen, das ihnen gesellschaftliche Legitimation sichert, während auf der „Hinterbühne" völlig andere Leitorientierungen relevant sind (vgl. Meyer und Rowan 1977). Für manche Sozialformen ist eine derartige Entkopplung von formaler Schauseite und tatsächlichem Handeln sogar konstitutiv – beispielsweise für das ausgesprochen komplexe Mehr-Ebenen-System der katholischen Kirche (vgl. Heiser 2015).

Mit der Grounded Theory Methodologie steht uns nun ein Forschungsstil zur Verfügung, mit dem wir vermeintliche empirische Inkohärenzen systematisch bearbeiten können. An verschiedensten Stellen nämlich baut sie auf einen permanenten Vergleich von Daten, den bereits Durkheim als zentrale Methode soziologischer Forschung begriffen hatte (vgl. Kap. 1.1). Denken Sie diesbezüglich nur an das theoretische Sampling, das in Form des Wechsels von minimalem und maximalem Vergleich explizit nach Unterschieden und mithin auch nach Widersprüchen sucht. Glaser und Strauss (1967, S. 44) schreiben daher in ihrer Methoden-Publikation: „Komparative Daten erlauben die besten Tests einer Theorie". Insbesondere das Kodierparadigma kann dazu dienen, fallkontrastive Widersprüche theoretisch zu integrieren – und dabei zu verhindern, dass man interpretative Schlüsse zieht, die Teilen der erhobenen Daten widersprechen. Die Grounded Theory Methodologie adressiert mithin explizit das Gütekriterium der Kohärenz und minimiert die Gefahr einer inkonsistenten Theorieentwicklung. Es ist daher davon auszugehen, dass es sich bei der Typologie von Bewusstheitskontexten sterbender Patient/innen um ein in sich kohärentes theoretisches Modell handelt, von dem allerdings bestimmt werden muss, ob und inwiefern es generalisierbar ist.

Limitation
Mit der Frage der Generalisierbarkeit setzt sich schließlich das Gütekriterium Limitation auseinander, das Ines Steinke (2022, S. 330) folgendermaßen ausbuchstabiert:

Tabelle 21 Limitation der Krankenhaus-Studie

Kriterium	Anforderungen	Anwendung
Fallkontrastierung	Minimale und maximale Vergleiche ermöglichen die Identifikation von Bedingungen, die für die Gültigkeit einer Theorie erfüllt sein müssen.	Der Wechsel von minimalem und maximalem Vergleich ist zentrale Strategie des theoretischen Samplings. Dieses leitet die Fallauswahl der Grounded Theory Methodologie.
Suche nach Abweichungen	Die explizite Suche nach abweichenden Fällen erlaubt eine exaktere Bestimmung des Geltungsbereichs einer Theorie.	Die Forschenden der Krankenhausstudie führten teilnehmende Beobachtungen in Krankenhäusern anderer Kulturkreise durch, anhand derer die Besonderheiten amerikanischer Kliniken kontrastiv herausgearbeitet wurden.

In Anlehnung an: Steinke 2022, S. 330

Im vorangegangenen Abschnitt habe ich erläutert, dass die Krankenhaus-Studie zunächst ‚nur' ein Bild vom Sterben in US-amerikanischen Krankenhäusern der 1960er Jahre zeichnet. Sicherlich wird die Typologie von Bewusstheitskontexten jedoch auch Aspekte beinhalten, die allgemeingültigen Charakter aufweisen und sowohl geografisch als auch temporal generalisierbar sind. Völlig zu Recht bewerten Glaser und Strauss die Generalisierbarkeit des von ihnen entwickelten theoretischen Modells folgendermaßen:

> *„Zwei Eigenheiten unserer Art von angewandter Theorie sollten richtig verstanden werden. Zunächst kann eine solche Theorie nur von ausgebildeten Soziologen entwickelt werden, aber sie kann von Laien wie von Soziologen angewandt werden. Ferner kann diese Art von Theorie in einem Anwendungsbereich benutzt werden, der Interaktionsvariablen umfaßt. Ob sie auch für Bereiche nutzbar ist, in denen Interaktion keine besondere Bedeutung erlangt […], bleibt unbeantwortet."* (ebd., S. 251)

In der Tat bleibt die Frage unbeantwortet, ob und inwiefern die Bewusstheitstypologie auf andere Gegenstandsbereiche generalisierbar ist. Gleichwohl jedoch erheben Glaser und Strauss wiederholt den Anspruch, aus gegenstandsbezogenen und empirisch begründeten Theorien begrenzter Reichweite durch Abstraktionen allgemeine soziologische Theorien generieren zu wollen – und zu können (vgl. Glaser und Strauss 1967, S. 42). Dieses Bestreben verdeutlichen sie anhand eines Beispiels, das ich im Abschnitt 5.2.2 bereits erläutert habe: der Kalkulation des ‚sozialen Verlustes'. Zur Erinnerung: Unter ‚sozialem Verlust' verstehen die Autoren die vermeintlichen Auswirkungen des Todes für das soziale Umfeld eines Patienten bzw. einer Patientin. Das Krankenhauspersonal bewertet die Höhe des jeweiligen Verlusts offenbar latent, wodurch auch sein Handeln gegenüber den Betroffenen beeinflusst wird. Diese empirisch verankerte Theorie des sozialen Verlusts sterbender Patienten ließe sich laut Glaser und Strauss (ebd., S. 60) nun zu einer allgemeinen Theorie des ‚sozialen Wertes' von Menschen generalisieren. Wie eine derartige Generalisierung aussehen könnte, skizzieren sie in der folgenden Tabelle:

Tabelle 22 Grounded Theory und allgemeine Theorie

Element	Grounded Theory	Allgemeine Theorie
Kategorie	Sozialer Verlust durch sterbende Patient/innen	Sozialer Wert von Menschen
Eigenschaften	Berechnung des sozialen Verlusts auf der Grundlage der erworbenen und natürlichen Charakteristika der Patient/innen	Berechnung des sozialen Wertes einer Person auf der Grundlage ihrer erworbenen und natürlichen Charakteristika

5.4 Reflexion

Element	Grounded Theory	Allgemeine Theorie
Hypothesen	Je höher der soziale Verlust berechnet wird, • desto besser die Pflege • desto mehr Pflegende rationalisieren den Tod	Je höher der soziale Wert einer Person berechnet wird, desto weniger Verzug beim Erhalt einer Dienstleistung von Fachleuten

Quelle: Glaser und Strauss 1967, S. 60. Modifiziert.

Auch diese allgemeine Theorie wirkt in sich zunächst plausibel. Ob sie soziale Wirklichkeit aber tatsächlich angemessen zu erfassen vermag, bleibt eine offene Frage. Es bleibt letztlich auch eine empirische Frage, da man die Gültigkeit einer derartigen Theorie nur durch weitere Sozialforschung einschätzen könnte – entweder, indem man sie durch die Untersuchung in weiteren Gegenstandsbereichen untermauert oder indem man sie durch gegenläufige Untersuchungsergebnisse falsifiziert. Angesichts dieser Unentscheidbarkeit gilt es für uns an dieser Stelle festzuhalten, dass der Anspruch, aus gegenstandsbezogenen und empirisch verankerten Theorien allgemeine und abstrakte Theorien zu generieren, ein Charakteristikum insbesondere der Grounded Theory Methodologie im Sinne von Glaser und Strauss darstellt.

Bevor ich auch dieses Kapitel mit einem Exkurs beschließe, möchte ich noch einmal zusammenfassen: Als letzten in diesem Buch vorgestellten ‚Meilenstein der qualitativen Sozialforschung' haben Sie die Studie „Hospital Personnel, Nursing Care and Dying Patients" von Barney Glaser und Anselm Strauss anhand ihrer Zielsetzung, ihres Untersuchungsdesigns und ihrer Untersuchungsergebnisse sowie anhand der Biografien der beiden Autoren kennengelernt. Glaser und Strauss arbeiteten methodologisch gesehen zunächst ausgesprochen produktiv zusammen, haben sich später jedoch für wissenschaftliche Verhältnisse erstaunlich deutlich entzweit. Zuvor entwickelten sie im Zuge ihrer Forschungsarbeiten in US-amerikanischen Krankenhäusern gemeinsam die Grounded Theory Methodologie. Diese ist als Forschungsstil zu verstehen, der verschiedene methodische Elemente umfasst: das theoretische Sampling und die theoretische Sättigung, die verschiedenen Formen des Kodierens, das Erstellen und Organisieren von Memos, Diagrammen und Maps sowie die Situationsanalyse. Zur Grounded Theory Methodologie kann ich Ihnen folgende Literaturempfehlungen an die Hand geben:

Literatur

> **Literaturempfehlungen**
>
> *Glaser, Barney G. und Anselm L. Strauss 2010 [1967]. Grounded Theory. Strategien qualitativer Forschung. 3. Aufl. Bern: Huber. Original: The Discovery of Grounded Theory. Chicago: Aldine.*
>
> In der Methoden-Publikation der Krankenhaus-Studie erläutern Barney Glaser und Anselm Strauss die Grundlagen der von ihnen begründeten Grounded Theory Methodologie. Ihre zentralen Auswertungs- und Interpretationsschritte stellen sie anhand einiger empirischer Beispiele dar. Insbesondere aber plädieren sie mit deutlichen Worten für eine Theorieentwicklung, die auf der vergleichenden Analyse qualitativer Daten beruht. Hans Joas und Wolfgang Knöbl (2004, S. 215) bezeichnen das Buch daher als „Manifest qualitativer Sozialforschung".
>
> *Strauss, Anselm L. und Juliet M. Corbin. 2010 [1990]. Grounded Theory. Grundlagen qualitativer Sozialforschung. Weinheim: Beltz Juventa. Original: Basics of Qualitative Research. Grounded Theory Procedures and Techniques. London: Sage.*
>
> Gemeinsam mit seiner langjährigen Mitarbeiterin Juliet Corbin führt Anselm Strauss Schritt für Schritt in die Datenauswertung und -interpretation mittels der Grounded Theory Methodologie ein. Das Lehrbuch präsentiert zahlreiche anschauliche Beispiele aus der Praxis unterschiedlicher Forschungsfelder – beispielsweise aus den Studien Corbins zu Schwangerschaften chronisch kranker Frauen und der Schmerzbewältigung von Krankenhauspatient/innen. Es richtet sich explizit an unerfahrene Forscher/innen und zählt in den USA zu den Methoden-Bestsellern.
>
> *Clarke, Adele E. 2012 [2005]. Situationsanalyse. Grounded Theory nach dem Postmodern Turn. Wiesbaden: SpringerVS. Original: Situational Analysis. Grounded Theory after the Postmodern Turn. London, New: Sage.*
>
> Adele E. Clarke, die Nachfolgerin von Anselm Strauss auf dem Lehrstuhl für Soziologie an der University of California, schildert ihre Weiterentwicklung der Grounded Theory Methodologie ausgesprochen verständlich und anschaulich. Mit der Situationsanalyse greift sie neben der klassischen

> Grounded Theory Methodologie insbesondere praxistheoretische und diskursanalytische Ansätze auf. Daher stellt ihr Buch ein gelungenes Beispiel für die Weiterentwicklung einer Methode dar, die deren Wurzeln nicht preisgibt. Es wurde mit dem Charles Horten Cooley Distinguished Book Award der Society for the Study of Symbolic Interaction ausgezeichnet.

5.5 Exkurs: Computergestützte Datenauswertung

Im Rahmen der vorgestellten Studien wurde mit erheblichen Datenmengen gearbeitet. Wenn man – wie beispielsweise im Fall der Lehrer/innen-Studie – vor 20 000 Transkriptseiten sitzt, ist man als Forschende/r erst einmal ganz schön verloren. Jenseits methodologischer Überlegungen zum Untersuchungsdesign drängt sich dann häufig die Frage auf, wie man die gewählte Auswertungsmethode in praktischer Hinsicht anwenden soll. Freilich lassen sich auch umfangreiche Datenkorpusse mit Stift und Papier auswerten, so wie es die Forschenden in den 1980er-Jahren wohl tun mussten. Auf diese Idee werden heutzutage aber vermutlich nur die Wenigsten kommen. Viele der Studierenden und Doktorand/innen, deren Projekte ich in den vergangenen Jahren verfolgen durfte, nutzen vielmehr Computer, um die Datenauswertung zu bewerkstelligen. Sie greifen dabei aber häufig auf allgemeine Software wie Word-Dokumente, Excel-Tabellen und digitale Notizbücher zurück. Das ist sicherlich kein schlechter und gerade im Falle kleinerer Studien ein durchaus pragmatischer Ansatz. Er geht allerdings mit einem nicht unerheblichen Mehraufwand einher und stößt schnell an seine Grenzen, wenn man beispielsweise Kategorien ausdifferenzieren oder sich alle Interviewpassagen zu einem bestimmten Thema anzeigen lassen möchte. Eine deutlich komfortablere Lösung stellen spezielle Auswertungsprogramme dar, für die häufig zeitlich begrenzte Lizenzen angeboten oder von den Universitäten bereitgestellt werden. Diese Programme können Ihnen zwar die Auswertung Ihrer Daten nicht abnehmen und schon gar nicht die Interpretation der Befunde; aber sie können Ihnen das Leben während der Auswertungsphase deutlich erleichtern und wesentlich zur transparenten Dokumentation ihres methodischen Vorgehens beitragen. Zu den bekanntesten Programmen zählen ATLAS.ti, f4analyse und MAXQDA. Letzteres möchte ich Ihnen in diesem Exkurs anhand einiger Beispiele vorstellen, damit Sie eine Vorstellung davon bekommen, zu was derartige Software in der Lage ist – und ob sich die Anschaffung für Ihr Projekt lohnt.

Abbildung 23 Die vier Bereiche von MAXQDA

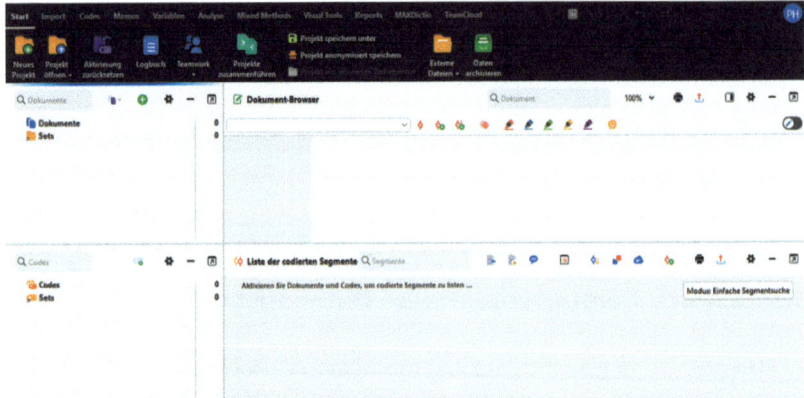

Quelle: Selbsterstellter Screenshot der Software MAXQDA

Erstellt man in MAXQDA ein neues Projekt, öffnet sich das Hauptfenster der Software mit seinen vier Bereichen, deren Anordnung Sie je nach Bedarf anpassen können (Abbildung 23):

- Liste der Dokumente
  Links oben finden Sie in der Standardansicht die ‚Liste der Dokumente'. Hier werden alle Dateien aufgelistet, die Sie in Ihr Projekt importiert haben, also beispielsweise die Interviewtranskripte und/oder Beobachtungsprotokolle.
- Dokument-Browser
  Wenn Sie in der ‚Liste der Dokumente' eines der importierten Dokumente auswählen, wird dieses rechts oben im ‚Dokument-Browser' angezeigt.
- Liste der Codes
  Links unten finden Sie die ‚Liste der Codes'. Hier werden alle Konzepte, Paraphrasen, Generalisierungen, Haupt- und Subkategorien angezeigt, die Sie im Zuge Ihrer Datenauswertung deduktiv oder induktiv bilden.
- Liste der codierten Segmente
  Rechts unten finden Sie die ‚Liste der codierten Segmente'. Hier können Sie sich beispielsweise alle Interviewpassagen anzeigen lassen, die Sie einer bestimmten Kategorie zugeordnet haben. Auch dies werden Sie gleich anhand eines Beispiels sehen.

Da alle vier Bereiche nach dem Anlegen eines neuen Projekts erst einmal leer sind, werde ich im nächsten Schritt den Auszug aus einem Interviewtranskript in

MAXQDA importieren. Hierzu nutze ich eine der Funktionen im Menü ‚Import' (Abbildung 24). Unter anderem können Sie dort Bilder, Audiodateien, (YouTube-) Videos und Webseiten importieren, die Sie dann mit einer der Methoden, die Sie in diesem Lehrbuch kennengelernt haben, auswerten können. Auch Transkriptdateien, die Sie mit Hilfe einer Transkriptionssoftware wie f4transkript oder der entsprechenden OnBoard-Funktion von MAXQDA erstellt haben, können Sie direkt importieren. Der Vorteil dieser speziellen Transkriptdateien besteht darin, dass die Zeitmarken im Text erhalten bleiben. Sie können daher auf eine beliebige Stelle im Transkript klicken und sich die zugehörige Interviewaufzeichnung an der entsprechenden Stelle abspielen lassen.

Abbildung 24 Die Importfunktionen von MAXQDA

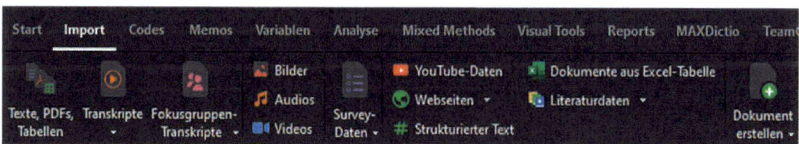

Quelle: Selbsterstellter Screenshot der Software MAXQDA

Für diesen Exkurs werde ich ein Transkript nutzen, das Sie bereits kennengelernt haben: das transkribierte Interview mit dem Pilger Herbert, den wir im Rahmen unserer Pilger-Studie auf dem Jakobsweg interviewt haben (vgl. Kap. 3.5). Genauer gesagt, ist es für unsere Zwecke vermutlich übersichtlicher, wenn ich nur die ersten beiden Seiten dieses Transkripts importiere. Da mir diese als Textdatei vorliegen, nutze ich die simpelste der Import-Funktionen von MAXQDA: die Option ‚Texte, PDFs, Tabellen'. Im sich dort öffnenden Fenster wähle ich die entsprechende Datei auf meiner Festplatte und importiere sie. Daraufhin erscheint der Dateiname in der ‚Liste der Dokumente' und der Inhalt des Transkriptauszugs ist im ‚Dokument-Browser' zu sehen.

Ich empfehle Ihnen, die Dokumente Ihres Projekts gleich von Beginn an gut zu sortieren. Gerade bei umfangreicheren Datenmengen hilft dies sehr dabei, den Überblick nicht zu verlieren. Eine gute Sortierung beginnt mit der eindeutigen Benennung des Dokuments. Durch einen Rechts- bzw. Ctrl-Klick in der ‚Liste der Dokumente' können Sie den Namen eines Dokuments verändern. Meinen Transkriptauszug habe ich „P17" genannt; das ist seine interne Nummer in der Pilger-Studie. Dahinter habe ich in Klammern das Pseudonym des Interviewten geschrieben („Herbert"), um auf einen Blick sehen zu können, um welches Interview es sich handelt. Außerdem habe ich über die entsprechende Schaltfläche in der Kopfzeile der ‚Liste der Dokumente' eine neue Dokumentgruppe mit dem Namen „Interviews mit Pilgernden" angelegt. Dieser habe ich den Interviewauszug per Drag-and-Drop zugeordnet. Derartige Dokumentgruppen sind insbesondere dann hilfreich, wenn Sie innerhalb eines Projekts mehrere Datensorten auswerten, beispielsweise Transkripte und Beobachtungsprotokolle, oder Interviews mit verschiedenen Personengruppen. Schließlich habe ich in der rechten Spalte der Dokumentenliste ganz im Stile der Grounded Theory Methodologie ein Memo angelegt. Hier können Sie beliebige Informationen zum Interviewten oder zum Verlauf des Interviews hinterlegen (Abbildung 25).

Abbildung 25 Interviewtranskript importieren, sortieren und charakterisieren

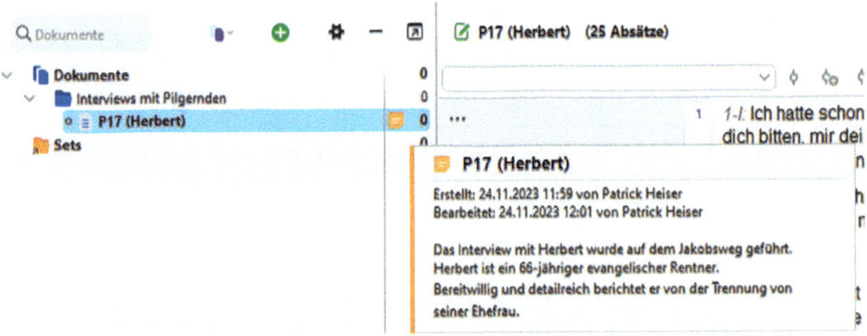

Quelle: Selbsterstellter Screenshot der Software MAXQDA

Eine weitere gute Möglichkeit, importierte Dokumente zu sortieren, sind die sogenannten Dokumentvariablen, die Sie im Menü ‚Variablen' finden. Dort können Sie beliebige Variablen definieren, etwa Geschlecht, Alter, Nationalität, Beruf, Familienstand und Konfessionszugehörigkeit der interviewten Personen. Die entsprechenden Werte habe ich für Herbert eingetragen (Abbildung 26).

Der Vorteil von Dokumentvariablen besteht darin, dass Sie die Dokumente später filtern können. Sie können sich also beispielsweise alle Interviewpassagen zu einem bestimmten Thema von männlichen Katholiken oder von Frauen über 40 mit wenigen Klicks anzeigen lassen – so etwas wäre ohne die Unterstützung spezieller Auswertungssoftware kaum möglich.

Der Transkriptauszug ist nun für die eigentliche Analyse vorbereitet. Die Interviews der Pilger-Studie haben wir ja mit methodischen Elementen der Grounded Theory Methodologie ausgewertet. Auch in diesem Beispiel werde ich daher im nächsten Schritt induktiv offene Konzepte bilden (vgl. Kap. 5.2.2). Dazu wähle ich in der ‚Liste der Dokumente' das importierte Transkript aus, sodass es im ‚Do-

5.5 Exkurs: Computergestützte Datenauswertung

Abbildung 26 Daten mit Dokumentvariablen sortieren

Quelle: Selbsterstellter Screenshot der Software MAXQDA

kument-Browser' angezeigt wird. Ganz zu Beginn des Interviews antwortet Herbert auf den Erzählstimulus: „zunächst einmal sag ich, wie alt ich bin. (,) 66 Jahre alt". Diese kurze Passage markiere ich im ‚Dokument-Browser' mit der Maus und wähle per Rechts- bzw. Ctrl-Klick die Option ‚Codieren mit neuem Code'. Im sich daraufhin öffnenden Fenster benenne ich das Konzept mit ‚66 Jahre alt' (Abbildung 27).

Abbildung 27 Offenes Kodieren mit MAXQDA

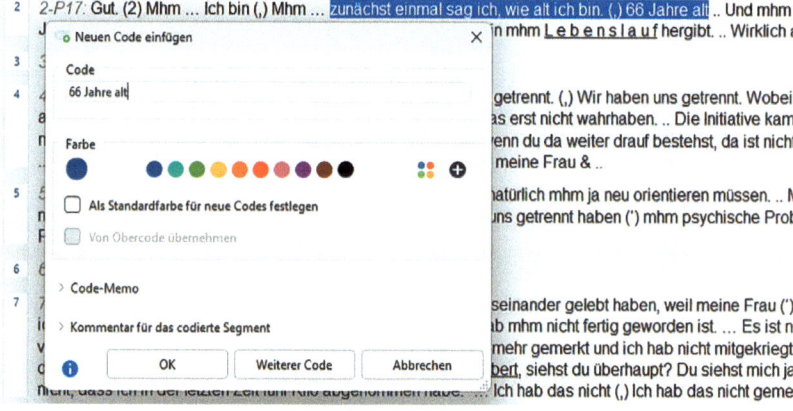

Quelle: Selbsterstellter Screenshot der Software MAXQDA

So wie Sie es in diesem Buch gelernt haben, gehe ich den Transkriptauszug nun Satz für Satz durch, kodiere offen und bilde Konzept für Konzept. Im Zuge dieses zwar arbeitsreichen, aber auch sehr intensiven Prozesses der Auseinandersetzung mit den Daten, wird es immer wieder vorkommen, dass Ihnen Dinge auffallen oder Sie spontane Einfälle in Hinblick auf mögliche Zusammenhänge haben. Diese Auffälligkeiten und Ideen sollten Sie unbedingt festhalten, weil sie beizeiten wesentlich zur Beantwortung Ihrer Forschungsfrage und zur Entwicklung theoretischer Modelle beitragen werden. Deshalb legt die Grounded Theory Methodologie ja auch großen Wert auf das beständige Verfassen, Sortieren und Überarbeiten von Memos (vgl. Kap. 5.2.3). In MAXQDA können Sie dazu an jede beliebige Stelle des Transkripts klicken und die Option ‚Memo für Selektion einfügen' wählen. Ganz ähnlich wie bei den oben gezeigten Dokument-Memos können Sie also auch direkt im ‚Dokument-Browser' frei formulierbare Memos anlegen. Mir ist zum Beispiel aufgefallen, dass Herbert seine Haupterzählung direkt mit der Trennungsgeschichte von seiner Ex-Frau beginnt, und ich vermute, dass diese einen wichtigen Wendepunkt seiner Biografie darstellt. Daher schreibe ich das folgende Memo: „Er beginnt proaktiv mit dem Bericht von der Trennung. Handelt es sich um den zentralen Moment seiner jüngeren Lebensgeschichte?". In Abbildung 28 sehen Sie darüber hinaus, dass die offen kodierten Konzepte im ‚Dokument-Browser' direkt neben den zugehörigen Passagen des Transkripts angezeigt werden.

Abbildung 28 Konzepte und Memos im Dokument-Browser von MAXQDA

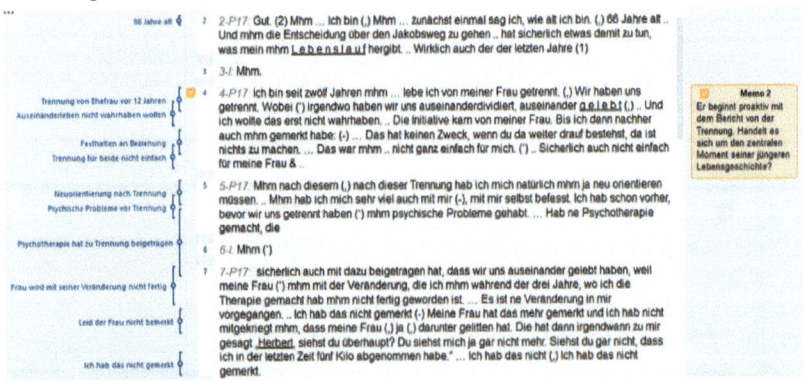

Quelle: Selbsterstellter Screenshot der Software MAXQDA

Das Ergebnis des offenen Kodierens ist eine bisweilen lange Liste von Konzepten, die nicht nur im ‚Dokument-Browser' angezeigt wird, sondern auch im Bereich ‚Liste der Codes' (Abbildung 29).

Eine solch lange Liste offen kodierter Konzepte – und hier geht es ja nur um zwei Seiten eines einzigen Transkriptauszugs – ist noch recht unübersichtlich

5.5 Exkurs: Computergestützte Datenauswertung

Abbildung 29 Konzepte in der Code-Liste von MAXQDA

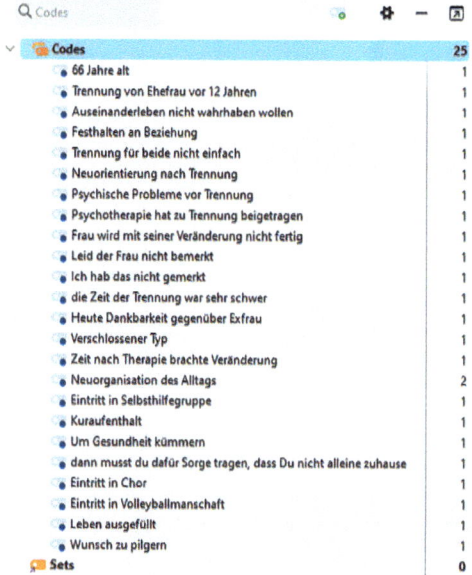

Quelle: Selbsterstellter Screenshot der Software MAXQDA

und methodisch schwer zu handhaben. Daher werden die Konzepte im nächsten Schritt zu Kategorien abstrahiert. Mehrere Konzepte drehen sich beispielsweise um die für Herbert nicht einfache Trennung von seiner Ex-Frau. Daher habe ich in der ‚Liste der Codes' die Kategorie „Schmerzhafte Trennung von Ehefrau" angelegt, indem ich dort die Option ‚Neuen Code einfügen' gewählt habe. Wichtig zu wissen ist in diesem Zusammenhang, dass MAXQDA nicht zwischen Konzepten und Kategorien unterscheidet; bei beiden handelt es sich in der Sprache der Software um ‚Codes'. Dies liegt daran, dass MAXQDA unabhängig von einzelnen Auswertungsmethoden der qualitativen Sozialforschung gestaltet wurde. In meinem Beispiel arbeite ich mit Konzepten und Kategorien im Sinne der Grounded Theory Methodologie; genauso ließe sich in MAXQDA aber mit Paraphrasen, Generalisierungen und Kategorien im Sinne der qualitativen Inhaltsanalyse arbeiten. Daher verwendet das Programm den neutralen Begriff ‚Code'. Sehr wohl aber lassen sich mehrere Ebenen von Codes definieren. Die Kategorie „Schmerzhafte Trennung von Ehefrau" liegt auf der obersten Gliederungsebene, da es sich eben um eine Kategorie handelt. Per Drag-and-Drop habe ich ihr die Konzepte „Trennung von Ehefrau vor 12 Jahren", „Trennung für beide nicht einfach" und „die Zeit der Trennung war schwer" zugeordnet. Diese liegen als Konzepte nun auf einer untergeordneten Gliederungsebene (Abbildung 30).

Abbildung 30 Kategorien in der Code-Liste von MAXQDA

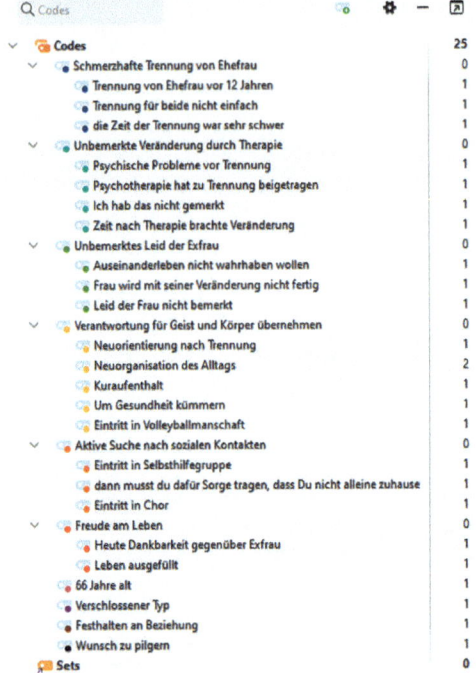

Quelle: Selbsterstellter Screenshot der Software MAXQDA

Auf genau die gleiche Weise habe ich fünf weitere Kategorien angelegt: „Unbemerkte Veränderung durch Therapie", „Unbemerktes Leid der Exfrau", „Verantwortung für Geist und Körper übernehmen", „Aktive Suche nach sozialen Kontakten" und „Freude am Leben". Ihnen habe ich die jeweiligen Konzepte zugeordnet, die nun auf der zweiten Gliederungsebene platziert sind. Keine neuen Kategorien habe ich zu den Konzepten „66 Jahre alt", „Verschlossener Typ", „Festhalten an Beziehung" und „Wunsch zu pilgern" angelegt. Zu ihnen nämlich fand sich auf den ersten beiden Seiten im Transkript jeweils nur eine einzelne Fundstelle. Diese Konzepte verbleiben daher auf der ersten Gliederungsebene und werden unmittelbar zu Kategorien. Die Kategorien können nun über das auf dem Kopf stehende

5.5 Exkurs: Computergestützte Datenauswertung

Dreieck auf der linken Seite zugeklappt werden. Das macht meine ‚Liste der Codes' schon deutlich übersichtlicher (Abbildung 31) – und gleichzeitig kann ich die Kategorien jederzeit wieder aufklappen, um transparent nachzuvollziehen, welche Konzepte und Fundstellen sie umfassen. Außerdem habe ich jeder Kategorie eine eigene Farbe zugewiesen. Dies funktioniert durch einen Rechts- bzw. Ctrl-Klick auf die jeweilige Kategorie in der ‚Liste der Codes' und erhöht die Übersichtlichkeit während der weiteren Datenauswertung.

Abbildung 31 Liste der Kategorien

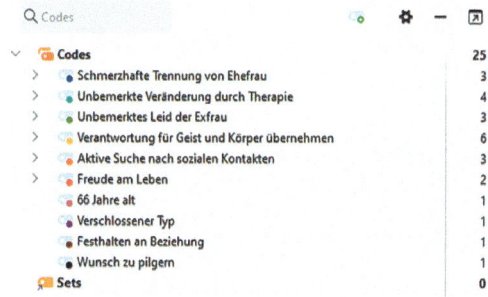

Quelle: Selbsterstellter Screenshot der Software MAXQDA

Auf das offene folgt im Rahmen der Grounded Theory Methodologie das axiale Kodieren. Hierzu nutze ich eine der zahlreichen Funktionen im Menü ‚Visual Tools' (Abbildung 32).

Abbildung 32 Visual Tools von MAXQDA

Quelle: Selbsterstellter Screenshot der Software MAXQDA

Dort können Sie beispielsweise ein sogenanntes ‚Dokument-Portrait' erstellen, in dem ersichtlich wird, zu welchem Zeitpunkt des Interviews der oder die Interviewte über welche Themen gesprochen hat. Genauer gesagt werden die kodierten und kategorisierten Fundstellen grafisch dargestellt. Die dabei verwendeten Farben entsprechen denjenigen, die Sie den Kategorien zugewiesen haben. Im Fall von Herbert wird direkt ersichtlich, dass er zu Beginn des Interviews noch häufig von Thema zu Thema springt, während er sich im weiteren Verlauf zunehmend in die Haupterzählung verstrickt. Dadurch, dass nun die Zugzwänge des Erzählens wirken (vgl. Kap. 4.2.1), spricht er immer zusammenhängender über ein Thema nach dem anderen (Abbildung 33).

Abbildung 33 Dokument-Portrait

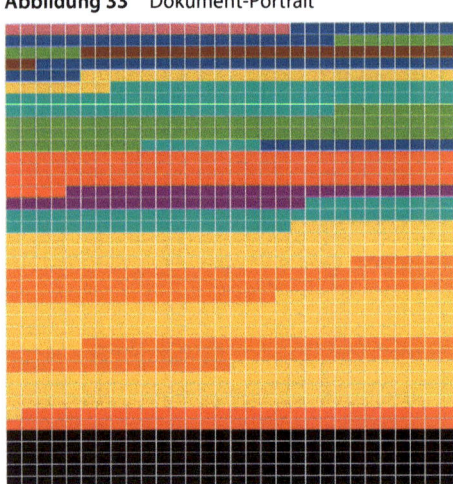

Quelle: Selbsterstellter Screenshot der Software MAXQDA

Im Menü ‚Visual Tools' können Sie auch Wortwolken erstellen. Hierbei handelt es sich um eine grafische Darstellung der im Transkript benutzten Worte. Je häufiger ein Wort verwendet wurde, desto größer und dunkler wird es dargestellt. Für zwei Transkriptseiten ist dies inhaltlich vermutlich nur begrenzt aussagekräftig. Außerdem sollten Artikel, Präpositionen und ähnliches sowie Rezeptionssignale („mhm") ausgeschlossen werden, indem man sie auf die sogenannte ‚Stopp-Wort-Liste' setzt. Das habe ich für dieses Beispiel aber nicht getan, damit Sie einen Eindruck von der originalen Wortwolke bekommen, die sich mit nur einem Klick generieren lässt (Abbildung 34).

Für das axiale Kodieren nutze ich nun aber die Funktion ‚MAXMaps'. Nach dem entsprechenden Klick im Menü ‚Visual Tools' öffnet sich eine leere Zeichenfläche, auf die sich die gebildeten Kategorien aus der ‚Liste der Codes' mit der Maus ziehen lassen. Die Kategorien habe ich in Form eines Kodierparadig-

Abbildung 34 Wortwolke

Quelle: Selbsterstellter Screenshot der Software MAXQDA

mas angeordnet (vgl. Kap. 5.2.2): Als zentrales Phänomen habe ich die Kategorie „Schmerzhafte Trennung von Ehefrau" in den Mittelpunkt der Darstellung gestellt, da es sich um das wesentliche Thema des Interviewauszugs handelt. Als Kontextbedingungen habe ich die Kategorien „66 Jahre alt" und „Verschlossener Typ" definiert. Zu den ursächlichen Bedingungen zählen das „unbemerkte Leid der Exfrau" und die „unbemerkte Veränderung durch Therapie". In Bezug auf die Handlungsstrategien lässt sich bei Herbert eine zeitliche Abfolge identifizieren: Zunächst hält er an seiner gescheiterten Beziehung fest, dann übernimmt er bewusst die Verantwortung für seinen „Geist und Körper", um schließlich aktiv nach sozialen Kontakten zu suchen. Die Konsequenz dieser Handlungsstrategien besteht in einer zurückgewonnenen „Freude am Leben" – und im „Wunsch zu pilgern". Um die Darstellung leichter überschaubar zu machen, habe ich um vier Felder des Kodierparadigmas Rechtecke platziert und diese mit Pfeilen verbunden. Auch dies funktioniert problemlos mit ‚MAXMaps'. Ganz im Sinne der Grounded Theory Methodologie erzählt die Map nun eine analytische Geschichte von Herbert (Abbildung 35).

Bis hierher wäre die Analyse vermutlich auch ohne die Hilfe von MAXQDA gut vonstattengegangen, sei es mit Papier und Stift oder mit allgemeiner Software. Richtig ausspielen können spezielle Auswertungsprogramme ihre Vorteile erst dann, wenn man es mit umfangreicheren Forschungsprojekten zu tun hat. Daher möchte ich noch einmal das Beispiel wechseln und auf eine Studie zurückkommen, von der ich in Kapitel 2.5 schon kurz berichtet habe. Es ging um die

Abbildung 35 Kodierparadigma in MAXQDA

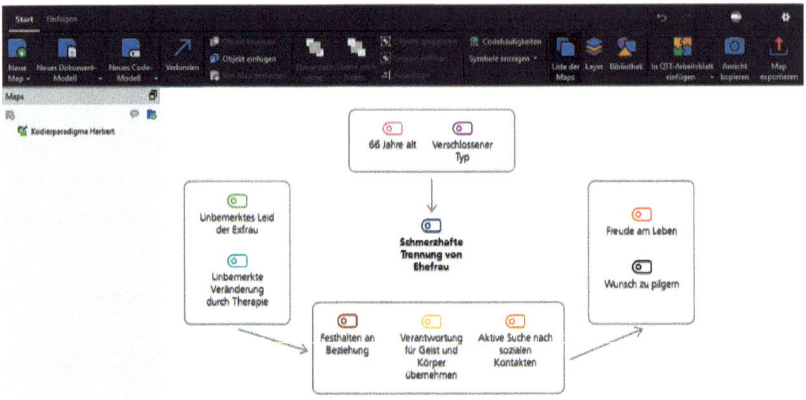

Quelle: Selbsterstellter Screenshot der Software MAXQDA

katholische Kirche: Ausgewertet wurden Interviews mit Pfarrern und nicht-priesterlichen Gottesdienstleiter/innen sowie Antworten in den Freitextfeldern eines quantitativen Fragebogens und einige amtskirchliche Publikationen. Insgesamt wurden 115 Dokumente in das MAXQDA-Projekt importiert. Die Transkripte wurden den Dokumentgruppen „Pfarrer", „Gottesdienstbeauftragte" und „Bistumsvertreter" zugeordnet, die Fragebogenantworten der Gruppe „Fragebögen" und diverse PDF-Dateien den Gruppen „Dokumente Apostolischer Stuhl" und „Dokumente DBK" (Deutsche Bischofskonferenz). Auch verschiede Datensorten lassen sich also problemlos innerhalb eines MAXQDA-Projekts auswerten. Insgesamt wurden in den Dokumenten 1 336 Fundstellen kategorisiert – und zwar mittels einer qualitativen Inhaltsanalyse. Das Kategoriensystem wurde daher ex ante gebildet (vgl. Kap. 3.2.2). Für die Arbeit mit MAXQDA bedeutet dies, dass die Kategorien nicht über den ‚Dokument-Browser' angelegt wurden, so wie ich es oben anhand der Pilger-Studie erläutert habe. Vielmehr wurden die Haupt- und Subkategorien mittels der Funktion ‚Neuer Code' in der ‚Liste der Codes' angelegt und auf zwei Gliederungsebenen sortiert. Zu jeder Hauptkategorie wurde dabei ein Memo verfasst, das die Kategorie definiert und festlegt, welche Fundstellen ihr zugeordnet werden sollen. Erst im zweiten Schritt bin ich dann jedes der 115 Dokumente Satz für Satz durchgegangen und habe zu jeder der relevanten Fundstellen eine Paraphrase gebildet, die ich generalisiert per Drag-and-Drop der jeweiligen Kategorie zugeordnet habe (Abbildung 36).

Nun kann ich etwas tun, das ohne Auswertungssoftware kaum möglich wäre: Ich kann mir beispielsweise alle Fundstellen aus den Interviews mit Pfarrern an-

5.5 Exkurs: Computergestützte Datenauswertung

Abbildung 36 Filtern kodierter Segmente mit MAXQDA

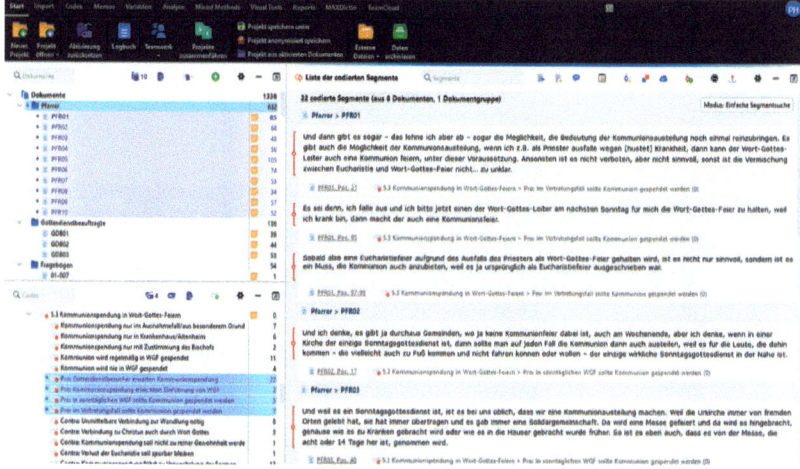

Quelle: Selbsterstellter Screenshot der Software MAXQDA

zeigen lassen, in denen die Interviewten sich dafür aussprechen, in Gottesdiensten auch dann die Kommunion zu spenden, wenn diese nicht von einem Priester geleitet werden. Hierzu nutze ich eine sehr zentrale Funktion von MAXQDA: die Aktivierung. Durch einen Rechts- bzw. Ctrl-Klick aktiviere ich in der ‚Liste der Dokumente' zunächst die Dokumentgruppe „Pfarrer". Alle ihr zugeordneten Dokumente (PFR01 bis PFR10) werden nun violett dargestellt. Außerdem aktiviere ich in der ‚Liste der Codes' die vier Paraphrasen der Kategorie „5.3 Kommunionspendung in Wort-Gottes-Feiern", die eine Kommunionspendung befürworten. Auch diese erscheinen nun in violetter Schrift. Im Bereich ‚Liste der codierten Segmente' werden daraufhin alle Fundstellen aus den betreffenden Interviews ausgegeben, die entsprechend kategorisiert wurden. Das ist ausgesprochen hilfreich, wenn man wissen möchte, was eine bestimmte Gruppe von Interviewten zu einem bestimmten Thema gesagt hat.

Abschließend möchte ich noch einen Blick auf das ‚Memo-Management' von MAXQDA werfen, das Sie im Menü ‚Memos' finden. Während der Datenauswertung im Zuge der Gottesdienst-Studie habe ich 115 ‚Dokument-Memos' angelegt, in denen die importierten Dokumente charakterisiert und sortiert werden, sowie 45 ‚Code-Memos', in denen Kategorien definiert werden. Außerdem habe ich während der qualitativen Inhaltsanalyse 66 ‚In-Dokument-Memos' formuliert, in denen ich Auffälligkeiten und analytische Gedanken festgehalten habe. Diese Memos kann ich mir im Menü ‚Memos' nun ganz einfach ausgeben lassen (Abbildung 37). Dabei kann ich sie jederzeit überarbeiten, zusammenführen oder weiter ausdifferenzieren. Bereits mehrfach habe ich darauf hingewiesen, dass diese Arbeit an und mit Memos einen wesentlichen Teil der Auswertung qualitativer Daten darstellt.

Abbildung 37 Memo-Management mit MAXQDA

Quelle: Selbsterstellter Screenshot der Software MAXQDA

In diesem Exkurs konnte ich Ihnen nur einen kleinen Einblick in die Arbeit mit MAXQDA geben, um Ihnen die Möglichkeiten von Auswertungsprogrammen zu zeigen und Ihnen die Entscheidung für oder gegen deren Nutzung zu erleichtern. Ich kann mir gut vorstellen, dass dabei einige Fragen offengeblieben sind. Wie für Forschung allgemein, so gilt auch für die computergestützte Datenauswertung: Man muss es selbst ausprobieren. Und ich kann Ihnen versichern: Ob ATLAS.ti, f4analyse oder MAXQDA, alle Programme sind nach einer kurzen Orientierungsphase verständlich strukturiert und recht intuitiv zu bedienen. Falls Sie mehr über die Arbeit mit MAXQDA erfahren wollen, kann ich Ihnen Folgendes empfehlen:

5.5 Exkurs: Computergestützte Datenauswertung

Video-Tutorial zu MAXQDA

Zunächst möchte ich Ihnen die zahlreichen Video-Tutorials auf dem YouTube-Kanal von MAXQDA empfehlen. Diese finden Sie unter folgendem Link:

https://www.youtube.com/@MAXQDAOfficial

Literaturempfehlungen

Darüber hinaus führen die beiden folgenden Lehrbücher gut verständlich und praxisorientiert in die Datenauswertung mit MAXQDA ein:

Rädiker, Stefan und Udo Kuckartz. 2019. Analyse qualitativer Daten mit MAXQDA: Text, Audio und Video. Wiesbaden: SpringerVS.

Kuckartz, Udo und Stefan Rädiker. 2020. Fokussierte Interviewanalyse mit MAXQDA: Schritt für Schritt. Wiesbaden: SpringerVS.

Die vorgestellten Methoden im Vergleich 6

In diesem Lehrbuch habe ich die methodengeschichtliche Entwicklung der qualitativen Sozialforschung anhand einiger ihrer wichtigsten Meilensteine nachgezeichnet. Sie haben gesehen, dass uns als Forscherinnen und Forschern heute in unserem Werkzeugkasten eine ganze Reihe von Methoden zur Verfügung steht, mit deren Hilfe wir empirische Daten regelgeleitet erheben und ebenso systematisch wie nachvollziehbar auswerten können. Der Großteil dieser Erhebungs- und Auswertungsmethoden wurde im Kontext konkreter Forschungsvorhaben entwickelt, um deren jeweilige Forschungsfragen empirisch begründet beantworten zu können. Sie haben darüber hinaus erfahren, dass einige dieser Methoden eine größere Nähe zueinander aufweisen als andere. Für ethnografische Forschung beispielsweise ist die Datenerhebung mittels teilnehmender Beobachtung typisch – eine Erhebungsmethode, die auch im Rahmen der Marienthal-Studie zum Einsatz kam (vgl. Kap. 2). Außerdem bietet es sich an, empirische Daten, die mittels Experteninterviews erhoben wurden, durch eine qualitative Inhaltsanalyse auszuwerten – so wie es im Rahmen der Lehrer/innen-Studie von Philipp Mayring und anderen geschehen ist. Beide Methoden zielen nämlich auf die Erschließung eines spezifischen Binnenwissens von Expertinnen und Experten (vgl. Kap. 3). Ähnlich ist die Lage im Fall der narrativen Verfahren: Es liegt nahe, Daten, die mittels narrativer Interviews erhoben wurden, durch eine Narrationsanalyse auszuwerten. Beide Methoden nämlich teilen dieselben erzähltheoretischen Grundannahmen und wurden von Fritz Schütze im Rahmen der Gebietsreform-Studie entwickelt (vgl. Kap. 4). Mit der von Anselm Strauss und Barney Glaser vertretenen Grounded Theory Methodologie steht uns schließlich ein universeller Forschungsstil zur Verfügung, mit dessen methodischen Elementen sich vielfältige Untersuchungsgegenstände erfassen und unterschiedlichste Datensorten auswerten lassen (vgl. Kap. 5).

© Der/die Autor(en), exklusiv lizenziert an
Springer Fachmedien Wiesbaden GmbH, ein Teil von Springer Nature 2024
P. Heiser, *Meilensteine der qualitativen Sozialforschung*, Studientexte zur Soziologie, https://doi.org/10.1007/978-3-658-44128-9_6

Abschließend möchte ich einen vergleichenden Blick auf die vorgestellten Methoden werfen. Ich beginne mit ihren Gemeinsamkeiten: Alle Erhebungs- und Auswertungsmethoden der qualitativen Sozialforschung folgen der Zielsetzung, soziales Handeln und soziale Prozesse zu rekonstruieren, zu interpretieren und letztlich im Sinne Max Webers zu verstehen (vgl. Kap. 1). Der zirkuläre Forschungsprozess qualitativer Sozialforschung beginnt dabei stets mit der Entwicklung eines spezifischen Erkenntnisinteresses, das zu einer möglichst klaren und begrenzten Forschungsfrage konkretisiert wird. Mit diesem ersten und grundlegenden Schritt wird auch ein Möglichkeitsraum für die Festlegung des Untersuchungsdesigns einer Studie eröffnet. Manche Forschungsfragen führen recht unmittelbar zur Wahl einer bestimmten Methode: Biografische Fragestellungen beispielsweise legen die Anwendung narrativer Verfahren in den meisten Fällen ausgesprochen nah. Andere Fragestellungen hingegen lassen die Anwendung verschiedener Methoden gegenstandsangemessen erscheinen. Für welche Methode sich die Forschenden daraufhin auch entscheiden mögen, der eigentliche Forschungsprozess beginnt mit der Erhebung von Daten – sei es durch Beobachtungen, durch das Führen der verschiedenen Formen qualitativer Interviews und/oder durch die Recherche einschlägiger Dokumente. Die erhobenen Daten werden sodann verschriftlicht und anonymisiert. Im Fall von Beobachtungen beispielsweise werden Beobachtungsprotokolle und/oder ethnografische Berichte erstellt; Interviews hingegen werden anhand bestimmter Regeln transkribiert (vgl. Kap. 3.5). Sind die Daten erst einmal schriftlich fixiert, können sie einer systematischen Analyse unterzogen werden. An diesem Punkt geben uns die einzelnen Auswertungsmethoden verschiedene Verfahrensweisen an die Hand. Gemeinsam ist diesen, dass die erhobenen Daten aufbereitet und verdichtet werden, um sie einer sinnverstehenden Interpretation zugänglich machen zu können. Deren Ziel ist stets die Entwicklung eines theoretischen Modells, das in vielen Fällen – wie beispielsweise der Krankenhaus- und der Pilger-Studie – die Gestalt einer Typologie annimmt (vgl. Kap. 4.5). Das entwickelte theoretische Modell dient schließlich einer wissenschaftlich fundierten Beantwortung der Forschungsfrage. Die folgende Abbildung gibt einen Überblick über die Gemeinsamkeiten der vorgestellten Methoden:

6 Die vorgestellten Methoden im Vergleich

Abbildung 38 Die vorgestellten Methoden im Vergleich

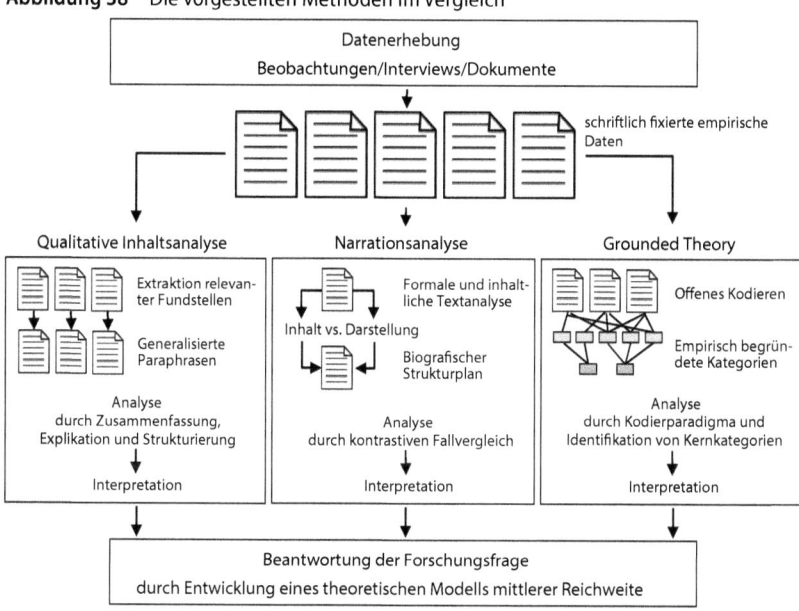

Eigene Darstellung. Inspiriert durch: Gläser und Laudel 2010, S. 44.

Trotz ihrer Gemeinsamkeiten weisen die Methoden der qualitativen Sozialforschung freilich auch Unterschiede auf. Diese sind zum einen in unterschiedlichen methodischen Vorgehensweisen, zum anderen aber vor allem in unterschiedlichen theoretischen Grundannahmen und Forschungstraditionen begründet. Das narrative Interview beispielsweise wurde auf der expliziten Grundlage der linguistischen Erzähltheorie entwickelt. Es eignet sich insbesondere, um subjektives Erleben und subjektive Deutungsmuster zu erheben, kann aber bei bestimmten Personengruppen an seine Grenzen stoßen, die über eine nicht hinreichende Erzählkompetenz verfügen oder sich nicht auf die Zugzwänge einer Stegreiferzählung einlassen. Beim Experteninterview hingegen steht spezifisches Expertenwissen im Fokus des Forschungsinteresses; Interviewpartner/innen fungieren hier als Medium zur Erschließung dieses Wissens. Als problematisch kann sich ein allzu starres Festhalten am Interviewleitfaden erweisen („Leitfadenbürokratie"). Die teilnehmende Beobachtung schließlich ist besonders dazu geeignet, Alltagshandeln und subkulturelle Sozialräume zu erforschen. Zu ihren Problemen zählen ein häufig schwerer Feldzugang und die Gefahr, dass Forschende die analytische Distanz zu ihrem Untersuchungsgegenstand verlieren (‚going native'). Die folgende Tabelle gibt einen Überblick über die vorgestellten Erhebungsmethoden:

Tabelle 23 Die vorgestellten Erhebungsmethoden im Vergleich

	Teilnehmende Beobachtung	Experteninterview	Narratives Interview
Anwendungsbereich	Gut geeignet für Subkulturen und Sozialräume, die den Forschenden unbekannt sind sowie für die Untersuchung routinisierten Alltagshandelns	Zugriff auf spezifisches und den Forschenden ansonsten unzugängliches Binnenwissen von Expert/innen im engeren oder weiteren Sinn	Rekonstruktion des subjektiven Erlebens sozialer Prozesse, insbesondere im Rahmen der Biografieforschung
Zentrale Elemente	Feldnotizen, Beobachtungsprotokolle und Ad-hoc-Interviews	Interviewleitfaden, der Forschende an die anzusprechenden Themen erinnert	Erzählstimulus, der eine Stegreiferzählung initiiert, die nicht unterbrochen wird
Grenzen	Häufig schwerer Feldzugang, insbesondere in öffentlich nicht zugänglichen Sozialräumen	Subjektive Deutungen werden nicht erfasst	Personen, die über eine unzureichende Erzählkompetenz verfügen oder sich nicht auf die Zugzwänge des Erzählens einlassen
Mögliche Probleme	Analytische Distanz wird nicht gewahrt (going native)	Durch Leitfadenbürokratie wird Offenheit für unerwartete Erkenntnisse unterlaufen	Selbstbestimmte Erzählungen entfernen sich vom Erkenntnisinteresse der Forschenden

Sie haben in diesem Buch gelernt, dass es für qualitative Sozialforschung charakteristisch ist, dass Forschende einerseits offen bleiben für neue und unerwartete Erkenntnisse, dass sie ihre Daten andererseits aber auch strukturieren müssen, um sie einer rekonstruierenden und interpretativen Analyse zugänglich machen zu können. Das Verhältnis dieser beiden Forschungsprinzipien kann als Spannungsverhältnis begriffen werden. Die vorgestellten Auswertungsmethoden bearbeiten das Spannungsverhältnis zwischen Offenheit und Strukturierung in durchaus unterschiedlicher Weise. Die Narrationsanalyse geht bei der Strukturierung von Daten ganz eigene Wege: Eine Strukturierung erfolgt hier zunächst anhand formaler Textmerkmale (Rahmenschaltelemente und Textsorten) sowie daraufhin anhand der Heuristik von unterschiedlichen Prozessstrukturen eines Lebenslaufs. Mit den verschiedenen Formen der qualitativen Inhaltsanalyse gehen hingegen verschiedene Schwerpunktsetzungen einher: Eine explizierende Inhaltsanalyse zielt darauf, das Gütekriterium der Offenheit zu erfüllen, während zusammenfassende und strukturierende Inhaltsanalysen das Ziel einer systematischen und struktu-

6 Die vorgestellten Methoden im Vergleich

rierten Aufbereitung der erhobenen Daten verfolgen. Ganz ähnlich ist die Lage im Fall der Grounded Theory Methodologie: Ihr Element des offenen Kodierens stellt – nicht nur aufgrund seiner Bezeichnung – die Offenheit der Forschenden sicher, während das axiale Kodieren (Kodierparadigma), das selektive Kodieren (Kernkategorie), Memos, Diagramme und Maps der Strukturierung von Daten dienen. Im Gegensatz zur qualitativen Inhaltsanalyse werden Daten im Rahmen der Grounded Theory Methodologie nicht unter bereits vorhandene theoretische Kategorien subsummiert, da diese ex ante noch gar nicht vorliegen, sondern im Laufe des Forschungsprozesses erst entwickelt werden müssen. Die qualitative Inhaltsanalyse legt ihren Fokus dabei – wie der Name schon sagt – auf die Inhalte von Interviewtranskripten oder Dokumenten; sie entfernt sich im Laufe der analytischen Abstraktion immer weiter vom Datenmaterial und arbeitet mit einem verkleinerten und strukturierten Abbild der eigentlich erhobenen Daten. Die Grounded Theory Methodologie hingegen bemüht sich explizit darum, während des gesamten Auswertungsprozesses nahe am empirischen Material zu bleiben; in ihrem Fokus steht dessen Interpretation mit dem Ziel einer empirisch begründeten Theoriebildung.

Mit den einzelnen Auswertungsmethoden der qualitativen Sozialforschung gehen je spezifische Grenzen ihrer gegenstandsangemessenen Anwendung einher. So beruht die Narrationsanalyse beispielsweise auf der Annahme, dass eine Homologie zwischen einem in der Vergangenheit erlebten Prozess und der gegenwärtigen Erzählung dieses Prozesses vorliegt. Eine derartige Homologie aber ist – wie Sie anhand von Menschen mit Therapieerfahrung und besonders eloquenten Personen in Führungspositionen gesehen haben – nicht in allen Fällen gegeben. Darüber hinaus unterscheidet sich auch die Art und Weise, in der von den Methoden das Gütekriterium der intersubjektiven Nachvollziehbarkeit erfüllt werden soll: Insbesondere die qualitative Inhaltsanalyse setzt diesbezüglich auf kodifizierte Auswertungsschritte und explizite Kodierregeln. Schließlich spielt – um einen letzten Unterschied zu skizzieren – die Reflexion des subjektiven Einflusses von Forschenden eine jeweils unterschiedliche Rolle: Vor allem die neueren Ansätze der Grounded Theory Methodologie (vgl. Breuer et al. 2019; Charmaz 2014) stellen diesbezüglich Verfahrensweisen bereit, welche die Subjektivität der Forschenden im Interpretationsprozess explizit zu machen vermögen. Die folgende Tabelle gibt Ihnen einen zusammenfassenden, aber auch rekapitulierenden Überblick über die Unterschiede zwischen den Auswertungsmethoden, die Sie in diesem Lehrbuch kennengelernt haben:

Tabelle 24 Die vorgestellten Auswertungsmethoden im Vergleich

	Qualitative Inhaltsanalyse	Narrationsanalyse	Grounded Theory Methodologie
Datensorten	Transkripte von Experteninterviews, Dokumente	Transkripte von narrativen Interviews	Universell, kann verschiedenste Datensorten auswerten
Anwendungsbereich	Große Datenmengen aus verschiedensten Gegenstandsbereichen	Interaktionsfeldstudien und Biografieforschung	Theoriebildung in verschiedensten Gegenstandsbereichen
Grenzen	Stark an quantitativer Sozialforschung orientiert	Homologie zwischen Erzählung und sozialer Wirklichkeit	Flexibilität des methodischen Vorgehens durch Erfahrung erlernbar
Offenheit	Explizierende Inhaltsanalyse	Sequenzielle Fallanalyse	Offenes Kodieren
Strukturierung	Zusammenfassende und strukturierende Inhaltsanalyse	Strukturierung anhand formaler Textmerkmale und Prozessstrukturen	Kodierparadigma, Kernkategorie, Memos, Diagramme und Maps
Interpretation	Systematisches und regelgeleitetes Verfahren zur Reduktion großer Datenmengen	Spezifisches Verfahren zur Interpretation von Erzählungen durch Kontrastierung von Erfahrungsaufschichtung und Eigentheorien	Zirkulärer Wechsel von Offenheit und Strukturierung, Organisation interpretativer Memos
Theoriebildung	Entwicklung theoretischer Modelle wird nicht methodisch gesteuert	Starke Orientierung an untersuchten Fällen und ihrem Vergleich	Formale Theorien durch Integration verschiedener Modelle, wird in neueren Ansätzen relativiert
Transparenz	Hohe Transparenz durch explizite Kodierregeln	Muss im Methodenteil des Forschungsberichts hergestellt werden	Muss im Methodenteil des Forschungsberichts hergestellt werden
Reflexion	Interkoderreliabilität in Auswertungsgruppen	Subjektivität der Forschenden wird nicht adressiert	Gewinnt in neueren Ansätzen an Bedeutung
Schließmodi	Induktion und Deduktion	Induktion und Deduktion	Induktion und Deduktion

Sie haben aber auch gesehen, dass einige dieser Unterschiede im methodologischen Diskurs stellenweise stark überhöht werden. So hört und liest man hie und da die Auffassung, bei der qualitativen Inhaltsanalyse handele es sich um eine deduktiv orientierte, bei der Grounded Theory Methodologie hingegen um eine induktiv orientierte Auswertungsmethode. Diese Einschätzung mag für ursprüngliche Anwendung der beiden Methoden bzw. Methodologien eine gewisse Berechtigung haben. Aus Sicht der zeitgenössischen qualitativen Sozialforschung wird man allerdings einwenden müssen, dass nur bestimmte Formen der qualitativen Inhaltsanalyse ihr Kategoriensystem deduktiv auf der Basis theoretischer Vorüberlegungen konstruieren; die übrigen Formen hingegen gehen durchaus induktiv vor. Alle Formen beinhalten darüber hinaus Möglichkeiten der induktiven Modifikation des Kategoriensystems. Andererseits betont die Grounded Theory Methodologie ganz fraglos eine induktive Forschungshaltung. Sie haben aber auch gesehen, dass die klassischen Ansätze von Strauss und Corbin sowie die neueren Ansätze von Charmaz und Clarke die Bedeutung theoretischer Sensibilität stark machen, die als deduktive Anwendung von Vorwissen auf einen konkreten Untersuchungsgegenstand zu verstehen ist. Hinzu kommt die Forschungspraxis: Wenn in Grounded-Theory-Studien zentrale Kategorien – im Fall der Krankenhaus-Studie sogar die Kernkategorie ‚Bewusstheit' – bereits nach einer explorativen Vorstudie feststehen, ist die Phase der induktiven Datenauswertung zeitlich stark begrenzt. Der Großteil der Kategorisierung von Daten erfolgt dann in erster Linie deduktiv, weshalb Udo Kelle (1994, S. 341) von einem „induktivistischen Selbstmissverständnis" der Grounded Theory Methodologie spricht. Jedenfalls scheint es sich bei der Unterscheidung von Deduktion und Induktion eher um eine analytische Unterscheidung zu handeln, die durchaus ihre Existenzberechtigung hat, um die Charakteristika einzelner Methoden zu durchdringen und mithin den Werkzeugkasten empirischer Sozialforschung zu sortieren. Weniger jedoch scheint es sich um eine Unterscheidung zu handeln, die in der Forschungspraxis relevant gemacht wird.

Schließen möchte ich dieses Buch mit einem Hinweis, den Sie bereits auf seinen ersten Seiten gelesen haben. Seither haben Sie einiges über die Prinzipien, Zielsetzungen und Vorgehensweisen qualitativer Sozialforschung gelernt. Vielleicht erscheint Ihnen diese nun einigermaßen komplex oder gar unüberschaubar. Dann möchte ich Sie beruhigen: Sie werden die einzelnen Erhebungs- und Auswertungsmethoden sicherlich noch besser durchdringen, wenn Sie diese selbst einmal anwenden. Insofern möchte ich Sie noch einmal ermutigen, beispielsweise im Rahmen einer empirischen Bachelor- oder Masterarbeit selbst forschend tätig zu werden. Ich konnte Sie nämlich lediglich mit auf eine Reise durch die methodengeschichtliche Entwicklung der qualitativen Sozialforschung nehmen, die Sie nun selbst fortsetzen müssen. Oder um es mit Kathy Charmaz (2014, S. XI) zu sagen: „We can share the journey, but the adventure is yours".

Online-Vorlesungen zur qualitativen Sozialforschung

Zum Schluss möchte ich Sie noch auf einige Online-Vorlesungen zur qualitativen Sozialforschung aufmerksam machen. Neben einem allgemeinen Überblick über die „Meilensteine der qualitativen Sozialforschung" erläutere ich dort drei Erhebungs- bzw. Auswertungsmethoden vertiefend, die Sie in diesem Lehrbuch kennengelernt haben: das narrative Interview, die Narrationsanalyse und die Grounded Theory Methodologie. Die Vorlesungen können Ihnen einerseits hilfreich sein, um die Inhalte des Buchs noch einmal zu wiederholen. Andererseits erhalten Sie einen plastischen Einblick in die Praxis der qualitativen Sozialforschung. Die drei Methoden erläutere ich nämlich jeweils anhand unserer Pilger-Studie. Dabei werden Sie sehen, wie wir deren Fragestellung entwickelt haben und wie wir empirische Daten erhoben, ausgewertet und schließlich in Form einer Typologie interpretiert haben. Die Vorlesungen finden Sie auf meinem YouTube-Kanal:

https://www.youtube.com/c/PatrickHeiser

Literatur

Adorno, Theodor W., Ralf Dahrendorf, Harald Pilot, Hans Albert, Jürgen Habermas und Karl R. Popper. 1989 [1971]. *Der Positivismusstreit in der deutschen Soziologie*. 13. Aufl. Neuwied: Luchterhand.
Amann, Klaus und Stefan Hirschauer. 1997. Die Befremdung der eigenen Kultur. Ein Programm. In *Die Befremdung der eigenen Kultur. Zur ethnographischen Herausforderung soziologischer Empirie*, Hrsg. Stefan Hirschauer und Klaus Amann, 7–52. Frankfurt a. M.: Suhrkamp.
Anderson, Nels. 1923. *The Hobo. The Sociology of the Homeless Man*. Chicago: University Press.
Atteslander, Peter, Georges-Simon Ulrich und Andreas Hadjar. 2023 [1969]. *Methoden der empirischen Sozialforschung*. 14. Aufl. Berlin: Erich Schmidt.
Barton, Allen H. und Paul F. Lazarsfeld. 1979. Einige Funktionen von qualitativer Analyse in der Sozialforschung. In *Qualitative Sozialforschung*, Hrsg. Christel Hopf und Elmar Weingarten, 41–89. Stuttgart: Klett-Cotta.
Baur, Nina und Jörg Blasius, Hrsg. 2022 [2014]. *Handbuch Methoden der empirischen Sozialforschung*. 3. Aufl. Wiesbaden: Springer VS.
Berelson, Bernhard. 1952. *Content Analysis in Communication Research*. Glencoe: Free Press.
Berger, Peter L. und Thomas Luckmann. 2021 [1969]. *Die gesellschaftliche Konstruktion der Wirklichkeit. Eine Theorie der Wissenssoziologie*. 28. Aufl. Frankfurt a. M.: Fischer.
Blaikie, Norman W. H. 1991. A Critique of the Use of Triangulation in Social Research. *Quality and Quantity* 21 (2), S. 115–136.
Blumer, Herbert. 1954. What is wrong with Social Theory? *American Sociological Review* 19 (1): 3–10.
Blumer, Herbert. 1973. Der methodologische Standort des symbolischen Interaktionismus. In *Alltagswissen, Interaktion und gesellschaftliche Wirklichkeit,* Hrsg. Arbeitsgruppe Bielefelder Soziologen, 80–146. Opladen: Westdeutscher Verlag.

Bogner, Alexander und Wolfgang Menz. 2011. Das theoriegenerierende Experteninterview. Erkenntnisinteresse, Wissensformen, Interaktion. In *Experteninterviews. Theorien, Methoden, Anwendungsfelder*, Hrsg. Alexander Bogner, Beate Littig und Wolfgang Menz, 33–70. Wiesbaden: VS.

Bohnsack, Ralf. 2005. Standards nicht-standardisierter Forschung in den Erziehungs- und Sozialwissenschaften. *Zeitschrift für Erziehungswissenschaften* 8 (4): 63–81.

Bohnsack, Ralf. 2021 [1991]. *Rekonstruktive Sozialforschung. Einführung in qualitative Methoden*. 10. Aufl. Opladen: Barbara Budrich.

Bone, Deborah. 2002. Dilemmas of Emotion Work in Nursing under market-driven Health Care. *International Journal of Public Sector Management* 15 (29): 140–150.

Brandauer, Karin (Regie). 1988. Einstweilen wird es Mittag. Wien: ORF, Mainz: ZDF.

Breidenstein, Georg, Stefan Hirschauer, Herbert Kalthoff und Boris Nieswand. 2020 [2013]. *Ethnografie: Die Praxis der Feldforschung*. 3. Aufl. München: UVK.

Breuer, Franz, Petra Muckel und Barbara Dieris. 2019 [2009]. *Reflexive Grounded Theory. Eine Einführung für die Forschungspraxis*. 4. Aufl. Wiesbaden: SpringerVS.

Bruyn, Severyn T. 1966. *The Human Perspective in Sociology: The Methodology of Participant Observation*. Englewood Cliffs: Prentice Hill.

Charmaz, Kathy. 2014 [2006]. *Constructing grounded theory. A practical Guide through Qualitative Analysis*. 2. Aufl. London: Sage.

Clarke, Adele E. 2012 [2005]. *Situationsanalyse. Grounded Theory nach dem Postmodern Turn*. Wiesbaden: SpringerVS. Original: Situational Analysis. Grounded Theory after the Postmodern Turn. London: Sage.

Cressey, Paul G. 1932. *The Taxi-Dance Hall. A sociological Study in commercialized Recreation and City Life*. Chicago: University Press.

Denzin, Norman K. 2007. Grounded Theory and the Politics of Interpretation. In *The Sage Handbook of Grounded Theory*, Hrsg. Anthony Bryant und Kathy Charmaz, 454–471. London: Sage.

Denzin, Norman. 2009 [1970]. *The Research Act: A Theoretical Introduction to Sociological Methods*. New Jersey: Transaction.

Denzin, Norman. 2022. Symbolischer Interaktionismus. In *Qualitative Forschung. Ein Handbuch*, Hrsg. Uwe Flick, Ernst von Kardoff und Ines Steinke, 136–150. Reinbek: Rowohlt.

Dilthey, Wilhelm. 2004 [1900]. Die Entstehung der Hermeneutik. In *Methodologie interpretativer Sozialforschung. Klassische Grundlagentexte*, Hrsg. Jörg Strübing und Bernt Schnettler, 19–42. Konstanz: UVK.

Dittmar, Norbert. 2009 [2002]. *Transkription. Ein Leitfaden mit Aufgaben für Studenten, Forscher und Laien*. 3. Aufl. Wiesbaden: VS.

Durkheim, Émile. 1998 [1912]. *Die elementaren Formen religiösen Lebens*. Frankfurt a. M.: Suhrkamp.

Durkheim, Émile. 1981 [1897]. Einführung in die Sozialwissenschaft. Eröffnungsvorlesung von 1887–1888. In *Émile Durkheim: Frühe Schriften zur Begründung der Sozialwissenschaft*, Hrsg. Lore Heisterberg, 25–52. Darmstadt/Neuwied: Luchterhand.

Ehlich, Konrad. 1980. Der Alltag des Erzählens. In *Erzählen im Alltag*, Hrsg. Konrad Ehlich, 11–27. Frankfurt a. M.: Suhrkamp.

Emerson, Robert M., Rachel Fretz und Linda L. Shaw. 2011. *Writing Ethnographic Fieldnotes*. 2. Aufl. Chicago: University Press.
Engler, Steffani und Brigitte Hasenjürgen, Hrsg. 2002. *„Ich habe die Welt nicht verändert." Lebenserinnerungen einer Pionierin der Sozialforschung. Biographisches Interview mit Marie Jahoda*. Weinheim: Beltz.
Fleck, Christian. 2007 [2000]. Die Arbeitslosen von Marienthal. In *Hauptwerke der Soziologie*, 2. Aufl., Hrsg. Dirk Käsler und Ludgera Vogt, 220–226. Stuttgart: Kröner.
Flick, Uwe. 2021 [2007]. *Qualitative Sozialforschung. Eine Einführung*. 10. Aufl. Reinbek bei Hamburg: Rowohlt.
Flick, Uwe. 2022a. Triangulation in der qualitativen Forschung. In *Qualitative Forschung. Ein Handbuch*, 13. Aufl., Hrsg. Uwe Flick, Ernst von Kardoff und Ines Steinke, 309–318. Reinbek: Rowohlt.
Flick, Uwe. 2022b. Gütekriterien qualitativer Sozialforschung. In *Handbuch Methoden der empirischen Sozialforschung*, 3. Aufl., Hrsg. Nina Baur und Jörg Blasius, 533–548. Wiesbaden: SpringerVS.
Flick, Uwe, Ernst von Kardorff, und Ines Steinke, Hrsg. 2022 [2000]. *Qualitative Forschung. Ein Handbuch*. 13. Aufl. Reinbek bei Hamburg: Rowohlt.
Früh, Werner. 2017 [1981]. *Inhaltsanalyse. Theorie und Praxis*. 9. Aufl. Konstanz: UVK.
Fuchs-Heinritz, Werner. 2009 [1984]. *Biographische Forschung. Eine Einführung in Praxis und Methoden*. 4. Aufl. Wiesbaden: VS.
Fuß, Susanne und Ute Karbach. 2019 [2014]. *Grundlagen der Transkription: Eine praktische Einführung*. 2. Aufl. Opladen: Barbara Budrich.
Geertz, Clifford. 1995 [1983]. *Dichte Beschreibung*. 4. Aufl. Frankfurt a. M.: Suhrkamp.
Gerhards, Jürgen. 2001. Der Aufstand des Publikums. Eine systemtheoretische Interpretation des Kulturwandels in Deutschland zwischen 1960 und 1989. *Zeitschrift für Soziologie* 30 (3): 163–184.
Girtler, Roland. 1992 [1984]. *Methoden der qualitativen Sozialforschung. Anleitung zur Feldarbeit*. 3. Aufl. Wien: Böhlau.
Glaser, Barney G. 1978. *Theoretical Sensitivity. Advances in the Methodology of Grounded Theory*. Mill Valley: Sociological Press.
Glaser, Barney G. 1992. *Emergence vs. Forcing: Basics of Grounded Theory*. Mill Valley: Sociological Press.
Glaser, Barney G. 1998. *Doing Grounded Theory. Issues and Discussions*. Mill Valley: Sociological Press.
Glaser, Barney G. und Anselm L. Strauss. 1974 [1965]. *Interaktion mit Sterbenden. Beobachtungen für Ärzte, Schwestern, Seelsorger und Angehörige*. Göttingen: Vandenhoeck & Ruprecht.
Glaser, Barney G. und Anselm L. Strauss. 2007 [1968]. *Time for Dying*. 3. Aufl. Chicago: Aldine.
Glaser, Barney G. und Anselm L. Strauss 2010 [1967]. *Grounded Theory. Strategien qualitativer Forschung*. 3. Aufl. Bern: Huber. Original: The Discovery of Grounded Theory. Chicago: Aldine.
Gläser, Jochen und Grit Laudel. 2010 [2004]. *Experteninterviews und qualitative Inhaltsanalyse als Instrumente rekonstruierender Untersuchungen*. 4. Aufl. Wiesbaden: VS.

Goffman, Erving. 1969. *Wir alle spielen Theater. Die Selbstdarstellung im Alltag.* München: Piper.
Hammersley, Martyn und Paul Atkinson. 1983. *Ethnography: Principles in Practice.* London: Routledge.
Heiser, Patrick. 2015. *Kirchliche Sozialformen im Wandel. Transformationsprozesse im Mehr-Ebenen-System Kirche am Beispiel katholischer Liturgie.* Berlin/Münster: Lit.
Heiser, Patrick. 2021. Pilgrimage and Religion: Pilgrim Religiosity on the Ways of St. James. *Religions* 12 (3): 167–178.
Heiser, Patrick und Christian Kurrat, Hrsg. 2012. *Pilgern gestern und heute. Soziologische Beiträge zur religiösen Praxis auf dem Jakobsweg.* Berlin/Münster: Lit.
Heiser, Patrick und Christian Kurrat. 2015. Pilgern zwischen individueller Praxis und kirchlicher Tradition. *Berliner Theologische Zeitschrift* 32: 133–158.
Helfferich, Cornelia. 2011 [2004]. *Die Qualität qualitativer Daten. Manual für die Durchführung qualitativer Interviews.* 4. Aufl. Wiesbaden: VS.
Hermanns, Harry. 1992. Die Auswertung narrativer Interviews. Ein Beispiel für qualitative Verfahren. In *Analyse verbaler Daten. Über den Umgang mit qualitativen Daten,* Hrsg. Jürgen H. P. Hoffmeyer-Zlotnik, 110–141. Opladen: Westdeutscher Verlag.
Hirschauer, Stefan. 2001. Ethnografisches Schreiben und die Schweigsamkeit des Sozialen. *Zeitschrift für Soziologie* 30 (6): 429–451.
Hitzler, Ronald, und Thomas S. Eberle. 2022. Phänomenologische Lebensweltanalyse. In *Qualitative Forschung. Ein Handbuch,* 13. Aufl., Hrsg. Uwe Flick, Ernst von Kardoff und Ines Steinke, 109–117. Reinbek: Rowohlt.
Hoffmann-Riem, Christa. 1980. Die Sozialforschung einer interpretativen Soziologie: der Datengewinn. *Kölner Zeitschrift für Soziologie und Sozialpsychologie* 32 (2): 339–372.
Hopf, Christel. 1978. Die Pseudo-Exploration – Überlegungen zur Technik qualitativer Interviews in der Sozialforschung. *Zeitschrift für Soziologie* 7 (2): 97–115.
Husserl, Edmund. 1996 [1936]. *Die Krisis der europäischen Wissenschaften und die transzendentale Phänomenologie: Eine Einleitung in die phänomenologische Philosophie.* 3. Aufl. Hamburg: Meiner.
Jahoda, Marie, Paul F. Lazarsfeld und Hans Zeisel. 2020 [1933]. *Die Arbeitslosen von Marienthal. Ein soziographischer Versuch über die Wirkungen langandauernder Arbeitslosigkeit.* 27. Aufl. Berlin: Suhrkamp.
Joas, Hans und Wolfgang Knöbl. 2004. *Sozialtheorie. Zwanzig einführende Vorlesungen.* Frankfurt a. M.: Suhrkamp.
Kallmeyer, Werner und Fritz Schütze. 1976. Konversationsanalyse. *Studium Linguistik* 1: 1–28.
Kallmeyer, Werner und Fritz Schütze. 1977. Zur Konstitution von Kommunikationsschemata der Sachverhaltsdarstellung. In *Gesprächsanalysen. Vorträge gehalten anlässlich des 5. Kolloquiums des Instituts für Kommunikationsforschung und Phonetik,* Hrsg. Dirk Wegner, 159–274. Hamburg: Buske.

Kardoff, Ernst von. 2012. Qualitative Sozialforschung – Versuch einer Standortbestimmung. In *Handbuch Qualitative Sozialforschung. Grundlagen, Konzepte, Methoden und Anwendungen*, 3. Aufl., Hrsg. Uwe Flick und Ernst von Kardoff, 3–8. Weinheim: Beltz.

Kaufhold, Karl Heinrich und Wieland Sachse. 1987. Die Göttinger „Universitätsstatistik" und ihre Bedeutung für die Wirtschafts- und Sozialgeschichte. In *Anfänge Göttinger Sozialwissenschaft. Methoden, Inhalte und soziale Prozesse im 18. und 19. Jahrhundert*, Hrsg. Hans-Georg Herrlitz und Horst Kern, 72–95. Göttingen: Vandenhoeck & Ruprecht.

Kelle, Udo. 1994. *Empirisch begründete Theoriebildung. Zur Logik und Methodologie interpretativer Sozialforschung*. Weinheim: Deutscher Studienverlag.

Kelle, Udo. 2022. Mixed Methods. In *Handbuch Methoden der empirischen Sozialforschung*, 3. Aufl., Hrsg. Nina Baur und Jörg Blasius, 163–178. Wiesbaden: Springer VS.

Kelle, Udo und Susann Kluge. 2010 [1999]. *Vom Einzelfall zum Typus. Fallvergleich und Fallkontrastierung in der qualitativen Sozialforschung*. 2. Aufl. Wiesbaden: VS.

Kerkeling, Hape. 2006. *Ich bin dann mal weg. Meine Reise auf dem Jakobsweg*. München: Piper.

Kern, Horst. 1982. *Empirische Sozialforschung. Ursprünge, Ansätze, Entwicklungslinien*. München: Beck.

Kleemann, Frank, Uwe Krähnke und Ingo Matuschek, Hrsg. 2013 [2009]. *Interpretative Sozialforschung. Eine Einführung in die Praxis des Interpretierens*. 2. Aufl. Wiesbaden: SpringerVS.

Knoblauch, Hubert und Theresa Vollmer. 2022. Ethnographie. In *Handbuch Methoden der empirischen Sozialforschung*, 3. Aufl., Hrsg. Nina Baur und Jörg Blasius, 659–676. Wiesbaden: Springer VS.

Kowal, Sabine, und Daniel C. O'Connel. 2022. Zur Transkription von Gesprächen. In *Qualitative Forschung. Ein Handbuch*, 13. Aufl., Hrsg. Uwe Flick, Ernst von Kardoff und Ines Steinke, 437–446. Reinbek: Rowohlt.

Kuckartz, Udo und Stefan Rädiker. 2020. *Fokussierte Interviewanalyse mit MAXQDA: Schritt für Schritt*. Wiesbaden: SpringerVS.

Kuckartz, Udo und Stefan Rädiker. 2022 [2012]. *Qualitative Inhaltsanalyse. Methoden, Praxis, Computerunterstützung*. 5. Aufl. Weinheim: Beltz Juventa.

Kurrat, Christian. 2015. *Renaissance des Pilgertums: Zur biographischen Bedeutung des Pilgerns auf dem Jakobsweg*. Berlin/Münster: Lit.

Kurrat, Christian und Patrick Heiser. 2020. „This trip is very meaningful to me, so I want to remember it forever": Pilgrim Tattoos in Santiago de Compostela. *International Journal of Religious Tourism and Pilgrimage* 8 (5): 11–24.

Küsters, Ivonne. 2009 [2006]. *Narrative Interviews. Grundlagen und Anwendungen*. 2. Aufl. Wiesbaden: VS.

Labov, William. 1971. Das Studium der Sprache im sozialen Kontext. In *Aspekte der Soziolinguistik*, Hrsg. Wolfgang Klein und Dieter Wunderlich, 123–206. Frankfurt a. M.: Fischer.

Labov, William. 1980. *Sprache im sozialen Kontext. Eine Auswahl von Aufsätzen*. Königstein: Athenäum.

Labov, William und Joshua Waletzky. 1973. Erzählanalyse: mündliche Versionen persönlicher Erfahrungen. In *Literaturwissenschaft und Linguistik.* Bd. 2, Hrsg. Jens Ihwe, 78–126. Frankfurt a. M.: Athenäum.
Lamnek, Siegfried und Claudia Krell. 2016. *Qualitative Sozialforschung.* 6. Aufl. Weinheim: Beltz Juventa.
Landtag NRW, Hrsg. 2005. *Der Kraftakt. Kommunale Gebietsreform in Nordrhein-Westfalen.* Düsseldorf: Landtag NRW.
Lasswell, Harold. 1927. *Propaganda Technique in the World War.* New York: P. Smith.
Lazarsfeld, Paul F. 1971. Forty Years Later. In *Marienthal. The Sociography of an Unemployed Community,* Hrsg. Marie Jahoda, Paul F. Lazarsfeld und Hans Zeisel, VII–XVI. Chicago: Transaction.
Lüders, Christian. 2022. Beobachten im Feld und Ethnographie. In *Qualitative Forschung. Ein Handbuch,* 13. Aufl., Hrsg. Uwe Flick, Ernst von Kardoff und Ines Steinke, 384–401. Reinbek: Rowohlt.
Mackenroth, Gerhard. 1952. *Sinn und Ausdruck in der sozialen Formenwelt.* Meisenheim: Westkulturverlag.
Mayring, Philipp. 1985. Zur subjektiven Bewältigung von Arbeitslosigkeit. *Zeitschrift für Pädagogik* 19: 516–520.
Mayring, Philipp. 2022 [1983]. *Qualitative Inhaltsanalyse: Grundlagen und Techniken.* 13. Aufl. Weinheim: Beltz Juventa.
Mayring, Philipp und Michaela Gläser-Zikuda. 2008 [2005]. *Die Praxis der qualitativen Inhaltsanalyse.* 2. Aufl. Weinheim: Beltz.
Mead, Herbert H. 1973. *Geist, Identität und Gesellschaft.* Frankfurt a. M.: Suhrkamp.
Merton, Robert K. 1969. *Social Theory and Social Structure.* New York: Free Press.
Meuser, Michael. 2018. Rekonstruktive Sozialforschung. In *Hauptbegriffe Qualitativer Sozialforschung,* 4. Aufl., Hrsg. Ralf Bohnsack, Winfried Marotzki und Michael Meuser, 206–208. Opladen: Leske + Budrich.
Meuser, Michael und Ulrike Nagel. 2011. Das ExpertInneninterview – vielfach erprobt, wenig bedacht. Ein Beitrag zur qualitativen Methodendiskussion. In *Das Experteninterview. Theorie, Methode, Anwendung,* 4. Aufl., Hrsg. Alexander Bogner, Beate Littig und Wolfgang Menz, 71–93. Wiesbaden: VS.
Meyer, John W. und Brian Rowan. 1977. Institutionalized Organizations: Formal Structure as Myth and Ceremony. *American Journal of Sociology* 83 (2): 340–363.
Moffat, Steven und Mark Gatiss. 2010. Ein Fall von Pink. In *Fernsehserie „Sherlock"* 1 (1). London: BBC.
Müller, Reinhard. 2008. *Marienthal. Das Dorf – Die Arbeitslosen – Die Studie.* Innsbruck: Studienverlag.
Peirce, Charles S. 1973 [1903]. *Vorlesungen über Pragmatismus.* Hrsg. Elisabeth Walther. Hamburg: Meiner.
Pfadenhauer, Michaela. 2011. Auf gleicher Augenhöhe. Das Experteninterview – ein Gespräch zwischen Experte und Quasi-Experte. In *Experteninterviews. Theorie, Methode, Anwendungsfelder,* 4. Aufl. Hrsg. Alexander Bogner, Beate Littig und Wolfgang Menz, 99–116. Wiesbaden: VS.
Pohlmann, Markus. 2022. *Einführung in die Qualitative Sozialforschung.* München: UVK.

Popper, Karl R. 1935. *Logik der Forschung*. Wien: Springer.
Przyborski, Aglaja und Monika Wohlrab-Sahr. 2021 [2008]. *Qualitative Sozialforschung. Ein Arbeitsbuch*. 5. Aufl. Berlin: De Gruyter Oldenbourg.
Quint Benoliel, Jeanne. 1967. *The Nurse and the Dying Patient*. New York: Macmillan.
Rädiker, Stefan und Udo Kuckartz. 2019. *Analyse qualitativer Daten mit MAXQDA: Text, Audio und Video*. Wiesbaden: SpringerVS.
Reichertz, Jo. 1990. Folgern Sherlock Holmes und Mr. Dupin abduktiv? Zur Fehlbestimmung der Abduktion in der semiotischen Analyse von Kriminalpoesie. *Kodikas/Code – Ars Semeiotica* 13 (3/4): 307–324.
Reichertz, Jo. 2022. Abduktion, Deduktion und Induktion in der qualitativen Forschung. In *Qualitative Forschung. Ein Handbuch*, 13. Aufl., Hrsg. Uwe Flick, Ernst von Kardoff und Ines Steinke, 276–286. Reinbek: Rowohlt.
Ritsert, Jürgen. 1972. *Inhaltsanalyse und Ideologiekritik. Ein Versuch über kritische Sozialforschung*. Frankfurt a. M.: Athenäum.
Sacks, Harvey. 1971. Das Erzählen von Geschichten innerhalb von Unterhaltungen. *Kölner Zeitschrift für Soziologie und Sozialpsychologie* Sonderheft 15: 307–314.
Schatzman, Leonhard und Anselm L. Strauss. 1955. Social Class and Modes of Communication. *American Journal of Sociology* 60 (4): 329–338.
Schütz, Alfred und Thomas Luckmann. 1979. *Strukturen der Lebenswelt*. Frankfurt a. M.: Suhrkamp.
Schütze, Fritz. 1976. Zur Hervorlockung und Analyse von Erzählungen thematisch relevanter Geschichten im Rahmen soziologischer Feldforschung – dargestellt an einem Projekt zur Erforschung kommunaler Machtstrukturen. In *Kommunikative Sozialforschung – Alltagswissen und Alltagshandeln*, Hrsg. Arbeitsgruppe Bielefelder Soziologen, 159–260. München: Fink.
Schütze, Fritz. 1977. *Die Technik des narrativen Interviews in Interaktionsfeldstudien dargestellt an einem Projekt zur Erforschung von kommunalen Machtstrukturen*. Bielefeld: Universität Bielefeld.
Schütze, Fritz. 1981. Prozeßstrukturen des Lebensablaufs. In *Biographie in handlungswissenschaftlicher Perspektive*, Hrsg. Joachim Matthes, Arno Pfeifenberger und Manfred Stoßberg, 67–157. Nürnberg: Verlag der Nürnberger Forschungsvereinigung.
Schütze, Fritz. 1983. Biographieforschung und narratives Interview. *Neue Praxis* 13: 283–293.
Schütze, Fritz. 1984. Kognitive Figuren des autobiographischen Stegreiferzählens. In *Biographie und soziale Wirklichkeit*, Hrsg. Martin Kohli und Robert Günther, 78–117. Stuttgart: Metzler.
Schütze, Fritz. 1987. *Das narrative Interview in Interaktionsfeldstudien*. Hagen: Studienbrief 03757 der FernUniversität in Hagen.
Simmel, Georg. 1968 [1908]. *Soziologie. Untersuchungen über die Formen der Vergesellschaftung*. Berlin: Duncker & Humblot.
Spradley, James P. 1980. *Participant Observation*. New York: Rinehart and Winston.
Steinke, Ines. 2022. Gütekriterien qualitativer Forschung. In *Qualitative Forschung. Ein Handbuch*, 13. Aufl., Hrsg. Uwe Flick, Ernst von Kardoff und Ines Steinke, 319–331. Reinbek: Rowohlt.

Strauss, Anselm L. 1998 [1987]. *Grundlagen qualitativer Sozialforschung. Datenanalyse und Theoriebildung in der empirischen und soziologischen Forschung*. 2. Aufl. München: Fink. Original: Qualitative Analysis for Social Scientists. Cambridge: University Press.
Strauss, Anselm L. 1993. *Continual Permutations of Action*. New York: de Gruyter.
Strauss, Anselm L. und Juliet M. Corbin. 2010 [1990]. *Grounded Theory. Grundlagen qualitativer Sozialforschung*. Weinheim: Beltz Juventa. Original: Basics of Qualitative Research. Grounded Theory Procedures and Techniques. London: Sage.
Strübing, Jörg. 2018 [2013]. *Qualitative Sozialforschung. Eine komprimierte Einführung*. 2. Aufl. Berlin: De Gruyter Oldenbourg.
Strübing, Jörg. 2021 [2004]. *Grounded Theory. Zur sozialtheoretischen und epistemologischen Fundierung eines pragmatistischen Forschungsstils*. 4. Aufl. Wiesbaden: SpringerVS.
Strübing, Jörg und Bernt Schnettler, Hrsg. 2004. *Methodologie interpretativer Sozialforschung. Klassische Grundlagentexte*. Konstanz: UVK.
Tashakkori, Abbas und Charles Teddlie. 1998. *Mixed Methodology. Combining qualitative and quantitative Approaches*. London: Sage.
Tausendpfund, Markus. 2018. *Quantitative Methoden in der Politikwissenschaft. Eine Einführung*. Wiesbaden: SpringerVS.
Thierbach, Cornelia und Grit Petschick. 2022. Beobachtung. In *Handbuch Methoden der empirischen Sozialforschung*, 3. Aufl., Hrsg. Nina Baur und Jörg Blasius, 1563–1580. Wiesbaden: SpringerVS.
Thomas, William I. und Florian Znaniecki. 1927. *The Polish peasant in Europe and America*. New York: Knopf.
Ulich, Dieter, Karl Haußer, Philipp Mayring, Petra Strehmel, Maya Kandler und Blanca Degenhardt. 1985. *Psychologie der Krisenbewältigung. Eine Längsschnittuntersuchung mit arbeitslosen Lehrern*. Weinheim: Beltz.
Weber, Max. 1973. *Gesammelte Aufsätze zur Wissenschaftslehre*. Tübingen.
Weber, Max. 1980 [1921]. *Wirtschaft und Gesellschaft*. Tübingen: Mohr.
Whyte, William F. 1943. *Street Corner Society. The Social Structure of an Italian Slum*. Chicago: University Press.
Witt, Harald. 2001. Forschungsstrategien bei quantitativer und qualitativer Sozialforschung. *Forum Qualitative Sozialforschung* 2 (1). http://www.qualitative-research.net/index.php/fqs/article/view/969/2114.

If you have any concerns about our products,
you can contact us on
ProductSafety@springernature.com

In case Publisher is established outside the EU,
the EU authorized representative is:
**Springer Nature Customer Service Center GmbH
Europaplatz 3, 69115 Heidelberg, Germany**

Printed by Libri Plureos GmbH
in Hamburg, Germany